广东省高校
女性发展研究论文集

GUANGDONGSHENG GAOXIAO
NUXING FAZHAN YANJIU LUNWENJI

饶　敏◎主编

暨南大学出版社
JINAN UNIVERSITY PRESS

中国・广州

图书在版编目（CIP）数据

广东省高校女性发展研究论文集/饶敏主编．—广州：暨南大学出版社，2019.10
ISBN 978－7－5668－2657－2

Ⅰ.①广…　Ⅱ.①饶…　Ⅲ.①高等学校—女性—发展—广东—文集　Ⅳ.①G647－53

中国版本图书馆 CIP 数据核字（2019）第 115185 号

广东省高校女性发展研究论文集
GUANGDONGSHENG GAOXIAO NUXING FAZHAN YANJIU LUNWENJI
主　编：饶　敏

出 版 人：徐义雄
策　　划：黄圣英
责任编辑：颜　彦　齐　心
责任校对：何　力
责任印制：汤慧君　周一丹

出版发行：暨南大学出版社（510630）
电　　话：总编室（8620）85221601
营销部（8620）85225284　85228291　85228292（邮购）
传　　真：（8620）85221583（办公室）　85223774（营销部）
网　　址：http：//www.jnupress.com
排　　版：广州市天河星辰文化发展部照排中心
印　　刷：广州市快美印务有限公司
开　　本：787mm×1092mm　1/16
印　　张：20.25
字　　数：502 千
版　　次：2019 年 10 月第 1 版
印　　次：2019 年 10 月第 1 次
定　　价：75.00 元

前　言

为加强高校女性发展理论研究，更好地发挥高校女性群体对社会的积极影响力，在广东省教科文卫工会的大力支持下，2013 年 7 月，“广东省高校女性发展研究中心”在暨南大学工会挂牌成立。中心面向高校、面向社会，依托暨南大学，整合利用校内外各个领域的教学科研及行政资源，专门针对高校女性发展的理论及实践问题开展学术研究、咨询和政策服务。

中心自成立以来，已开展了两期“广东高校女性发展研究专项课题”研究工作。2018 年度“广东高校女性发展研究专项课题”的研究，共收到来自全省高校的 300 多份申报书，106 个项目获立项，79 个项目顺利结题。经专家鉴定，从中评选出 25 篇论文（报告书），分为文化研究、健康研究、职业研究、社会研究、管理研究、媒体研究六个专题，形成本论文集。

“草木坚强物，所禀固难夺。”数千年来，中国女性表现出中华儿女默默支撑、负重前行的坚韧美好品质。20 世纪初，随着女子教育被纳入国家教育体系，女性突破了单纯的家庭主妇观念，提高了适应社会的能力，进入更为广泛的领域，无论在革命时期，还是在国家建设时期，都表现出很强的社会纪律和责任担当。为圆百年民族梦想，她们作出很大的牺牲和奉献。她们的优秀品质和奋斗历史，需要我们来研究、储备和传承。因此，女性问题越来越受到社会的关注，女性的作用也越来越为社会所承认。

高校女性兼具高知和女性的双重特征，面临婚恋、家庭、教学科研、职业发展等多重困境。关注和分析该群体的现状，探索其所处困境及改善方法，对于促进高校女性自身的健康发展及高水平大学的建设均具有重要的意义。由广东省教科文卫工会主办、暨南大学承办的“广东省高校女性发展研究中心”，正是应潮流而动，为帮助高校女性乃至中国女性寻找体验幸福、悦纳人生、实现自我和到达文化自觉之路，做一些具体而有意义的研究工作。

感谢广东省教科文卫工会的支持和信任，如此委以重任，于我们是压力也是动力；感谢暨南大学学校党委、社科处、财务处及各相关部门的支持和重视，使得该项研究工作得以顺利开展；感谢校内外专家们的建议和把关，确保研究工作的多视野和高质量；感谢暨南大学出版社同志们的辛勤工作，让论文集的出版严谨而有序。

希望此论文集的出版，能为高校女性发展相关社会问题的学术研讨和实践交流提供理论资源，推动“广东省高校女性发展研究中心”成为广东省乃至全国高校女性发展的智库。

编者

2019 年 9 月 8 日

目 录

职业研究

社会研究

管理研究

媒体研究

文化研究

东亚古典中的知识女性形象研究

——论《古事记》神话中的女性形象

刘文星*

日本上古时期的神话传说主要保存在公元712年（中国唐玄宗即位之年）成书的《古事记》中。据序文自述，《古事记》是正五位太朝臣安万侣奉元明天皇之命编写而成，被称为“邦家之经纬，王化之鸿基”。元明天皇是日本历史上第四位女天皇，在位7年间推行了诸多稳定政治、发展经济、繁荣文化的措施，成效显著，开创了日本积极学习大唐文明的奈良时代，是贵族知识女性的典型代表。《古事记》中的神话传说叙述了天地生成、诸神诞生、万物起源、国土形成、天孙降临、大国主让国以及天孙后代成为日本统治者的故事。其中有不少是关于女性的传说，她们的身份各异，既有万物之母的造物女神，出身高贵的皇后皇女，亦有普通人家的小家碧玉，在神话故事中她们展现出不尽相似的人生百态。

一、万物之母与日本国的起源

在中国，女娲是“抟黄土造人”的伟大母亲，《说文解字》解释“娲”曰：“古之神圣女，化（即孕育）万物者。”在日本神话中也有一位伟大的创世女神——伊邪那美，她生育了日本的国土与众多的神灵。

《古事记》记载：兄妹二神伊邪那岐和伊邪那美受天御中主神之命，站在连接天地的长桥“天之浮桥”上，垂下“天沼矛”搅拌大海，矛尖零落滴下的稀泥凝结成了“淤能棋吕岛”，然后在这个岛上竖起“天之御柱”，修建居所“八寻殿”。男神由左侧绕柱而行，女神从右侧绕行，于相逢之处互相示爱，诞下的孩子却因“女人先言不良”，是个畸形儿。

兄妹打破禁忌结合产下畸形儿的情节，与我国西南少数民族神话中兄妹结婚生下怪胎的情节相仿。然而，这段神话中由于“女人先言不良”诞下畸形儿的传说是受到中国儒家“男尊女卑”观念影响吗？其实不然。

例如，隋唐以前有关“倭”的记载最为丰富的西晋陈寿（233—297）《三国志》卷三十之《魏书·乌丸鲜卑东夷传》（通称《魏志·倭人传》）载：

倭人在带方东南大海之中，依山岛为国邑。……其国本亦以男子为王，住七八十年，倭国乱，相攻伐历年，乃共立一女子为王。名曰卑弥呼，事鬼道能惑众，年已长，无夫

* 作者单位：中山大学。

婿，有男弟佐治国。自为王以来，少有见者。以婢千人自侍，唯有男子一人给饮食，传辞出入。（陈寿，1982：854－858）

从上文可知，其时日本列岛的最高统治者乃女性，女子享有较高的社会地位和婚姻自主。又如，与记纪[①]作品同期、较为真切地反映当时日本社会的《源氏物语》中，无论贵族还是平民都流行“妻问婚”（访妻婚）。“妻问婚”即走婚，是日本古代的一种婚姻形式，盛行于大和时代，一直延续至平安时代。这种婚姻形态是夫妇别居，男子夜访女家留宿。[②] 夫妻关系相对松散，男性往往同时有多名妻子，女性也可能与多名男子保持交往，例如主角光源氏就经常夜访一些已婚女子并和她们发生关系。这种带有母系社会残余的婚姻形态在日本延续的时间很长，没有随着生产关系的改变而立即消亡（李卓，1994：101－106）。一般情况下，如果男性不再造访，或被女方拒绝入内，婚姻关系就自动解除。双方所生子女一般由女方抚养，因而子女只知其母而不知其父。女性不仅在婚姻生活方面拥有与男性一样的选择权与自主性，而且也享有对家庭财产的继承权和支配权，并未受所谓的“封建伦理”观念约束。

那么，这段神话所反映的“夫唱妇随”说法源自何处？据考证，“夫唱妇随”的说法最早出自《关尹子·三极》：

天下之理，夫者唱，妇者随，牡者驰，牝者逐，雄者鸣，雌者应。（尹喜，1990：59－60）

关尹子名喜，曾为关令，与老子同时。唐代陆德明《经典释文》载：尹喜字公度。汉刘向认为，关尹子名喜，号关尹子，或曰关令子，尝请老聃著《道德经》上下篇。《汉书·艺文志》录有《关尹子》九篇，旧题周尹喜撰，亦即后世所谓之《文始真经》。《关尹子》当在老子《道德经》后，而道亦近似，故《庄子·天下》叙古之道术以老子与关尹子并述。因此可推断“夫者唱，妇者随”最早是出现在道家的主张中，此处体现的并非儒家思想所说的“男尊女卑”观念。

后来伊邪那美又诞下八岛，构成了日本国土的雏形，因此日本最早被称作“大八岛国”或“大八洲国”。接下来，她又诞下吉备儿岛、小豆岛、大岛、女岛、知诃岛及两儿岛六个岛后，便开始“生”神。最初生的是有关家社与自然的神：代表土石的石土毗古神与石巢比卖神、代表家的出入口之大户日别神、代表铺设屋顶茅草的天之吹男神及风神风木津别之忍男神等，合计三十五神。女神造出了日本的国土、山川草木，以及主宰自然万象的各种神灵，这些神被统称为“八百万神”。

最后伊邪那美在诞下火之迦具土神（即火神）时，因“阴户被烧伤”，“见炎而病卧”。一方面，火神的诞生暗示火的出现是人类生活的一个划时代大事；另一方面，女神逝去，成为掌管冥界黄泉国的大神。伟大的女神直至生命最后一刻仍然化生出众多围绕人类自然万象的神，例如，她的粪便化生成了波迩夜须毗古神和波迩夜须毗卖神，她的尿液

① “记”指《古事记》，“纪”指《日本书纪》，两书在日本学界简称“记纪”。
② 《三国志·魏志·倭人传》记载：“有屋室，父母兄弟卧息异处。”

化生成了弥都波能卖神与和久产巢日神。

由于《古事记》特殊的编撰目的，全书都在不遗余力地叙述日本国土的形成及各种“神”的由来，却没有一处记载“人”的诞生，仅仅以“人草”描述了有关“人”的话题。列举如下：

汝国之人草、一日绞杀千头。尔伊邪那岐命诏、爱我那迩妹命、汝为然者、吾一日立千五百产屋。是以一日必千人死、一日必千五百人生也。(《古事记》上卷·神代记)

尔伊邪那岐命、告其桃子、汝如助吾、于苇原中国所有、宇都志伎。青人草食之、落苦濑而患惚时、可助告、赐名号意富加牟豆美命。(《古事记》上卷·神代记)

神习。又宇都志岐青人草习乎、不偿其物。恨其兄子、乃取其伊豆志河之河岛一节竹而作八目之荒笼、取其河石、合盐而裹其竹叶、令诅言、如此竹叶青、如此竹叶萎而青萎。(《古事记》中卷·应神天皇记)

被认为最“纯粹”地保留了日本上古思想的《古事记》中，普通的“人”被称作“人草”，原指草木丛生之处，借指百姓，与《日本书纪》中的“苍生”同解。记纪神话着重叙述的是“神”的诞生及王权起源，而非“人”的由来。这一点与世界上大多数神话中叙述人类起源部分大相径庭，从其“王权神话”或称“国家神话” (大林太良，1984：196）的特点亦可窥见一斑。

二、女性的婚姻与国家建设

《古事记》中有不少求婚的故事。一种是已知对方姓氏，直截了当表明心扉求婚的例子。如：

其八十神、各有欲婚稻羽之八上比卖之心、共行稻羽时、于大穴牟迟神负袋、为从者率往。(《古事记》上卷·大国主神篇)

此八千矛神。将婚高志国之沼河比卖。幸行时、到其沼河比卖之家。(《古事记》上卷·大国主神篇)

又天皇、婚丸尔之佐都纪臣之女、袁杼比卖、幸行于春日之时、媛女逢道。(《古事记》下卷·雄略记)

另一种是遇见美人，直接询问其姓氏以进行求婚的例子。例如：

于是天津日高子番能迩迩艺能命、于笠沙御前、遇丽美人。而问谁女、答白之、大山津见神之女、名神阿多都比卖、亦名谓木花之佐久夜毗卖。(《古事记》上卷·迩迩艺命篇)

故、到坐木幡村之时、丽美娘子、遇其道衢。而天皇问其娘子曰、汝者谁子、答白、丸迩之比布礼能意富美之女、名宫主矢河枝比卖。天皇即诏其娘子、吾明日还幸之时、入坐汝家。(《古事记》中卷·应神记)

亦一时、天皇游行到于美和河之时、河边有洗衣童女、其容姿甚丽。天皇问其童女、

如者谁子、答白、己名谓引田部赤猪子。而令诏者、汝不嫁夫。今将唤而、还坐于宫。（《古事记》下卷·雄略记）

从上述例子可以看出，无论是已知对方姓氏的，还是偶然邂逅的，都毫不例外地明示了女方的家族出身，即某某族（地方）的某某的女儿。这表明《古事记》中所记录的婚姻并非简单的男女结合，而是十分明确地展现了天皇家与其他氏族联姻的过程，体现了日本国家形成和发展过程中部落臣属和联盟的关系。天皇和各氏族之间的这种姻亲关系，也正是天武时期八色赐姓的政治基础。天武天皇在位时期（673—686），为了进一步加强对各个氏族的管理和统治，对全国的氏姓做了整顿改订，统一为八种姓的称号，也就是“八色姓”。“八色姓”分别表示贵族阶层内部的八种身份，使旧时的氏姓制度为新确立起来的身份秩序服务，即提高皇族近亲的社会地位，明确高级官僚和低级官僚的门第差别，以及中央贵族与地方豪族之间的地位差别。八色赐姓的目的就是要废除世袭氏姓贵族制度，加强天皇统治的权威，推行中央集权制的律令制国家制度。可以说，这种意图与此后每位天皇记里都要记载天皇娶了几位妻子、分别有多少位皇子皇女的思想是一脉相承的。

三、女性的命运与抗争

能当上天皇妻子的女性个个都容颜俏丽。前引几例，分别被描述为“丽美人”“丽美娘子”“容姿甚丽”等。相似的还有：容姿丽美·美人（神武记·势夜陀多良比卖）、容姿端正（崇神记·活玉依毗卖）、美人（垂仁记·肥长比卖）、容姿丽美（景行记·兄比卖·弟比卖）、丽美娘子（应神记·矢河枝比卖）、颜容丽美·容姿端正（应神记·发长比卖）、美丽娘子（应神记·天日矛之妻）等。由此可见，《古事记》中形容女性的容颜身姿美丽多使用“容姿丽美（美丽）”“端正”“美人”等汉文表现形式，与同期的《风土记》和《日本书纪》的表达方式相同，是当时普遍的审美标准。

然而，颜值不高的女性，命运则悲惨多了。例如：

（天孙迩迩艺命）乞遣其父大山津见神之时、大欢喜而、副其姊石长比卖、令持百取机代之物奉出。故而其姊者、因甚凶丑、见畏而返送、唯留其弟木花之佐久夜毗卖、一宿为婚。（安万侣，1963：239）

创世大神伊邪那美和伊邪那岐所生的三十五神之一的大山津见神面对天孙迩迩艺命的求婚满心欢喜，不但送上彩礼，而且将两个女儿都送了过去。可是，迩迩艺命却嫌姐姐相貌丑陋，竟然送还了。于是山神感到羞耻大怒，曰：

我之女二并立奉者、使石长比卖者、天神御子之命、虽雪风吹恒如石而、常坚不动坐。亦使木花之佐久夜毗卖者、如木花之荣坐、宇气比互贡进。此令返石长比卖而、独留木花之佐久夜毗卖。故、天神御子之御寿者、木花之阿摩比能微坐。故、是以至于今、天皇命等之御命不长也。（《古事记》上卷·迩迩艺命篇）

这段传说既是阐明事物的无常与恒久、生与死起源之神话解说功能的表现，亦反映出

《古事记》中记载了日本从较原始的走婚社会形态逐步进入到一夫多妻、男尊女卑的父（夫）权社会的历史进程。

虽然权力至高无上，但天皇有时也得请“媒人”。如上述迩迩艺命篇的引文中，天孙“乞遣”，即“派遣使者”为媒的意思。又如：

天皇、以其弟速总别王为媒而、乞庶妹女鸟王。（《古事记》下卷·仁德记）

但大多数情况是，高高在上的天皇既可随心所欲地诏婚心仪的女子，也可随意处置她们。例如，有一次，雄略天皇出游来到美和河（今奈良县樱井市），河边有位容貌非常美丽的洗衣少女，天皇问是谁家的女儿，少女答曰“引田部的赤猪子”。于是天皇对她说“你不要嫁人啦！不久我将召唤你”，说完便回宫去了。那个赤猪子焦急地等待天皇召唤，可是一眨眼就等了八十年。

等待召唤等了八十年的赤猪子已老态龙钟，指望不上召唤了。然而不把这等待的心情表达出来，又难以排遣心中的郁闷，于是她带上礼物进宫去进献。可是天皇早已忘记以前说过的话，问她“汝者谁老女。何由以参来?”赤猪子说出缘由，天皇大惊，曰：“吾既忘先事。然汝守志待命，徒过盛年，是甚爱悲。心里欲婚，惮其极老，不得成婚。”（《古事记》下卷·雄略记）于是，赐给赤猪子一首歌：

御诸山上神圣的白梼树，
白梼树神威荡荡，
哦，白梼原的姑娘！

又唱道：

象引田的栗树幼林，
趁年轻时候相爱多好，
可而今已经苍老了！

赤猪子哭泣不已，流下的眼泪浸透了她的红衣袖，她答歌唱道：

御诸山上筑神垣，
剩下的余料将给谁，
神宫的宫人哟！

又唱道：

日下江江湾莲花怒放，
莲花般妙龄的人儿哟，
多么令人倾慕呵！（邹有恒，1979：167－168）

天皇送了赤猪子许多财物，便打发她回去了。这四首歌都是“志都歌”。

《古事记》里收录了日本上古时期的歌谣112首，这些歌谣以万叶假名一字一音的方式，穿插在叙述皇室历史的上古神话传说之中，成为全书不可分割的一部分。据统计，《古事记》歌谣共有17种（大久保正，1981：257），“志都歌”就是其中的一种类型，意思是安静缓慢的和歌。痴情的赤猪子的遭遇令人同情，同时这些和歌也真实地记录了日本的古语，反映出和歌与生活的密切关系，增添了《古事记》的文学色彩。

被天皇“返送”的女子，也有选择以死抗争的，如：

（垂仁天皇）又随其后之白、唤上美知能宇斯王之女等、比婆须比卖命、次弟比卖命、次歌凝比卖命、次圆野比卖命、并四柱。然留比婆须比卖命、弟比卖命二柱而、其弟王二柱者、因甚凶丑、返送本土。于是圆野比卖惭言、同兄弟之中、以姿丑被还之事、闻于乡里、是甚惭而、到山代国之相乐时、取悬树枝而欲死。故、号其地谓悬木、今云相乐。又到弟国之时、遂坠峻渊而死。故、号其地谓坠国、今云弟国也。（安万侣，1963：261）

天皇一次诏婚四名女子，却只留下两位，另两人因相貌丑陋而被送返。其中，圆野比卖因觉得羞惭无比，屡次自寻短见，她上吊的地方取名“悬木”，她跳崖的地方取名“坠国”。显然，这是一个解释地名由来的传说，但从中依然可以窥见即便是出身高贵的女性，她们依然命运多舛。

然而也有不听从天皇诏婚的女子。例如，仁德天皇托其弟速总别王为媒，欲娶同父异母的妹妹女鸟王，然而女鸟王因畏惧皇后的嫉妒和强大，竟然和天皇派来求婚的速总别王结婚了。天皇没有等到复奏，于是独自来到女鸟王的住处，看到她正在织衣，就问是织给谁的。女鸟王以歌答道：是织给“高高飞翔的雄鹰”的。这样，天皇明白了内情，回宫去了。这时，丈夫速总别王回来了，预感到危险的女鸟王唱道：云雀在天空飞翔，高高飞翔哟，速总别快快扑杀哪鹪鹩！（邹有恒，1979：144）天皇听到这首歌，于是派兵去追杀他们，最终女鸟王和速总别王双双遇害。如果从更深层的角度分析，这场悲剧的实质是围绕皇位继承的骨肉相残。因为古时的日本，皇位实行的是横向继承，即先兄弟后儿子。

四、一夫多妻制度下的女性

在古代，为了维系“万世一系”的血缘，天皇拥有多位妃子似乎也理所当然。《古事记》上卷神代记中，出云国主的大国主神先后娶了6位妻子，对他有过救命之恩、帮助他建功立业的正妻速须佐之男命的女儿须势理毗卖为此非常嫉妒。天国主千辛万苦娶回的侧妻稻羽八上郡豪族的女儿八上比卖，因为害怕正妻，把儿子夹在树杈上，回娘家去了。她生的孩子也因此被取名“树杈神”。

大国主深感苦恼，打点行装要从出云国去大和国。在他与妻子惜别的对唱中，须势理毗卖悲切地表白了心中真情：

八千矛尊神，我的大国主哟！正因为你是个男子，可以走遍各个海岛，可以游遍各个海滨，可以把芳草般的爱妻找到。而我呢，因为是一介弱女子，除你之外没有相好，除你之外没有丈夫哟！（邹有恒，1979：34）

唱完，两人共饮交杯酒，互相把手搭在肩上，至今仍镇坐在那里。

其时的日本社会，无论贵族还是平民都流行访妻婚。女性不仅在婚姻生活方面拥有跟男性一样的选择权与自主性，而且也享有对家庭财产的继承权和支配权。然而，天神的情况就有些不一样：他可以诏来多位妻子，也可以走婚多个情人，但其妻则不被允许，上述情节就是最好的例证。

《古事记》的编纂时期正是日本从古代奴隶主贵族统治向律令制国家建设的过渡时期，其律令诸法均以唐律为范本，旨在把日本建设成以天皇为最高统治者的中央集权式官僚政治体制国家。唯独在婚姻制度方面，唐律规定的是一夫一妻制，娶妻后再娶妻即犯重婚罪；但允许纳妾，妾不是正式配偶，身份较卑贱，甚至可买卖，也不能继承丈夫的遗产。而日本根据当时的情况进行变通，将前妻称为“妻”，后妻称为“妾”，承认“妾”享有与“妻”平等的地位，实行的是一夫多妻制。不难想象，在这样一种制度下，正妻对丈夫其他妻子的嫉妒和怨恨是多么强烈。直至昭和时代，日本的一夫多妻制才被废除。

五、伟大的贤内助形象

在日本神话中也不乏贤内助的形象，她们为爱情而努力，勇于献身的精神为世代所传诵。

例如《古事记》中，速须佐之男的第六代孙子大国主神，随着成长不断地改变名字，前后用过五个名字。他最初的名字叫大穴牟迟，在众多的神当中身份地位最低，被描写成背着一个大袋子、跟在众神最后面的神。因受用心不良的众兄弟欺骗和迫害，大穴牟迟在母亲的帮助下来到速须佐之男的国土黄泉国。速须佐之男的女儿须势理毗卖出来正巧看见了，两人以目传情，相约为夫妻。速须佐之男称这个自己女儿热恋上的男人为“苇原色许男”，有着一种交杂着憎恶与怜爱的复杂态度，先后设计了毒蛇、蜈蚣、蜂室、火烧等方式来考验他。然而，须势理毗卖总能够事先准备好应对之策，大穴牟迟因此有惊无险。

难题求婚神话一般发生在原始社会中后期，母系氏族的风习盛行。被考验的英雄往往是实质上的“赘婿”，必须为他所“嫁”之女家服役。这种婚姻考验故事表现出了残留的原始意识，标志着向父系氏族的过渡，这不仅表现在女方父亲掌握至高无上的权威，而且男性的英雄总是要获得胜利和颂扬。这与当时日本社会的发展程度相符。

后来趁速须佐之男熟睡之际，大穴牟迟背着妻子，机智地拴住大神的头发让他无法追赶上来，并取走神刀神箭和天之诏琴，逃了出来。从此，大穴牟迟完全变成另外一个人，名字也改叫八千矛神，他用大神的神刀神箭消灭了那些心术不正的众神，又改名宇都志国玉神，立须势理毗卖为正妻，在宇迦能山下盖起高冲云霄的宫殿，成为苇原中国的统治者——大国主神。神刀和神箭象征着政治支配力，天之诏琴象征着宗教支配力。拥有原本属于天神速须佐之男的这三样宝物，在妻子的协助下，“苇原色许男”变身成了出云地方的君主。

还有一则让人动容的献身传说。《古事记》载：景行天皇派倭建命（即小唯命）去平定东方的凶神和不肯臣服的人，当东征军要渡过浦贺湾时，海神兴风作浪，使船只在水中打转无法前行。这时，王后弟橘比卖命说：“我替王子投海吧！王子完成了使命就可以回去复命了！”

将入海时，“以菅叠八重、皮叠八重、锦叠八重、敷于波上而、下坐其上”（《古事记》中卷·景行记)。王后坐在上面，入水时歌唱道：峻山耸立的相模田野，燃烧起熊熊烈火，夫君在火焰中怀念我！（邹有恒，1979：106）汹涌的波涛果然平息了下来，船也得以航行。七天之后，王后的木梳漂到海边。有人拾起了这把木梳，修造御陵时把它放在陵里。

这段动人的传说反映了古人祭祀海神的一种仪式。古人认为，在海上遇暴风雨，有沉船危险时，以珍贵物品或妇女投入海中就可保平安。据传，菅叠八重、皮叠八重、锦叠八重都是海神迎接宾客的礼节。弟橘比卖命怀着对丈夫的恋恋不舍，以自己的性命换取了丈夫渡海的平安，东征军才得以继续向前，征服了全部敌人。

六、小结

"邦家之经纬，王化之鸿基"的《古事记》是研究日本古代历史、思想、宗教和文学的珍贵资料。通过梳理这些神话传说中的女性形象，我们不但可以窥见古代东亚社会的婚姻习俗与社会状况，而且深入其思想内部，有助于我们把握古代日本女性的生产生活及其精神信仰，探讨女性在国家和社会发展中的作用及贡献。

参考文献

[1] 安万侣撰，仓野宪司校注．古事记．东京：岩波书店，1963.
[2] 陈寿撰，裴松之注．三国志．北京：中华书局，1982.
[3] 李卓．日本古代的访妻婚及其存在的原因．日本学刊，1994（2）.
[4] 尹喜撰．关尹子．上海：上海古籍出版社，1990.
[5] 大林太良．東アジアの王権神話．东京：弘文堂，1984.
[6] 安万侣. 古事记．邹有恒，吕元明，译．北京：人民文学出版社，1979.
[7] 大久保正．古事记歌谣．东京：讲谈社，1981.

经典阅读与高校女性教师自我认同的构建

汤罡辉　黄秀兰　邱玉红　管尤亮　刘安飞*

一、前言

（一）问题提出

人作为一个不断成长的个体，立足于复杂的社会关系背景下，在有序、有限的生存空间下建立自我认同感，并且随着现代化的发展，个体自我意识更强烈，会在探索自我存在的过程中，思考社会活动中自我成长的完备性和可塑性，进而产生关于自我认同的问题。而在当代中国社会迈向现代化过程中，既有传统经典观念的消解，也有对传统经典观念的重建，国人对自我认同的构建提出了新任务，也意味着自我认同的构建并不是一劳永逸的，而是随着生命历程的发展，个体不断地进行自我重构，从而推动自我内化的演变。鉴于当代人们对经典阅读的动力与需求有很大程度的削弱，不同的社会群体之间存在较大差异，是否应该专门选择一个特定群体对其自我认同的构建过程进行剖析？

从特定群体角度看，目前，广东省高等院校的办学事业蒸蒸日上，取得斐然成就，其中高校女性教师作为一个重要群体，功不可没，而高校女性教师这个特定群体的自我认同构建过程是否有特别之处？心理学家艾里克森（Erik H Erikson）曾认为女性在自我认同的内容、时间安排和顺序等方面都有别于男性，因此，若将高校女性教师视为一个特定对象群体，再以经典阅读活动为切入点，观察高校女性教师阅读行为与自我认同构建之间的关系，或许有一定的发掘空间？

从教育活动层面看，高校教育不能简单地看作是专业知识及技能的灌输、传递，应该在经典作品已准备好的思想框架下，思考专业教育核心知识素材与育人的关系，让专业教育与人的道德能力、自我认同构建形成严密的逻辑联系。在一些高校里，由于片面强调工具化、功利化的教育方向，输出的学生容易成为狭隘的技匠，无法对现行的社会制度、伦理道德形成必要的认同和确信。高校女性教师群体作为施教者，其学术立场、价值观念、对经典作品的观察角度，在教育互动的过程中，是否会具体体现出该群体的认识差异？

从国家政策层面看，我国的全民阅读活动经过十几年的实践，已取得显著进展。2013年，我国把阅读立法纳入工作计划。2017 年 4 月，国务院发布了《全民阅读促进条例（征求意见稿）》，全民阅读获得了法律支持和保障，这无疑推动了社会各界对阅读的进一

* 作者单位：中山大学。

步思考。如何更好地发挥阅读的积极作用成为新的时代命题。高校女性教师是促进高校不断发展并取得进步的群体之一，她们为高等教育事业的改革和建设做出了不可忽略的贡献，在推进全民阅读的热潮下，她们是否会表现出对经典阅读的特殊兴趣，为全民阅读事业的发展提供特有的动力？

从关爱女性的角度看，近些年来对高校女性教师职业生涯发展、人文关怀等方面的关注和研究在内容与方法上已经取得了长足发展，但观察目前已有的研究内容，普遍偏重于关注其心理健康及工作与家庭平衡，对其参与经典阅读和自我认同构建的主题研究较少，今后，可否从书香社会、书香校园的角度去探讨经典阅读行为对高校女性教师的影响，从而填补这方面的盲区？

（二）研究路线设计

1. 研究现状观察

从阅读推广实践来看，2008 年中国图书馆学会成立第一届科普与阅读指导委员会，2009 年成立中国图书馆学会阅读推广委员会，2014 年教育部高等学校图书情报工作指导委员会推出《首届全国高校图书馆阅读推广案例大赛暨研讨会工作细则》，2015 年 10 月开展了案例大赛的全国总决赛。阅读推广的社会活动与实践研究正如火如荼地开展着。但是，截至 2019 年 2 月 27 日，在 CNKI 中检索主题词“自我认同构建”，只找到少量（81 篇）相关数据；采用主题词“教师自我认同构建”检索，只找到 14 篇相关文献；当主题词为“高校教师阅读”时，虽然可检索到 48 篇相关记录，但只能找到为数不多涉及教学与能力的相关研究成果（8 篇）。由此可见，我国学术界在教师阅读领域的研究较为缺乏，虽然有论及不同职业人士的自我认同构建，但面向高校教师特定群体的屈指可数，仅有《对高校外语教师自我认同的个案研究》等极少数文献。对二者结合的相关研究，学术界的成果更是寥寥无几，而借助经典阅读去解构、重构、再现高校女性教师的自我认同则存在空白。

采用关键词“classic reading”在 EBSCO 的发现系统检索，可检索到英语学术文章记录 50 余万条，而且 2004 年以来就有 26.96 万余条记录；用“self-reflection”限定后则有 8.97 万条记录。可见，“经典阅读”与“自我认同”相关的学术研究在英文语种里，是比较常见的话题。但严格限定于经典阅读这一视角去管窥某一个职业群体的自我认同的研究还是比较少，不足 5 篇。综上，本文选题的相关研究在国内外都是有拓展空间的。鉴于本文的选题分割，用不同主题来检索，往往具有较为丰富的国内外研究及实践成果。因此，本文的选题研究在交叉、跨领域的研究过程中有助于打破学科壁垒，促使不同方向的研究成果得以融合。

2. 相关概念界定

经典，是指那些传统的处于权威地位的著作，也泛指各个宗教宣扬教义的根本性著作。除文学类的经典书籍之外，还有很多非物质文化遗产也可称为经典，甚至是一些被人们广为流传并歌颂的人或事，也可称得上不朽的经典。更广泛的定义，经典可泛指一切有价值的东西。经典作品是人类精神宝库中最灿烂的组成部分，包含了作品作者对社会发展、时代进步和个人成长的思考。经典作品之所以称得上经典，就是因为它是经过了千锤百炼和时代沉淀之后的产物，具有极高的研究意义和不可估量的价值。

自我认同，包含自我了解和自我实现两部分。“认同”的概念最早由弗洛伊德提出，认同就是个人与他人、与群体或者模仿人物在情感和心理方面趋于一致的过程。埃里克森于20世纪30年代将“自我”的概念引入心理学，进一步提出“自我同一性”，他从多方面对自我同一性进行了界定。自我认同是一个复杂而又抽象的概念，影响因素极为广泛，并无公认的结论。本文将参照心理学中“自我”的含义展开论述，见下表。

心理学中常见的“自我”含义内容表

内容形式	自我认识	自我体验	自我控制
生理自我	对自己身体、外貌、仪表、年龄、家属、所有物等的认同	是否英俊、漂亮、有吸引力、迷人、自我悦纳	追求身体的外表、物质欲望的满足，维持家庭利益等
心理自我	对自己的智力、性格、气质、兴趣、能力、记忆、思维等特点的认识	是否有能力、聪明、优雅、敏感、迟钝、感情丰富、细腻	追求信仰和理想，注意行为符合社会规范，要求智慧与能力的发展
社会自我	对自己在集体中的名望、地位、角色、责任、经济条件等方面的认识	是否自尊、自爱、自信、自豪、自卑、自恋、自怜	追求名誉地位，与他人竞争，争取得到他人的好感等

据2016年教育部在线公布的统计数据，普通高等学校共有专任教师1 601 968人，其中女性专任教师788 558人，占专任教师总数49.22%，与高校男性教师的比例大致为1∶1。高校女性教师文化水平较高，为追求职业进步或是完善自身，往往会更注重阅读以提升自我素养。虽然每位高校女性教师的个人成长历程不同，但在当今世界各个民族文化传播与交流更为频繁的体系下，她们在整体上而言，既是传统文化的传承者，也是批判者，她们对于自我认同的理解和认知也会更加深刻。

3. 调研方法

本研究利用中山大学图书馆丰富的馆藏资源，积极查阅相关资料，同时把中山大学珠海校区的师生群体作为主要调查、访谈的样本采集对象。对数十个院系内不同专业背景的女性教师进行随机抽样访谈，还对学生进行随机抽样问卷调查，多维度地了解高校女性教师在经典阅读和自我认同构建方面的特点。最后统一对访谈内容和问卷调查数据进行统计整理和多角度分析。

（三）研究意义

现代资讯媒体为个体的自我认同构建创造了多元互动的、特性各异的平台，为高校女性教师在互联网时代自觉或不自觉地展开自我再塑造提供可能。我们选择高校女性教师为特定群体，观察经典阅读行为对其自我认同进行构建的情况，具有以下可预见的现实意义：

(1) 进一步深化现代化建设中高校女性教师全面发展的理论。特别是在迎接人工智能时代到来的进程中，人们会展现出新的自我认识及产生自我实现和自我满足的需求。基于高校女性教师已有的自我认同特征，探讨高校女性教师在经典阅读中自我发展的一般规律（进行有效的自我认同建构的规律），可深化现代化建设进程中高校女性教师全面发展的理论。

（2）丰富和发展高校女性教师的自我认同构建理论。针对高等教育领域高校女性教师自我认同相关研究还相对较少的现状，尤其是基于目前的文献大数据管理统计，探讨和分析经典阅读与高校女性教师自我认同构建的内容几乎是一片空白。这对于建设和完善现代化建设过程中高校女性教师的自我认同理论，通过丰富经典阅读构建自我认同来指导思想进步的教育理论，具有重要的理论价值。

（3）为纠正职业、专业教育中缺乏德行教育提供新的突破口，强调利用经典阅读来塑造育人过程的新思维模式、新教育模式，让师生走进经典作品，分析经典文本产生的特定时空环境，形成批判性阅读思维，促进专业素养与自我认同构建、升华价值观念之间的良性互动。通过调研活动的开展，一同促进高校女性教师反思经典作品、经典阅读，让自我认同构建在施教过程中得以持续性的优化发展。同时，促进这个群体认识到专业教育需要嵌入经典阅读，优化教案，使师生们在未来的共同价值体系构建中，达到自我认同方面的教学相长效果。

（4）广东省高等院校肩负着为国家培养优秀人才的重任，而高校女性教师又是高校人才体系建设中不可缺少的重要队伍，影响着高等教育的发展。她们有能力通过阅读经典把知识和文化素养相互融合，对高校的人才培养和思想文化传播产生重要影响。她们作为教育工作者，其阅读行为必然会呈现两种张力，一种为内向输入性阅读，形成自我认同构建；另一种为面向被施教者的外向输出阅读，多为推荐阅读，形成反思性的自我认同构建。同时，阅读推广也是一项国际话题，1982 年联合国教科文组织就曾提出“走向阅读社会——80 年代的目标”的议题，设想了面向全球的阅读推广计划。研究面向高校女性教师的经典阅读，让高校女性教师感受到这也是一种责任，可不断强化这个群体利用经典阅读推进自我认同建构。

（5）促进高校内部各类组织机构增添关爱女性教师群体的阅读保障活动。十九大报告再次提出，要坚定文化自信，推动社会主义文化繁荣兴盛。而大学文化创新离不开对经典作品的重温，离不开教师群体对经典阅读的再认知。高校女性教师群体乐于借助经典阅读来实现自我认同的再构建过程，就是大学文化创新走向熠熠生辉的过程。高校里若增加阅读保障与推广活动亦是职工教育活动的有益补充。

二、问卷调查

（一）调查设计目的

从客观角度来看，尽管学生作为他者并不能完全反映女性教师在经典阅读与自我认同构建中的全部内容，但学生有庞大的基数，是女性教师接触时间最长、频次最高的群体，充分的接触能够有效反映相关的信息。教书育人是教师的职责，汲取知识是学生的使命。学生作为女性教师最直接广泛的接触群体，能够以客体的角度反映女性教师在经典阅读与自我认同构建过程中的特征。在教育活动中想要充分、全面地了解高校女性教师经典阅读与自我认同构建的问题，就不得不注意学生这一重要的群体。通过从学生获取的信息再反馈给专任教师，也有利于女性教师充分挖掘施教潜能，开拓新教学途径，而且在教学互长的过程中，可使得专业教育有更佳的目标，亦可促进师生之间形成经典阅读与自我认同构建的良性循环。

（二）调查模块说明

问卷内容分为三个部分，第一部分是受调查群体的基本身份信息，包括性别及院系、年级。第二部分围绕选题中的相关基础知识、概念含义展开调查。例如引入“经典阅读”与“自我认同”的含义辨析，引导学生们在问卷填写中有意识地理解经典阅读与构建自我认同之间的关联。同时，引入阅读立法的背景了解，让学生有更大的兴趣与责任来填写。第三部分则是受访者在日常教学活动及课下交流的过程中从女性教师身上获得的信息反馈。以学生的身份感知女性教师这一特殊群体，例如感知其对待经典阅读的态度，观察其复合阅读行为，可间接帮助认识高校女性教师这一特定群体在自我认同构建过程中的心理变化。

（三）调查结果分析

问卷受访者主体是中山大学广州、珠海校区的在校学生，问卷发放是随机、不特定的，累计收回611份答卷，有效问卷493份，无效问卷118份，有效率80.69%。从性别来看，男生46.64%，女生53.36%，男女比例较为平衡，符合问卷主要发放地男女比例的实际情况。从答卷提供的院系资料看，覆盖了33个院系的学生，包括博雅学院、材料科学与工程学院、大气科学学院、地球科学与工程学院、电子与信息工程学院（微电子学院）、法学院、公共卫生学院、管理学院、国际翻译学院、国际关系学院、国际金融学院、海洋工程与技术学院、海洋科学学院、航空航天学院、护理学院、化学工程与技术学院、化学学院、环境科学与工程学院、历史学系（珠海）、旅游学院、生命科学学院、数据科学与计算机学院（软件学院）、数学学院（珠海）、土木工程学院、外国语学院、物理与天文学院、心理学系、药学院、医学院、哲学系（珠海）、中法核工程与技术学院、中国语言文学系（珠海）、资讯管理学院等院系。可以说，问卷样本涵盖了中山大学珠海和广州校区一半以上的院系，但从院系分类来看，珠海校区新建院系的文史哲师生更积极参与调研，数量比重近70%。综合来看，样本的男女比例、院系分布以及问卷的有效比例，都较符合实际，因此样本具有一定的代表性和科学性。由于高校教师在院系及学科上明显有性别不平衡问题，例如，理工类专业的女性教师数量较少，因此，在调查中会出现近五分之一的受访者提到没有修读过女性教师的课程，这也说明答卷情况符合学科性别构成比，是真实有效的采集数据。

1. 认知经典阅读与自我认同的现状

现代社会的身份认同不再是单纯的心理学问题，而是备受关注的社会议题。正是因为身份认同问题研究具有广泛性，所以它对教育领域特别是高校教师群体的研究价值和意义就是一个更加值得注意且不能回避的现实问题。“自我”概念是教师身份认同定义中最本质的部分，它强烈影响或决定着教师的教学方式、专业发展以及对待教育变革的态度。参考心理学中“自我”在内容和形式上的含义，可用生活常识引导受访者理解“自我认同”

的含义及表现。从问卷结果看，99%的受访者对“自我认同”概念有一定理解和接受，在生理自我、心理自我和社会自我方面都保持一定比例的认同。

对于经典阅读的认知，60%的受访者对经典阅读有一定的理解，这表明面向学生群体的经典阅读建设还有待加强，也证明了该选题的研究意义具有挖掘空间。部分学生认知不足，一方面是缺乏经典阅读的训练和习惯（另据走访调查，了解到开展经典阅读活动的院系主要分布在文史哲院系），另一方面是存在如何阅读经典以及如何挑选经典的问题。在珠海校区的文史哲院系里，女性教师会比较注重从她们个体生命发展的角度引领学生参与经典阅读，在经典阅读中构建自我认同。

88.84%的受访者肯定经典阅读对于个人成长的价值，经典对于构建自我认同的价值得到了学生的一致认可。经典阅读既有必要性，同时也有巨大的需求。培养学生阅读经典的习惯与能力对于构建自我认同有着重大的意义，同时也表明，教师作为与学生朝夕相处的引路人，具有巨大的发挥空间。

相较于大众经典阅读的作用而言，学生对专业范围内经典阅读的认可程度有所下降。专业范围内的经典一般为专业内相关人士所知，且由于其专业性、小众化，对读者来说有一定的阅读门槛，需要阅读者具有相关的专业知识储备；同时专业内的经典往往有限，甚至不在教师具体授课范围之内。教学中也没有明确地规定培养学生在专业范围内的经典阅读能力，由谁来承担实施具有专业特色的阅读推广工作还是新时代的新问题。

2. 学生对女性教师与经典阅读的了解

教师与学生有直接、密切的联系，女性教师在重复的教育教学活动中若能表现出自身重视经典阅读，重视利用经典阅读来完成自我认同的构建，那么，学生群体则能以客体身份去侧面反映，也就明显有助于我们了解女性教师的经典阅读状况的外在表现。女性教师作为社会精英群体，70%的学生认同高校女性教师是“博学多识，更容易获得自信”，近60%的学生赞同高校女性教师是“高学历高素质，构建较强的自我认同感”。女性教师通过自身学历的提升，在知识储备、个人素养和经济能力等方面都处于较高水平，因此，女性教师的积极自我认同感在日常的教学活动和与学生的交流过程中得到正面体现，40%的学生认为她们会形成较强的自我认同感，这与我们在对女性教师的个体采访中获得的信息基本一致。但是，女性教师尽管是优秀的群体，仍有46.25%的学生注意到她们在科研考核、兼顾家庭与事业的平衡方面存在压力。因此，我们有必要为提高女性教师的生活、工作质量，缓解科研压力做出努力。

女性教师除了通过内向输入性阅读形成自我认同构建，还对被施教者开展外向输出阅读，多为推荐阅读来形成反思性的自我认同构建，这种模式在女性教师的日常教学工作中都得到了反映。例如，60%的学生认为在日常的教学中，女性教师在“经典阅读的德行教育作用”方面起作用，认为能够“对学生引领推介经典阅读书目”；67%的学生反映女性教师在言传身教中传播经典阅读观念。该结果与教师访谈获得的信息基本符合：不少受访女性教师表明愿意在课堂上介绍经典阅读的相关作品。然而，三分之一左右的学生却反映并没有印象教师是否推荐过经典作品，说明仍然有一部分高校女性教师仍旧未能进行相关经典阅读影响的传递，并未广泛实现与学生的深度交流和长期互动，未在学生经典作品的阅读过程中提供专业、持续的指导。一般而言，高校女性教师对经典阅读的认识和理解较为深刻，并且愿意将这种自我认同外化为课堂教学并推荐经典作品。同时，也有一部分教师并没有在教学活动中表现出经典阅读对自身的影响，这会引发我们进一步思考是否存在问题。例如，47.87%的学生认为女性教师并未引导学生在经典阅读中获得自我认同，这部分女性教师对经典作品对自我认同构建作用的认识可能不够深入，因此也就不善于借助经典阅读来引导、塑造学生的自我认同。

三分之一左右的学生表示教师没有义务承担“德育”导向的经典阅读任务。这可能是师生之间互动的机会少。让女性教师积极展示通过经典阅读完善自我认同的构建是一个双向完善的过程，今后若增强互动，那么学生可能会更乐于承认教师有兼顾德育的义务。同时，教师如何实现经典阅读的外化影响力和充分引导学生读好经典作品，值得教育部门和学校做出实际改变。

虽然在教学过程中，教师推荐经典作品也是出于专业教育的需要，但仅有57.06%的学生表示教师推荐经典是专业课程的补充，仅有44.62%的学生希望教师可以推荐专业以外的经典作品来拓宽自己的视野，丰富自我内涵。教师向学生主动推荐经典作品，可体现出教师自身对经典作品的态度、立场与认知理念。教师推崇经典作品的行为，可直接影响学生思想品德并促进其专业素养的提升，对学生的人生观、价值观都会有积极塑造作用。从数据统计来看，阅读推广不仅需要走向法制化，同时还需要面向特定群体开展精准化的阅读推广，让阅读推广有的放矢，效果也更容易观测。例如，如果今后会有更高比例的学生期待高校女性教师为经典阅读的推广建设做出贡献，也就说明师生之间的交流机会增加，推动了教学相长的自我认同的构建，阅读推广的实际落脚点就清晰了。

三、访谈女性教师

（一）聚焦高校女性教师

高校领域是女性精英人才的密集之地，高校女性教师可作为高知女性群体的代表。“女性高层次人才作为高校教师队伍中一支不可忽视的主力军，正发挥着越来越重要的作用，并做出了卓有成效的贡献；高校女性高层次人才的职业发展不仅关系到女性整体的成长，还关系到高校创新人才的培养、科学研究和服务社会功能的整体发挥，更关乎我国高等教育事业的繁荣和创新型国家建设。”（宋媛，2011）我们试从经典阅读这个广受关注的话题出发，探索高校的女性教师如何从经典阅读中汲取养分，完成自我认同的构建，这种关注具有重要的现实意义。而且，选择高校女性教师借助经典阅读履行教学活动的过程来完成自我认同的再构建研究，还有利于女性教师充分挖掘施教潜能，开拓新教学途径，在教学互长的过程中使得专业教育有更佳的教育目标。同时也为“阅读推广”这一时代课题提供研究案例，服务于全民阅读推广。

于良芝教授认为：“根据图书馆界从事阅读推广的经验，它主要指以培养一般阅读习惯或特定阅读兴趣为目标而开展的图书宣传推介或读者活动。”“‘培养阅读习惯或兴趣’决定阅读推广试图影响的通常是休闲阅读行为，即与工作或学习任务无关的阅读行为。与工作或学习任务无关的阅读，其目标是解决工作或学习中的问题，它既然主要受任务驱动，便不易受阅读推广的影响。”（于良芝、于良彬，2014）这种阅读推广观点，是按阅读目的来分类阅读行为的。而本研究选题细化人群群体，谋求精准阅读推广，可助力阅读推广在我国的深化发展。

（二）采访结果分析

本次的访谈范围涉及中山大学文理工商等多个学科的女性教师，因此可以在一定程度上反映高校女性教师对经典阅读与自我认同构建关系的准确态度。就访谈结果来看，多半教师反映经典阅读的时间占全部阅读时间的50%以上，经典阅读在高校女性教师群体得到认可和践行。

从经典阅读特点来看，阅读内容大致分为三类：①大众经典文学著作，如四大名著；②专业学科领域内的经典书籍，如历史系的《资治通鉴》；③非自身专业类的经典书籍，这是由于学科交叉研究的需要。受访女性教师普遍反映这些都是专业研究或是从事其他领域探索所需要的经典书籍。随着现代资讯媒体的进步，教师的阅读方式在很大程度上有所改变。而这种改变，同时也受学科特点的限制而体现出不同的特征。主要表现为以下特点：①女性教师的阅读内容绝大多数与专业领域相关，理工科教师的倾向明显，而文史哲教师阅读则相对广泛。依据上文，我们针对学生群体问卷调查的相关问题来探究，追根溯源，大概可以解释为以下原因：高校女性教师科研压力较大、专业研究范围更加细化后，研究兴趣和阅读爱好偏向狭窄，同时，缺乏合适的宣传推广机制也对此有较大的影响。②从女性教师阅读载体的选择来看，大多数受访教师倾向于纸质阅读，甚至部分人文学科类女性教师更愿意采用纯纸质阅读，仅其中一部分教师会选择电子设备阅读专业文献，电子阅读比例较低。谈到阅读环境时，多数高校女性教师表示倾向在办公室阅读专业文献，其他地点阅读休闲图书。阅读行为会根据目的而变化，灵活度比较大。③从经典阅读对自我认同构建的态度来看，基本都认可。只是，女性教师群体对待经典阅读的态度受自身学科门类背景影响较大。对待访谈的问题，明显有学科烙印。多数理工科专业教师并不局限于阅读一本或者几本图书，而且她们多是选择概念性学习，不同于人文类学科需精读某几册图书。理工科教师业余的经典阅读目的主要是放松和舒缓身心，对自身专业的直接影响并不大，而文史哲等人文领域学科教师就直接肯定经典书籍在促成她们的专业认同、自我认同中发挥重要作用。

综合来看，所有受访的高校女性教师均表示阅读经典书籍对形成良好习惯、处理专业学习上的问题都有很大的帮助，也认为阅读经典有利于完善自我，并愿意与学生分享交流经典阅读的感受。但目前，多数院系缺乏开展经典阅读活动的经验和意识，学院领导并未能为师生之间的经典阅读交流搭建足够多的平台。

（三）经典阅读访谈个案

（1）历史系（珠海）某教师："其中有两本书对我影响深刻，其中一本就是考研这一苦闷阶段遇到的季羡林先生的回忆录，书中提到，当敌军炮弹炸到头顶附近他还在看书，老先生对读书始终都很坚定，这让我重新整理心情，坚定做好自己的事。另一本就是对自己专业有启发的书籍，是本科时读的《科学史十五讲》，它虽然是上海交通大学的科学史课程教案，是入门书籍，但帮助我打开了科技史的大门。该书吸引人且通俗易懂，所以我看完之后产生了立志从事科学技术史相关工作的愿望。现在，我更加坚定经典书籍对专业认同的意义。"

（2）中法核工程与技术学院某教师："影响专业研究态度或者引导人生观的并不是某

本特定的书籍，我更相信个人行为对他人的影响作用。学习更直接的方式是人与人之间的交流及经验传播。教师这种职业往往更注重经验的作用，经验源于经历的积累，文字对经验的表达是有限的。例如书本告诉我如何授课，但我旁听一些老教师的课，会发现他们其实是在言传身教，通过自己的行为去影响学生，形成自己的授课方式。”

(3) 中文系（珠海）某教师：“阅读经典，切不能走极端。读书做人要介于功利与非功利之间，功利可能是为了‘一碗饭’，然而非功利是真正契合自己的兴趣，是喜欢才去读它，我希望我们对经典阅读用功利与非功利的辨证眼光去看待，并找到平衡点。另外，要保有灵性，倾听内心的声音，内心的真实想法才是自己最重要的东西，不要读成‘书呆子’，在学术研究的工作过程中，应懂得如何生活。”

(4) 中山大学附属第五医院精神心理科某兼职教师：“我以前读过的《红楼梦》让我印象深刻。我以前认为该书是宝、黛、钗的三角关系史，后来体会到这是一部中国文化的巨史，呈现了传统文化的诸多特点和社会复杂性。经典阅读并不是对某个特别人物进行模仿，而是在经典塑造的世界里反思，内化成自己身体的一部分并外化到日常生活中，这样经典就与生活产生了正向联系。”

四、总结与反思

（一）总结

通过本选题的调研，能从数据采集、分析过程反映女性教师在施教过程中，经典阅读与自我认同的外向输出状态，调研结果可促进反思性的自我认同构建。从调研数据来看，高校女性教师经典阅读与自我认同构建关系是比较复杂的。部分女性教师能够在教学活动过程中体现自己对经典作品的推介与推崇，但这种输出的效果参差不齐，因为亲自陪同学生践行经典阅读和交流的机会十分有限。今后，经典阅读要在自我认同构建中起作用，还需创造更多的条件。

自我认同构建既是自我本体性安全的需要，也是在现代性动力驱动下，促进知识反思并最终延伸到个体自我构建的过程。学生是间接观察女性教师的媒介，学生能感知到高校女性教师对待经典阅读的态度，观察到其复合阅读行为。调研学生群体，可间接帮助我们认识女性教师群体在自我认同构建过程中的心理嬗变。通过调研，我们也认识到，教师可以借助经典阅读引导、塑造学生的发展。教师应当努力具备深厚系统的学科知识、学科信仰、学科思维方式以及人格特征等素养，借助经典阅读来建立良好的自我认同。今后可形成常规性的调研，将学生的声音反馈给女性教师。

之所以说教师群体特殊，就在于它本身是一个互动结构，并不是独立的个体。这一群体并不仅仅有自己的专业方向和兴趣爱好，还和学生群体产生密切的联系。高校女性教师与学生之间的双向互动关系是一个教学相长、相互促进的良性运作过程，在不断与学生群体交流的过程中，高校女性教师的专业素养和自身潜力也会有较为明显的提升。采访结果表明，女性教师群体通过阅读经典，会形成一种独自的内化过程，对学生群体的影响虽然并非直观可见，却是有效的，因为部分教师愿意在学生群体中积极推荐经典阅读，扩大经典阅读范围，并牵头形成读书兴趣小组等群体，促进交流。我们的调研，预计会使更多的社会群体认识到这一环节的重要性。期待调研行为能让女性教师认识到其经典阅读与自我认同构建是得到组织关怀的，促使其加强爱校爱岗的意识。

（二）不足之处

高校女性教师群体的自我认同构建过程看不见摸不着，然而其过程却影响自己及他人。经过这几个月的问卷调研、实地采访和一定数量的案例分析，我们基本明确经典阅读与自我认同构建之间的关系，认识到经典阅读对高校女性教师的自我认同构建过程有一定影响，但影响程度仍然不够明确，因为缺乏度量标准，对调研结果的分析也不够深入、系统，并且在深入采访高校女性教师过程中由于缺乏足量的样本，是否有充分的代表性仍有待商榷。此外，由于团队开展研究受到客观条件制约，使本文仍留有较大的进步余地。

（三）展望

高校女性教师群体的自我认同构建是十分复杂的问题，不仅“自我认同”一词的概念界定存在分歧，且高校女性教师的自我认同构建是内因与外缘相互融合进而产生作用的动态呈现过程。受限于周围环境及条件等因素，目前关于经典阅读对高校女性教师自我认同构建的观察仍未得到很好的解决，今后还需更进一步调整调研的广度和深度，继续探索经典阅读与自我认同构建在高校女性教师群体中的内在逻辑联系，并转化成具有可操作性的科学依据，为高校女性教师更好地利用经典完善自我认同构建提供理论指导。同时，我们仍希望在研究的过程中不断调整研究方法，构建一套有针对性且可操作的研究方法。

国民阅读水平在很大程度上能够反映民族基本素质、创造能力和发展潜力。今后，还需注重高校女性教师与其他社会群体的区别与联系，捕捉其与其他社会群体的共性与个性，将分析研究的经验与方法迁移到与经典阅读有关的其他群体，使经典阅读覆盖不同层次、类别的群体，也为各行各业开展阅读推广获得案例参考和理论依据。我们希望“经典阅读与高校女性教师自我认同的建构”这一选题能够起到抛砖引玉的作用，引来更多优秀学者的讨论和深化，为推广全民阅读活动创造更多的可能。

参考文献

［1］马芮．大数据时代青少年自我认同研究．广州：华南理工大学，2017.

［2］何郁．教师的经典阅读．中国教师，2017（2）.

［3］于保东．自我认同是教师职业认同的前提．新教师，2018（9）.

［4］何羽婷．高校女性教师学术职业能力现状及其影响因素研究．金华：浙江师范大学，2017.

［5］张旭婷．高校教师专业发展需求实证研究．南昌：南昌大学，2018.

［6］薛路花．25—44 岁与 45—65 岁女性职业生涯转换的比较研究．上海：华东师范大学，2014.

［7］王素月．论社会性别理论视角下的女性教师专业发展．现代基础教育研究，2017，28（4）.

［8］AMANO M. Women in higher education. Higher education，1997（2）.

［9］李雅，费王开．论经典阅读与高校通识教育的关系——基于苏州大学通识教育课程改革的调查．高校图书馆工作，2018，38（3）.

［10］汤罡辉，杨康明，蔡卫平．高校图书馆阅读推广岗位设置的探讨．广州城市职业学院学报，2017，11（4）．

［11］顾悦．当代西方文学理论与文学阅读的情感回归．南京社会科学，2011（10）．

［12］石在中．当代西方文学阅读理论的多向展开．中国政法大学学报，2011（2）．

［13］中华人民共和国教育部．2016 年教育统计数据——各级各类学校女性教师、女教职工数．（2017－08－22）．http：//www. moe. gov. cn/s78/A03/moe_ 560/jytjsj_ 2016/2016_ qg/201708/t20170822_ 311611. html.

［14］MASTEKAASA A，SMEBY J－C. Educational choice and persistence in male and female-dominated fields. Higher education，2008（2）．

［15］王余光．传统经典阅读的当代意义．中国图书评论，2004（6）．

［16］曹明海．大众阅读与经典阅读．山东图书馆季刊，2008（2）．

［17］乔治·赫伯特·米德．心灵、自我和社会．霍桂桓，译．北京：北京联合出版公司，2014.

［18］宋媛．高校女性高层次人才的职业发展——以北京市为例．沈阳师范大学学报（社会科学版），2011（4）．

［19］高平叔．蔡元培教育论著选．北京：人民教育出版社，1991.

［20］于良芝，于彬彬．图书馆阅读推广——循证图书馆学的典型领域．国家图书馆学刊，2014（6）．

中国优秀传统文化与现代高校女性发展问题研究

——以广东省高校为例

胡远慧*

一、问题的提出

中国优秀传统文化是中华民族的根和魂，是中华民族在上下五千年漫长的发展过程中的历史积淀与思想精华，是中华文明历代传承的“基因密码”，是使中华民族屹立于世界之林的精神命脉。学习和掌握博大精深的中国传统文化，不仅有利于个人树立正确的世界观、人生观、价值观，同时也有利于培养集体的自豪感与文化自信。

现代高校女性是指在高等院校内工作或学习，接受良好的高等教育，具有较高的文化水平和职业素质，注重提高自身的心理素质和生理素质，适应时代、社会发展需要，素质全面的新型女性。现代高校女性因其广博的科学知识、丰厚的文化底蕴、强烈的自我发展意识和为人师表、教育传播作用而承担着更大的工作与社会责任。她们一方面是家庭的管理者、教育者，另一方面成为构建和谐校园的中坚力量，身兼多重身份，发挥多种功能。

将中国优秀传统文化与现代高校女性的发展相结合，从文化学的角度切入，予以探讨，有利于更大范围、更深层次地继承、传播中国优秀传统文化。

二、课题研究的现状

对中国传统文化的研究历史悠久，成果颇多。女性研究是西方国家第二次妇女运动浪潮的产物，较早形成于美国，继而迅速传播到北美其他国家以及欧洲，成为全球性的研究问题。中国有关妇女的研究相对起步较晚，20 世纪 80 年代处于萌芽状态，90 年代开始逐渐进入人们的视野，获得关注。研究的领域涉及婚姻家庭、教育、社会、经济、政治等多个领域，随着时代的发展，相关的研究在广度与深度方面都有所拓展，相关的研究专著、论文陆续出版，值得我们关注。

1. 学术研究方面

有关中国传统文化的研究成果众多，其中 1959—2017 年以“中国传统文化”为题名的专著1 894本，期刊则多达314 919篇。然而结合传统文化与女性研究的成果则相对较少。其中骆桂花撰写的论著《甘青宁回族女性传统社会文化变迁研究》（2007）、李东风主编的《传统文化与女性发展研究》（2015）就“传统文化与现代女性发展”的相关问题进行了多角度、跨学科的探讨与解读。蔡红艳的《传统与现代——两种文化境遇中的女性》

* 作者单位：华南农业大学。

(1996)、林丹娅的《中国女性文化：从传统到现代化》(1997) 探讨了中国女性新文化两次重要的历史性进程。

2. 实践研究方面

近年来，我国女性学研究方兴未艾，尤其是对女性现状的调查研究，但是对在妇女中占少数的高校女性的实践研究则相对较少。

如杨小红、高美雁的《传统文化与近代女杰（对1840至1949年间50位杰出女性的统计分析）》(1996) 对近代历史上50位杰出女性的家庭、籍贯及文化教育等多项指标进行了统计、分析，论述了近代女杰获得成功与传统文化之间的关联。裔昭印主编的《社会转型与都市知识女性来自上海高校的研究报告》(2005) 从理论和现实相结合的角度对如何提高高校知识女性的地位进行了深度思考，并提出了积极的对策。郑茜著《高校女性领导发展制约因素及对策研究——以徐州市高校女性领导为例》注重对策研究。

具体研究广东高校女性的成果则更少，如2013年的《中国教工》上发布了广东高校女性发展研究中心成立的讯息，2013年12月《中国教工》上报道了广东举办高校女性发展研究交流会。

从20世纪50年代至今，研究成果较为丰富，学术视野比较开阔，都将为本课题的研究提供资料和经验，构筑基础平台，然而现有研究仍存在不足，将中国优秀传统文化与现代高校女性的发展相结合、具体探讨广东地区区域性的研究相对薄弱，具有拓展研究的空间，有必要进一步加强。

三、课题研究的设计

本课题将从文化学的视角出发，着力探讨现代高校女性在传统文化视域中所涉及的诸多层面。运用问卷调查和个案研究方法，对广东地域的现代高校女性在中国传统文化变迁中出现的问题予以探讨与反思，深入分析在中国传统文化变迁进程中现代高校女性的文化自觉与现代化转型，同时挖掘高校女性的优势，助力于中华传统文化的传承。

1. 现状调查

利用问卷和访谈调查，从定性和定量的角度对高校女性包括女教工和女大学生进行现状调查，具体包括调查高校女性的年龄分布、籍贯、教育程度、专业、爱好等，研究广东地域的现代高校女性的成才规律以及影响其职业发展的各种与传统文化相关的因素。以数据形式补充广东省高校女性社会问题研究的资源库。

2. 发现问题

结合问卷和访谈调查，从高校中男性与女性的不同地位与发展、在传统与现代两种文化境遇中女性的发展需求、广东地区区域性影响下的现代高校女性发展、优秀传统文化对高校女性身心的影响等角度，了解现代高校女性在中国传统文化变迁中、在职业发展方面最迫切的需求和最突出的困难，研究其个性特征，挖掘发展优势。

3. 对策研究

针对调研结果，分析中国优秀传统文化与广东高校女性发展之间的相互影响，尝试探索解决问题的多种途径。通过向各级领导和相关部门提供参考建议，希冀进一步提高高校女性的平等地位，实现均等的发展机会。

本课题以历史唯物主义和辩证唯物主义为基本原则，运用问卷调查法、历史法与文献法、比较研究、多视角研究、跨学科研究等多种研究方法与手段。

四、课题研究的过程

本课题的实施分为三个阶段：

1. 前期阶段

此阶段以调研、资料搜集、整理为主。主要对相关研究的文献资料进行搜集、整理；研读国内外相关研究；设计调查问卷，利用问卷和访谈形式对广东省几所高校的女教工和女大学生进行相关内容的调查研究。

设计的调查问卷包括基本情况、对中国优秀传统文化的了解、高校女性参与传统文化传承的情况三大部分内容共21个问题。发放、回收问卷149份。问卷内容如下：

关于中国优秀传统文化与广东高校女性发展的调查问卷

第一部分　基本情况

Q1：请问，您目前在高校的身份是：

○教师　○学生　○其他

Q2：请问，您的年龄是：

○18—25岁　○26—35岁　○36—45岁　○46—55岁　○55岁以上

Q3：请问，您的学历是：

○本科　○硕士研究生　○博士研究生

Q4：请问，您是否有过出国留学或访学的经历？

○有过　　○没有

Q5：请问，您所属专业为？

○理工科　○人文社科　○其他

第二部分　对中国优秀传统文化的了解

Q6：您对中国传统文化感兴趣吗？

○非常感兴趣　○一般　○不感兴趣

Q7：对于中华优秀传统文化，您的了解程度是：

○非常了解　○一般　○知之甚少

Q8：您认为中华优秀传统文化对当下中国社会有何意义？

○很重要　○有一些作用　○可有可无　○有消极作用

Q9：请问您认为中华优秀传统文化对您个人影响的程度是：

○较深　○一般　○较浅　○几乎没什么影响

Q10：您能感觉到周围的文化氛围的浓厚吗？（经常有文化活动的举办，或者自发的文化活动吗）

○能　○一般　○不能

Q11：您对以下哪种中国传统文化最感兴趣：（多选）
○ 传统文学（诗歌、古文等）
○ 传统艺术（音乐、美术、建筑等）
○ 中国传统技艺（剪纸、刺绣、年画等）
○ 传统节日或习俗
○ 传统思想
○ 其他
Q12：您觉得传统文化的未来：
○发展前景很好，有深厚的影响 ○发展前景一般，影响不大深厚
○逐渐消逝，前景让人担忧 ○不清楚
Q13：您认为是什么因素阻碍了传统文化的传承？（多选）
○外来文化的冲击 ○传统文化不能紧跟时代步伐
○对传统文化缺乏兴趣 ○个人无时间学习
○了解途径较少，宣传力度不够 ○其他
Q14：请问您一般通过哪些途径来认识和了解中华优秀传统文化？（多选）
○网络 ○电影电视 ○报纸杂志 ○课外书本
○教师传授 ○旅游 ○父母长辈讲解 ○朋友

第三部分 高校女性参与传统文化传承的情况

Q15：您愿意参与到中国优秀传统文化的传承与发展工作中吗？
○非常愿意 ○愿意 ○不愿意 ○心有余而力不足（没时间、精力等）
Q16：作为高校女性一员，您个人目前在传统文化传承中发挥了多大的作用？
○非常大的作用 ○一般参与 ○没有参与
Q17：作为现代高校女性，您的家人支持您的相关工作或学习吗？
○非常支持 ○支持 ○不支持 ○无所谓
Q18：根据目前现状，您认为男性和女性在传统文化传承中发挥的作用是否平等？
○十分平等 ○男性普遍比女性作用大
○女性普遍比男性作用大 ○十分不平等
Q19：作为现代高校女性，您认为中国传统文化的变迁对您的职业发展有影响吗？
○非常大的影响 ○一般性影响 ○没有影响
Q20：您认为中国优秀传统文化的传统性与现代高校女性的现代性可以有机结合吗？
○可以完美结合 ○有一定可行性 ○不可以结合
Q21：您对高校女性参与中华优秀传统文化的传承与发展有什么建议？

---

2. 中期阶段

主要是对前期收集的资料进行数据统计，针对课题内容予以相关研究与分析，并写出调查报告。

第 1 题　请问，您目前在高校的身份是：

选项	小计	比例
教师	22	14.77%
学生	126	84.56%
其他	1	0.67%

首先从现代高校女性参与问卷调查的构成人群可以得知，教师与学生的参与度明显不同，教师与学生的参与比例约为 1∶6，女学生明显比女教师积极性更高。虽然调查者们通过工会群、学院教工群、校际教师群等多种网络途径发放相关调查问卷，但从数据可以反馈出实际参与问卷调查的女性教师人数较少。原因当然是多方面的，但至少也反映出对研究事项的不重视、不关心。

第 2 题　请问，您的年龄是：

选项	小计	比例
18—25 岁	126	84.56%
26—35 岁	1	0.67%
36—45 岁	14	9.4%
46—55 岁	7	4.7%
55 岁以上	1	0.67%

从调查数据表明：年龄与参与度成反比，25 岁以下年轻的女性积极参与该项调查，而 55 岁以上的高校女性参与者最少，仅为 1 人。年轻女性充满激情与活力，对于与自身有关的任何事情都比较关心，勇于参与。

第 3 题　请问，您的学历是：

选项	小计	比例
本科	128	85.91%
硕士研究生	19	12.75%
博士研究生	2	1.34%

第 4 题　请问，您是否有过出国留学或访学的经历？

选项	小计	比例
有过	14	9.4%
没有	135	90.6%

第 5 题　请问，您所属专业为？

选项	小计	比例
理工科	35	23.49%
人文社科	49	32.89%
其他	65	43.62%

参与调查研究的高校女性的专业覆盖面较广，既有理工科也有人文社科专业，还有其他专业的女性，为研究范围的广度提供了保证。

第 6 题　您对中国传统文化感兴趣吗？

选项	小计	比例
非常感兴趣	67	44.97%
一般	80	53.69%
不感兴趣	2	1.34%

接受调查的高校女性对中国传统文化的兴趣总体较高，只有 1.34% 的人表示不感兴趣。

第 7 题　对于中华优秀传统文化，您的了解程度是：

选项	小计	比例
非常了解	8	5.37%
一般	130	87.25%
知之甚少	11	7.38%

虽然我们已知接受调查的高校女性对中国传统文化的兴趣总体较高，但高达 87.25% 的人却对中国传统文化只是局限于一般性了解，非常了解的人数较少。如果高校女性自身对中国传统文化不够精通，就很难发挥其传承、教育的作用。

第 8 题　您认为中华优秀传统文化对当下中国社会有何意义？

选项	小计	比例
很重要	123	82.55%
有一些作用	23	15.44%
可有可无	2	1.34%
有消极作用	1	0.67%

受调查者普遍认同中华优秀传统文化对中国社会有重要意义。

第 9 题　请问您认为中华优秀传统文化对您个人影响的程度是：

选项	小计	比例
较深	72	48. 32%
一般	69	46. 31%
较浅	5	3. 36%
几乎没什么影响	3	2. 01%

论及中华优秀传统文化对其个人的影响时大部分人认为有影响，但程度各不相同。

第 10 题　您能感觉到周围的文化氛围的浓厚吗？（经常有文化活动的举办，或者自发的文化活动吗）

选项	小计	比例
能	37	24. 83%
一般	89	59. 73%
不能	23	15. 44%

现阶段，高校女性普遍认为周围的文化氛围一般，为高校女性发挥自身特点参与传统文化的传承与发展提供了机遇。

第 11 题　您对以下哪种中国传统文化最感兴趣？（多选）

选项	小计	比例
传统文学（诗歌、古文等）	91	61. 07%
传统艺术（音乐、美术、建筑等）	137	91. 95%
中国传统技艺（剪纸、刺绣、年画等）	95	63. 76%
传统节日或习俗	113	75. 84%
传统思想	42	28. 19%
其他	13	8. 72%

在中国传统文化中最令高校女性感兴趣的集中于传统艺术（音乐、美术、建筑等）方面，传统节日或习俗、中国传统技艺（剪纸、刺绣、年画等）次之。此数据为下一步在高校开展相关工作提供了指导方向。

第 12 题　您觉得传统文化的未来：

选项	小计	比例
发展前景很好，有深厚的影响	87	58.39%
发展前景一般，影响不大深厚	33	22.15%
逐渐消逝，前景让人担忧	24	16.11%
不清楚	5	3.36%

第 13 题　您认为是什么因素阻碍了传统文化的传承？（多选）

选项	小计	比例
外来文化的冲击	111	74.50%
传统文化不能紧跟时代步伐	99	66.44%
对传统文化缺乏兴趣	74	49.66%
个人无时间学习	50	33.56%
了解途径较少，宣传力度不够	95	63.76%
其他	13	8.72%

阻碍传统文化的传承的因素复杂而多样，但外来文化的冲击，传统文化不能紧跟时代步伐，了解途径较少、宣传力度不够等方面值得我们尤为关注。

第 14 题　请问您一般通过哪些途径来认识和了解中华优秀传统文化？（多选）

选项	小计	比例
网络	124	83.22%
电影电视	117	78.52%
报纸杂志	65	43.62%
课外书本	100	67.11%
教师传授	87	58.39%
旅游	73	48.99%
父母长辈讲解	73	48.99%
朋友	26	17.45%

在当今社会，中华优秀传统文化主要依靠网络、电影电视、课外书本进行传播，而课堂教学发挥的作用并不明显。高校女性教工可以加强、增加相关教学内容；高校女性可以借助多媒体等现代传播手段扩大中华优秀传统文化的影响。

第 15 题　您愿意参与到中国优秀传统文化的传承与发展工作中吗？

选项	小计	比例
非常愿意	75	50. 34%
愿意	57	38. 26%
不愿意	2	1. 34%
心有余而力不足（没时间、精力等）	15	10. 07%

各高校女性都愿意参与到中国优秀传统文化的传承与发展工作之中，但也有 10. 07% 的人表示受时间、精力所限，无法加入此行列。

第 16 题　作为高校女性一员，您个人目前在传统文化传承中发挥了多大的作用？

选项	小计	比例
非常大的作用	12	8. 05%
一般参与	103	69. 13%
没有参与	34	22. 82%

目前而言，真正参与到传统文化传承工作中并不遗余力发挥作用的人数非常有限，表现为有意愿却受现实条件所限，无法真正发挥优势。这也是性别差异带来的问题。相对而言，高校女性在生活中担任的工作较之男性更多，加之正常工作的参与，以至于高校女性无力挤出更多的时间和精力用于传统文化的传承。

第 17 题　作为现代高校女性，您的家人支持您的相关工作或学习吗？

选项	小计	比例
非常支持	46	30. 87%
支持	76	51. 01%
不支持	2	1. 34%
无所谓	25	16. 78%

第 18 题　根据目前现状，您认为男性和女性在传统文化传承中发挥的作用是否平等？

选项	小计	比例
十分平等	72	48. 32%
男性普遍比女性作用大	41	27. 52%
女性普遍比男性作用大	21	14. 09%
十分不平等	15	10. 07%

我们可喜地看到，高校女性接近一半的人数认为男性和女性在传统文化传承中发挥的作用是平等的，说明在现实中她们受到了平等的对待。

第 19 题　作为现代高校女性，您认为中国传统文化的变迁对您的职业发展方面有影响吗？

选项	小计	比例
非常大的影响	32	21.48%
一般性影响	94	63.09%
没有影响	23	15.44%

第 20 题　您认为中国优秀传统文化的传统性与现代高校女性的现代性可以有机结合吗？

选项	小计	比例
可以完美结合	50	33.56%
有一定可行性	94	63.09%
不可以结合	5	3.36%

绝大部分的受调查者认为中国优秀传统文化的传统性与现代高校女性的现代性可以有机结合。

3. 后期阶段

针对研究结果，评判中国优秀传统文化对广东高校女性发展的影响，提出思考与建议，试图探寻满足其发展需求和解决其问题的各种途径。

首先从现代高校女性参与调查问卷的构成人群可以得知，教工与学生的参与度明显不同，女学生明显比女性教工积极性更高。所以，如何调动女性教工的积极性、发挥她们的优势与能力是今后我们需要考虑的问题。

绝大部分的受调查者认为中国优秀传统文化的传统性与现代高校女性的现代性可以有机结合，她们都愿意参与到中国优秀传统文化的传承与发展工作之中。但目前而言，真正参与到传统文化传承工作中并不遗余力发挥作用的人数非常有限，表现为有意愿却受现实条件所限，无法真正发挥优势。这也是性别差异带来的问题。相对而言，高校女性在生活中担任的工作较之男性更多，加之正常工作的参与，以至于她们无力挤出更多的时间和精力用于传统文化的传承。因此，如何解决时间短缺、精力有限的问题是我们今后需要着力解决的问题。

虽然我们已知接受调查的高校女性对中国传统文化的兴趣总体较高，但高达 87.25% 的人对中国传统文化只是局限于一般性了解，非常了解的人较少。如果高校女性自身对中国传统文化不够精通，就很难发挥其传承、教育的作用。中国优秀传统文化的传承与现代高校女性自身发展的有机结合与碰撞，是我们需要面对的问题，目前已经有了一些尝试，但如何更有效需要我们共同探讨与努力。

从调查中可知，在中国传统文化中最令高校女性感兴趣的集中于传统艺术（音乐、美术、建筑等）方面，传统节日或习俗、中国传统技艺（剪纸、刺绣、年画等）次之。这为我们开展个案研究提供了方向。我们可以先行尝试在传统艺术领域，如结合音乐、美术专业进行相关的尝试与探索。

五、课题研究的成果分析

1. 补充广东省高校女性社会问题研究的数据库资源

本课题对广东地域的现代高校女性进行系统地资料整理与研究，将为广东省于2013年成立的广东省高校女性发展研究中心的广东省高校女性社会问题研究数据库补充与传统文化相关的内容，无论从内容上还是形式上都具有重要意义。

2. 创新研究角度

高校女性在现实中往往身兼多重角色，比普通女性面临更大的来自工作与社会的压力，她们的生活方式、生存状态以及发展状况对社会女性有着较强的引导和示范作用。对中国优秀传统文化与现代高校女性的发展予以交叉研究，将拓展女性、传统文化研究的角度，为探讨新时期妇女理论的发展和两性平等发展研究提供参考，成为一个学术亮点。

3. 探索政策创新和制度创新、充分发挥高校女性的潜能

本课题研究将为新时期妇女理论的发展和男女平等、两性和谐发展作出一份贡献。本课题将有助于政府、机关单位、高等学校制定适合高校女性发展的政策、实现政策创新和制度创新，为进一步挖掘高校知识女性的潜力、调动其积极性、充分展示她们的优势与魅力、促进社会发展作出积极的贡献。

本课题存在的问题在于调研的广度还可以拓展，以后有机会还可以扩充研究对象，补充研究内容，丰富研究的资料库。由于时间有限，研究任务多，研究人员只能满足完成研究任务。如果研究的周期能够适当延长，可以将前期调研结果与具体艺术实践相结合，探讨和中国优秀传统文化、现代高校女性发展相关的具体问题，这将会取得更加丰富的研究成果。

健康研究

广东省高校及研究机构女性亚健康状况调研及其对策研究

董姣 董建新*

一、引言

亚健康状态，是指人的身心处于疾病与健康之间的一种健康低质状态，又称第三状态、灰色状态，较常见的表现有活力、适应能力和免疫力降低。世界卫生组织的一项全球性调查表明，全世界亚健康人口总的比例已占75%，真正健康的只有5%。[1]随着人们生活方式的改变和人口的老龄化，亚健康成为影响人们健康水平提高的主要因素之一，给个人和社会造成了极大的负担，亚健康问题的解决刻不容缓。据国内抽样调查显示：处于亚健康状态的人口约占总人口的60%，其中主要是中年群体，占48%—50%，高级知识分子、企业管理者患病率高达70%。对不同行业人群亚健康状态的调查发现，高校教师以69.18%的比例领先于医生、护士及公务员等其他行业人群，成为受到亚健康影响的高危人员。在当今竞争激烈的社会中，女教师面临的来自工作、学习、生活及人际关系等各方面的竞争和压力更大且更复杂。女教师要获得与男教师同样的成绩需付出更多，因高校女教师除承担与男教师同样的教学、科研任务外，在培育子女、奉养老人、承担家务等方面的付出都会比男教师更多，相对更少顾及自己的身心状态及自我保健。[2]

目前我国高校教职工群体处在巨大的社会竞争和社会高期望值的压力之下，可能会导致出现亚健康的各种表现。高校及研究机构女性承受着教学、科研、家庭和社会等多重压力，因而也成为亚健康状态人群的主流。本课题基于世界卫生组织的健康定义，设计高校及研究机构女性亚健康调查问卷，对广东省高校及研究机构女性的亚健康状况进行调查。了解高校及研究机构女性亚健康状况及其影响因素，提出改善该群体亚健康状况的对策建议，为进一步开展高校及研究机构女性亚健康管理，有效干预、改善亚健康状况并提供指导意见，为相关卫生部门制定相关政策提供依据和参考。

二、对象与方法

（一）对象

本研究以广东省高校及研究机构女性教职工为调查对象，共发放调查问卷1 000份。在资料整理过程中剔除问卷填答内容不完整、前后逻辑不一致的样本105份，有效样本数

* 作者单位：暨南大学。

为 895 份，本次问卷调查有效回收率为 89.50%。

（二）研究方法

采用问卷调查法，以亚健康评定量表（sub-health measurement scale version 1.0，简称 SHMS V1.0）为核心，以与健康有关的生存质量测量量表（short form 36，简称 SF-36）为效标，结合高校及研究机构女性教职工的一般情况、生活方式及经历事件设计该群体亚健康调查问卷，探索广东省高校及研究机构女性教职工亚健康状况及主要影响因素。对收集到的 895 份有效数据，采用 SPSS 20.0 和 Smart 2.0 进行相关的数据管理与统计分析。

问卷内容一共分为三个部分，第一部分包括被调查者的年龄、文化程度、职称、婚姻等一般资料；第二部分包括生理症状、心理症状、社会适应症状调查；第三部分包括生活方式、生活环境和社会环境等调查。

三、结果

（一）高校及研究机构女性教职工健康状况

研究结果显示，895 名女性教职工中有 627 名女性教职工处于亚健康状态，亚健康比例为 70.06%。不同年龄组亚健康发生率有差异（$p<0.05$）。其中，30—39 岁组的女性教职工亚健康发生率最高，其次为 22—29 岁组，50—65 岁组最低。女性教职工亚健康状态和职称存在一定相关关系（$p<0.05$）。在职称分布的对比中显示，中级职称女性亚健康发生率最高为 78.72%，其次为初级职称 67.10%，高级职称最低，为 61.63%。

工作性质、文化程度和婚姻状况对亚健康状态发生率的影响没有明显差异。

表 1　亚健康状态分布情况

		人数	亚健康人数（%）	f 值	p 值
年龄	22—29	216	163（75.46）	6.752	<0.05
	30—39	264	204（77.27）		
	40—49	248	169（68.15）		
	50—65	167	91（54.50）		
职称	初级	307	206（67.10）	8.632	<0.05
	中级	343	270（78.72）		
	高级	245	151（61.63）		

（二）高校及研究机构女性教职工亚健康状况影响因素

以亚健康状态为因变量，以可能对亚健康产生影响的相关因素为自变量，并进行赋值。

进行单因素 Logistic 回归分析发现，具有统计学意义的因素有教学科研压力大、睡眠不足、饮食不规律、运动不足、职称职务评定竞争、人际关系紧张、工资待遇低、家庭满意度低、交通状况不满。将单因素分析得出的9项相关因素再次进行多因素 Logistic 回归分析，结果进入回归方程的有6项（见表2）。

表2　亚健康状态影响因素多因素 Logistic 回归分析

影响因素 95% CI	*B*	Wald	*p*	OR
教学科研压力大 1. 156—2. 623	0. 636	9. 652	0. 008	1. 852
睡眠不足 0. 952—1. 746	0. 574	7. 281	0. 021	1. 649
饮食不规律 0. 302—0. 936	0. 433	5. 699	0. 279	0. 542
运动不足 1. 064—1. 746	0. 282	2. 651	0. 045	1. 305
职称职务评定竞争 1. 205—1. 721	0. 335	2. 738	0. 120	1. 342
人际关系紧张 1. 013—1. 683	0. 281	2. 542	0. 048	1. 332

四、讨论

（一）亚健康状态

本次调查显示高校及研究机构女性亚健康发生率为70. 06%，发生率较高。

高校及研究机构女性亚健康发生率在不同年龄段之间存在明显差异。30—39岁组的女性教职工亚健康发生率最高，与2002年广东省高校教师抽样调查结果类似。[3]高校青年女性教职工刚刚参加工作，竞争激烈，备课、讲课、做研究、写论文、评职称以及其他行政事务等使得她们压力相对较大。且她们自恃“年轻”，自以为很健康，却往往容易忽略自己的健康问题。其中有些人生活作息不规律，经常熬夜，一日三餐不规律，饮食不注重营养搭配。青年教师正面临社会转型和身体转型，社会转型使他们容易焦虑造成精神压力过大，身体转型使他们面临更多的健康危险因素的侵犯，致使他们常处于亚健康状态。[4]

高校及研究机构女性亚健康发生率在不同职称之间存在一定相关关系。中级职称的女性教职工亚健康发生率最高，高级职称女教师亚健康发生率最低。随着各高校的扩招，教师不仅要完成更多的教学任务，还要承担繁重的科研任务，而社会对教师期望值过高、评价制度不完善、劳动报酬难以反映劳动价值，“夹心”的中级职称教师必须付出超负荷的劳动才能承担起各方面的巨大压力。长期的工作压力、生活压力使她们精力严重透支，精神过度紧张。这次研究中我们也发现，越是名气高的学校，女教师群体中情绪低落、心烦气躁、紧张不安、忧郁、焦虑、疲劳困乏、腰酸背疼、全身不舒服等亚健康状态发生率和程度越高。

（二）亚健康影响因素

本研究发现，高校及研究机构女性与亚健康发生率相关的因素有教学科研压力大、睡眠缺乏、饮食不规律、运动不足、职称职务评定竞争、人际关系紧张。总结来说，可分为社会因素（教学科研压力大、职称职务评定竞争、人际关系紧张）和个人因素（睡眠不足、饮食不规律、运动不足）。

从工作与社会环境方面来看，高校及研究机构女性工作繁重、竞争激烈。高校教师是知识分子阶层的主要职业，承担着繁重的教学、科研任务。特别是近年来高校的扩招、人事分配制度改革、职称改革、教学评估、教学质量考核、职称评定、课题申报压力过重等带来长期的精神高度紧张、沉重的心理负担。同时，各种错综复杂的关系，如工作与生活、领导与师生、社会与家庭，压力大、思虑过度，不仅会引起睡眠不足，甚至会影响人体的神经体液调节和内分泌调节，进而影响机体各系统的正常生理功能。通过问卷调查和交谈发现，忙和累是高校女性教职工的显著特点，社会发展和激烈竞争带给她们更大的心理压力，但她们与男性教职工同样承担着事业上的压力，但她们负担的家庭责任并无减轻，仍要承担起操持家务、体贴丈夫、教育孩子、奉养老人的重任，需要“自立”“自强”“刚毅”“温柔”“体贴”“富有感情”等多样化的现代人特质转化，这使高校女性经受着心理和生理上巨大的痛苦和磨炼。[5]

从个人方面来看，高校及研究机构女性常年超负荷工作，同时要顾及家庭，加上普遍缺乏运动及防病健体的意识，健身锻炼的时间十分少。生命在于运动，也在于静养。研究发现，高校及研究机构女性教职工晚上上课及加班熬夜现象十分常见。她们经常无法正常休息，睡眠时间严重不足，违背了正常作息时间和个人的生物规律。饮食不均衡、熬夜、久坐、缺乏运动等一些不良的生活习惯，导致内分泌系统、免疫系统等失调及紊乱。再加上工资待遇、住房条件、上下班通勤时间等都给高校女性教职工带来了无形的压力。

总之，就本次研究结果看来，广东省高校及研究机构女性健康状况不容乐观。一方面，高校及研究机构女性应提高对健康的认识，合理饮食、适度锻炼、规律作息和保持健康心态是保持健康的关键。纠正不良的生活方式、合理膳食、去除病因（戒烟禁酒，控制脂、糖、盐的摄入等），选择适合自身的锻炼方式，增强免疫功能，预防疾病。[6]另一方面，建立完善的社会支持网络。为此，需要来自家庭、学校、社会、政府等各方面的支持，建立和谐的氛围。如大力开展健康知识教育，不断提升高校及研究机构女性的认识，及时解决她们在思想生活的问题、工作上的困惑；定期给教师进行全面健康检查的同时，增加亚健康方面的筛检并建立档案，有针对性地采取群体和个人相结合的健康教育和预防干预措施；学校工会多组织一些文体、心理咨询活动，丰富教职工的业余生活，避免长时期的过度疲劳，化解压力、合理工作。同时，对亚健康状态的调理治疗应该是综合性的，必要的心理咨询、医生指导下的药物治疗也是转化亚健康状态的重要手段。个人和社会共同努力，才能促进高校及研究机构女性的健康状况在身体、心理和社会适应方面都达到完满状态。

参考文献

［1］赵瑞芹．亚健康的研究与治疗进展．中国临床医生，2006，34（11）：7－9.

［2］［3］朱丽，王声湧，范存欣，等．高校青年教师亚健康危险因素 Logistic 回归分析．中国公共卫生，2003，19（5）：595－597.

［4］马亚娜，丁素琴，戴晶晶．苏州市高校教师亚健康状况调查．苏州大学学报（医学版），2007，27（1）：91－94.

［5］王翠芳，傅兰英．高校教师亚健康现状及相关因素．现代预防医学，2010，37（10）：1902－1904.

［6］继红，卓郎，陆召军．徐州市云龙区居民健康状况调查．中国公共卫生，2007，23（5）：619－620.

高校女教师亚健康及其健康教育研究

黄时华　陈逸健*

一、研究背景与问题提出

（一）研究背景

亚健康状态是介于健康与疾病之间的一种状态，又称“第三状态”或“灰色状态”。导致亚健康的主要原因有心理压力、生活作息不规律、情绪变化等。心理亚健康是亚健康状态最常见的类型，将会导致一系列身心不良反应，如心理异常、身体素质下降及社会适应能力下降等。因此重视亚健康状态，及时分析研究其成因并积极应对，是保证健康的重要前提。

随着社会的发展，越来越多的女性在职场上发挥重要作用，高校女教师在全国各高等院校中人数逐渐增加。[1]因职业角色、社会地位等原因，高校女教师受到社会的广泛关注。研究表明，高层次女性作为职场骨干，不仅承担着来自家庭、职场的双重压力，也承担着在平衡家庭与职场压力时产生的心理压力。而随着国家二胎政策的开放，生育问题也给高校女教师的心理健康带来更大挑战。[2][3]

（二）国内外研究现状评述

1．高校女教师较其他女性更容易产生心理问题

高校女教师心理健康问题较为突出，与全国正常成年人平均水平存在一定差异。教师职业人群心理压力水平普遍高于平均水平，相关研究表明，工作回报、身体素质和个人因素都是高校女教师心理健康水平的影响因素。[4][5]主要因素有：

（1）社会因素——高校女教师是高级知识分子的女性典型代表，在承担社会和职业责任的同时承担与其他女性同样的家庭责任。由于受社会偏见和社会期待等因素影响，女性在面临和男性同等竞争压力时容易产生焦虑和人际关系敏感。

（2）自身因素——因高学历高校女教师在入职时年龄偏大，“高龄”易导致她们生育困难，增加心理压力。高校女教师有较强的成就动机和自律自控能力，且具有女性情感体验深刻、依赖性强等特点，这使她们在面临工作压力时反应更强烈，更容易产生消极情绪。

2．二胎政策正逐渐成为高校中青年女教师新的压力源

调查发现，多数高校女教师认为生育二胎对其身心健康和职业发展有极大影响，高校

* 作者单位：广州中医药大学。

女教师主观生育意愿较强，但客观上她们的二胎意愿选择较为慎重，不愿要二胎的主要原因是：家务劳动负担过重、社会医疗保健和托幼服务不足以及教育成本过高等。[6][7]因此，高校女教师更容易产生心理压力或问题。

未育青年女教师面对同龄女性已备孕或已生育二胎的情况，会倍感压力。有生育意愿的女教师往往会感受到职业角色和家庭角色的冲突。因“高龄”导致在生育二胎过程中出现困难的女教师，往往经历来自身心的痛苦。完成生育二胎的女教师在抚养子女的过程中易感到身心俱疲。目前有关二胎政策对高校女教师身心健康的影响的实证研究较少。

3. 压力性生活事件对心理健康的影响机制研究

研究表明，应激生活压力事件是个体出现心理问题的重要风险因子。社会认知理论指出，自我效能感对心理健康至关重要。自我效能感划分为一般效能感和具体效能感，后者比前者更好地预测、解释个体的绩效表现。这为我们解读压力事件和心理健康间的关系提供了一条可行的途径。情绪调节自我效能感（regulatory emotional self-efficacy）是自我效能感在情绪调节领域的具体表现，指个体对有效调节自身情绪状态的一种自信程度。有研究表明，情绪调节自我效能感在压力事件和主观幸福感之间中起中介作用。[8]

为什么经历了同样的压力事件但只有少数人产生抑郁、焦虑等症状？社会支持理论认为一个人所拥有的社会支持网络越强大，越能应对各种来自环境的挑战。本研究将重点考察社会支持的环境保护性因素的调节作用。

4. 积极心理学视角下的心理健康双因素模型

在国内大量实证研究中，症状自评量表（SCL－90）是重要的研究工具。在积极心理学的影响下，心理健康双因素模型（the dual model of mental health，DFM）主张心理健康应同时包括消极和积极两大指标，并根据两者将人的心理健康状态分为四类，即低症状和高主观幸福感的完全心理健康型、低症状和低主观幸福感的部分心理健康型、高症状和高主观幸福感的部分病态型、高症状和低主观幸福感的完全病态型，强调心理治疗与辅导的最终目标是要达成完全心理健康状态。DFM 理论的贡献在于筛查出处于“风险边缘”的易感人群，并强调积极心理健康因素对人的保护作用。

5. 以往研究不足

国内针对高校女教师压力和心理亚健康之间关系的实证研究比较缺乏，尤其是二胎政策对高校女教师造成的心理压力的相关研究。压力性事件对高校女教师心理健康的影响机制仍有待深入研究。此外，学界较少有同时探讨个体与环境因素在压力和心理健康之间的作用机制，特别是对中介过程和调节过程的了解，人们知之甚少。实际上，各种影响因素之间往往存在内在联系并体现出复杂的中介和调节模式，而以往研究多是从单个中介或调节效应等角度去考察。另外，目前对高校女教师的心理亚健康的干预和教育研究过于空洞，缺乏理论的系统性、可操作性和针对性。

（三）研究目标与研究模型

1. 研究目标

本课题聚焦于“高校女教师心理亚健康状况的影响因素分析、如何有效预防和干预高校女教师心理亚健康”两个核心问题，采取大样本结构化取样、问卷调查的研究方法，同时采用心理健康双因素模型，考察社会支持、情绪调节自我效能感与教师压力对高校女教师心理健康的影响，同时考察两者间的多重中介调节机制。这有助于推动对高校女教师群体的心理健康研究，为开展高校女教师心理健康教育机制研究提供新的角度和理论依据。此外，通过研究压力性事件对心理健康的影响机制，进一步针对性提出高效的应对压力、提升主观生活满意度、降低焦虑抑郁压力水平的干预方法，完善高校女教师心理健康教育机制，对提升高校女教师生活水平、团结稳定高校女教师队伍具有重大意义。

2. 理论模型

基于图 1 的工作模型，在研究国内外文献资料的基础上，参考的国际公认的量表有：①基于 Karasek 模型构建的高校青年教师工作压力量表，量表包括科研竞争、人际和谐、家庭归属、出国进修、职称评审、工作压力、教学任务七个维度。②采用肖水源等人编制的社会支持量表，包括客观支持、主观支持和对社会支持的利用度三个维度。③采用 Caprara G. V. （2008）最新修订情绪调节自我效能感量表，包括表达积极情绪的自我效能感、调节沮丧痛苦情绪的自我效能感和调节生气愤怒情绪的自我效能感三个维度。④采用简版焦虑抑郁量表（DASS－21），包含压力分量表、焦虑分量表和抑郁分量表。⑤采用生活满意度量表。生活满意度是教师对自己生活进行的主观评价。

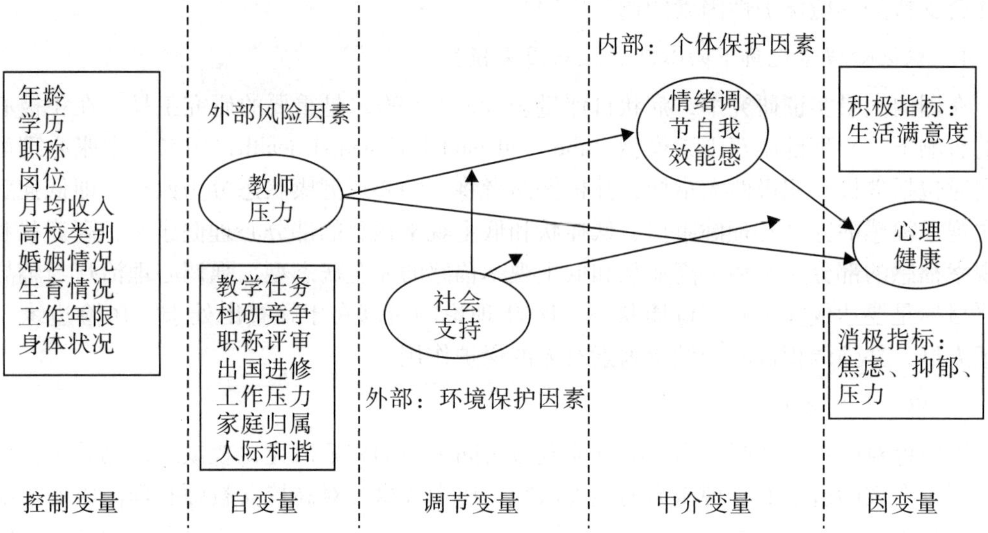

图 1　压力影响高校女教师的多重中介调节效应的构想模型

二、实证研究

（一）研究一：心理健康双因素模型在高校女教师群体中的适用性

1. 研究目的

传统的心理健康模型以精神病理学指标为唯一指标描述人们的心理健康状况，这被证实有很多不足之处。[9][10][11][12] 心理健康双因素模型主张心理健康应包括消极和积极两大指标，[10][12][13][14]根据两大指标将人的心理健康状态分为四类，同时强调对部分心理健康和部分病态人群的鉴别，使预防和干预更具个性化和针对性。[10]国内外研究证实心理健康双因素模型在青少年、大学生、成人中具有良好适用性，然而目前尚无针对高校女教师群体的研究。研究分析高校女教师的心理健康问题，对推动社会的进步和教育事业的发展有重大意义。本研究的目的是验证心理健康双因素模型是否适用于我国高校女教师群体。

2. 研究对象

通过工会组织和网络途径向500名高校女教师派发问卷，因问卷题目较多，最终回收有效问卷378份，涵盖了综合、理工、师范、医药、财经、艺术、文科类等高校，年龄范围为24—55岁，未育（含首次怀孕）女教师86人，已育（含二次怀孕）女教师215人，已育二孩女教师77人。

3. 研究工具

（1）生活满意度量表（satisfaction with life scale，SWLS）。

（2）抑郁—焦虑—压力量表简体中文版（DASS－21，龚栩等人于2010年修改）。

（3）社会支持评定量表（肖水源等人于1986年编制）。

（4）情绪调节自我效能感量表（regulatory emotional self-efficacy，RES，中文版）。

4. 研究结果

（1）心理健康双因素模型的适用性。

为检验以生活满意度量表SWLS和抑郁—焦虑—压力量表简体中文版（DASS－21）分别为积极和消极指标的DFM的合理性，本研究以Jreskog和Srbom（1993）的建模策略为依据，参考熊俊梅（2012）的建构思路，构建两种模型[15][16]，分别是模型一——心理健康单因素模型、模型二——心理健康双因素模型。有研究表明DASS－21在中国大陆成年人中具有良好的信度和效度，因此本研究以DASS－21问卷测量得分代表精神病理学指标的分数，主观幸福感用生活满意度作为指标。

模型一为心理健康单因素模型，潜变量为心理健康，具有两极性。其中积极心理题项呈正的因素负荷，消极心理题项呈负的因素负荷，各题都负荷在同一个潜变量即心理健康上。

模型二为心理健康双因素模型，包含积极和消极心理两个潜变量。积极心理对应代表主观幸福感指标的生活满意度，即积极心理指标潜变量的显变量为生活满意度的五道题目。消极心理健康对应DASS－21量表总分，即消极心理指标潜变量的显变量为DASS－21量表的各维度。

使用Amos Graphics对不同模型进行验证，结果见表1。结果显示，心理健康双因素模型是最优模型。

表1　假设模型拟合指数

拟合指标	X^2	df	X^2/df	GFI	AGFI	NFI	CFI	RMSEA
模型一	25.084	2	12.542	0.97	0.85	0.98	0.98	0.175
模型二	56.487	19	2.973	0.97	0.85	0.98	0.99	0.072

（2）高校女教师心理健康状态。

依据已有研究，在 DASS－21 中，各量表得分高于中度定义为高心理疾病状态，得分低于中度定义为低心理疾病状态；生活满意度总分在 20 分及以上代表高主观幸福感，20 分以下代表低主观幸福感。[24] 依据 DASS－21 和生活满意度量表的得分高低，对高校女教师群体的心理健康状况进行了四分法的划分。本研究中的高校女教师人群中完全健康者 246 人，占 65.1%；易感者 50 人，占 13.2%；有症状但满足者 55 人，占 14.6%；完全病态者 27 人，占 7.1%。

将研究结果与以往研究进行对比（见表 2）发现，本研究结果与以往研究结果相似。

表 2　本研究和以往研究心理健康双因素模型——四分法的不同研究结果

	完全健康者	易感者	有症状但满足者	完全病态者
Antaramian，Huebner and Hills，2010[17]	66.9%	8.1%	17.3%	7.7%
Eklund，Dowdy and Jones，2010[18]	78%	9%	4%	9%
Lyons，Huebner and Hills，2012[19]	63.7%	7.3%	8.9%	20.1%
董文婷，熊俊梅，王艳红，2014[20]	68.2%	22.9%	3.2%	5.7%
本研究	65.1%	13.2%	14.6%	7.1%

（3）不同心理健康状态高校女教师情绪调节自我效能感和社会支持的特点。

对 4 组高校女教师的情绪调节自我效能感进行差异分析（见表 3），结果显示，不同心理健康状态的高校女教师在总情绪调节自我效能感、表达积极情绪、调节沮丧痛苦情绪、调节生气易怒情绪上存在显著差异（$p<0.001$）。社会支持的方差分析结果也一致，不同心理健康状态的高校女教师在社会支持总分、客观支持、主观支持、支持利用度的体验上存在显著差异（$p<0.001$）。事后多重比较发现，“完全心理健康者”比“有症状但自我满足者”“易感者”“完全病态者”有较好的情绪调节自我效能感。社会支持的比较结果也一致，“完全心理健康者”比其他三组的高校女教师有更高的社会支持度。

表 3　不同心理健康状态高校女教师情绪调节自我效能感、社会支持的均值和标准差

		完全心理健康者		易感者		有症状但自我满足者		完全病态者	
		均值	标准差	均值	标准差	均值	标准差	均值	标准差
情绪调节自我效能感	表达积极情绪	16.61	2.434	15.42	2.785	15.76	2.596	13.44	3.401
	调节沮丧痛苦情绪	14.50	2.416	12.70	2.837	13.64	2.765	11.33	3.363
	调节生气易怒情绪	13.43	2.680	11.18	2.912	12.44	3.114	10.37	3.421
	总情绪调节自我效能感	44.53	6.030	39.30	6.238	41.84	6.616	35.15	7.814
社会支持	客观支持	9.22	2.794	7.52	3.164	7.73	2.883	7.04	2.504
	主观支持	23.96	4.375	20.44	4.146	22.20	4.584	19.41	3.974
	支持利用度	8.27	1.852	7.58	1.970	7.89	1.833	6.56	1.528
	社会支持总分	41.46	6.947	35.54	7.103	37.82	7.074	33.00	5.903

5. 讨论

通过对单因素模型和双因素模型进行验证，发现心理健康双因素模型拟合度更好，证明了从积极指标和消极指标衡量心理健康的合理性。同时说明，SWLS 和 DASS－21 的组合适用于心理健康双因素模型。因此我们认为该模型适用于对高校女教师群体的心理健康评估。本研究根据心理健康双因素模型的两个指标，用四分法对高校女教师的心理健康状况进行划分，结果发现：“完全心理健康者”“易感者”“有症状但自我满足者”“完全病态者”的比例与已有的研究结果相近。[17][18][19][20]对高校女教师情绪调节自我效能感和社会支持进行的对比分析发现，四组调查对象情绪调节自我效能感及社会支持上存在显著差异。“完全心理健康者”“有症状但自我满足者”“易感者”“完全病态者”所体验的学业压力和消极学业情绪依次呈逐渐上升的趋势，体验的放松学业情绪体验呈逐渐下降趋势。值得关注的是，“有症状但自我满足者”在情绪调节自我效能感和社会支持的各个维度都要比“易感者”的得分要高。这支持了以往的研究，说明主观幸福感不高的人群即使没有心理问题，其他各项指标也不乐观，需要心理健康教育工作者乃至学校和整个教育界予以重视。[21]

（二）研究二：基于双因素模型的高校女教师心理健康、工作压力、社会支持和情绪调节自我效能感的现状研究

1. 研究目的

本研究旨在探讨基于双因素模型下心理健康、工作压力、社会支持和情绪调节自我效能感在人口统计学变量上的分布，重点考察不同岗位、教龄、学历、职称、收入等的高校女教师在各变量上的差异，并根据双因素模型考察不同岗位、教龄、学历、职称、收入等因素的高校女教师在各变量上分组状况。

2. 研究方法

（1）研究对象。

研究的调查对象为广东省高校在职女教师，人口学统计变量如表4所示。

表4 人口学统计变量

基本资料	项目	调查人数	百分比（%）
性别	女	378	100.0%
岗位	专任教师	213	56.3%
	非专任教师	165	43.7%
职称	初级职称	194	51.3%
	高级职称	110	29.1%
	其他	74	19.6%
高校类别	综合	104	27.5%
	理工	61	16.1%
	财经	69	18.3%
	师范	28	7.4%
	医药	109	28.8%
	其他	7	1.9%
婚姻状况	已婚	331	87.6%
	未婚	38	10.1%
	离异	9	2.4%
生育情况	未育（含首次怀孕）	86	22.8%
	已育一孩（含二次怀孕）	215	56.9%
	已育二孩	77	20.4%
工作年限	5年以内	87	23.0%
	5—10年	85	22.5%
	11—20年	166	43.9%
	20年以上	40	10.6%
学历	本科	33	8.7%
	硕士研究生	209	55.3%
	博士研究生及以上	136	36.0%
月均收入	≤8 000元	154	40.7%
	>8 000元	224	59.3%
身体情况	较差	23	6.1%
	一般	199	52.6%
	良好	156	41.3%

（续上表）

基本资料	项目	调查人数	百分比（%）
年龄段	20—24 岁	1	0.3%
	25—29 岁	41	10.8%
	30—34 岁	82	21.7%
	35—39 岁	130	34.4%
	40—44 岁	82	21.7%
	45—49 岁	27	7.1%
	50 岁及以上	15	4.0%

（2）研究工具。

同研究一。

（3）统计方法。

采用 SPSS 22.0 对所得数据进行描述性统计分析、t 检验和方差分析。

3. 研究结果

（1）不同人口学变量的高校女教师在心理健康水平上差异的比较。

表 5　不同高校类别女教师的心理健康得分比较（M ± SD）

高校类别	抑郁	焦虑	压力	生活满意度
综合	7.85 ± 8.88	9.25 ± 8.72	11.92 ± 9.20	24.38 ± 6.13
理工	12.43 ± 10.35	13.25 ± 9.65	15.18 ± 9.47	22.66 ± 6.67
财经	8.70 ± 8.80	9.28 ± 8.83	12.03 ± 9.62	23.75 ± 6.36
师范	5.71 ± 5.91	5.07 ± 5.12	8.29 ± 6.62	25.75 ± 6.10
医药	6.57 ± 7.35	7.58 ± 7.08	10.50 ± 8.50	24.06 ± 5.92
其他	7.43 ± 9.22	6.57 ± 6.71	12.29 ± 11.40	23.14 ± 7.40
f	4.35**	5.35***	3.05*	1.14

注：$*p<0.05$，$**p<0.01$，$***p<0.001$。本篇后文表格同此注。

由表 5 可见，不同高校类别的女教师在抑郁、焦虑、压力得分上有统计学意义。在抑郁、焦虑、压力得分上，理工类高校女教师的得分均最高，师范类得分最低。在生活满意度上，师范类高校女教师得分最高，理工类得分最低。

表6 不同高校类别女教师的心理健康分组差异人数比较 [n (%)]

高校类别	完全心理健康者	易感者	有症状但满足者	完全病态者	合计
综合	69 (18.3%)	12 (3.2%)	17 (4.5%)	6 (1.6%)	104 (27.5%)
理工	31 (8.2%)	7 (1.9%)	14 (3.7%)	9 (2.4%)	61 (16.1%)
财经	42 (11.1%)	10 (2.6%)	11 (2.9%)	6 (1.6%)	69 (18.3%)
师范	22 (5.8%)	5 (1.3%)	1 (0.3%)	0 (0.0%)	28 (7.4%)
医药	76 (20.1%)	16 (4.2%)	12 (3.2%)	5 (1.3%)	109 (28.8%)
其他	6 (1.6%)	0 (0.0%)	0 (0.0%)	1 (0.3%)	7 (1.9%)
合计	246 (65.1%)	50 (13.2%)	55 (14.6%)	27 (7.1%)	378 (100.0%)

由表6可见，医药类高校女教师群体在完全心理健康者、易感者中所占比例最大，综合类高校女教师在有症状但满足者以及理工类高校女教师在完全病态者中所占比例最大。

表7 不同身体情况女教师的心理健康得分比较 (M ± SD)

身体情况	抑郁	焦虑	压力	生活满意度
较差	13.74 ± 10.01	15.48 ± 9.80	19.13 ± 9.68	20.13 ± 6.28
一般	9.72 ± 8.74	10.42 ± 8.53	13.39 ± 9.21	22.76 ± 6.08
良好	5.46 ± 7.64	6.37 ± 7.16	8.68 ± 7.73	26.09 ± 5.73
f	16.60***	18.73***	21.70***	18.79***

由表7可见，不同高校类别的女教师在抑郁、焦虑、压力、生活满意度上均有统计学意义。在抑郁、焦虑、压力得分上，身体情况较差的女教师得分均最高而身体情况良好得分最低。在生活满意度上，身体情况良好的女教师得分最高而身体情况较差者得分均最低。

表8 不同高校类别女教师的心理健康分组差异人数比较 [n (%)]

身体情况	完全健康者	易感者	有症状但满足者	完全病态者	合计
较差	7 (1.9%)	5 (1.3%)	6 (1.6%)	5 (1.3%)	23 (6.1%)
一般	115 (30.4%)	31 (8.2%)	36 (9.5%)	17 (4.5%)	199 (52.6%)
良好	124 (32.8%)	14 (3.7%)	13 (3.4%)	5 (1.3%)	156 (41.3%)
合计	246 (65.1%)	50 (13.2%)	55 (14.6%)	27 (7.1%)	378 (100.0%)

由表8可见，身体情况良好的女教师群体在完全心理健康者中所占比例最大，身体情况一般的女教师在易感者、有症状但满足者、完全病态者中所占比例最大。

表 9　不同月均收入女教师的生活满意度得分比较（M ± SD）

月均收入	≤8 000 元	>8 000 元	f
生活满意度	22.99 ±6.91	24.65 ±5.63	6.62*

由表 9 可见，不同月均收入的女教师在生活满意度上有统计学意义。在生活满意度上，月均收入 >8 000元的女教师得分较高而月均收入≤8 000元者得分较低。

表 10　不同工作年限女教师的抑郁得分比较（M ± SD）

工作年限	5 年以内	6—10 年	11—20 年	20 年以上	f
抑郁	5.98 ±6.43	8.05 ±9.11	9.10 ±9.30	9.70 ±9.10	2.91*

由表 10 可见，不同工作年限的女教师在抑郁上有统计学意义。在抑郁上，工作年限为 20 年以上的女教师得分最高而工作年限为 5 年以内者得分最低。

另外，本研究还以年龄、岗位、职称、婚姻情况、生育情况、学历为自变量，心理健康各因子为因变量，进行方差分析，均未发现具有统计学意义。

（2）不同人口学变量的高校女教师在工作压力水平上差异的比较。

表 11　不同岗位女教师的工作压力得分比较（M ± SD）

岗位	专任教师	非专任教师
工作压力	45.57 ±6.60	42.08 ±7.37
f	23.52***	

由表 11 可见，不同岗位的女教师在工作压力上有统计学意义。在工作压力上，专任女教师得分较高而非专任女教师得分较低。

表 12　不同职称女教师的工作压力得分比较（M ± SD）

职称	初级职称	高级职称	其他
工作压力	45.27 ±6.46	43.83 ±7.30	41.15 ±7.84
f	9.33***		

由表 12 可见，不同职称的女教师在工作压力上有统计学意义。在工作压力上，初级职称女教师得分最高而其他职称者得分最低。

表 13　不同高校类别女教师的工作压力得分比较（M ± SD）

高校类别	综合	理工	财经	师范	医药	其他
工作压力	44.07 ±7.53	46.72 ±7.44	42.45 ±7.43	43.77 ±6.89	43.73 ±6.22	42.14 ±6.31
f	2.6*					

由表 13 可见，不同高校类别的女教师在工作压力上有统计学意义。在工作压力上，理工类高校女教师得分最高而其他类得分最低。

表 14　不同婚姻情况女教师的工作压力得分比较（M ± SD）

婚姻情况	已婚	未婚	离异
工作压力	44.01 ±7.34	43.01 ±5.25	49.78 ±4.15
f	3.34*		

由表 14 可见，不同婚姻情况的女教师在工作压力上有统计学意义。在工作压力上，离异女教师的得分最高而未婚者得分最低。

表 15　不同月均收入女教师的工作压力得分比较（M ± SD）

月均收入	≤8 000 元	>8 000 元
工作压力	45.16 ±7.06	43.27 ±7.13
f	6.46*	

由表 15 可见，不同月均收入的女教师在工作压力上有统计学意义。在工作压力上，月收入≤8 000元的女教师得分高而月收入 >8 000元者得分低。

表 16　不同身体情况女教师的工作压力得分比较（M ± SD）

身体情况	较差	一般	良好
工作压力	49.09 ±7.47	45.35 ±6.62	41.63 ±6.97
f	19.76***		

由表 16 可见，不同身体情况的女教师在工作压力上有统计学意义。在工作压力上，身体情况较差的女教师得分最高而身体情况良好者得分最低。

本研究还以年龄、生育情况、工作年限、学历作为自变量，工作压力为因变量，进行方差分析，均未发现具有统计学意义。

（3）不同人口学变量的高校女教师在社会支持水平上差异的比较。

表 17　不同职称女教师的社会支持得分比较（M ± SD）

职称	初级职称	高级职称	其他
社会支持	38.59 ±7.28	40.73 ±7.78	40.26 ±7.15
f	3.35*		

由表 17 可见，不同职称的女教师在社会支持上有统计学意义。在社会支持上，高级职称女教师得分最高而初级职称女教师得分最低。

表 18　不同婚姻状况女教师的社会支持得分比较（M ± SD）

婚姻状况	已婚	未婚	离异
社会支持	40. 40 ± 7. 15	33. 00 ± 7. 27	35. 44 ± 2. 70
f	20. 06***		

由表 18 可见，不同婚姻状况的女教师在社会支持上有统计学意义。在社会支持上，已婚女教师得分最高而未婚者得分最低。

表 19　不同生育情况女教师的社会支持得分比较（M ± SD）

生育情况	未育（含首次怀孕）	已育一孩（含二次怀孕）	已育二孩
社会支持	36. 09 ± 8. 20	40. 22 ± 6. 98	41. 49 ± 6. 67
f	13. 60***		

由表 19 可见，不同生育情况的女教师在社会支持上有统计学意义。在社会支持上，已育二孩的女教师得分最高而未育（含首次怀孕）者得分最低。

表 20　不同工作年限女教师的社会支持得分比较（M ± SD）

工作年限	5 年及以内	6—10 年	11—20 年	20 年以上
社会支持	37. 60 ± 7. 92	39. 18 ± 7. 65	40. 30 ± 6. 89	41. 38 ± 7. 54
f	3. 49*			

由表 20 可见，不同工作年限的女教师在社会支持上有统计学意义。在社会支持上，工作年限为 20 年以上的女教师得分最高而工作年限为 5 年以内者得分最低。

表 21　不同月均收入女教师的社会支持得分比较（M ± SD）

月均收入	≤8 000 元	>8 000 元
社会支持	38. 47 ± 7. 56	40. 28 ± 7. 30
f	5. 45*	

由表 21 可见，不同月均收入的女教师在社会支持上有统计学意义。在社会支持上，月均收入 >8 000元的女教师得分高而月均收入≤8 000元者得分低。

表 22　不同身体情况女教师的社会支持得分比较（M ± SD）

身体情况	较差	一般	良好
社会支持	35. 30 ± 9. 84	38. 32 ± 7. 05	41. 72 ± 6. 96
f	14. 01***		

由表22可见，不同身体情况的女教师在社会支持上有统计学意义。在社会支持上，身体情况良好的女教师得分最高而身体情况较差者得分最低。

本研究还以年龄、岗位、高校类别、学历作为自变量，社会支持为因变量，进行方差分析，均未发现具有统计学意义。

（4）不同人口学变量的高校女教师在情绪自我效能感水平上差异的比较。

表23　不同职称女教师的情绪自我效能感得分比较（M ± SD）

职称	初级职称	高级职称	其他
情绪自我效能感	41.94 ± 7.22	43.98 ± 6.44	43.19 ± 6.26
f	3.32*		

由表23可见，不同职称的女教师在情绪自我效能感上有统计学意义。在情绪自我效能感上，高级职称的女教师得分最高，初级职称者得分最低。

表24　不同身体情况女教师的情绪自我效能感得分比较（M ± SD）

身体情况	较差	一般	良好
情绪自我效能感	40.39 ± 7.46	41.49 ± 6.68	44.78 ± 6.53
f	12.21***		

由表24可见，不同身体情况的女教师在情绪自我效能感上有统计学意义。在情绪自我效能感上，身体情况良好的女教师得分最高，身体情况较差者得分最低。

本研究还以年龄、岗位、高校类别、婚姻情况、生育情况、工作年限、学历、月均收入作为自变量，情绪自我效能感为因变量，进行方差分析，均未发现具有统计学意义。

（三）研究三：情绪调节自我效能感、社会支持对工作压力和心理健康的中介与调节效应

1. 研究目的

探讨双因素模型中情绪调节自我效能感在高校女教师心理健康与工作压力间的中介作用。

2. 研究对象

同研究二。

3. 研究结果

（1）工作压力、社会支持、情绪调节自我效能感和心理健康状况的相关分析。

表25 工作压力、社会支持、情绪调节自我效能感和心理健康状况的相关分析（$n=378$）

	M ± SD	1	2	3	4	5	6	7
工作压力	44.04 ±7.15	1						
社会支持	39.54 ±7.45	-0.239***	1					
情绪调节自我效能感	42.78 ±6.86	-0.142**	0.326***	1				
生活满意度	23.97 ±6.23	-0.377***	0.463***	0.521***	1			
焦虑	9.06 ±8.45	0.430***	-0.269***	-0.258***	-0.351***	1		
抑郁	8.21 ±8.73	0.431***	-0.346***	-0.358***	-0.453***	0.867***	1	
压力	11.79 ±9.13	0.471***	-0.295***	-0.362***	-0.442***	0.846***	0.838***	1

由表25可见，工作压力与社会支持、情绪调节自我效能感、生活满意度呈显著负相关，与焦虑、抑郁、压力呈显著正相关；社会支持、情绪调节自我效能感、生活满意度三者相互呈显著正相关，且三者与焦虑、抑郁、压力呈显著负相关。

（2）情绪调节自我效能感对工作压力和心理健康的中介效应。

采用结构方程模型方法，以工作压力为自变量，心理健康为因变量，分析情绪调节自我效能感的中介效应。基于研究的假设，构建模型如图2、图3。结构方程的拟合指数为（模型一：$X^2/df=4.57$，RMSEA = 0.097，NFI = 0.95，CFI = 0.96，TLI = 0.94，IFI = 0.96，RFI = 0.93）（模型二：$X^2/df=6.334$，RMSEA = 0.119，NFI = 0.95，CFI = 0.96，TLI = 0.93，IFI = 0.96，RFI = 0.92），由于样本量大，拟合的各项指标尚可接受，且所有路径系数均具有统计学意义（$p<0.05$），因此假设模型可以接受。采用偏差校正的非参数百分位 Bootstrap 法（重复抽样2 000次）验证情绪调节自我效能感在工作压力和心理健康之间的中介作用。结果显示，工作压力对生活满意度的直接效应大小为0.318，其置信区间为（-0.409—-0.221），工作压力对生活满意度的中介效应大小为0.062，其置信区间为（-0.134—-0.005），置信区间内不包含0，表明情绪调节自我效能感在工作压力与生活满意度之间的中介效应显著，并起部分中介作用。情绪调节自我效能感的中介效应占总效应的16.3%。工作压力对消极心理因素的直接效应大小为0.448，其置信区间为（0.373—0.520），工作压力对消极心理因素的中介效应大小为0.031，其置信区间为（小于0.001—0.081），置信区间内不包含0，表明情绪调节自我效能感在工作压力与消极因素之间的中介效应显著，并起部分中介作用。情绪调节自我效能感的中介效应占总效应的6.5%。

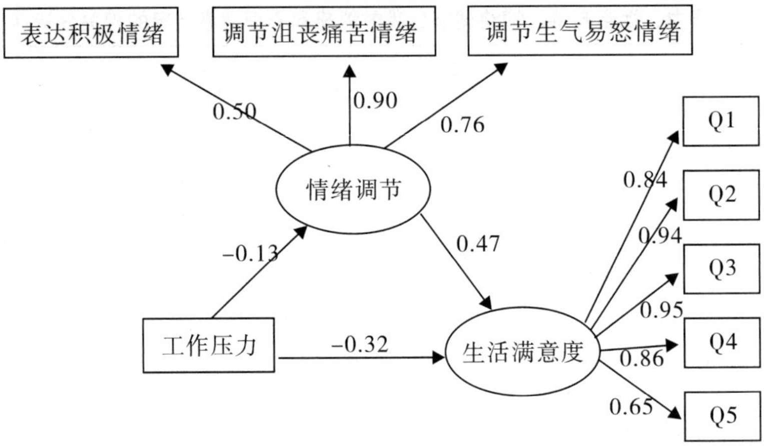

图 2　情绪调节自我效能感在工作压力与心理健康积极指标之间的中介作用模型

由图 2 可知工作压力对生活满意度具有负向预测作用，路径系数为 -0.32，工作压力通过情绪调节自我效能感间接预测生活满意度，路径系数分别为 -0.13、0.47，因此情绪调节自我效能感对工作压力和心理健康积极方面（生活满意度）具有部分中介效应。

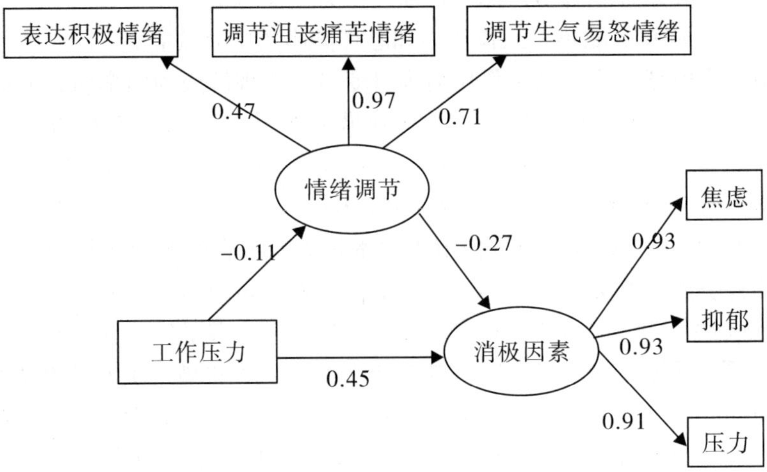

图 3　情绪调节自我效能感在工作压力与心理健康消极指标之间的中介作用模型

由图 3 可知，工作压力对焦虑抑郁压力具有正向预测作用，路径系数为 0.45，工作压力通过情绪调节自我效能感间接预测焦虑抑郁压力，路径系数分别为 -0.11、-0.27，因此情绪调节自我效能感对工作压力和心理健康消极方面（焦虑抑郁压力）具有完全中介效应。

（3）社会支持对工作压力和心理健康的中介与调节效应。

建立一个中介效应模型，控制人口学变量，检验社会支持在工作压力与心理健康之间的中介作用。根据温忠麟等人推荐的方法，对模型进行检验，满足以下三个方程即说明社会支持的中介效应显著。方程如下：

①方程 1：自变量对因变量的效应显著。

②方程 2：自变量对中介变量的效应显著。

③方程 3：自变量与中介变量同时对因变量的效应显著。

表 26　社会支持在工作压力与心理健康之间的中介效应检验

		检验 1			检验 2			检验 3			检验 4		
	自变量	因变量	B	R^2	因变量	B	R^2	因变量	B	R^2	因变量	B	R^2
方程 1	工作压力	生活满意度	−0.319***	0.184	抑郁	0.375***	0.245	焦虑	0.362***	0.248	压力	0.413***	0.276
方程 2	工作压力	社会支持	−0.164**	0.165	同左			同左			同左		
方程 3	工作压力	生活满意度	−0.256***	0.302	抑郁	0.333***	0.297	焦虑	0.337***	0.265	压力	0.383***	0.301
	社会支持		0.379***			−0.253***			−0.151**			−0.181***	

检验结果如表 26 所示。在检验 1 中，方程 1 与方程 2 分别说明工作压力对生活满意度以及社会支持有显著负向预测的作用；方程 3 表明社会支持对生活满意度有显著正向预测的作用，上述研究结果表明社会支持在工作压力与生活满意度之间起着部分中介作用，中介效应占总效应的 19.5%。观察检验 2、检验 3、检验 4，结果表明社会支持在工作压力与抑郁焦虑压力之间均起着部分中介作用，中介效应分别占总效应的 11.1%、6.8%、7.2%。

根据温忠麟，侯杰泰、张雷（2005）对调节效应的检验步骤进行检验。[22] 根据 Aiken 与 West（1991）的理论，先对自变量工作压力与调节变量社会支持进行平均数中心化，然后将工作压力与社会支持的交互乘积进行中心化。用中心化后数据进行逐步回归分析。

表 27　工作压力、社会支持对生活满意度的影响

模型	预测变量	因变量	标准回归方程	R^2	p
1	社会支持中心化、工作压力中心化	生活满意度	$Y_1 = -0.246X + 0.33Z + 23.975$	0.286	0.000***
2	社会支持中心化、工作压力中心化、交互中心化	生活满意度	$Y_1 = -0.775X - 0.258Z + 0.013XZ + 23.976$	0.297	0.000***

由表 27 所示，社会支持在工作压力与心理健康积极方向中有显著的调节作用，且因为交互作用系数与工作压力系数符号相反，所以社会支持起负向调节作用。

表 28　工作压力、社会支持对抑郁的影响

模型	预测变量	因变量	标准回归方程	R^2	*sig*
1	社会支持中心化、工作压力中心化	抑郁	$Y_2=0.451X-0.302Z+8.205$	0.244	0.000***
2	社会支持中心化、工作压力中心化、交互中心化	抑郁	$Y_2=0.955X+0.26Z+(-0.013)XZ+8.203$	0.249	0.000***

由表 28 所示，社会支持在工作压力与抑郁中有显著的调节作用，且因为交互作用系数与工作压力系数符号相反，所以社会支持起负向调节作用。

表 29　工作压力、社会支持对焦虑的影响

模型	预测变量	因变量	标准回归方程	R^2	*sig*
1	社会支持中心化、工作压力中心化	焦虑	$Y_2=0.459X-0.199Z+9.056$	0.210	0.000***
2	社会支持中心化、工作压力中心化、交互中心化	焦虑	$Y_2=1.119X+0.536Z+(-0.017)XZ+9.054$	0.219	0.000***

由表 29 所示，社会支持在工作压力与焦虑中有显著的调节作用，且因为交互作用系数与工作压力系数符号相反，所以社会支持起负向调节作用。

表 30　工作压力、社会支持对压力的影响

模型	预测变量	因变量	标准回归方程	R^2	*sig*
1	社会支持中心化、工作压力中心化	压力	$Y_2=0.543X-0.237Z+11.792$	0.254	0.000***
2	社会支持中心化、工作压力中心化、交互中心化	压力	$Y_2=1.056X+0.335Z+(-0.013)XZ+11.79$	0.258	0.000***

由表 30 所示，社会支持在工作压力与压力中有显著的调节作用，且因为交互作用系数与工作压力系数符号相反，所以社会支持起负向调节作用。

由上可知，工作压力与社会支持对心理健康积极方向和消极方向具有交互作用，社会支持对工作压力与心理健康的解释力有显著的负向调节作用。

4. 讨论

工作压力对心理健康具有显著的影响作用，提示应积极改善影响工作压力的环境条

件；情绪调节自我效能感与心理健康积极指标——生活满意度呈显著正相关，与心理健康消极指标——焦虑、抑郁、压力呈显著负相关，提示应着重关注高校女教师的心理健康状况并及时进行预防和干预，帮助高校女教师加强和扩大心理支持，提升情绪调节自我效能感水平。

中介模型显示，情绪调节自我效能感在工作压力与心理健康之间起中介作用，提升情绪调节自我效能感水平有利于缓解工作压力，促进心理健康发展。

另外，工作压力能直接影响高校女教师的心理健康，也能通过社会支持影响心理健康，社会支持在工作压力与心理健康之间起部分中介作用，在工作压力与心理健康之间起调节作用。引起高校女教师工作压力增加的来源众多，有研究表明教师长期存在工作压力，而更多社会支持，可以减少个体工作压力，同时增加主观幸福感。[23]

三、构建全方位的高校女教师心理健康教育机制

对前面研究进行归纳总结，提出以个人—家庭—校园全方位教育的干预方案设想，具体包括：以消除或降低压力为目标的正念训练、情绪调节训练方案；以学习或改进家庭成员相处的方法和技巧为目标的家庭课堂方案；以营造积极的、符合高校女教师职业发展需要的社会氛围为目标的社会建设方案等。

（一）高校女教师正念减压训练课程

正念训练包括正念减压疗法（mindfulness - based stress reduction，简称 MBSR）、正念认知疗法（mindfulness-based cognitive therapy，简称 MBCT）、辩证行为疗法（dialectical behavior therapy，简称 DBT）等。大量研究表明正念训练对焦虑、抑郁和压力具有缓解减轻作用。由 Annma N 研究表明，简单的冥想技巧指导训练能改善人的负面情绪和压力感知，从而带来长期的健康益处。Segal 等人在 MBSR 基础上引入 MBCT，[24][25][26]采用集体治疗方式，主要通过坐禅冥想来指导治疗负面心理。高校可通过设置正念训练课程，帮助高校女教师进行冥想训练，指导其有意识地感知察觉心理状况，保持正念。

（二）高校女教师情绪调节 EAP 服务计划

采用西方广泛运用的 EAP（员工援助计划）服务，指导高校女教师在内部方面加强自我认知、正确对待消极情绪、学会自我激励等，在外部环境方面，各高校应改善工作环境，减少外部压力因素。[27][28]将 EAP 引入高校女性教师心理健康教育领域可以帮助高校女教师克服压力，减轻负面情绪带来的消极影响。

（三）增进社会支持的心理辅导方案

家庭支持是社会支持的重要来源之一，本研究结果显示离异状态和单身状态的女性心理健康水平较低，女性有着家庭职场双重角色的冲突，且二胎政策的开放又给高校女教师带来新的家庭压力源。因此，高校可以从家庭因素方面对高校女性教职工开展心理课堂训练，包括学习与家人相处的行为技巧、多重社会角色的应变管理技巧以及普及心理健康教育知识。通过介入手段帮助高校女性教师巩固加强现有社会支持，或者更进一步通过更新和建立新支持（开设高校女教师专门热线、心理辅导室）为高校女教师进行心理疏导也是

重要干预手段之一。[29][30]

（四）社会保障制度的制定与落实

通过法律和相关制度完善女教师职业发展权利保障机制，切实保障高校女教师的权利：消除社会职业性别歧视、提高高校女教师的薪资福利水平、加大全国二孩的奖励支持及调整产假政策以减轻高校女教师面临的二孩经济、生活压力等负担。从国家政策、社会基础设施、高校关怀等各方面使高校女教师得到更多的社会支持和时间以尽快调节工作—家庭之间的冲突关系。

四、总结与展望

本研究以高校女教师为研究对象，综合运用文献法、心理测量、问卷调查等多种方法探讨了双因素模型下高校女教师亚健康及其健康教育的研究。具体包括以下研究内容：

（一）双因素模型在高校女教师群体中的适用性研究

首先验证以精神病理学为指标的消极心理因素和以主观幸福感为指标的积极心理因素构成的心理健康双因素模型是否适合于我国高校女教师群体。通过比较单因素模型和单一指标双因素模型的适用性，发现以积极心理因素和消极心理因素构成的双因素模型更适用于我国的高校女教师。

（二）基于双因素模型的高校女教师心理健康现状研究

探讨基于双因素模型的心理健康在人口统计学变量上的分布，重点考察不同岗位、教龄、学历、职称、收入等的高校女教师在心理健康上的差异；根据双因素模型考察不同岗位、教龄、学历、职称、收入等因素高校女教师的心理健康分组状况。发现不同高校类别、身体情况、月均收入、工作年限的高校女教师心理健康水平有明显差异。

（三）二胎政策下高校女教师心理健康的风险因素研究

探讨基于双因素模型的工作压力在人口统计学变量上的分布，重点考察高校女教师在工作压力上的差异；根据双因素模型考察高校女教师工作压力与心理健康的关系，发现不同岗位、职称、高校类别、婚姻情况、月均收入、身体情况的高校女教师工作压力水平有明显差异。在前人研究结果的基础上，探讨工作压力与心理健康之间的关系，进行高校女教师工作压力与心理健康的相关性研究。发现人际和谐、家庭归属、工作压力三者较多地影响高校女教师的心理健康。

（四）高校女教师心理健康的保护因素研究

探讨基于双因素模型的社会支持、情绪自我效能感在人口统计学变量上的分布，重点考察高校女教师在社会支持、情绪自我效能感上的差异；根据双因素模型考察高校女教师工作压力与心理健康的关系。发现不同职称、婚姻情况、生育情况、月均收入、工作年限、身体情况的高校女教师社会支持、情绪自我效能感水平有明显差异。在大量文献阅读和实证研究结果的基础上，探讨社会支持、情绪自我效能感、心理健康三者之间的关系，进行高校女教师社会支持、情绪自我效能感、心理健康的相关性研究。

（五）工作压力对高校女教师心理健康的影响机制研究

探讨基于双因素模型的高校女教师心理健康因素在社会支持与情绪调节自我效能感之间的中介调节作用。研究发现社会支持在工作压力与高校女教师心理健康间起调节效应，情绪调节自我效能感在工作压力与高校女教师心理健康间起中介作用。

本课题围绕上述问题得出大量的研究结果和有价值的结论，对这些研究成果进行思考、提炼与总结，提出对未来研究的展望，不仅可以加深对相关问题的理解，而且可以发现某些规律性的成果及有潜在价值的研究问题，对高校女教师工作压力和心理健康研究具有重要的理论意义；同时，这些研究成果有助于提高高校女教师工作压力应对和心理干预的有效性，促进其心理健康良好的发展。今后将在前面研究基础之上进行更加深入的分析，以期提炼相关研究成果，为未来该领域研究的深化提供借鉴思路。

最后，本课题研究的重要结论总结如下：

（1）社会支持能有效调节高校女教师工作压力与心理健康之间的关系；

（2）情绪调节自我效能感在工作压力与心理健康之间起中介作用。

参考文献

［1］邹治，程倩倩，王傲然．“全面二孩”政策对高校女教师职业生涯的影响．劳动保障世界，2018（32）：31－34.

［2］LEI P，SHANG B C，QIAO L M. The research on intervention in subhealth of high-level women talents. International symposium-sports science and engineering. Fuzhou（CN），2010：731－735.

［3］薛雅宁．高校女教师二孩生育选择的质性研究．北京：北京建筑大学，2018.

［4］杨文娇，王映红．高校女教师心理健康状况调查分析——基于七所高校的实证研究．长春教育学院学报，2013，1（29）：74－75.

［5］SEIBT R，SPITZER S，DRUSCHKE D，et al. Predictors of mental health in female teachers. International journal of occupational medicine and environmental health，2013，26（6）.

［6］祝琴．全面二孩政策下高校女教师二孩生育意愿调查研究——以浙江省为例．理论观察，2018（3）：83－85.

［7］王淑娉．谁想要生二孩？——高校女教师二孩生育意愿的调查．中华女子学院学报，2017，29（3）：59－64.

［8］汤冬玲，董妍，俞国良，等．情绪调节自我效能感：一个新的研究主题．心理科学进展，2010（4）：598－604.

［9］KEYES C L M，LOPEZ S J. Toward a science of mental health：positive directions in diagnosis and interventions //SNYDER C R，LOPEZ S J（eds.）. Handbook of positive psychology. New York：Oxford University Press，2005：45－59.

［10］SULDO S M，SHAFFER E J. Looking beyond psychopathology：the dual-factor model of mental health in youth. School psychology review，2008，37（1）：52－68.

［11］卡尔．积极心理学：关于人类幸福和力量的科学．郑雪，等译．北京：中国轻工业出版社，2008.

［12］GREENSPOON P J, SAKLOFSKE D H. Toward an integration of subjective well-being and psychopathology. Social indicators research, 2001, 54（1）：81－108.

［13］KEYES C L M. Mental illness and/or mental health? Investigating axioms of the complete state model of health. Journal of consulting and clinical psychology, 2005, 73（3）：539－548.

［14］DOLL B. The dual- factor model of mental health in youth. School psychology review, 2008, 37（1）：69－73.

［15］JRESKOG K G, SRBOM D. Lisrel 8：user's reference guide. Chicago：Scientific Software International, 1993.

［16］熊俊梅．中学生的学业情绪与心理健康．广州：世界图书出版广东有限公司，2012.

［17］ANTARAMIAN S P, HUEBNER E S, HILLS K J, et al. A dual-factor model of mental health：toward a more comprehensive understanding of youth functioning. American journal of orthopsychiatry, 2015, 80（4）：462－472.

［18］EKLUND K, DOWDY E, JONES C, et al. Applicability of the dual-factor model of mental health for college students. Journal of college student psychotherapy, 2010, 25（1）：79－92.

［19］LYONS M D, HUEBNER E S, HILLS K J, et al. The dual-factor model of mental health：further study of the determinants of group differences. Canadian journal of school psychology, 2012, 27（2）：183－196.

［20］董文婷，熊俊梅，王艳红．心理健康双因素模型的中国高中生实证调查．中国临床心理学杂志，2014，22（1）：88－91.

［21］郭康伟．心理健康双因素模型在青海省大学生中的实证研究．西宁：青海师范大学，2017.

［22］温忠麟，张雷，侯杰泰．有中介的调节变量和有调节的中介变量．心理学报，2006，38（3）：448－452.

［23］周喜华．高校青年教师职业忠诚与幸福感及社会支持．中国健康心理学杂志，2014，22（5）：746－747.

［24］李田田，刘斯漫，常碧如，等．正念禅修对焦虑抑郁情绪调节的研究现状．医学与哲学，2015（6）：80－82，88.

［25］TACÓN A M, MCCOMB J, CALDERA Y, et al. Mindfulness meditation, anxiety reduction, and heart disease：a pilot study. Family & community health, 2003, 26（1）：25－33.

［26］WILLIAMS J M G, RUSSELL I, RUSSELL D. Mindfulness-based cognitive therapy：further issues in current evidence and future research. Journal of consulting and clinical psychology, 2008, 76（3）：524－529.

［27］赵丽颖．员工援助计划（EAP）在高校教师压力管理中的应用研究．沈阳：沈

阳师范大学，2013.

［28］黄旭辉．EAP：高校教师心理健康教育新模式．扬州大学学报（高教研究版），2008，2（12）：38－41.

［29］陈琳．高校青年教师焦虑的个案工作介入研究．咸阳：西北农林科技大学，2018.

［30］刘玲．高校女教师的工作家庭冲突和社会支持——一项高校女教师利用社会支持缓解工作家庭冲突的定性研究．四川理工学院学报（社会科学版），2013，4（28）：26－29.

高校女教师幸福感研究：日常情绪体验与自杀意念的关系

田丽丽　陈雪怡*

一、前言

近年来，随着我国高等教育规模不断扩大，高校教师队伍也日益壮大。高校教师队伍中，女教师所占的比例逐年攀升。教育部发布的教育统计数据报告显示，2017 年，我国普通高等学校女性专任教师人数已达 813 837，占总人数的 49.83%，基本和男性教师人数持平。由此可见，高校女教师已成为高等教育师资的重要力量。然而，高校女教师在享受社会赞誉的同时，也承受着大量的教学、科研、行政管理、社会服务等工作负荷。同时，在中国“男主外，女主内”的传统文化影响下，高校女教师在工作之余，还承受着来自生育、子女教育等繁重的家庭负担。不幸的是，高校女教师往往由于受教师身份与社会期望的约束，面对高压重荷，通常压抑焦虑、愤怒、抑郁等消极情绪或不符合社会期望的想法，导致不断自我损耗，最终影响自己的心理健康，导致幸福感水平降低。过往研究也表明，职业女性的幸福感较男性低（孙凤，2007），并且，职业女性的受教育程度越高，幸福感水平越低（冯梅，2016）。

幸福感的低下可能会导致自杀意念的产生。自杀意念是自杀过程的重要组成部分，是自杀行为的前奏（赵静波，季建林，1997）。研究表明，个体的幸福感水平与自杀行为呈负相关（柳迎新等，2012），个体的幸福感水平越低，越容易产生自杀行为。高校女教师作为高学历的职业女性，受工作和家庭角色冲突的影响，往往是幸福感低下和自杀意念的易感人群。中共中央总书记、国家主席、中央军委主席习近平出席全国高校思想政治工作会议时的讲话中曾提到：“要坚持不懈促进高校和谐稳定，培育理性平和的健康心态，加强人文关怀和心理疏导，把高校建设成为安定团结的模范之地。”关注高校女教师的心理健康和幸福感，既是现实需要，也是高校思想政治工作的重要保障。

令人遗憾的是，目前国内幸福感研究的对象多为青少年、大学生和老年人，对高校女教师这一特定群体关注较少。此外，大多数研究从幸福感的正面角度出发，较少关注幸福感低下问题，即幸福感的反面与个体自杀意念的关系。因此，本研究从幸福感的对立面出发开展研究，并将幸福感细化为个体日常生活中的情绪体验，探讨其与高校女教师自杀意念的关系。

---

* 作者单位：华南师范大学。

（一）高校女教师幸福感现状

毛荆利等（2007）的研究表明，高校女教师的幸福感水平明显低于高校男教师，且幸福感水平受其年龄和婚姻状况影响。有研究表明，新入职的前几年，高校女教师面临的职称评定、生存发展等压力逐渐增加，容易引发幸福感水平的下降；而当高压阶段结束之后，高校女教师的职称及收入得到提高，幸福感水平一般会逐渐提升（周佳晔，黄敏，2013）。婚姻状况与高校女教师幸福感的关系较为复杂。有研究结果显示，已婚女教师比未婚或者离婚女教师的幸福感水平高，这是由于婚姻可以成为她们获得社会支持的途径；但另一方面，对于事业心较强的女教师，婚姻也可能成为她们发展事业的束缚（周佳晔，黄敏，2013）。

（二）情绪与自杀意念的关系

自杀意念包括从短暂地认为生命无价值和有死亡愿望到有具体的自杀计划及满脑子都是自杀念头等。目前考察的与自杀意念有关的因素主要有环境因素和个体因素（王晓炜，2010），个体因素有生理（如遗传素质、酒精/药物滥用、女性的生理周期等）因素和心理因素。过往研究表明，心理因素中，情绪是众多因素中的一个关键因素（Law et al.，2015）。Liu（2004）的研究发现，即使在控制了最开始的自杀未遂和其他前因变量之后，情绪上的悲痛体验仍能预测后来的自杀意念与自杀未遂。同时，女性在情绪上比男性更敏感（Thayer et al.，2003），情绪不稳定水平也更高（Wu et al.，2014）。因此，本研究将关注高校女教师日常情绪体验与其自杀意念的关系。

1. 消极情绪与自杀意念的关系

大量研究表明，自杀意念与消极情绪有关。Stephenson 等（2006）对 630 名大学生的研究结果表明，抑郁是自杀意念的一个可靠的预测因素，这种预测性在女性群体中比男性群体中更精确。自杀意念也和焦虑症状（Lee et al.，2010）有关。此外，Pearson 和 Liu（2002）以一位自杀的中国女性为被试进行了个案研究，结果表明，和她的死亡有最明确联系的情绪是愤怒。

2. 积极情绪与自杀意念的关系

积极情绪的缺失也是个体自杀意念产生的重要因素。Bennardi 等（2019）对 2 392 名 18—59 岁的被试进行了为期 4 年的追踪研究，发现在控制性别、年龄、受教育年限、过去 12 个月的抑郁、重度酒精使用、健康水平及过去 12 个月自杀意念的基线水平后，低水平的积极情感仍然与自杀意念的产生有关。

3. 情绪不稳定与自杀意念的关系

情绪不稳定在个体自杀意念中也起着关键的作用（Marwaha et al.，2014）。个体情绪不稳定的水平越高，体验自杀意念的可能性也越高（Palmier-Claus et al.，2012）。但是，目前大量的研究关注的是消极情绪不稳定与个体自杀意念的关系，对积极情绪不稳定关注较少。然而，一些研究已经发现，积极情绪不稳定与心理健康问题有关。与消极情绪不稳定相比，积极情绪不稳定能更好地预测个体的抑郁（Geschwind et al.，2011）和双向障碍（Watson and Naragon-Gainey，2010）。但是，目前为止，积极情绪不稳定与个体自杀意念的关系尚不明确。

（三）情绪日节律测量方法——日重现法

日重现法（day reconstruction method，DRM）是 Kahneman 等人（2004）结合“时间—预算”（Time-Budget）法和“体验取样”法（ESM）设计的一种用于测量个体即时情绪体验的混合方法，它可以评估人们如何度过他们的时间以及在每日生活的各种不同活动中的情绪体验，即通过时间分析的方法对人们日常生活情绪体验的品质和持续时间进行质和量的细节测度。

很多研究表明 DRM 在测量日常情感的强度和变化方面是可靠的，因此在健康和社会研究中它是一个非常有用的测量日常生活体验的工具（Dockray et al.，2010）。

（四）过往研究存在的问题及本研究的提出

由以上文献综述可看出，目前关于情绪和自杀意念的研究尚存在如下问题：

（1）过往关于情绪和自杀意念的研究，被试大多来自于临床对象、青少年或老年人，对正常成年人，尤其是高校女教师这一特定群体的关注较少。

（2）以往自杀意念的情绪因素研究主要关注被试总体宏观情绪，而对具体的即时情绪反应及情绪体验周期（如日周期）这些与自杀意念相关、降低幸福感息息相关的因素关注匮乏。

基于上述问题，本研究将考察以下内容：

（1）从静态角度对高校女教师有无自杀意念群体的各种情绪因素进行综合比较，对高校女教师尤其是有自杀意念的群体在日常生活的主要活动中产生的各种情感体验进行真实、全面的研究。

（2）从动态角度探讨高校女教师有无自杀意念群体的情绪体验在工作日的动态变化，考察即时情绪体验的日节律，以期丰富自杀意念的情绪影响因素的研究内容。

二、研究一：有无自杀意念高校女教师日情绪状态的差异比较

（一）研究方法

1. 被试

采取便利抽样法，抽取广东省 280 名高校女教师，有效被试为 248 名，问卷回收率为 88.57%。被试年龄介于 28—42 岁之间（M = 33.5，SD = 3.67）。其中 61.3% 未婚，38.7% 已婚。

2. 研究工具

（1）情绪。

被试即时的情绪体验用 10 个情绪形容词来测量，这 10 个形容词可划分成积极情感（快乐、放松与平静、兴趣、热情与友好）、消极情感（抑郁、愤怒、焦虑、紧张、内疚）和中性情感（胜任）三个维度。这些形容词的选取主要是参考以前有关女性的日重现法研究（Daly et al.，2010；Stone et al.，2006）。在问卷中，针对每个片段，被试被问到每一种

情绪的强烈程度，反应以标记从“1”到“7”中的数字表示，其中“1”表示“完全没有”，“7”表示“非常强烈”，数字从小到大表示情绪体验程度越来越强烈。本研究用测量中所有片段的每种情绪体验的平均数作为各种情绪体验指标。

（2）自杀意念。

本研究采用贝克抑郁量表（BDI）中的一题（具体内容为：“过去的一个月内，你是否有任何自杀的想法或者愿望?”）来测量自杀意念的程度。反应选项包括：“0”表示“我没有任何自杀的想法”，“1”表示“我有自杀的念头但不会真去自杀”，“2”表示“我很想自杀”，“3”表示“如果我有机会我就会自杀”。已有研究表明该题和贝克自杀意念量表（BSI）具有较高的相关性（Beck，Kovacs and Weissman，1979），且有较好的预测效度。

（3）自杀意念史。

用一个自编的题目来测量。题目内容为“您在过去任何时候是否想过自杀或故意伤害自己（无论当时您是否会真的这样做）”。答案有两个选项：“1”代表“无”，“2”代表“有”。

3. 研究程序

工具为日重现法问卷（网络版）。问卷施测时只告知被试是一项“情绪状况问卷调查”。此研究程序的设计基本参照 Kahneman 等人（2004）提出的原始的日重现法（DRM）问卷。问卷由基本人口统计学信息（第一步）、日记建构（第二步）、片段描述（第三步）和其他相关情况（第四步）四部分组成。问卷的具体内容如下：

第一步，让被试回答一些基本的人口学资料，包括年龄、婚姻状况等。

第二步，让被试建构先前一天（即昨天，在本研究中主要指某一个工作日）的一个简短日记，要求被试把她的昨天想象成一部由一系列连续场景或片段组成的电影。首先要求被试回忆出她昨天起床和上床睡觉的时间，以帮助被试唤起对昨天的整体印象；然后，要求被试在结构化的日记纸上分部分回忆并写出昨天生活中的片段。日记纸由上午（从起床到午饭之前）、下午（从午饭时间到晚饭之前）和晚上（从晚饭时间到上床睡觉）三个部分组成，每部分都附有清晰的时间段说明。要求被试给每一个片段都取一个可以帮助她回忆的简要的名字，并写下每个片段的起止时间以及片段发生时的心理体验。最后，让被试数出在每个时段所回忆和写出的片段个数，其目的在于加深被试已经建立起的对昨天生活的回忆。为了防止片段过于琐碎以及保证统计的便利性，每个片段的时间限制在 20 分钟到 2 小时内，划分片段的标志在于地点、活动、情绪或交往对象的变化。

第三步，要求被试回答针对每一个片段的结构性问卷，问卷内容包括每一个片段的序号、起止时间、所从事的活动、在哪里、和谁发生互动、当时的心理体验。后面的四部分内容均以清单的形式列出，被试勾选出与自己情况相符的选项即可。

第四步，让被试提供对一整天的总体评价、一个月来的自杀意念程度及自杀意念史。

（二）研究结果

1. 高校女教师自杀意念状况与情绪片段的描述性统计

用贝克抑郁量表（BDI）中的一题测量的被试一个月内自杀意念的程度，结果显示，没有选项为“2”（“我很想自杀”）或“3”（“如果我有机会我就会自杀”）的被试，选项为“1”（“我有自杀的念头但不会真去自杀”）的被试为44个（17.7%）。对于本研究，一个月内自杀意念的检出率为17.7%，自杀意念史的检出率51.2%。在所有被试所记录的情绪片段中，最少的片段为3个，最多的片段为23个（M = 12.6，SD = 4.138）。

2. 一个月内有无自杀意念高校女教师的情绪差异比较

对无自杀意念被试（$n = 204$）及有自杀意念被试（$n = 44$）的每个情绪在所有片段上的平均数进行独立样本 t 检验，结果如表1显示：有自杀意念的高校女教师的积极情绪水平显著低于无自杀意念的高校女教师的积极情绪水平；有自杀意念的高校女教师的紧张情绪水平显著高于无自杀意念的高校女教师的紧张情绪水平（$t = -2.27$，$p < 0.01$）；两个被试群体在其他消极情绪水平上无显著差异；有自杀意念的高校女教师的胜任感水平显著低于无自杀意念的高校女教师的胜任感水平（$t = 8.11$，$p < 0.001$）。

表1　有无自杀意念高校女教师的情绪差异

情绪分类	情绪词	无自杀意念（$n_{片段} = 2\,128$）	有自杀意念（$n_{片段} = 476$）	t
积极	快乐	4.01 ± 2.07	3.32 ± 2.11	6.55***
	热情或友好	3.73 ± 2.12	2.92 ± 2.02	7.67***
	兴趣	3.55 ± 2.07	3.03 ± 2.01	4.98***
	放松或宁静	4.16 ± 1.98	3.17 ± 2.04	9.64***
消极	愤怒	1.59 ± 1.30	1.71 ± 1.38	-1.71
	抑郁	1.92 ± 1.45	2.02 ± 1.31	-1.42
	焦虑	2.11 ± 1.58	2.15 ± 1.47	-0.56
	紧张	1.74 ± 1.40	1.91 ± 1.56	-2.27**
	内疚	1.26 ± 0.89	1.21 ± 0.55	1.50
中性	胜任	3.86 ± 2.22	2.95 ± 2.14	8.11***

注：**表示 $p < 0.01$，***表示 $p < 0.001$。本篇后文表格同此注。

3. 有无自杀意念史高校女教师的情绪差异比较

对无自杀意念史的高校女教师（$n = 121$）及有自杀意念史的高校女教师（$n = 127$）的每个情绪在所有片段上的平均数进行独立样本 t 检验。由表2可以看出，在所有积极情绪中，有/无自杀意念史的高校女教师只在“兴趣”上存在显著差异，无自杀意念史群体的“兴趣”水平显著高于有自杀意念史的群体（$t = 4.70$，$p < 0.01$）；在消极情绪中，有自杀意念史的高校女教师抑郁、紧张、内疚上的得分显著高于无自杀意念史的高校女教师；在胜任情绪上两个群体的得分并无显著差异。

表2　有无自杀意念史的高校女教师的情绪差异

情绪分类	情绪词	无自杀意念史（$n_{片段}$ =1 272）	有自杀意念史（$n_{片段}$ =1 332）	t
积极	快乐	3.91 ±2.06	3.86 ±2.13	0.61
	热情或友好	3.65 ±2.00	3.52 ±2.24	1.51
	兴趣	3.64 ±2.13	3.26 ±1.98	4.70**
	放松或宁静	4.06 ±1.95	3.90 ±2.10	1.93
消极	愤怒	1.59 ±1.33	1.64 ±1.30	-0.94
	抑郁	1.75 ±1.37	2.12 ±1.45	-6.60***
	焦虑	2.06 ±1.54	2.17 ±1.58	-1.72
	紧张	1.66 ±1.30	1.88 ±1.54	-4.04***
	内疚	1.13 ±0.56	1.37 ±1.02	-7.50***
中性	胜任	3.78 ±2.12	3.61 ±2.34	1.91

4. 一个月内有无自杀意念的高校女教师在主要活动中的情绪差异比较

高校女教师在这一天进行各项活动的比例分别为：工作 28.3%，吃东西 17.4%，休闲放松 13.2%，上下班乘车 12.4%，起床洗漱 8.9%，其他 18.8%。本研究选取了高校女教师日常活动中比较有代表性的两种活动——工作和休闲放松活动，用独立样本 t 检验来考察在这两种活动中两个群体的情绪体验差异。

由表3 可以看出，在工作中，无自杀意念的高校女教师的积极情绪如热情或友好、兴趣、放松或宁静以及中性情绪胜任感都显著高于有自杀意念的高校女教师；有自杀意念的高校女教师的抑郁和内疚显著高于无自杀意念的高校女教师。

由表4 可以看出，在休闲放松活动中，无自杀意念的高校女教师的积极情绪如快乐、热情或友好、放松或宁静以及中性情绪胜任感都显著高于有自杀意念高校女教师；有自杀意念的高校女教师的抑郁、焦虑和内疚显著高于无自杀意念的高校女教师。

表3　有无自杀意念高校女教师在工作中的情绪差异

情绪分类	情绪词	无自杀意念（$n_{片段}$ =560）	有自杀意念（$n_{片段}$ =176）	t
积极	快乐	3.77 ±2.01	3.59 ±2.00	1.04
	热情或友好	4.04 ±2.06	3.68 ±1.92	2.03*
	兴趣	3.56 ±2.00	3.05 ±1.84	3.20**
	放松或宁静	3.32 ±1.90	2.93 ±1.85	2.39*

（续上表）

情绪分类	情绪词	无自杀意念（$n_{片段}=560$）	有自杀意念（$n_{片段}=176$）	t
消极	愤怒	2.33 ±1.76	1.91 ±1.11	−0.52
	抑郁	1.76 ±1.11	2.33 ±1.91	−3.76***
	焦虑	2.48 ±1.76	2.27 ±1.41	1.59
	紧张	2.06 ±1.63	1.95 ±1.41	0.87
	内疚	1.21 ±0.77	1.36 ±0.75	−2.41*
中性	胜任	3.86 ±2.22	2.95 ±2.14	8.11***

注：*表示 $p<0.05$。本篇后文表格同此注。

表4　有无自杀意念高校女教师在休闲放松活动中的情绪差异

情绪分类	情绪词	无自杀意念（$n_{片段}=280$）	有自杀意念（$n_{片段}=64$）	t
积极	快乐	5.17 ±1.91	4.00 ±2.64	2.37*
	热情或友好	4.37 ±2.23	1.63 ±1.34	9.09***
	兴趣	4.23 ±2.03	3.50 ±2.38	1.60
	放松或宁静	5.63 ±1.32	4.13 ±2.56	3.22**
消极	愤怒	1.11 ±0.47	1.75 ±1.32	−2.69*
	抑郁	1.29 ±0.62	2.00 ±1.24	−3.16**
	焦虑	1.40 ±0.80	2.13 ±1.07	−3.61**
	紧张	1.37 ±0.99	1.88 ±1.64	−1.67
	内疚	1.13 ±0.34	1.43 ±1.13	−2.70**
中性	胜任	3.77 ±2.16	2.38 ±2.21	3.24**

三、研究二：有无自杀意念高校女教师情绪日变化规律的差异比较

（一）研究方法

1. 被试

同研究一。

2. 研究工具

（1）情绪。

用测量中每个片段的每种情绪体验的记录作为该片段某种情绪体验的指标。本研究的情绪测量指标即为每种情绪的情绪体验随着从早到晚的时间发展表现出来的日节律。

（2）自杀意念测量。

同研究一。

3. 研究程序

同研究一。

4. 数据处理与分析

（1）数据处理原理及步骤。

由于多层线性模型允许重复测量次数不等，允许缺失数据，重复测量之间的自相关，以及各种误差结构，对于 DRM 测量的多时间片段数据，更适合使用多层线性模型而非传统的重复测量分析技术（Daly et al.，2010）。本研究通过将日周期变量作为这种模型中明确的被试内预测因素进行情绪的日变化规律的检验。具体步骤如下：

第一，建立无条件均值模型（零模型）来考察该数据是否适合用多层线性模型；

第二，以测量时间序列作为自变量，建立各种情绪的无条件增长模型及无条件非线性模型来考察各种情绪是否具有日变化规律、其日变化规律特点（线性变化或非线性变化）以及日变化规律是否具有个体差异；

第三，以测量时间序列为第一水平自变量，以自杀意念作为第二水平自变量，建立各种情绪的全模型来考察自杀意念的有无是否会影响到各种情绪的日变化规律（包括截距和斜率）；

第四，在第三步的基础上，增加第二水平的自变量年龄和婚姻状况作为控制变量，来进一步考察自杀意念有无对部分情绪日变化规律的贡献是否显著。

（2）数据预处理。

在日重现法问卷中，本研究是通过定义起止时间来记录被试一天中每个片段的计时。在进行多水平分析时，本研究用每个片段的时间中点（起止时间的平均点）来表示片段发生的时间。这些中间点被分类到 19 个（从早上 6 点到晚上 12 点以后）以 1 小时为单位的组块（例如9：00—9：59）中。鉴于分析的需要，本研究只采用了早上7 点到晚上9 点这 14 个时间片段的情绪记录进行多水平分析。

（3）数据处理软件。

用 SPSS 16.0 对数据进行数据预处理，用 HLM 6.08 进行数据统计。

（二）研究结果

1. 数据的多层线性模型检验

用零模型（M_0）检验数据是否适合使用多层线性模型。检验结果如表 5 显示，10 种情绪的随机部分卡方值都非常显著（$p<0.001$），这 10 种情绪都存在显著的个体差异，数据适合使用多层线性模型。通过跨级相关指数（ICC）可以看出，针对每一种情绪个体之间变异占总变异的比例在 20.3% 到 42.3% 之间。

表5　10种情绪的零模型检验

因变量	方差	X^2	df	跨级相关 ICC	描述模型拟合的差异统计量
快乐	1.454	1 330.610***	247	0.338	8 562.585
热情或友好	1.851	1 789.319***	247	0.423	8 385.250
兴趣	1.331	1 233.463***	247	0.321	8 525.018
放松或宁静	1.266	1 297.875***	247	0.326	8 377.560
愤怒	0.265	610.684***	247	0.417	7 128.302
抑郁	0.420	777.539***	247	0.203	7 286.043
焦虑	0.565	824.258***	247	0.225	7 663.264
紧张	0.673	1 023.429***	247	0.288	7 391.394
内疚	0.203	1 021.702***	247	0.300	4 756.477
胜任	2.057	1 750.708***	247	0.417	8 649.858

2. 各种情绪的日变化规律检验

（1）各种情绪的线性变化趋势检验。

鉴于本研究中测量的时间次数比较多以及情绪在一天中的变化趋势可能存在的复杂性，本研究既想探讨每种情绪是否具有线性变化趋势，也想探讨每种情绪的非线性变化趋势。因此，本研究首先用无条件增长模型 $M_{1.1}$ 描述各种情绪随时间表现出的线性变化趋势，结果如表6所示。

从固定部分的结果可以看出，只有内疚这一情绪的斜率是不显著的（$\beta_{内疚} = -0.004$，$t_{内疚} = -0.988$，$p_{内疚} > 0.05$），表明内疚情绪随时间产生的线性变化趋势并不显著。

而胜任这一情绪的模型整体拟合的差异统计量相比无条件均值模型的差异统计量增加了3.782，而参数增加了2，查阅 X^2 临界值表，显示该变化不显著，由此表明胜任的无条件增长模型拟合并不显著。同时，固定部分结果显示，热情或友好、愤怒两种情绪具有显著的线性变化趋势（$\beta_{热情或友好} = -0.036$，$t_{热情或友好} = 4.400$，$p_{热情或友好} < 0.001$；$\beta_{愤怒} = -0.043$，$t_{愤怒} = -6.569$，$p_{愤怒} < 0.001$），但随机部分结果显示，两种情绪的这种线性变化趋势并不具有显著的个体差异（方差$_{热情或友好} = 0.001$，$X^2_{热情或友好} = 244.957$，$p_{热情或友好} > 0.05$；方差$_{愤怒} = 0.002$，$X^2_{愤怒} = 264.295$，$p_{愤怒} > 0.05$）。

表 6　10 种情绪的无条件线性模型检验

因变量		固定部分			随机部分		差异统计量	增加的参数	减少的差异统计量
		系数	标准误	t	方差	卡方			
快乐	截距	3.253	0.112	29.126***	2.048	759.709***	8 464.839	2	99.746***
	斜率	0.086	0.011	8.112***	0.009	378.481***			
热情或友好	截距	3.413	0.104	32.940***	1.711	661.446***	8 375.779	2	9.471**
	斜率	0.036	0.008	4.400***	0.001	244.957			
兴趣	截距	2.809	0.102	27.525***	1.557	590.083***	8 406.605	2	118.413***
	斜率	0.096	0.010	9.683***	0.006	324.454**			
放松与宁静	截距	3.371	0.091	37.027***	1.050	493.160***	8 325.075	2	52.485***
	斜率	0.063	0.009	6.889***	0.003	295.240*			
愤怒	截距	1.956	0.071	27.401***	0.709	520.706***	7 060.061	2	68.241***
	斜率	−0.043	0.007	−6.569***	0.002	264.295			
抑郁	截距	2.109	0.068	30.839***	0.543	490.961***	7 254.663	2	31.380***
	斜率	−0.020	0.008	−2.319*	0.006	395.349***			
焦虑	截距	2.542	0.086	29.624***	1.109	616.934***	7 593.744	2	69.520***
	斜率	−0.051	0.009	−5.612***	0.007	406.115***			
紧张	截距	2.191	0.089	24.612***	1.374	740.141***	7 304.172	2	87.222***
	斜率	−0.039	0.009	−4.172***	0.011	512.292***			
内疚	截距	1.291	0.049	26.589***	0.402	792.582***	4 721.543	2	34.934***
	斜率	−0.004	0.004	−0.988	0.002	422.723***			
胜任	截距	3.685	0.115	32.164***	2.123	694.485***	8 653.640	2	−3.782
	斜率	0.020	0.010	2.066*	0.002	283.568*			

综上所述，固定部分的结果显示，快乐、兴趣、放松与宁静、抑郁、焦虑、紧张 6 种情绪的斜率是显著的，即快乐、兴趣、放松与宁静具有显著的线性增长趋势，而抑郁、焦虑、紧张具有显著的线性下降趋势；随机部分的结果显示，这种线性变化趋势具有显著的个体差异。

（2）各种情绪的非线性变化趋势检验。

用非线性增长模型 $M_{1.2}$ 考察了各种情绪随着测量时间二次变化的趋势，结果显示如表 7。从差异统计量的显著性可以看出，上述无条件非线性模型相比无条件均值模型的拟合更佳。但只有热情与友好、愤怒、胜任三种情绪的斜率 2 是显著的（$t_{热情或友好} = -2.455$，$p_{热情或友好} < 0.05$；$t_{愤怒} = -2.981$，$p_{愤怒} < 0.01$；$t_{胜任} = -6.008$，$p_{胜任} < 0.001$）。

表7　10种情绪的无条件非线性模型检验

因变量		固定部分			随机部分		差异统计量	增加的参数	减少的差异统计量
		系数	标准误	t	方差	卡方			
快乐	截距	3.154	0.126	25.059***	2.126	483.031***	8 469.876	5	92.709***
	斜率1	0.139	0.032	4.383***	0.017	203.498			
	斜率2	-0.004	0.002	-1.814	0.000	199.149			
热情或友好	截距	3.280	0.113	29.082***	1.414	414.387***	8 369.969	5	15.281**
	斜率1	0.109	0.032	3.444**	0.024	248.346			
	斜率2	-0.006	0.002	-2.455*	0.000	223.057			
兴趣	截距	2.784	0.115	24.168***	1.484	441.693***	8 408.725	5	116.293***
	斜率1	0.110	0.033	3.291**	0.034	270.936			
	斜率2	-0.001	0.002	-0.420	0.000	234.936			
放松与宁静	截距	3.303	0.105	31.567***	0.992	362.434***	8 329.851	5	47.709***
	斜率1	0.099	0.031	3.227**	0.016	239.396			
	斜率2	-0.003	0.002	-1.258	0.000	220.305			
愤怒	截距	1.785	0.086	20.772***	0.849	480.159***	6 986.634	5	141.668***
	斜率1	0.042	0.031	1.358	0.105	430.109***			
	斜率2	-0.007	0.002	-2.981**	0.001	394.270***			
抑郁	截距	2.079	0.085	24.562***	0.722	476.380***	7 224.623	5	61.420***
	斜率1	-0.005	0.030	-0.153	0.078	395.438***			
	斜率2	-0.001	0.002	-0.570	0.000	328.680***			
焦虑	截距	2.520	0.098	25.765***	1.113	494.756***	7 592.275	5	70.989***
	斜率1	-0.041	0.029	-1.398	0.044	323.800***			
	斜率2	-0.001	0.002	-0.334	0.000	285.884*			
紧张	截距	2.295	0.110	20.881***	0.021	765.891***	7 231.224	5	160.170***
	斜率1	-0.091	0.035	-2.566*	0.175	548.476***			
	斜率2	0.004	0.002	1.730	0.001	547.406***			
内疚	截距	1.334	0.060	22.257***	0.574	736.357***	4 708.491	5	47.986***
	斜率1	-0.029	0.016	-1.781	0.024	427.449***			
	斜率2	0.002	0.001	1.649	0.000	377.577***			
胜任	截距	3.386	0.127	26.718***	2.343	471.842***	8 634.159	5	15.699**
	斜率1	0.180	0.028	6.531***	0.003	167.335			
	斜率2	-0.013	0.002	-6.008***	0.000	173.424			

由于胜任情绪的线性增长模型相比无条件均值模型并没有更好的拟合，非线性模型相比无条件均值模型拟合更佳（$\Delta X^2 = 15.699$，$\Delta df = 5$，$p < 0.01$），故胜任情绪日节律也为

非线性变化，趋势是先上升，上升的速率越来越慢，到测量时间次数为7.22即下午2点以后开始下降，且下降的速率越来越快。

由于热情或友好、愤怒情绪的线性模型和非线性模型相比零模型的拟合都更显著，本研究将热情或友好、愤怒两种情绪的非线性模型模拟的差异统计量与其对应的线性模型比较决定最优模型。针对热情或友好情绪，非线性模型比线性模型的参数增加了3，但差异统计量减少5.810，并不显著（$p>0.05$），但由于多项式阶数的增加可以使模型的估计值更准确，因此，选择非线性模型为其最优模拟模型，即热情或友好的情绪日节律为非线性。愤怒的非线性模型相比线性增长模型，增加的参数为3，差异统计量减少73.427，非常显著（$p<0.001$），故愤怒采用非线性模型拟合更佳，即愤怒情绪的日节律为非线性二次变化，愤怒水平呈下降趋势，且下降的速率越来越快。

但从随机部分的结果来看，在日节律表现出非线性变化的这三种情绪中，只有愤怒情绪的日节律表现出显著的个体差异（方差$_{斜率1}=0.105$，$X^2_{斜率1}=430.109$，$p_{斜率1}<0.001$；方差$_{斜率2}=0.001$，$X^2_{斜率2}=394.270$，$p_{斜率2}<0.001$），热情或友好、胜任两种情绪日节律的个体差异均不显著（热情或友好：方差$_{斜率1}=0.204$，$X^2_{斜率1}=248.346$，$p_{斜率1}>0.05$；方差$_{斜率2}=0.000$，$X^2_{斜率2}=223.057$，$p_{斜率2}>0.05$。胜任：方差$_{斜率1}=0.003$，$X^2_{斜率1}=167.335$，$p_{斜率1}>0.05$；方差$_{斜率2}=0.000$，$X^2_{斜率2}=173.424$，$p_{斜率2}>0.05$）。

3. 自杀意念为二层预测变量的全模型参数检验

根据以上研究，针对快乐、兴趣、放松与宁静、抑郁、焦虑、紧张这6种情绪，在无条件线性增长模型基础上建立全模型$M_{2.1}$考察自杀意念对上述情绪的线性变化趋势是否具有显著的预测；针对愤怒这种情绪在非线性模型基础上建立全模型$M_{2.2}$考察自杀意念对愤怒的非线性变化趋势是否具有显著的预测。结果如表8。

表8　全模型（自杀意念为二层预测变量）参数检验

因变量		固定部分			随机部分	
		系数	标准误	t 检验	方差	卡方
快乐	截距	-0.943	0.241	-3.921**	1.942	731.683***
	斜率	0.027	0.031	0.869	0.009	377.825***
兴趣	截距	-0.408	0.235	-1.733		
	斜率	-0.036	0.028	-1.290		
放松与宁静	截距	-1.144	0.202	-5.661***	0.890	450.526***
	斜率	0.029	0.028	1.039	0.003	294.099*

（续上表）

因变量		固定部分			随机部分	
		系数	标准误	t 检验	方差	卡方
愤怒	截距	0.635	0.258	2.466*	0.794	470.682***
	斜率 1	-0.192	0.070	-2.722**	0.100	417.856***
	斜率 2	0.011	0.005	2.217*	0.001	385.773***
抑郁	截距	0.572	0.177	3.226**	0.504	469.645***
	斜率	-0.075	0.024	-3.054**	0.006	375.939***
焦虑	截距	0.190	0.240	0.790		
	斜率	-0.021	0.023	-0.892		
紧张	截距	0.229	0.259	0.886		
	斜率	0.013	0.020	0.649		

由固定部分的结果可以看出，自杀意念的有无对快乐、放松与宁静情绪日变化的截距仍然有显著的预测效果（预测系数依次为 -0.943、-1.144），对其斜率预测效果不显著。对抑郁日变化的截距（预测系数依次为 0.572）和斜率（预测系数为 -0.075）都有显著的预测效果，对愤怒日变化的截距和斜率 1、斜率 2 预测效果也很显著。对兴趣、焦虑、紧张日变化的截距和斜率都没有预测效果。即有自杀意念的群体与无自杀意念群体相比，在快乐、放松与宁静日变化的截距上差异显著，在愤怒和抑郁的日变化速率和截距上均差异显著。

4. 年龄和婚姻状况为二层控制变量、自杀意念为二层预测变量的全模型参数检验

为了进一步明确自杀意念有无对快乐、放松与宁静、抑郁和愤怒 4 种情绪的日变化规律是有显著预测作用的，在二层模型中增加了年龄和婚姻状况这两种可能对高校女教师的情绪有影响的个体变量作为控制变量，对快乐、放松与宁静和抑郁建立了全模型 $M_{3.1}$，对愤怒建立了全模型 $M_{3.2}$ 进行参数检验，结果如表 9。

表 9　加入年龄和婚姻状况为二层控制变量后的全模型参数检验

因变量		个体变量	固定部分		
			系数	标准误	t
快乐	截距	年龄	0.143	0.027	5.234***
		婚姻状况	-0.064	0.157	-0.409
		自杀意念	-0.944	0.231	-4.089***
	斜率	年龄	-0.014	0.003	-4.309***
		婚姻状况	0.071	0.015	4.788***
		自杀意念	0.025	0.032	0.777

（续上表）

因变量		个体变量	固定部分		
			系数	标准误	t
放松与宁静	截距	年龄	0.061	0.022	2.828**
		婚姻状况	-0.049	0.139	-0.349
		自杀意念	-1.139	0.212	-5.376***
	斜率	年龄	-0.001	0.003	-0.317
		婚姻状况	0.055	0.013	4.287***
		自杀意念	0.024	0.030	0.814
愤怒	截距	年龄	0.007	0.027	0.244
		婚姻状况	0.287	0.114	2.523*
		自杀意念	0.658	0.217	3.030**
	斜率1	年龄	0.010	0.010	0.986
		婚姻状况	-0.174	0.042	-4.138***
		自杀意念	-0.191	0.079	-2.434*
	斜率2	年龄	-0.001	0.001	-1.389
		婚姻状况	0.012	0.003	3.549**
		自杀意念	0.011	0.006	2.417*
抑郁	截距	年龄	-0.034	0.021	-1.592
		婚姻状况	0.039	0.089	0.440
		自杀意念	0.577	0.178	3.242**
	斜率	年龄	0.003	0.002	1.298
		婚姻状况	-0.048	0.011	-4.475***
		自杀意念	-0.072	0.021	-3.444**

由固定部分的结果可以看出，即使控制了年龄和婚姻状况，自杀意念的有无对快乐、放松与宁静情绪日变化的截距仍然有显著的预测效果（预测系数依次为-0.944、-1.139），对其斜率预测效果不显著。自杀意念的有无对愤怒、抑郁的日节律的截距和斜率仍然有显著的预测效果。这说明，即使在控制了年龄和婚姻状况的影响之后，有自杀意念相比无自杀意念的群体，在快乐、放松与宁静情绪线性增长截距上显著低，增长速率没有显著差异（见图1、图2），在抑郁线性下降截距上显著高，下降速率更大，即下降得更快（见图3），在愤怒情绪非线性二次变化上，下降速率更快（见图4）。

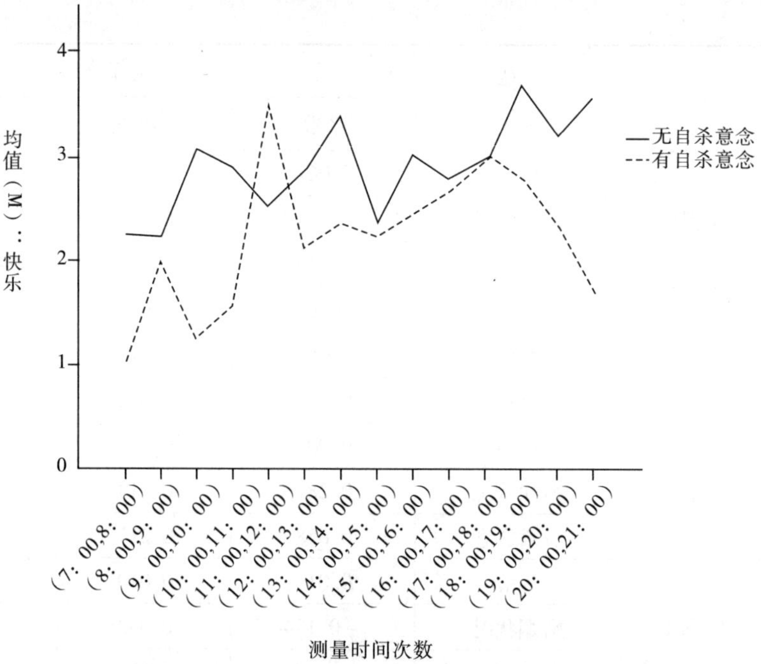

图 1　有无自杀意念高校女教师快乐情绪的日变化规律比较

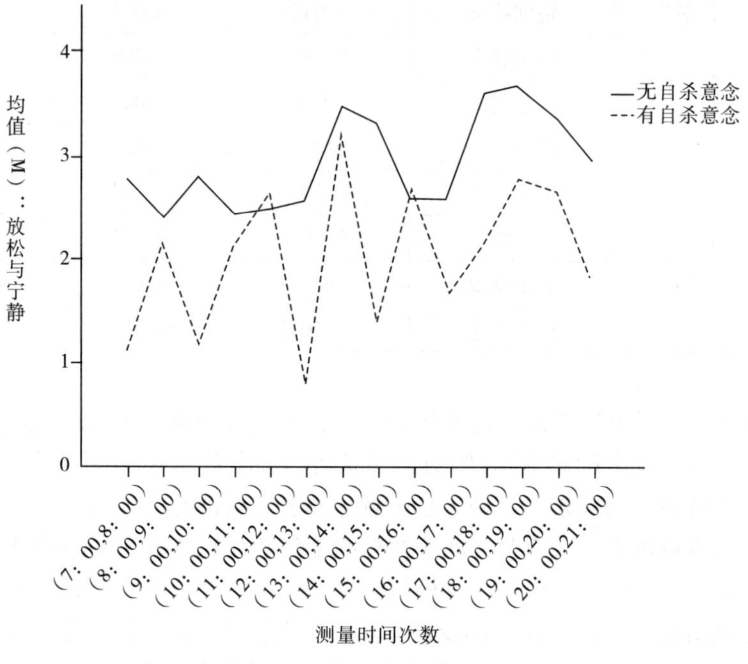

图 2　有无自杀意念高校女教师放松与宁静情绪的日变化规律比较

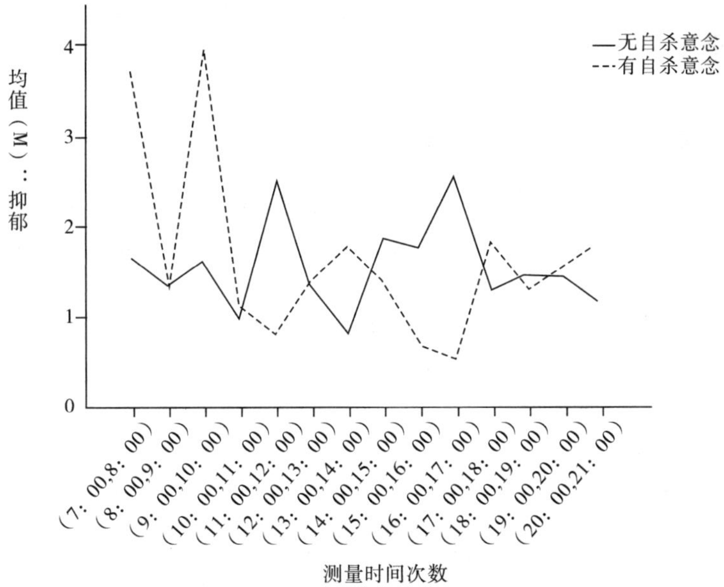

图 3　有无自杀意念高校女教师抑郁情绪的日变化规律比较

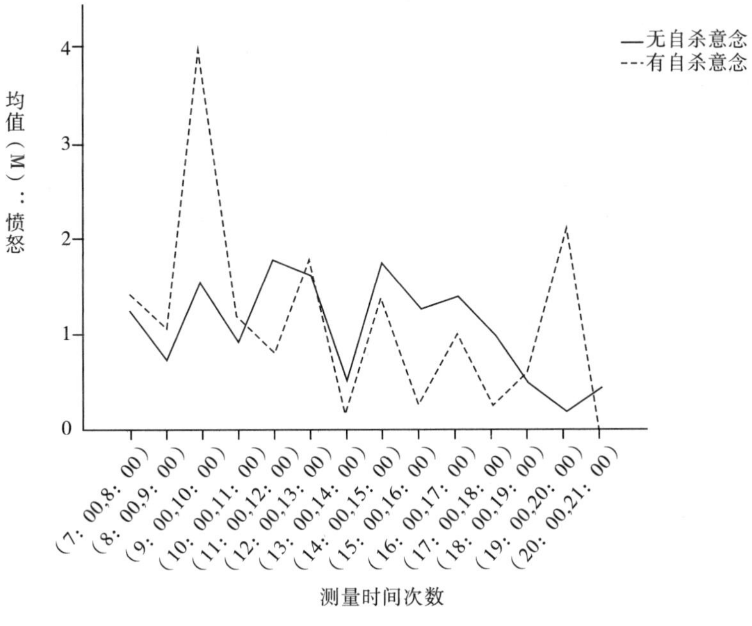

图 4　有无自杀意念高校女教师愤怒情绪的日变化规律比较

四、讨论

（一）高校女教师的幸福感现状

本研究结果发现，年龄对高校女教师的积极情绪日变化有影响，对消极情绪日变化没有影响。具体而言，年龄的大小对快乐情绪日变化的截距和斜率都有显著的预测效果，对放松与宁静情绪日变化的截距有显著预测的效果。另外，就婚姻状态而言，婚姻状况对高校女教师的积极情绪日变化和消极情绪日变化均有影响，对各种具体情绪日变化的截距和斜率有着不同的影响。由此可见，虽然高校女教师的不同情绪状态都是幸福感的指标，但不同情绪的日变化受年龄和婚姻的影响不一致，反映出将幸福感细化到日常生活中的不同情绪状态来进行研究的必要性。

此外，本研究 248 名高校女教师中月自杀意念检出率为 17.7%，有自杀意念史的高校女教师比例为 51.2%。无论月自杀意念的检出率还是自杀意念史的检出率都说明在高校女教师群体中有自杀意念者的比例是较高的，这反映出该群体的身心状态非常有必要得到关注。

（二）有无自杀意念高校女教师的日情绪状态差异

1. 有无自杀意念高校女教师积极情绪状态的比较

本研究显示，一个月内有自杀意念以及过去有自杀意念史的高校女教师在积极情绪上都显著低于无自杀意念的高校女教师。以往有关自杀的研究，对消极情绪关注较多，但积极情绪的缺乏也可以被看作心理健康水平下降的一个指标。例如，Seidlitz 等（2001）的研究发现，有自杀企图者比没有自杀企图者在热情和积极情绪上更低，自杀企图次数越多的人，报告越低的积极情绪和更高的愤怒、敌意与愧疚；Koivumaa – Honkanen 等（2003）对29 067名成年芬兰人进行 20 年追踪研究后发现，非常不快乐的人相比非常快乐的人有 10.84 倍的自杀可能性，即使在控制了其他年龄、性别因素后仍然有 7.01 倍的自杀可能性。

有研究者认为自杀行为实际上是个体从一种无法忍受的环境中逃脱的尝试，这种无法忍受的环境主要是指个体不能感觉到信念（Baumeister，1990）。而积极情绪体验的缺乏，如感受不到快乐、缺乏兴趣、无法感觉到放松、无法对生活表现出热情或友好等都可能是其无法忍受的，这也可能导致自杀意念的产生。如 Nock 和 Kazdin（2002）在对 175 名 6—13 岁青少年研究后发现，即使在控制了抑郁情绪后，缺乏愉快体验这一因素仍然和自杀企图、自杀意念等高相关，这更说明缺乏积极情绪体验也是自杀意念的强有力的预测指标，这种预测还是独立于消极情绪体验以外的。

尤其是在本研究中，所筛查出的有自杀意念的高校女教师主要是轻度自杀意念者（“我有自杀的念头但不会真去自杀”），对轻度自杀意念者表现出来更多的是积极情绪的缺乏，如对生活提不起兴趣、无法让自己放松等，这也是一个人有可能产生情绪障碍的初级阶段。因此，对积极情绪缺乏的高校女教师的关注有助于我们从自杀意念产生的初始阶段进行预防和控制。

2. 有无自杀意念的高校女教师消极情绪状态比较

本研究认为在有无自杀意念高校女教师的消极情绪状态比较结果中应注意两点：

第一，在对一个月内有无自杀意念的高校女教师以及过去有无自杀意念史的高校女教师进行消极情绪的比较时，前者在紧张情绪上均显著高于后者。紧张是人体在精神及身体两方面对外界事物反应的加强。积极消极事件都会引起人的紧张反应。紧张的程度常与生活变化的大小成比例。紧张使人睡眠不安，思考力及注意力不能集中、头痛。普通的紧张都是暂时性的。突发性的紧张是一种恐惧感。长期紧张就会导致一系列身心疾病如失眠或者焦虑、抑郁等情绪障碍。许多研究（苏小宝，徐应军，2011；赵国秋等，1996）都证明女性教师在日常生活尤其是工作中紧张水平比较高。而本研究可以看出有自杀意念的高校女教师相比无自杀意念的高校女教师在生活中会更紧张。因此，高校女教师也应注意缓解日常生活中的紧张情绪，避免过度和长期的紧张情绪危害身心。

第二，相比无自杀意念的高校女教师，有自杀意念的高校女教师除了在工作中积极情绪水平低，消极情绪水平高，在休闲放松中也有同样的差异倾向。也就是说，并不一定是只在诸如工作这种压力性事件中会让有自杀意念的高校女教师产生消极情绪，休闲放松这种本可以愉悦身心或缓解紧张水平的活动同样也会让有自杀意念的高校女教师产生消极情绪。这说明有自杀意念的高校女教师的情绪体验并不完全受所经历的事件影响，与其自身对事件的看法也有关。如 Gross（2002）发现倾向于认知重评的个体具有更高的正情绪体验和更多的正情绪行为，较低的负性情绪体验和负性情绪表达行为。因此，本研究认为有自杀意念的高校女教师与无自杀意念的高校女教师在情绪调节和管理策略上有差异，对此可以进行深入研究。

3. 有无自杀意念的高校女教师胜任感比较

本研究结果显示，一个月内有自杀意念的高校女教师在胜任这一情绪水平上显著低于无自杀意念的高校女教师。这一特点也体现在工作和休闲放松的活动中。胜任感是个体在活动中体验到的价值感和效能感。这和以往的研究结果一致。有研究显示，有过自杀企图的非裔美国女性比没有自杀企图的非裔美国女性自我效能感更低，而提高自我效能感是预防自杀的一个重要策略（Thompson et al.，2002）。

（三）有无自杀意念高校女教师情绪的日变化规律差异

本研究的结果表明，在积极情绪中，有自杀意念的高校女教师的快乐、放松与宁静的在早上 7 点的情绪强度显著低于无自杀意念的高校女教师，尽管她们的这两种情绪在白天 7 点到晚上 9 点这个过程中是线性增长的，在增长的速率上并没有差异；而在消极情绪中，有自杀意念的高校女教师在早上 7 点的抑郁情绪强度就比无自杀意念的高校女教师高，且在一天中直线下降更快；有自杀意念的高校女教师在早上 7 点的愤怒情绪强度也比无自杀意念的高校女教师高，且在一天中下降的速率变化更大。

从情绪的日变化来看，本研究结果也证明了积极、消极和中性情绪胜任都有日周期。这和近期 Stone 等人（2006）的研究结果是一致的。他们也用日重现法对 900 多名美国职业女性进行情绪的日周期效应进行研究，发现快乐、温暖、乐趣、抑郁、生气、指责、胜任等都有着显著的日周期效应。实际上任何事物的发展都表现出一定的连续性（稳定性）

和不连续性（变化性），情绪也不例外。从理论上来说，情绪变化是为了应对环境的变化所做出的反应（Luacs and Baird，2004）。当愉快事件发生时，人们体验到愉快和快乐，当不愉快事件发生时，人们则体验到愤怒或恐惧，尽管有这样的波动，随着时间的推移，人们的情绪体验还是表现出一定程度上的稳定性。而这个相对稳定的特征水平也受到些内源性因素（如每日机体生理系统的变化）的影响以及外源性因素（如每日上班、下班、休息）的影响，从而表现出一定的节律性，如24小时的清醒—睡眠循环，体现在情绪上就会出现情绪的日周期。

同时本研究也证明了有自杀意念的高校女教师与无自杀意念的高校女教师在情绪动态变化特征（日变化强度与速率）的差异。自我调节观点假设健康的系统总是努力维持在一个稳定状态，同时适应性反应、发展性过渡、节律甚至不稳定性等动态变化现在都被视作健康系统的重要特征，事实上一些疾病能被确诊正是因为具有暂时性失常的动态性特征（Glass and MacKey，1988）。因此，用情绪的动态性特征如本研究中的情绪的日变化规律与高校女教师的自杀意念规律是非常必要的。

由各情绪动态变化的图可以看出，快乐、放松与宁静、抑郁情绪并不是呈完全的线性动态变化趋势，愤怒情绪也并不是呈完全的二次变化趋势，它们事实上都呈现了一定的波动状况。现实生活中，情绪的实际变化也不可能是一直朝着一个方向移动（增大或减小），那样将很快超出正常愉快和有害感情的极限，从而会出现大量的病理学个体。实际上情绪的变化可能是围绕着某一稳定值而波动，但这有待进一步研究证明。

（四）综合讨论

总体而言，本研究从静态和动态两个角度，对有无自杀意念的高校女教师的情绪进行了解和把握，对改善高校女教师情绪状态、预防自杀意念、提升幸福感具有非常重要的意义。情绪在理解人类健康和行为方面起着关键作用。一般是询问被试通常的情绪，旨在测量情绪的特质成分；或是让个体报告在一些具体的时间段过程中或者之后的感觉如何。总之，这些测量方法主要关注情绪水平在个体之间的差异——或是整体的差异，或是特别时间点或时间段的差异。而实际上情绪的动态变化可以显示出情绪产生及发展的过程。因此，考察情绪的动态变化性比单纯把情绪作为稳定的特质来处理能获得个体的更多信息，尤其女性本身就是一个情绪比较多变的群体。

本研究显示，研究一从静态角度与研究二从动态角度研究的有无自杀意念高校女教师群体的情绪差异结果有相互契合和互为补充的地方。如从静态角度来看，在一天这个时间段里，有自杀意念的高校女教师在积极情绪（快乐、放松与宁静）上显著低于无自杀意念的高校女教师；从动态角度来看，有自杀意念相比无自杀意念的高校女教师在快乐、放松与宁静两种情绪的线性增长截距上显著低，增长速率没有显著差异。综合起来，有自杀意念的高校女教师的积极情绪即快乐、放松与宁静虽然也在增长，但在整体水平上，相比无自杀意念的高校女教师体验的情绪强度更低。不同的地方，如从静态角度来看，在一天这个时间段里，有自杀意念的高校女教师在消极情绪（紧张）上显著高于无自杀意念的高校女教师，在中性情绪（胜任）上显著低于无自杀意念的高校女教师，但在动态研究中，并没有看到有无自杀意念群件在两者变化趋势上的差异。同时，动态研究中还发现了有无自杀意念高校女教师在抑郁情绪、愤怒情绪日变化上的差异。综合两个研究，可以看出，从静态角度和动态角度，可以得到有关有无自杀意念的高校女教师情绪差异的不同方面的信息，为高校女教师的日常情绪调节、自杀意念预防、幸福感提升等提供实证依据和策略支持。

（五）本研究的亮点、局限及未来展望

1. 亮点

（1）研究视角上，本研究从幸福感的对立面（即幸福感低下）出发，探讨了其与自杀意念的关系，并将幸福体验细化到高校女教师的日常情绪状态，探讨了积极、消极以及中性情绪状态与自杀意念的关系，全面而有对比性。

（2）研究思路上，从静态和动态两个角度探讨了有无自杀意念的高校女教师在积极、消极情绪及中性情绪上的差异，尤其是情绪动态变化的差异能为高校女教师的日常情绪调节、自杀意念预防、幸福感提升等提供实证依据和策略支持。

（3）研究方法上，用日重现法探讨了情绪动态变化特点，考察了即时情绪体验的日节律，丰富了自杀意念的情绪影响因素的研究内容。

2. 局限及未来展望

本研究虽然具有以上亮点，但是没有直观地对幸福感进行测量。未来研究可将幸福感的直接测量和间接测量结合，使研究更为全面。另外，本研究虽然考察了高校女教师的日变化规律，但就情绪与自杀意念关系的考察而言，仍然属于横断设计，无法对两者关系做出因果判断。未来研究可使用纵向追踪的设计，考察高校女教师自杀意念及情绪在更长时间段中的发展变化及相互影响机制。

参考文献

[1] BAUMEISTER R F. Suicide as escape from self. Psychological review，1990，97：90－113.

[2] BECK A T，KOVACS M，WEISSMAN A. Assessment of suicidal intention：the scale for suicide ideation. Journal of consulting and clinical psychology，1979，47：343－352.

[3] BENNARDI M，CABALLERO F F，MIRET M，el at.. Longitudinal relationships between positive affect，loneliness，and suicide ideation：age-specific factors in a general population. Suicide and life-threatening Behavior，2019，49：90－103.

[4] DALY M，DELANEY L，DORAN P P，et al. Naturalistic monitoring of the affect-heart rate relationship：a day reconstruction study. Health psychology，2010，29：186－195.

[5] DOCKRAY S，GRANT N，STONE A A，et al. A comparison of affect ratings obtained with ecological momentary assessment and the day reconstruction method. Social indicators research，2010，99：269－283.

[6] GESCHWIND N，NICOLSON N A，PEETERS F，et al. Early improvement in positive rather than negative emotion predicts remission from depression after pharmacotherapy. European neuro-psychopharmacology，2011，21：241－247.

[7] GLASS L，MACKEY M C. From clocks to chaos：the rhythms of life. Princeton，NJ：

Princeton University Press, 1988.

[8] GROSS J J. Emotion regulation: affective, cognitive, and social consequences. Psychophysiology, 2002, 39: 281 -291.

[9] KAHNEMAN D, KRUEGER A, SCHKADE D A, et al. A survey method for characterizing daily life experience: The day reconstruction method. Science, 2004, 306: 1776 -1780.

[10] KOIVUMAA-HONKANEN H, HONKANEN R, KOSKENVUO, et al. Self-reported happiness in life and suicide in ensuing 20 years. Social psychiatry and psychiatric epidemiology, 2003, 38: 244 -248.

[11] LAW K C, KHAZEM L R, ANESTIS M D. The role of emotion dysregulation in suicide as considered through the ideation to action framework. Current opinion in psychology, 2015, 3: 30 -35.

[12] LEE J - I, LEE M - B, LIAO S - C, et al. Prevalence of suicidal ideation and associated risk factors in the general population. Journal of the formosan medical association, 2010, 109: 138 -147.

[13] LIU R X. The conditional effects of gender and delinquency on the relationship between emotional distress and suicidal ideation or attempt among youth. Journal of adolescent research, 2004, 19: 698 -715.

[14] LUACS R E, BAIRD B M. Extraversion and emotion reactivity. Journal of personality and social psychology, 2004, 86: 473 -485.

[15] MARWAHA S, HE Z, BROOME M, et al. How is affective instability defined and measured? A systematic review. Psychological medicine, 2014, 44: 1793 -1808.

[16] NOCK M K, KAZDIN A E. Examination of affective, cognitive, and behavioral factors and suicide-related outcomes in children and young adolescents. Journal of clinical child & adolescent psychology, 2002, 31: 48 -58.

[17] PALMIER-CLAUS J E, TAYLOR P J, GOODING P, et al. Affective variability predicts suicidal ideation in individuals at ultra-high risk of developing psychosis: an experience sampling study. British journal of clinical psychology, 2012, 51: 72 -83.

[18] PEARSON V, LIU M. Ling's death: An ethnography of a Chinese woman's suicide. Suicide and life-threatening behavior, 2002, 32: 347 -358.

[19] SEIDLITZ L, CONWELL Y, DUBERSTEIN P, et al. Emotion traits in older suicide attempters and non-attempters. Journal of affective disorders, 2001, 66: 123 -131.

[20] STEPHENSON H, PENA-SHAFF J, QUIRK P. Predictors of college student suicidal ideation: gender differences. College student journal, 2006, 40: 109 -117.

[21] STONE A A, SCHWARTZ J E, SCHWARZ N, et al. A population approach to the study of emotion: diurnal rhythms of a working day examined with the day reconstruction method. Emotion, 2006, 6: 139 -149.

[22] THAYER J F, ROSSY L A, RUIZ-PADIAL E, et al. Gender differences in the relationship between emotional regulation and depressive symptoms. Cognitive therapy and research, 2003, 27: 349 -364.

［23］ THOMPSON M P，KASLOW N J，SHORT L M，et al. The mediating roles of perceived social support and resources in the self-efficacy-suicide attempts relation among African American abused women. Journal of consulting and clinical psychology，2002，70：942 –949.

［24］ WATSON D，NARAGON-GAINEY K. On the specificity of positive emotional dysfunction in psychopathology：evidence from the mood and anxiety disorders and schizophrenia/schizotypy. Clinical psychology review，2010，30：839 –848.

［25］ WU M，ZHOU R，HUANG Y. Effects of menstrual cycle and neuroticism on females' emotion regulation. International journal of psychophysiology，2014，94：351 –357.

［26］ 冯梅．职业女性总体幸福感及影响因素研究．数学的实践与认识，2016，46：73 –79.

［27］ 柳迎新，黄文倩，朱婉儿．大学新生的自杀意念及与生活满意度、幸福感的关系．中国心理卫生杂志，2012，26：235 –238.

［28］ 毛荆利，周末，巢传宣，等．高校教师主观幸福感的影响因素．保健医学研究与实践，2007，4：7 –9.

［29］ 苏小宝，徐应军．中学毕业班教师性别间职业紧张及心理健康的对比分析．中国健康心理学杂志，2011，19：1206 –1207.

［30］ 孙凤．性别、职业与主观幸福感．经济科学，2007，29：95 –106.

［31］ 王晓炜．自杀行为的心理学综述研究．太原大学教育学院学报，2010，28：27 –29.

［32］ 赵国秋，王义强，徐琴美，等．中学教师与医护人员职业心理紧张及其影响因素的研究．中国心理卫生杂志，1996，10：157 –159.

［33］ 赵静波，季建林．儿童和青少年的自杀行为．国外医学精神病学分册，1997，24：163 –166.

［34］ 周佳晔，黄敏．高校女教师幸福感探讨．唯实（现代管理），2013，7.

高校女性教师的时间贫穷感知对工作压力与生活满意度的中介作用

张晓*

一、引言

（一）问题提出

岁月不居，时节如流。时间作为一个亘古的话题，总是引发人们无限感慨。尤其在现代社会，生活和工作的节奏越来越快，随之而来的，是用在工作上的时间也越来越多。根据2018年11月内蒙古大学基于2017年中国时间利用调查（CTUS）数据发布的《时间都去哪儿了？中国时间利用调查研究报告》，2017年我国工资劳动者超时工作（净工作时间大于8小时）相当普遍，超时工作率高达42.2%。其中，低收入者、低学历者、制造业从业者、生产制造及相关人员超时工作尤为严重。与14个主要国家相比，2017年我国有酬劳动时长排名第一，比排名最后的意大利高出125%。该调查对中国大陆地区除新疆、西藏外的29个省份收集到的12 471个家庭（30 591名不小于3岁的家庭成员）的时间利用信息进行系统分析，具有全国代表性。

除了该报告中提到的低收入者、低学历者，其实另一个群体——高校教师经常容易受到忽视。作为高学历者，高校教师通常被认为是工作时间更为自由的职业，在大众眼中，高校教师似乎与过劳和加班没有关系。但实际上，也正由于相对灵活的工作时间，模糊了生活与工作的界限。据调查，中国高校教师平均每周的工作时间为52.3小时，远高于《劳动法》规定的44小时（刘贝妮，2015）。而这似乎并不只是中国高校教师群体特有的现象，2016年一篇发表于*Nature*的调查发现，全球参与调查的科研工作者中有38%的人表示自己每周工作60小时以上，甚至有9%的人表示每周工作时间超过80小时（Powell，2016）。对于高校教师而言，在高校正常的工作时间内完成教学、科研、管理和社会服务已经成为极大的挑战。

另一个越来越引起社会关注的是职场女性群体。据《时间都去哪儿了？中国时间利用调查研究报告》分析，2017年我国女性和男性的无酬劳动时长比例接近3：1。总体上，与男性相比，女性一天的时间分配仍呈现“有酬劳动时间短、无酬劳动时间长”“总劳动时间长、休闲社交时间短”的特点。2018年母亲节，智联招聘与宝宝树联合发布了针对职场妈妈群体的调研报告《2018年职场妈妈生存状况调查报告》，报告指出，职场妈妈的薪资及职级要高于一般职场女性，但普遍遭遇晋升瓶颈；虽然职场妈妈们认为成功是家庭

---

* 作者单位：暨南大学。

与事业兼顾，但是两者之间难以平衡，转型难、晋升难也是职场妈妈们普遍面临的主要困境；在投入时间方面，职场妈妈中有29.1%需要花2—3小时在家庭中，明显多于整体职场女性的20.9%。

越是高学历的女性，面对家庭与工作的冲突时，越会想要尽力寻求两者之间的平衡。Jeniffer Stuart（2007）研究了美国常春藤高校女毕业生工作后的生活状态，指出，对于这样的女性，她们对家庭和事业的完美主义倾向，尤其容易导致焦虑和压力，她们面临着非常高的风险，如果家庭与事业达不到她们理想的状态，她们可能会舍弃一边，例如放弃家庭，或者彻底回归家庭做全职妈妈。

对于高校女性教师这一特殊群体而言，这一矛盾不仅存在，而且可能更甚。她们需要同时面临教学、科研、行政管理、指导学生、社会服务等多方面的工作事务，此外，还可能需要照料子女、老人及处理家庭事务。除了社会一般认知中对于女性要以家庭为重的道德要求外，高校女性教师通常还会被以为“工作时间更为自由”“可以花更多的时间和精力承担家庭责任”等。这些观念是否与现实情况相符？当前高校女性教师的工作和生活现状如何？高校女性教师的时间够用吗？

（二）研究问题及假设

针对以上问题，本研究拟从时间贫穷感知入手，探讨高校女性教师在工作压力、生活满意度、心理韧性等方面的现状和关系。

“时间贫穷”的概念最初源自于美国行为经济学家Sendhil Mullainathan与心理学家Eldar Shafir所提出的“稀缺”（scarcity）。“贫穷”同“时间”一样，很早就引发人们的大量研究，但Mullainathan和Shafir及他们的团队通过若干实验重新定义了“贫穷”，认为贫穷并不仅仅是经济上的匮乏，更是心理资源的受限；造成穷人越穷的原因之一是贫穷所带来的压力占据了穷人大量的注意力和认知资源，其所造成的心智带宽（mental bandwidth）受限改变了人们看待问题的角度和解决问题的思维方式。（Shah et al.，2012；Mani et al.，2013；Mullainathan & Shafir，2014）时间贫穷与之类似，很多人有过时间贫穷的经历，尤其是面临紧急任务时，常常忙于应对眼前事物，所有注意力和认知资源都被投入到如何解决紧急任务上而忽视了其他方面，更不用说长远计划了。

之前相关的研究更关注“时间压力”（time pressure），认为个体是由于没有足够的时间去做需要或想要做的事情而产生了压力感。但实际上，压力对个体的影响并不全然是负性的，适当的压力会促进工作效率的提高。但个体感知到的时间贫穷则不然，它会将个体的认知资源过度聚焦于一点，从而对个体的认知判断、决策行为、情绪体验等产生深远的影响。当前，很多高校教师苦于“时间不够用”，尤其在申请基金、项目等重要时间节点上，经常有焦头烂额之感。但也有很多高校教师在有限的时间内游刃有余地取得了很多科研成果，为社会作出重大贡献。*Nature*杂志曾介绍过Meghan Duffy教授每周工作40—50小时的经验，作为三个孩子的母亲和十几个学生的导师，Duffy在正常的工作时间里取得了不少成就（Woolston，2017）。从这个角度看，时间是否够用似乎更是一个主观问题。个体是否有足够的时间去完成某些任务，以及个体是否感知到自己有足够的时间去完成某些任务，可能会对个体的思维和行为模式产生不同的影响，进而影响个体的生活满意度、工作压力，甚至是应对压力的方式及心理韧性等。过往的研究已经发现时间贫穷对认知资源、决策、饮食习惯和身体健康、社会参与、负性情绪等生理和心理因素均会产生影响（Mani et al.，2013；李爱梅等，2016；Kalenkoski et al.，2012；Mothersbaugh et al.，1993；Bittman，2002；汪岑，2017）。

本研究更关注时间贫穷感知在工作压力与生活满意度之间的中介作用。本研究的假设一是：时间贫穷感知能够中介工作压力对生活满意度的影响，工作压力增加导致的生活满意度下降部分是因为感知到时间的稀缺。

另一方面，本研究关心与时间贫穷感知相关的另一个时间变量：时间分配满意度。由于时间的有限性，如何在工作、生活与家庭之间分配时间，理论上应该反映出个体对于这方面的重视程度，但实际上，由于种种内外因素的影响，例如家庭所能给予的支持和帮助、个人时间和精力管理技巧的限制、工作环境中的绩效奖惩机制等，个体在工作、生活与家庭之间的时间分配可能并不能够达到理想状态，导致对当前时间分配出现满意或不满意的状态，而这种状态有可能进一步影响个体的工作表现或者其他心理因素，例如心理韧性。

所谓心理韧性（resilience），指的是个体面对生活中的困境、创伤、悲剧或其他重大生活事件及压力时的适应力或恢复力。心理韧性强的个体能够快速从创伤中恢复过来。根据心理韧性的过程模型（Richardson，2002），当个体面临压力生活事件或者多变情境时，会利用身边的各种资源来应对以保持生理上、心理上和精神上的平衡，最终在有效应对不平衡的过程中获得和提升心理韧性。当然，如果保护性因素不足以应对压力情境，可能会出现一些机能重组情况，例如心理韧性重组并获得提升、回归性重组（心理韧性恢复到正常水平）、缺失性重组（放弃了部分动机或信念）或者机能不良（出现药物滥用等危险行为）。因此，心理韧性的健康程度对于个体应对压力和挑战具有重要意义。

本研究的假设二：时间分配满意度能够中介工作压力对心理韧性的影响，工作压力对心理韧性的一些影响部分是通过时间分配满意度实现的。

二、研究方法

（一）研究对象与程序

本研究采用网络发放问卷的形式进行，在编制问卷前曾与5名高校教师进行深度访谈讨论问卷维度与设计思路。问卷在Qualtrics平台进行编辑和数据回收，之后通过微信进行传播。

本研究的对象为职场人士，包括在高校工作的教职工和从事高校以外其他工作的职场人士。共回收问卷428份，189份完整填答了所有题目，其中57位受访者表示暂无工作。剔除暂无工作、问卷填答比例低于50%、极端值或无效作答比例高于50%的样本后，最终进入分析的样本总量为136人。

在总样本中，在高校工作的有112人，占总样本比例的82.4%；女性共91人，占总样本比例的66.9%；与老人同住的共49人，占总样本比例的36%；年龄范围为22—56岁，平均年龄为35.4岁（SD=7.8）；工作地点位于一线、二线和三四线城市的样本比例分别为30.9%、31.6%、37.3%；家庭年总收入主要集中在1—36万，家庭年总收入为1—12万、12—24万和24—36万的样本比例分别为32.8%、37.3%和12.7%。

在高校工作与其他地方工作的被试在婚育状况和与老人同住的状态分布存在显著差异。在高校工作的被试中有69.6%已婚已育，在其他地方工作的被试中50%为未婚未育。是否与老人同住的状态也与之有关，40.2%在高校工作的被试目前与老人同住，而在其他地方工作的被试中大多数不与老人同住（81.8%）。

在本研究的数据分析中，我们关注所有职场人士共同表现出的状态，也关注其中表现出的性别差异和由于工作性质不同造成的差异；此外，我们还尤其关注高校女性教师这个群体独有的特征。

在本样本中，高校女性教师共75人，年龄范围为24—52岁，平均年龄为35.6岁（SD=7.1）；其中30人与老人同住，占高校女性教师总人数的40%。在婚育情况方面，51人已婚已育，占高校女性教师总人数的68%，此外14人未婚未育（占比18.7%）和10人已婚未育（占比13.3%）。从工作地点来看，在一线城市、二线城市、三四线城市工作的样本量分别为20人（26.7%）、28人（37.3%）和27人（36.0%）。在家庭年总收入方面，近一半的被试家庭年总收入为12—24万（35人，占比46.7%），另有四分之一的被试家庭年总收入在12万以下（19人，占比25.3%）。

（二）研究变量与问卷设计

本研究考察的变量包括：时间贫穷感知、职业追求、生活满意度和压力、心理韧性、女性工作—家庭平衡认知态度等。各问卷情况介绍如下：

时间贫穷感知问卷改编自Kasser与Sheldon（2009）编制的8题量表，被试需要对“我的生活太匆忙”等题目在5点量表上进行评分。得分越高，说明越匆忙，感知到可用的时间越少。该问卷在本研究中该量表的一致性系数（Cronbach's α）为0.893。

除了时间贫穷感知外，被试还需要回答一道关于时间分配满意度的题目，“你觉得你当前在工作、家庭和生活中的时间分配，是比较理想的状态吗？”1表示“是理想状态”，2表示“说不好”，3表示“不是理想状态”。本研究也询问了被试学习或使用时间管理方法或技巧的情况，例如是否尝试使用GTD、番茄工作法、晨间日记、四象限法、梦想清单等方法来管理自己的时间。

心理韧性采用Smith等人（2008）的简明量表，共6题，被试需要对“在经历困难之后，我能很快振作起来”等题目在5点量表上进行评分。量表上的得分越高，说明心理韧性越强，在经历逆境之后越能够快速恢复和振作。在本研究中，6道题目的一致性系数为0.813。

生活满意度问卷由3道题目构成，分别是“大部分情况下，你的生活都接近你的理想状况”“到目前为止，你基本得到了你想要的重要的东西”和“如果你可以重新过一遍人生，你基本上也不想改变什么”。被试需要在3点量表上打分，1代表“不符合”，2代表“说不好”，3代表“很符合”，总得分越高，说明生活满意度越高。三道题目的一致性系数为0.716。

工作压力问卷改编自Turner的压力量表，采用其中的5道题目，例如“你的工作经常让你感到身心俱疲”“你总是做得比别人多，但得不到对等的回报”等，被试需要在3点量表上打分，得分越高，表明工作压力越大，对工作的不满意程度越高。5道题目的一致性系数为0.674。

职业追求采用排序题，被试需要将 9 个会影响职业选择的因素按照重要性进行排序，如“能够实现自己的职业抱负”“丰厚的报酬”“具有很强的挑战性”“工作时间地点自由，能够充分发挥自主性”“工作体面、受人尊重”等。

女性工作—家庭平衡认知态度采用自编问卷，共 8 道题目，其中 5 题针对一般女性在职场与家庭的追求和平衡方面的一般性态度认知，3 题针对高校女性的工作—家庭平衡，题目如“女性应该以家庭为重”“高校女性工作时间更自由，可以为家庭奉献更多”等。被试需要在 5 点量表上进行评分，1 代表“非常不同意”，5 代表“非常同意”。

基本信息部分包括被试的性别、年龄、工作地点、婚育状况、是否与老人同住以及家庭年总收入等信息。

（三）数据处理

Qualtrics 导出数据为 TSV 格式，之后使用 SPSS 18.0 进行数据处理。采用的统计方法包括：描述性统计、单样本 t 检验、相关分析、中介模型检验等。

三、研究结果

（一）职场人普遍的工作与生活状态

对于职场人的时间贫穷感知、生活满意度、工作压力和心理韧性在工作单位和性别上的差异做单样本 t 检验。结果发现，在高校工作和在其他地方工作的人在时间贫穷感知上存在显著差异，在高校工作的被试比在其他地方工作的被试体验到更强烈的时间贫穷感，感到时间更匆忙；而在生活满意度、工作压力、心理韧性等方面，两个群体不存在显著差异。从均值来看，多数被试的生活满意度、工作压力和心理韧性处于中等水平。

表 1　高校与其他地方工作的职场人的状态比较

	工作单位	M	SD	t
时间贫穷感知	高校	3.66	0.84	2.089 *
	其他	3.27	0.85	
生活满意度	高校	1.82	0.65	0.424
	其他	1.76	0.58	
工作压力	高校	1.98	0.53	-0.201
	其他	2.00	0.52	
心理韧性	高校	3.18	0.68	-0.013
	其他	3.18	0.57	

注：* 表示 $p \leq 0.05$，* * 表示 $p \leq 0.01$。下同。

从性别差异来看，男性比女性表现出更强的心理韧性，即遇到挫折和困难时能更快地从困境中恢复过来。此外，男女在时间贫穷感知、生活满意度和工作压力方面没有表现出显著差异，生活满意度和工作压力处于中等水平，时间贫穷感知则表现为普遍相对匆忙。

表 2　工作与生活状态的性别差异比较

	性别	M	SD	t
时间贫穷感知	男	3.67	0.92	0.765
	女	3.55	0.82	
生活满意度	男	1.81	0.69	-0.056
	女	1.82	0.61	
工作压力	男	1.99	0.57	0.180
	女	1.97	0.52	
心理韧性	男	3.40	0.60	2.534*
	女	3.10	0.66	

当被询问到个体对于当前时间在工作、家庭和生活中的分配比例是否是理想状态时，一半以上的被试表示"不理想"，但相对于在非高校工作的职场人而言，在高校工作的被试对于当前时间分配情况不满意的比例相对较低（38%），而在非高校工作的被试中有一半表示对当前情况不满意。另外，从认为当前的时间分配情况是理想状况的比例来看，高校约三分之一的被试表示现在的时间分配很理想，而在非高校工作的被试中，仅有四分之一表示现在已经是理想的时间分配状况。

表 3　职场人对于时间分配情况的满意度

	理想		说不好		不理想	
	人数	比例	人数	比例	人数	比例
在高校工作	35	31.3	35	31.3	42	37.5
在其他地方工作	6	25	6	25	12	50

当被询问到"是否尝试学习或使用时间管理方法或技巧"时，56%的被试表示"尝试过"，在各种时间管理方法中，最常被使用的是：待办清单（76%）、电子辅助软件（39%）、番茄工作法（34%）和四象限法（28%）。

关于职业追求，被试需要对9个选项进行排序，以反映他们在找工作过程中最看重的因素，结果发现，40%的受访者认为最重要的是"能够实现自己的职业抱负"；其次有25%的人选择"丰厚的薪酬"；在选择职业时最不重要的因素是"能让自己扬名立万"（78%），其次不重要的因素是"能为社会和人民谋福祉"（21%）和"具有很强的挑战性"（19%）。

近半数的被试在选择工作的时候会考虑是否能够实现自己的职业抱负，那么大家认为女性在职场上应该发挥怎样的作用呢？

接下来对女性在职场的态度以及高校女性在家庭与工作中所应承担的责任进行分析，

分别比较在不同工作单位和不同性别的被试对于8道题目的看法。

结果发现，在高校和非高校工作的被试对于“女性应该在职场上发挥自己的才智”的态度存在显著差异，更多的在非高校工作的被试赞同这一看法。值得注意的是，该题目的平均分高达4.63，说明绝大多数的人赞成女性在职场中发挥着越来越重要的作用这一观点；但相较于非高校工作的职场人士，高校职场人士对于女性发挥才智的重视程度相对较弱。

表4　高校与非高校工作的职场人士对于女性工作与时间分配的态度对比

	工作单位	M	SD	t
女性应该在职场上发挥自己的才智	高校	4.18	0.91	−2.297*
	其他	4.63	0.58	
女性应该以家庭为重	高校	2.92	0.99	1.718
	其他	2.54	0.93	
女性可以取得职场与家庭之间的平衡	高校	3.63	1.04	−0.914
	其他	3.83	0.87	
女性有权利选择做全职妈妈或职场妈妈	高校	4.22	0.88	−1.239
	其他	4.46	0.66	
女性有时不得不为了职业目标舍弃家庭时间，或为了抚育孩子而牺牲部分理想追求	高校	4.07	0.86	0.808
	其他	3.92	0.83	
高校女性工作时间更自由，可以为家庭奉献更多	高校	3.23	1.07	0.276
	其他	3.17	1.01	
高校女性相比于其他职场妈妈更容易取得职场与家庭的平衡	高校	3.35	1.09	1.101
	其他	3.08	0.97	
高校女性所承担的并不比其他职场女性少，反而更多	高校	3.72	1.04	1.352
	其他	3.42	0.83	

另外，男女被试对于“女性应该在职场上发挥自己的才智”“女性有权利选择做全职妈妈或职场妈妈”“高校女性相比于其他职场妈妈更容易取得职场与家庭的平衡”以及“高校女性所承担的并不比其他职场女性少，反而更多”这4个观点存在显著的性别差异。进一步分析可知，女性比男性更坚信女性应该在职场上发挥自己的才智，并且有权利选择工作或者回归家庭；也有更多的男性认为高校女性本身的工作性质让她们能有更自由的时间为家庭做更多奉献，且对高校女性比其他职场女性是否承担更多持模棱两可的态度。

表5 不同性别的被试对于女性工作与时间分配的态度对比

	性别	M	SD	t
女性应该在职场上发挥自己的才智	男	3.95	1.02	−2.712**
	女	4.38	0.77	
女性应该以家庭为重	男	2.95	0.98	0.712
	女	2.82	0.98	
女性可以取得职场与家庭之间的平衡	男	3.79	0.97	1.054
	女	3.59	1.03	
女性有权利选择做全职妈妈或职场妈妈	男	4.02	1.08	−2.197*
	女	4.36	0.69	
女性有时不得不为了职业目标舍弃家庭时间，或为了抚育孩子而牺牲部分理想追求	男	3.86	0.92	−1.742
	女	4.13	0.81	
高校女性工作时间更自由，可以为家庭奉献更多	男	3.40	0.96	1.291
	女	3.14	1.10	
高校女性相比于其他职场妈妈更容易取得职场与家庭的平衡	男	3.58	0.91	2.058*
	女	3.18	1.13	
高校女性所承担的并不比其他职场女性少，反而更多	男	3.28	1.01	−3.244**
	女	3.87	0.97	

（二）高校女性教师当前的工作和生活状态

1. 高校女性教师感觉时间匆忙，对当前的时间分配不满意

进一步分析高校女性教师这一群体的特征发现，高校女性教师普遍存在较强的时间贫穷感（M = 3.64，SD = 0.80），生活满意度较低（M = 1.80，SD = 0.64），工作压力中等（M = 2.00，SD = 0.58），心理韧性中等（M = 3.07，SD = 0.69）。

对于当前在工作、家庭和生活中的时间分配情况，37%的高校女性教师表示不是理想状态，仅不足三成（29%）女性教师对于当前的时间分配情况表示满意，另有34%的女性教师表示“说不好”。

2. 高校女性教师普遍追求实现职业抱负，认为自己承担更多

当被问及高校女性教师在选择职业时的考虑因素，33.3%的高校女教师表示“实现自己的职业抱负”是最重要的因素，也有26.7%的高校女性教师将“丰厚的薪酬”放在首位；而73.3%的高校女性教师认为“能够让自己扬名立万”是职业选择中最不重要的因素。这一排序与整体样本的结果是一致的。

具体来看高校女性教师这一群体对于女性的职业追求、工作与家庭平衡的态度以及高校女性教师是否具有更多的优势来平衡家庭等方面的态度认知，可以看出：

绝大多数高校女性教师认为女性应该在职场上发挥自己的才智（见图1中的女性1），并且有权利选择做全职妈妈或职场妈妈（见图1中的女性4），但对于女性是否应该以家

庭为重，大家的意见相对分散，“比较不同意”“说不好”“比较同意”的人数比例相对接近。关于家庭与职场之间的平衡，六成高校女性教师认为“女性可以取得职场与家庭之间的平衡”，同时绝大多数女性教师也同意“女性有时不得不为了职业目标舍弃家庭时间，或为了抚育孩子而牺牲部分理想追求”，可见所谓的平衡并非是完全对半分配时间和精力，更多的是根据现实情况在两者之间取得某种平衡。具体结果详见图1。

当被问及对于自身所处的职业环境，虽然有超过四成的高校女性教师认为自己的工作时间更自由，可以为家庭奉献更多，但超过七成的高校女性教师认为自己所承担的并不比其他职场女性少，反而更多。谈及职场与家庭之间的平衡，只有不到一半的高校女教师认为自己相比于其他职场妈妈们更容易取得职场与家庭的平衡。具体结果详见图2。

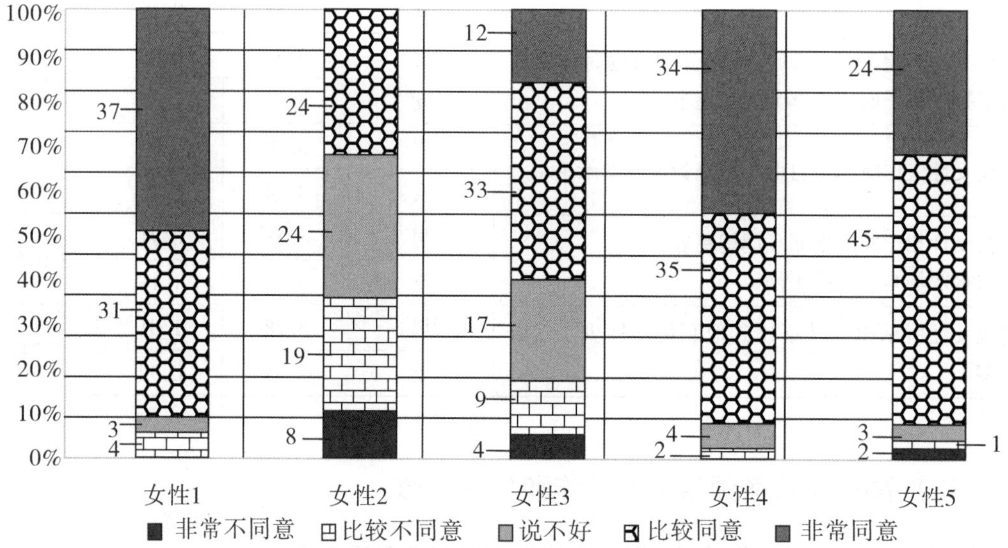

图1　高校女性教师对女性职场—家庭的态度认知

注：5道题目分别对应于：

女性1：女性应该在职场上发挥自己的才智。

女性2：女性应该以家庭为重。

女性3：女性可以取得职场与家庭之间的平衡。

女性4：女性有权利选择做全职妈妈或职场妈妈。

女性5：女性有时不得不为了职业目标舍弃家庭时间，或为了抚育孩子而牺牲部分理想追求。

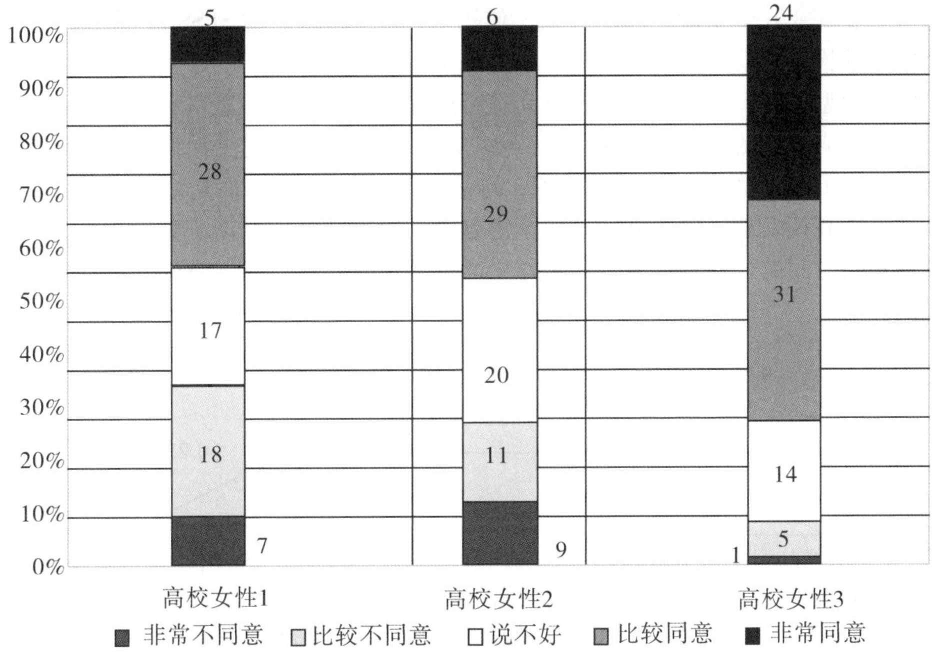

图2　高校女性教师对自身职场—家庭时间分配的态度认知

注：3道题目分别对应于：

高校女性1：高校女性工作时间更自由，可以为家庭奉献更多。

高校女性2：高校女性相比于其他职场妈妈更容易取得职场与家庭的平衡。

高校女性3：高校女性所承担的并不比其他职场女性少，反而更多。

(三) 高校女性教师时间贫穷感知与时间分配满意度的中介作用

感觉到时间不够用、不满意时间在工作与家庭中的分配状况，是否会影响个体的生活满意度？工作压力对于生活满意度和心理韧性的影响是否会受到时间贫穷感知的影响？为进一步解答这些问题，首先分析几个变量之间的相互关系。

从相关分析的结果可以看出，时间贫穷感知及时间分配满意度与生活满意度、工作压力及心理韧性之间均存在很强的相互关系：时间贫穷感知越强，越感到自己的时间不够用，对时间分配的满意度以及对生活的满意度就会越低，感知到的工作压力也就越大；同时对时间分配情况越不满意，心理韧性也会越低。

表6　时间分配满意度、时间贫穷感知与生活满意度、工作压力和心理韧性的相互关系

	时间分配满意度	时间贫穷感知	生活满意度	工作压力	心理韧性
时间分配满意度	1				
时间贫穷感知	0.439**	1			
生活满意度	-0.342**	-0.426**	1		
工作压力	0.312**	0.247*	-0.372**	1	
心理韧性	-0.391**	-0.094	0.401**	-0.366**	1

为进一步探究几个变量之间的关系，使用 Hayes（2013）的 SPSS 宏程序 PROCESS 进行中介模型的检验，得到图 3 和图 4 所示的 2 个中介模型。

在中介模型 1 中，工作压力对于时间贫穷感知的预测作用显著（$t=2.11$）；时间贫穷感知对于生活满意度的预测效应显著（$t=-3.27$），工作压力对生活满意度的预测作用也显著（$t=-2.61$）；整个中介模型在 95% 的置信区间为［-0.2593，-0.0141］。从该模型可以看出，高校女教师体验到的工作压力越大，所感知到的生活满意度越低，而这部分是通过感知到时间的稀缺性造成的；工作压力越大，时间贫穷感知越强，进而导致生活满意度越低。

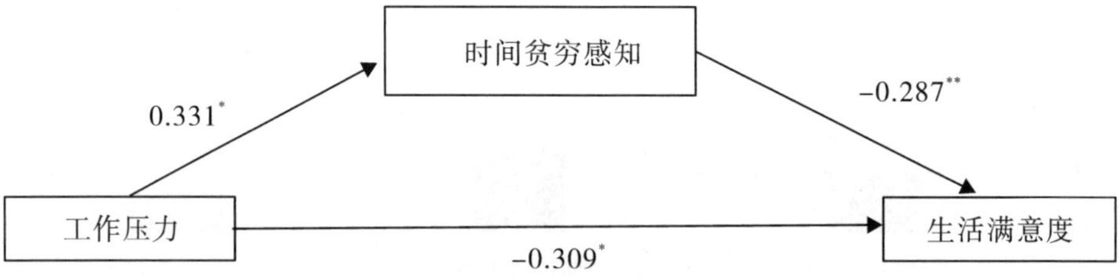

图 3　中介模型 1：时间贫穷感知对工作压力与生活满意度的中介作用

在中介模型 2 中，工作压力对于时间分配满意度的预测作用显著（$t=2.71$）；时间分配满意度对于心理韧性的预测效应显著（$t=-2.39$），工作压力对生活满意度的预测作用也显著（$t=-2.44$）；整个中介模型在 95% 的置信区间为［-0.2269，-0.0286］。从模型 2 可以看出，高校女教师体验到的工作压力越大，其心理韧性会越弱，而这部分是对于时间在工作、家庭和生活中的分配情况不满意造成的；工作压力越大会导致对于时间分配越不满意，进而影响心理韧性。

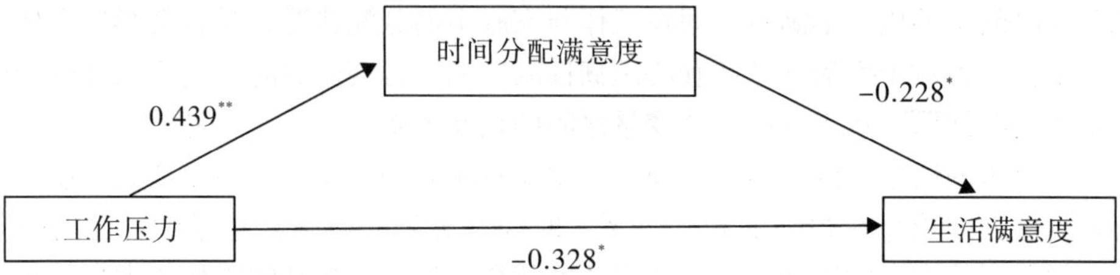

图 4　中介模型 2：时间分配满意度对工作压力与心理韧性的中介作用

四、讨论及结论

（一）高校女性教师存在“理想”与“现实”的冲突

理想是指实现自己的职业抱负，这是很多职场人士的共同追求，对于高校女性教师来说也不例外。这一点与中外很多研究和调查的结果是一致的。美国皮尤研究中心在 2012 年开展的调查已显示，在 18—34 岁的年轻人中，女性持有“在高薪职业或专业里取得成功与个人生活同样重要”这一观点的比例首次超过男性（女性为66%，男性为59%）。除了职业上的抱负之外，60%以上的高校女性教师认为，自己可以取得职场与家庭之间的平衡，这也是一种理想的状态。我们每个人都不断地在家庭与事业之间做选择，甚至需要平衡运动与休闲的时间、独处与聚会的时间。但对女性而言，社会传统和生理特点赋予了她们更多抚育子女和照顾家庭的责任，甚至很多丈夫的观点也是如此。本研究发现有更多的男性认为高校女性本身的工作性质让她们能有更自由的时间为家庭奉献更多，且对高校女性比其他职场女性是否承担更多持模棱两可的态度，这无疑会导致女性在家庭与工作之间的选择和平衡面临着更大的困境。

从本研究的结果可以看出，虽然很多人的理想是取得平衡，但实际上，仅有29%的高校女性教师认为自己当前在工作、生活与家庭之间的时间分配处于理想状态，近四成的高校女性教师对当前的时间分配状态不满意。同时在高校工作的被试比在其他地方工作的被试有更强的时间贫穷感知，感到时间更匆忙、更不够用。这种对时间分配不满意的感知、对时间匆匆而逝的感知，也体现在高校女性教师对于生活的满意度上，从均值来看，高校女性教师对于生活不甚满意。

（二）时间是工作压力对生活满意度与心理韧性影响的中介变量

工作压力过大，会导致个体对生活满意度的降低，也可能会导致心理韧性的降低，在这一过程中，时间扮演了怎样的角色？本研究结果发现，一方面，时间贫穷感知在工作压力对生活满意度的影响中起到了中介作用，即工作压力之所以导致个体生活满意度的降低部分是因为时间贫穷感知的影响，个体越感觉时间不够用，对生活的满意度也会越低。另一方面，时间分配满意度在工作压力对心理韧性的影响中也起到了中介作用，即工作压力对于心理韧性的影响部分是因为时间分配满意度的影响，由于对时间在工作和家庭中的分配状况不满意，导致心理韧性降低。

这一结果提醒我们，想要提高生活满意度和心理韧性，并降低工作压力对生活质量和心理健康的影响，学习一些时间管理和精力管理的方法和技巧可能会非常有帮助。尤其在当前加速发展的社会中，时间的有限性会被越发放大，如何充分利用时间、管理精力就显得尤为重要。在知乎里搜索“时间管理”，会发现有191万人在关注这一话题；亚马逊中搜索时间管理类的书籍，也会出现上千本相关的书籍；更不用说很多的公众号、微博大V甚至网络课程都在瞄准这一市场，不断推出各式各样时间管理的文章和课程。在我们的调查结果中也可以看到，很多人已经在实际的工作和生活中运用了时间管理的技巧和方法。在未来的研究中，我们可以针对性地比较是否使用时间管理方法以及使用不同的时间管理方法对于时间贫穷感知是否有影响及将如何影响个体的生活满意度和工作绩效表现。

（三）本研究的局限性

从样本分布来看，本研究的样本相对集中于高校，导致高校与非高校的职场群体做对比时存在两个样本群体特征不完全匹配的情况，这也与整体样本量较小有关。在未来研究中，将考虑进一步扩大样本量，并涵盖全国更多地区和更多高校，以便能够将更多的人口学变量纳入研究范围中，例如专业、不同绩效考核方式等。

本研究的另一个局限在于未充分展开探索与时间贫穷感知及与工作绩效相关的变量，

尤其是环境变量，例如组织氛围。对女性教师而言，人际关系更能显著促进工作绩效（周治金等，2009），这可能是因为女性对情绪和情感更为敏感，组织氛围可以更好地反映女性教师在学院和学校中所感受到的心理和情感支持。在目前建设世界一流大学和一流学科的大环境下，各高校均高度重视各学院所申请的项目数量和级别，所发表的文章数量和质量，所培养的学生的升学和就业去向等指标，对教师而言，这些都是工作绩效的一部分。但各学院所采取的政策和鼓励方法各有不同，例如是否强调所发表文章的第一作者，是否有年度硬性指标要求等，这些政策所营造的团队氛围也会有所不同，有的学院团队氛围会更偏竞争性，教师之间存在竞争关系，而有的学院团队氛围则会更偏合作性，教师之间会更多地交流合作、促进共享。不同的团队氛围可能会对工作绩效产生不同的影响，竞争性团队氛围会产生压力并促进工作效率的提升，合作性团队氛围会激发创造力并促进工作成果的发表。但在个体感知到时间贫穷的情况下，两种团队氛围是否会产生不同的效果？这将是未来的一个研究方向。

四、结论

（1）在高校工作的个体比在其他地方工作的个体体验到更强的时间贫穷感，即更加认为时间过于匆忙；

（2）37%的高校女性教师认为当前工作、生活与家庭之间的时间分配状况不理想，仅29%的高校女性教师满意当前的时间分配状况；

（3）高校女性教师在职场上普遍追求实现自己的职业抱负，并认为女性可以取得职场与家庭之间的平衡；

（4）时间分配满意度能够中介工作压力对心理韧性的影响；时间贫穷感知能够中介工作压力对生活满意度的影响。

参考文献

[1] BITTMAN M. Social participation and family welfare: the money and time costs of leisure in Australia. Social policy & administration, 2002, 36 (4).

[2] PATTEN E & PARKER K. A gender reversal on career aspirations, pew research center (April 2012) . http: //www. pewsocialtrends. org/2012/04/19/a-gender-revesal-on-career-aspirations/.

[3] HAYES A F. Introduction to mediation, moderation, and conditional process analysis: a regression-based approach. Journal of educational measurement, 2013, 51 (3).

[4] KALENKOSKI C M & HAMRICK K S. How does time poverty affect behavior? A look at eating and physical activity. Applied economic perspectives and policy, 2012, 35 (1).

[5] KASSER T & SHELDON K M. Time affluence as a path toward personal happiness and ethical business practice: empirical evidence from four studies. Journal of business ethics, 2009, 84 (2).

[6] MANI A, MULLAINATHAN S, SHAFIR E, et al. Poverty impedes cognitive function. Science, 2013, 341 (6149).

[7] MOTHERSBAUGH D L, HERRMANN R O & WARLAND R H. Perceived time pres-

sure and recommended dietary practices: the moderating effect of knowledge of nutrition. Journal of consumer affairs, 1993, 27 (1).

[8] POWELL K. Young, talented and fed - up: scientists tell their stories. Nature news, 538 (7626).

[9] RICHARDSON G E. The meta - theory of resilience and resiliency. Journal of clinical psychology, 2002, 58 (3).

[10] SHAH A K, MULLAINATHAN S & SHAFIR E. Some consequences of having too little. Science, 2012, 338 (6107).

[11] SMITH B W, DALEN J, WIGGINS K, et al. The brief resilience scale: assessing the ability to bounce back. International journal of behavioral medicine, 2008, 15 (3).

[12] 胡月琴，甘怡群．青少年心理韧性量表的编制和效度验证．心理学报，2008 (8).

[13] 李爱梅，孙海龙，熊冠星，等．“时间贫穷”对跨期决策和前瞻行为的影响及其认知机制．心理科学进展，2016，24 (6).

[14] 李海垒，张文新．心理韧性研究综述．山东师范大学学报（人文社会科学版），2006 (3).

[15] 刘贝妮．高校教师工作时间研究．开放教育研究，2015，21 (2).

[16] 汪岑．时间贫穷对高中生情绪体验的影响．中小学心理健康教育，2017 (20).

计算机化的认知行为对高校女教师睡眠质量的干预研究

贾艳滨*

失眠是当今社会面临的重要公共卫生问题。失眠症的患病率高，其特点是难以开始或保持睡眠，伴有严重的痛苦和日间功能障碍，全世界约有三分之一的人口患有失眠症状，其中10%的人口符合睡眠障碍的诊断标准。[1][2]失眠具有很高的疾病负担，影响不同领域的日常生活[3][4]并且往往持续多年[5]。

此外，失眠与其他躯体和精神健康问题以及死亡率增加密切相关。[6]最值得注意的是与心血管疾病和抑郁症的关联。这些关联的性质仍然不明确，但有人认为，过度兴奋和应激反应的慢性激活是失眠、抑郁和心脏病之间可能的途径。还有迹象表明，失眠是抑郁症患者死亡率上升的中介。[7]在我国，大约有25%的成年人有着睡眠问题，随着社会竞争的加剧和生活节奏的加快，失眠已成为困扰人们健康最常见的问题之一，给个人及社会带来沉重的经济负担。研究显示失眠在年长者、女性和有抑郁症病史的人群中较易出现，而高校女教师这一群体，面临着巨大的家庭和工作的双重压力，常常处于事业与家庭都要兼顾的超负荷状态，心理负担较重。研究表明，高校女教师在工作过程中的压力得不到有效缓解，且随年龄增长而递增，导致睡眠质量严重下降，高校教师每晚睡眠时间不足并且早醒现象严重。因此针对这一群体的失眠问题进行干预就显得尤为重要。

目前，针对失眠的治疗主要分为药物和非药物治疗。几项荟萃分析显示，苯二氮卓类受体激动剂在短期内能有效改善睡眠，但长期使用存在遭受副作用的风险。因此非药物治疗逐渐作为替代方案走入人们的视线。这些非药物治疗可分为教育（心理教育、睡眠卫生），行为（放松、睡眠限制、刺激控制、矛盾意图）或认知（识别和挑战功能失调的思想和对睡眠的过度担忧），这些治疗方案组合起来被称为失眠症的认知行为疗法（CBT－I）。

CBT－I从培养良好的睡眠习惯开始，并对不良睡眠相关认知进行调整。有研究证实，其短期效果能够达到与药物同等的疗效，长期疗效则优于药物。[8]meta分析显示，使用CBT－I治疗失眠，在睡眠质量、入睡时间、睡眠时间及日间功能等方面均有显著疗效，效果持久稳定；[19]当联合药物进行治疗时，其疗效在躯体化、人际关系敏感、强迫症状、抑郁等方面显著优于单一药物治疗；[9]同时，经过治疗后，患者对对抗睡眠的自信程度明显提高，相关不良情绪也随之减少。[10]CBT－I对于改善失眠症患者的心理健康水平具有重要促进作用，早在2006年，认知行为疗法便被美国睡眠医学会列为治疗失眠的首选非

* 作者单位：暨南大学。

药物治疗方法。[11]但目前该方法尚未得到普及，究其原因，治疗师需进行个体化评估与宣教，治疗过程耗时较长，费用较高，患者很难坚持复诊和治疗。而我国失眠患者人数众多，综合性医院失眠专科资源有限，也缺乏有资质的认知治疗师，睡眠障碍的人群难以全面获益。目前，随着计算机网络技术的发展和智能型移动终端的普及，研究者们根据传统面对面认知行为疗法的原理，通过网络交互软件、网页及多媒体等方式来实现失眠的远程自助式治疗，增加了治疗的灵活性，提高实施的效率，同时也克服了影响患者就诊的时间及空间上的诸多不便因素。

一、对象与方法

（一）对象

选取对象为暨南大学在校女教师 30 人，入组标准为：纳入标准：①匹兹堡睡眠质量指数量表（Pittsburgh Sleep Quality Index，简称 PSQI）评分大于 7；②年龄 18—55 岁；③自愿参加本研究，签署知情同意书。排除标准：①工作需要长期倒班者；②工作需要经常跨区飞行者；③抑郁自评量表（Self-Rating Depression Scale，简称 SDS）评分大于 50；④焦虑自评量表（Self-Rating Anxiety Scale，简称 SAS）评分大于 40；⑤精神活性药物滥用及依赖。

（二）方法

1. 研究方法

对高校女教师进行睡眠质量测查，选取符合入组标准的被试 30 人，在基线时间向她们解释 cbti，让她们通过手机下载 cbti 程序，开展为期 28 天的自助式治疗。治疗共包括“睡眠日记”“我的课程”“助眠训练”“我的医生”四个模块，其中，具体治疗内容分为认知治疗与行为治疗，依据患者的睡眠评估结果合理排布在“我的课程”及“助眠训练”中。后台记录的睡眠数据将在“睡眠日记”中得到展示，通过日分析与周分析两种统计分析模式，患者及治疗师可实时有效地了解其睡眠时长、睡眠效率、入睡速度等指标，并根据系统给出的就寝建议对在床时间进行调整。“我的课程”中包括今日任务、调整生物钟、睡眠打卡及量表任务四个项目，通过对今日任务的学习，患者将接受睡眠卫生知识、失眠分类与治疗、睡眠限制疗法、刺激控制疗法、负性睡眠信念问答与复发预防等多方面的认知与行为治疗，调整生物钟与睡眠打卡可有效保证患者完成当日课程学习目标。“助眠训练”模块中的身体扫描、正念呼吸、正念聆听与思考、晨间呼吸觉知练习及渐进式的肌肉放松训练则可帮助患者更好地入睡，以保障睡眠质量稳步提高。上述治疗干预方法通过语音结合文字的形式进行，在整个治疗干预过程中，治疗师通过管理端对每位患者的治疗及睡眠情况进行监控，可直接查看每位患者的量表填写结果与详细情况，并将患者需要完成的阶段性任务发布到“我的医生”当中，并及时对疗效进行总结。

2. 测评工具

用自制的一般情况调查表，调查一般人口学资料。在治疗开始前评定匹兹堡睡眠质量指数量表、失眠严重指数量表、焦虑自评量表和抑郁自评测表。

3. 干预流程

(1) 系统地教授睡眠日记记录方法及每日任务完成步骤;

(2) 确定睡眠计划，进行睡眠限制和刺激控制治疗干预;

(3) 完成睡眠计划，进行助眠训练及各类放松训练;

(4) 每周进行睡眠数据分析，与上一周各项关键睡眠数据进行对比。

4. 统计方法

采用 SPSS 22.0 进行统计分析。治疗前后定量资料采用配对样本 t 检验。以 $p<0.05$ 为差异有统计学意义。

二、结果

(一) 治疗前后量表评分比较

	治疗前 ($n=28$) M ± SD	治疗后 ($n=28$) *M* ± *SD*	t 值	p 值
SAS	36.32 ± 15.43	26.46 ± 15.74	8.137**	<0.01
SDS	34.46 ± 18.92	22.46 ± 16.34	7.389**	<0.01
PSQI	3.61 ± 3.56	9.93 ± 3.51	8.148**	<0.01
ISI	14.32 ± 6.41	9.93 ± 7.00	5.586**	<0.01

注：SAS = 焦虑自评量表；SDS = 抑郁自评量表；PSQI = 匹兹堡睡眠质量指数量表；ISI = 失眠严重指数量表。** 表示 $p<0.05$。

结果显示，经过 28 天 cbti 治疗，被试睡眠质量显著提高 ($t=8.148$)，失眠情况显著下降 ($t=5.586$)，焦虑、抑郁情绪显著降低 ($t=8.137$；$t=7.389$)。

三、讨论

采用计算机化的 CBT-I，借助于网络化和智能化，能够针对失眠患者的不同特点优化治疗要素，切实提高治疗的有效性。目前，国外多个失眠症治疗机构已提供网络化服务，如英国 (www.sleepio.com)、荷兰 (www.insomnie.nl) 和中国香港 (www.sleephk.com) 等，使得治疗能够较好地改善患者的睡眠效率、觉醒次数、入睡潜伏期和失眠严重指数等指标，它对睡眠障碍患者经常存在的睡眠相关信念与态度失调，以及伴发的焦虑和抑郁同样具有疗效。除此之外，计算机化的失眠认知行为治疗对睡眠相关信念和态度改善明显。多项研究证实，CBT-I 不仅能够有效改善睡眠，而且能够改善失眠症伴随的焦虑、抑郁等症状。本研究即采用上述技术方法，对患有睡眠障碍的高校女教师进行评估和治疗，提高她们总体的睡眠效率，改善睡眠质量，帮助高校女教师正常工作、发挥职业优势，为她们学习和生活提供强有力的健康保障。

本研究也与现有研究结果保持一致。高校女教师这一群体，因其独特的职业特点，作为教学运作和学术研究的第一线专业人员，面临着多层次、高强度的教学、科研和经济压力，近年来，高校扩招、高校内部绩效评估机制的实施更是在无形中增加了教师的职业压力，同时，来自家庭的负担也不容小觑，事业与家庭都要兼顾往往是对高校女教师们的常态化要求，长期处在这样的超负荷状态下，心理负担过重，其生理、心理上可能出现的问题亟待发现、解决。高校女教师在工作过程中的压力得不到有效缓解，焦虑、抑郁情绪相互影响，每晚睡眠时间不足并且失眠现象严重，睡眠质量下降的情况亟须解决。针对高校女教师群体开展深入的睡眠质量测查，归纳总结其在睡眠质量方面存在的具体问题，并使用计算机化的失眠认知行为治疗对具有睡眠问题的高校女教师进行干预，可切实提高她们的睡眠质量，缓解负面情绪，对提高高校女教师心理健康水平具有良好的现实意义。未来，可向失眠症患者宣传推广此干预方式，并将其应用到科学研究、临床治疗等多个领域当中。

参考文献

[1] 中华医学会神经病学分会睡眠障碍学组. 中国成人失眠诊断与治疗指南. 中华神经科杂志，2012，45（7）：534－540.

[2] MORIN C M. Measuring outcomes in randomized clinical trials of insomnia treatments. Sleep medicine reviews，2003，7（3）：263－279.

[3] 董鹏，郑慧敏，崔风涛，等. 我国高校女教师心理健康实证研究. 黔南民族医专学报，2012，25（4）：242－249.

[4] 牛盾，牛美玲. 高校教师睡眠状况调查. 中国健康心理学杂志，2006（1）：15－19.

[5] MITCHELL M D，GEHRMAN P，PERLIS M，et al. Comparative effectiveness of cognitive behavioral therapy for insomnia：a systematic review. BMC family practice，2012，3（1）：40.

[6] RIEMANN D & PERLIS M L. The treatments of chronic insomnia：a review of benzodiazepine receptor agonists and psychological and behavioral therapies. Sleep medicine reviews，2009，13（3）：205－214.

[7] 卢海霞，李霞，韩樱，等. 认知行为疗法对中国失眠患者睡眠质量影响的 Meta 分析. 中国老年学杂志，2017，37（3）：685－688.

[8] 伍轶群. 认知行为疗法（CBT）对失眠症患者睡眠质量和心理健康水平疗效的影响. 医学理论与实践，2012，25（7）：758－759.

[9] 刘欣欣. 认知行为疗法治疗原发性失眠症的疗效及依从性分析. 大连：大连医科大学，2012.

[10] MORGENTHALER T，KRAMER M，ALESSI C，et al. Practice parameters for the psychological and behavioral treatment of insomna：an update. An American academy of sleep medicine report. Sleep，2006，29（11）：1415－1419.

[11] ANDERSSON E，LJÓTSSON B，HEDMAN E，et al. Testing the mediating effects of obsessive beliefs in internet-based cognitive behaviour therapy for obsessive-compulsive disorder：results from a randomized controlled trial. Clinical psychology & psychotherapy，2015，22（6）：722.

广州高校女教师亚健康状况调研及其对策研究

赖秋媛*

随着社会不断进步，人们需要面对的压力越来越大。我国知识分子特别是教师，是亚健康状态的高发人群。长期的职业紧张在生理、心理和行为等方面对教师产生了不良影响，使得处在亚健康状态的比例不断升高。[1]社会发展和高校教育改革对教师提出更高要求，高校女教师撑起了学校的“半边天”。在工作上，女教师面对着与男性一样的压力；在家庭里，女教师往往还要担当好妻子、好母亲、好媳妇等多重身份。因此，她们更容易陷入角色冲突及压力的漩涡中，身心健康面临挑战。女教师如何在紧张的工作中保持健康，已成为社会关注的问题，但目前国内外较少有单独关注女教师的研究。因此，本文开展高校女教师的亚健康状况研究，通过调查结果寻找其影响因素，提出对策，从而有针对性地改善高校女教师的亚健康状态，是提高我国高校女教师健康水平、提高教育水平不可或缺的重要工作。

一、研究现状

20 世纪 80 年代中期，苏联学者 Berkman L F 提出，人除了健康和疾病状态以外，还存在一种非健康、非疾病的中间状态，并将这种介于健康和疾病之间的状态称为“第三状态”。[2]我国学者王育学于 90 年代中期首次提出了与之相适应的“亚健康”概念。[3]2006 年，中华中医药学会发布的《亚健康中医临床指南》将亚健康定义为：亚健康是指人体处于健康和疾病之间的一种状态。处于亚健康状态者，不能达到健康的标准，表现出一定时间（3 个月）内的活力降低、功能和适应能力减退的症状，但不符合现代医学有关疾病的临床或亚临床诊断标准。[4]

世界卫生组织的一项全球性调查表明，全世界真正健康的人仅占 5%，经医生检查诊断有病的人占 20%，而 75% 的人处于亚健康状态。在中国，亚健康的人群不断增加，7 亿多人处于亚健康状态。王育学教授做过一个 5 万例的人群调查，亚健康的正态分布率达到 56.18%，其中大多数为 20—40 岁的人群，他们中以白领、知识分子为主。[5]教师是知识分子群体中的重要组成部分，是一个高知识密度、高压力的职业。[6]教师在教学、科研、业务水平以及事业成就、职称评定、工作负担、人际关系和家庭生活方面都承受着各种压力和矛盾，使得他们的健康水平比其他人群低下。教师成为亚健康状态的高发人群。

---

* 作者单位：广州中医药大学。

熊玮[7]对长沙高校教师的调查发现，有轻微亚健康状况的教师占50%，18%的教师亚健康状况比较明显，8%的教师亚健康状况比较严重，健康人群只有24%。冷传奇等人[8]对南京市高校教师进行调查，结果显示高校教师健康状况不容忽视，心血管疾病和亚健康等比率较高。刘亚[9]对宁夏大学专职教师进行调查，发现亚健康的发生率是39.24%，轻度、中度亚健康的人数较多，健康的人占42.41%；30—39岁及40—49岁年龄段专职教师亚健康发生率最高。吴琦等[10]的调查结果发现锡山区女教师健康人数只占16.83%，三分之二的女教师处于亚健康状态；17.73%的女教师患有慢性疾病；处于亚健康和患有慢性疾病的人数占女教师总人数的83.17%。查阅文献，对亚健康的评定有通过自制的亚健康评定量表，也有运用许军教授研制的亚健康评定量表（Sub-Health Measurement Scale Version 1.0，SHMS V1.0）进行评估[9][11][12]，缺乏统一的亚健康诊断标准和测量工具，导致各地区报道的亚健康检出率高低不等，大多为20%—80%。

目前，关于高校女教师健康方面的文献较少。因此，本研究从高校女教师亚健康角度出发，通过对高校女教师的亚健康状况进行调查研究，分析原因，提出对策，从而有针对性地改善女教师的亚健康状态，提高女教师工作活力，使其顺利开展素质教育工作及科研工作。

二、研究思路和研究方法

（一）研究目标

了解目前广州高校女教师的亚健康状况并探讨其主要影响因素，有针对性地提出对策，提高高校女教师的健康水平。

（二）研究思路

本研究以广州大学城十所高校内工龄1年以上、无明显精神和器质性疾病的在职女教师为研究对象。按随机抽样原则，对女教师进行问卷调查。问卷由两部分组成：第一部分主要了解高校女教师的基本情况，如年龄、职称、婚姻状态及平时锻炼习惯、睡眠习惯、饮食习惯、人际关系、家庭、教学科研状况；第二部分采用许军教授研制的符合我国文化背景及价值观念的亚健康评定量表（SHMS V1.0），量表包括生理亚健康、心理亚健康和社会亚健康三个方面的内容。通过SHMS V1.0可了解高校女教师亚健康比例，通过第一部分问卷可了解影响女教师健康状况的具体因素。本研究对高校女教师亚健康状态进行原因分析，为高校女教师亚健康状态的改善给出指导意见。

（三）研究方法

在结合前人研究经验和问题的基础上，采用文献分析法、问卷调查法、数理统计法进行研究。

1. 文献分析法

通过搜索与本研究相关的文献，进行归纳总结，了解目前广州高校教师亚健康状况和研究趋势，为确定研究内容、分析问题提供参考和依据，为以后的研究奠定理论基础。

2. 问卷调查法

采用简单随机抽样方法，主要是现场发放问卷和网络问卷两种。现场发放问卷主要在两个地点：一个是教室（利用课余时间向女教师发放问卷），另一个为校车上车点。本次调查共发放500份问卷，回收495份，其中有效问卷480份，有效率为96.97%。

（1）问卷设计。

本问卷主要由两部分组成，第一部分是对高校女教师基本资料的收集，如年龄、职称、婚姻状况、平均月薪；同时调查影响健康的因素，如锻炼习惯、睡眠习惯、饮食习惯、人际关系、家庭、居住环境、教学科研压力等方面。第二部分采用SHMS V1.0量表，评定高校女教师亚健康发生率。量表包括生理亚健康、心理亚健康和社会亚健康三个方面的内容，其信度、效度较好，是可靠的、有效的亚健康测量工具[13]。

（2）问卷数据处理。

SHMS V1.0量表由9个维度、39个条目组成，得分越高表示健康状况越好。SHMS V1.0量表评分采用国际通用的Likert 5等级评分法，其中第1—3题、第13—19题和第26—39题为正向评分条目，其重新评分与原始分相同，为1—5分；第4—12题和第20—25题为反向评分条目，其重新评分等于6—原始评分，除四个亚健康总体评价条目外，各维度所含条目得分之和为该维度的原始粗分；各子量表所含维度的得分之和为该子量表的原始粗分；三个子量表分别为生理、心理和社会亚健康量表。其中生理亚健康量表计分条目为第1—14题，心理亚健康量表计分条目为第20—27题，社会亚健康量表计分条目为第29—37题。三个子量表的得分之和为总量表的原始粗分，得分越高表示健康状况越好。为方便理解和比较，将维度、子量表及量表的原始粗分转换为百分制得分，公式为：维度转化分=（维度原始粗分-维度理论最低分）/（维度理论最高分-维度理论最低分）×100。本文结果分析均采用转化分。

生理、心理、社会亚健康子量表和SHMS V1.0量表总分理论最高分分别为70、60、45、175；理论最低分分别为14、12、9、35。量表计分方法及常模均根据许军等《中国公务员亚健康评定量表的常模研究》的研究结果[14]，针对女性的最佳划分常模方案如下：

①亚健康评定量表总分<54分为疾病，54分≤亚健康评定量表总分<78分为亚健康，78分≤亚健康评定量表总分≤100为健康。

②年龄<40岁的女性：

生理子量表得分<55分为疾病，55分≤生理子量表得分<82分为亚健康，82分≤生理子量表得分≤100为健康；

心理子量表得分<50分为疾病，50分≤心理子量表得分<79分为亚健康，79分≤心理子量表得分≤100为健康；

社会子量表得分<50分为疾病，50分≤社会子量表得分<81分为亚健康，81分≤社会子量表得分≤100为健康。

③年龄≥40岁的女性：

生理子量表得分<52分为疾病，52分≤生理子量表得分<79分为亚健康，79分≤生理子量表得分≤100为健康；

心理子量表得分<53分为疾病，53分≤心理子量表得分<82分为亚健康，82分≤心理子量表得分≤100为健康；

社会子量表得分 <51 分为疾病，51 分≤社会子量表得分 <80 分为亚健康，80 分≤社会子量表得分≤100 为健康。

3. 数理统计法

采用 Epi Data 3.2 软件建立数据库，采用 SPSS 19.0 软件进行统计分析。亚健康影响因素的单因素的分析采用 X^2 检验，多因素分析采用 Logistic 回归分析。

三、调研结果

（一）亚健康评定量表的得分情况

结果表明，广州高校女教师亚健康评定量表总分为 60.89 ±9.43 分，在 3 个子量表中，生理亚健康子量表最高，为 66.43 ± 11.41 分，社会亚健康子量表得分最低，为 56.74 ±12.85 分，见表 1。

表 1　广州高校女教师亚健康评定量表得分情况（$X \pm S$）

量表	得分（分）
总体亚健康	60.89 ±9.43
生理亚健康	66.43 ±11.41
心理亚健康	57.53 ±10.64
社会亚健康	56.74 ±12.85

（二）广州高校女教师亚健康发生率

在所调查的 480 份有效问卷中，按 SHMS V1.0 量表计算总分，用许军的亚健康划界标准划分为“疾病”“亚健康”“健康”，以总体量表得分划分，其中健康 28 人，占 5.83%，亚健康 388 人，占 80.83%，疾病 64 人，占 13.33%。根据子量表的得分情况，以生理子量表得分划分，其中健康 56 人，占 11.67%，亚健康 368 人，占 76.67%，疾病 56 人，占 11.67%；以心理子量表得分划分，其中健康 28 人，占 5.83%，亚健康 356 人，占 74.17%，疾病 96 人，占 20.00%；以社会子量表得分划分，其中健康 16 人，占 3.33%，亚健康 340 人，占 70.83%，疾病 124 人，占 25.83%。三个子量表中，社会子量表处在“疾病”的人数最多，占 25.83%，处在“健康”的总人数最少，仅占 3.33%。见表 2。

表 2　广州高校女教师亚健康状况（$N=480$）

健康状况（频数，百分比）	总体健康状况	生理健康状况	心理健康状况	社会健康状况
健康	28（5.83%）	56（11.67%）	28（5.83%）	16（3.33%）
亚健康	388（80.83%）	368（76.67%）	356（74.17%）	340（70.83%）
疾病	64（13.33%）	56（11.67%）	96（20.00%）	124（25.83%）

(三) 亚健康影响因素的单因素分析

1. 不同人口学特征与广州高校女教师亚健康

研究表明，不同的婚姻状况、平均月薪对广州高校女教师的亚健康发生率差异无统计学意义（$p>0.05$）。不同年龄、文化程度、职称的广州高校女教师亚健康发生率差异均有统计学意义（$p<0.01$）。单纯从百分比统计结果显示，不同的年龄阶段，30 岁以下的高校女教师亚健康发生率较高，文化程度为本科及本科以下的高校女教师亚健康发生率也比较高。职称上，处于副高的高校女教师亚健康发生率较其他职称高。

表 3　不同人口学特征广州高校女教师亚健康发生率

因素		非亚健康	亚健康	合计	X^2 值	p 值
年龄（岁）	30 以下	4（5.56%）	68（94.44%）	72（100%）	18.321	<0.000 1
	30—39	60（18.99%）	256（81.01%）	316（100%）		
	40—49	24（28.57%）	60（71.43%）	84（100%）		
	49 以上	4（50.00%）	4（50.00%）	8（100%）		
	合计	92（19.17%）	388（80.83%）	480（100%）		
文化程度	本科及本科以下	8（9.09%）	80（90.91%）	88（100%）	12.122	0.002
	硕士研究生	64（24.62%）	196（75.38%）	260（100%）		
	博士研究生	20（15.15%）	112（84.85%）	132（100%）		
	合计	92（19.17%）	388（80.83%）	480（100%）		
职称	初级	32（25.81%）	92（74.19%）	124（100%）	16.48	0.001
	中级	40（16.67%）	200（83.33%）	240（100%）		
	副高	8（9.52%）	76（90.48%）	84（100%）		
	正高	12（37.50%）	20（62.50%）	32（100%）		
	合计	92（19.17%）	388（80.83%）	480（100%）		
婚姻状况	已婚	72（20.93%）	272（79.07%）	344（100%）	3.624	0.163
	未婚	20（15.63%）	108（84.38%）	128（100%）		
	其他	0	8（100%）	8（100%）		
	合计	92（19.17%）	388（80.83%）	480（100%）		
平均月薪（元）	≤5 000	4（25.00%）	12（75.00%）	16（100%）	1.332	0.722
	>5 000 且≤10 000	56（19.18%）	236（80.82%）	292（100%）		
	>10 000 且≤15 000	28（20.00%）	112（80.00%）	140（100%）		
	>15 000	4（12.50%）	28（87.50%）	32（100%）		
	合计	92（19.17%）	388（80.83%）	480（100%）		

2. 不同生活方式与广州高校女教师亚健康

研究结果表明，不同入睡时间和睡眠时长对高校女教师亚健康发生会造成影响，具有统计学意义（$p<0.05$）。有200位女教师到0点后才入睡，归结原因，有一部分女教师是因为要辅导小孩作业，等小孩入睡后，才有自己的时间进行备课或写论文；有一部分年轻的女教师由于教学任务较重，每天需要备课到半夜；还有一部分是习惯了0点后才入睡。研究结果表明，不同体育运动锻炼习惯的广州高校女教师亚健康发生率差异无显著性意义（$p>0.05$）。

因高校每年都为职工提供免费体检，高校女教师都会不定时体检，但也不是每个人每年都会去查，其中三年以上参加体检的有32人，每两年查一次的116人。研究结果表明，不同体检频率的广州高校女教师亚健康发生率差异无显著性意义（$p>0.05$）。

从统计结果上看，大部分的高校女教师都有过不按时吃饭的情况，其中一周4次以上不按时吃饭的有116人，占调查人数的24.17%。生活上无不良习惯的152人，而经常熬夜的，喜欢高盐、高脂、高热量食物及喜欢油炸、卤制品人数较多。研究结果表明，每周不按时吃饭及不同生活习惯的广州高校女教师亚健康发生率差异均有显著性意义（$p<0.05$）。具体见表4。

表4　不同生活方式与广州高校女教师亚健康发生率

因素		非亚健康	亚健康	合计	X^2值	p值
入睡时间	1：00以后	20（35.71%）	36（64.29%）	56（100%）	16.47	0.001
	0：00—1：00	16（11.11%）	128（88.89%）	144（100%）		
	23：00—23：59	48（20.69%）	184（79.31%）	232（100%）		
	23：00以前	8（16.67%）	40（83.33%）	48（100%）		
	合计	92（19.17%）	388（80.83%）	480（100%）		
睡眠时长	4小时以下/日	0	8（100%）	8（100%）	23.091	<0.000 1
	4—6小时/日	32（36.36%）	56（63.64%）	88（100%）		
	6—8小时/日	60（15.96%）	316（84.04%）	376（100%）		
	8小时以上/日	0	8（100%）	8（100%）		
	合计	92（19.17%）	388（80.83%）	480（100%）		
锻炼次数	无	48（21.05%）	180（78.95%）	228（100%）	4.265	0.371
	1—4次/月	32（17.78%）	148（82.22%）	180（100%）		
	5—8次/月	8（25.00%）	24（75.00%）	32（100%）		
	9—12次/月	0	8（100%）	8（100%）		
	12次以上/月	4（12.50%）	28（87.50%）	32（100%）		
	合计	92（19.17%）	388（80.83%）	480（100%）		

（续上表）

因素		非亚健康	亚健康	合计	X^2值	p值
体检频率	从来不查	0	0	0	3.686	0.158
	三年以上	8（25.00%）	24（75.00%）	32（100%）		
	两年查一次	28（24.14%）	88（75.86%）	116（100%）		
	每年都查	56（16.87%）	276（83.13%）	332（100%）		
	合计	92（19.17%）	388（80.83%）	480（100%）		
每周不按时吃饭次数	6次以上	24（54.55%）	20（45.45%）	44（100%）	54.055	<0.0001
	4—6次	12（16.67%）	60（83.33%）	72（100%）		
	2—3次	48（21.82%）	172（78.18%）	220（100%）		
	0—1次	8（5.56%）	136（94.44%）	144（100%）		
	合计	92（19.17%）	388（80.83%）	480（100%）		
生活习惯（多选）	喜好高盐、高脂、高热量食物	40（29.41%）	96（70.59%）	136（100%）	14.371	0.006
	经常喝酒	0	8（100%）	8（100%）		
	喜好油炸、卤制品	20（13.89%）	124（86.11%）	144（100%）		
	经常吸烟	0	0	0		
	经常熬夜	40（17.24%）	192（82.76%）	232（100%）		
	无以上习惯	28（18.42%）	124（81.58%）	152（100%）		
	合计	128（19.05%）	544（80.95%）	672（100%）		

3. 家庭因素及人际交往因素与广州高校女教师亚健康

研究结果表明，受不同家庭或孩子困扰及人际关系困扰的广州高校女教师亚健康发生率差异均有显著性意义（$p<0.01$）。

表5　家庭因素及人际交往因素与广州高校女教师亚健康发生率

因素		非亚健康	亚健康	合计	X^2值	p值
家庭或孩子困扰程度	总是	4（12.50%）	28（87.50%）	32（100%）	58.318	<0.0001
	经常	24（21.43%）	88（78.57%）	112（100%）		
	偶尔	16（7.27%）	204（92.73%）	220（100%）		
	无	48（41.38%）	68（58.62%）	116（100%）		
	合计	92（19.17%）	388（80.83%）	480（100%）		

（续上表）

因素		非亚健康	亚健康	合计	X^2值	p值
人际关系困扰程度	总是	4（50.00%）	4（50.00%）	8（100%）	93.028	<0.000 1
	经常	44（55.00%）	36（45.00%）	80（100%）		
	偶尔	24（8.33%）	264（91.67%）	288（100%）		
	无	20（19.23%）	84（80.77%）	104（100%）		
	合计	92（19.17%）	388（80.83%）	480（100%）		

4. 居住环境与广州高校女教师亚健康

结果显示，认为居住环境严重影响健康的有 52 人，认为影响一般的 136 人，认为有稍微影响的 128 人，认为无影响的 164 人。统计结果表明，不同居住环境的广州高校女教师亚健康发生率差异有显著性意义（$p<0.01$）。

表 6　居住环境与广州高校女教师亚健康发生率

居住环境影响	非亚健康	亚健康	合计	X^2值	p值
严重	24（46.15%）	28（53.85%）	52（100%）	29.806	<0.000 1
一般	24（17.65%）	112（82.35%）	136（100%）		
稍微	24（18.75%）	104（81.25%）	128（100%）		
无	20（12.20%）	144（87.80%）	164（100%）		
合计	92（19.17%）	388（80.83%）	480（100%）		

5. 科研与教学压力与广州高校女教师亚健康

调查中所有的高校女教师所处学校对课题论文都有规定，且大部分学校的奖金与教学科研任务是挂钩的。从调查结果上看（见表 7），能够轻松完成科研任务的仅 16 人，208 人觉得有点困难，176 人觉得一般困难，80 人觉得特别困难。从备课时长上看，仅 48 人觉得不长，160 人觉得有点长，232 人觉得一般，还有 40 人觉得需要花费很长的备课时间。学生对教师的评价中，一般的有 140 人，不满意的有 12 人，共计 152 人。而 152 名的高校女教师中，学生对她的评价造成的困扰程度，十分困扰的 24 人，一般困扰的 60 人，有点困扰的 48 人，无困扰的 20 人。研究结果表明，导致高校女教师亚健康的发生率与科研任务完成情况、教学时长、学生评价有关，差异有显著性意义（$p<0.05$），而与备课时长无关（$p>0.05$），奖金是否与科研教学任务挂钩对高校女教师的困扰与其亚健康发生率无统计学意义（$p>0.05$）。

表7　科研与教学压力与广州高校女教师亚健康发生率

因素		非亚健康	亚健康	合计	X^2值	p值
学校有无课题论文规定	有	92（19.17%）	388（80.83%）	480（100%）	29.806	<0.000 1
	无	0	0	0		
	合计	92（19.17%）	388（80.83%）	480（100%）		
科研任务完成情况	特别困难	4（5.00%）	76（95.00%）	80（100%）	77.952	<0.000 1
	一般困难	32（18.18%）	144（81.82%）	176（100%）		
	有点困难	40（19.23%）	168（80.77%）	208（100%）		
	轻松	16（100%）	0	16（100%）		
	合计	92（19.17%）	388（80.83%）	480（100%）		
备课时长	很长	12（30.00%）	28（70.00%）	40（100%）	4.926	0.177
	一般	40（17.24%）	192（82.76%）	232（100%）		
	有点	28（17.50%）	132（82.50%）	160（100%）		
	不长	12（25.00%）	36（75.00%）	48（100%）		
	合计	92（19.17%）	388（80.83%）	480（100%）		
教学时长	很长	4（7.14%）	52（92.86%）	56（100%）	10.999	0.012
	一般	32（16.33%）	164（83.67%）	196（100%）		
	有点	44（25.58%）	128（74.42%）	172（100%）		
	不长	12（21.43%）	44（78.57%）	56（100%）		
	合计	92（19.17%）	388（80.83%）	480（100%）		
学生评价	不满意	8（66.67%）	4（33.33%）	12（100%）	29.278	<0.000 1
	一般	36（25.71%）	104（74.29%）	140（100%）		
	满意	48（15.79%）	256（84.21%）	304（100%）		
	十分满意	0	24（100%）	24（100%）		
	合计	92（19.17%）	388（80.83%）	480（100%）		
学生对您评价不满意或一般对您造成困扰程度	十分	20（83.33%）	4（16.67%）	24（100%）	65.781	<0.000 1
	一般	24（40.00%）	36（60.00%）	60（100%）		
	有点	0	48（100%）	48（100%）		
	无	0	20（100%）	20（100%）		
	合计	44（28.95%）	108（71.05%）	152（100%）		
奖金是否与科研教学任务挂钩	是	64（17.78%）	296（82.22%）	360（100%）	1.793	0.181
	否	28（23.33%）	92（76.67%）	120（100%）		
	合计	92（19.17%）	388（80.83%）	480（100%）		

（续上表）

因素		非亚健康	亚健康	合计	X^2值	p值
奖金与科研教学任务挂钩对您造成困扰程度	十分	16（21.05%）	60（78.95%）	76（100%）	5.843	0.119
	一般	36（25.00%）	108（75.00%）	144（100%）		
	有点	28（14.89%）	160（85.11%）	188（100%）		
	无	12（16.67%）	60（83.33%）	72（100%）		
	合计	92（19.17%）	388（80.83%）	480（100%）		

综上统计结果，本次分析的480名健康与亚健康的高校女教师中，影响其健康状况的相关因素单变量分析显示，导致高校女教师处于亚健康的因素与年龄、文化程度、职称、睡眠习惯、生活习惯、家庭因素、人际交往因素、居住环境、科研任务完成情况、教学时长、学生评价有关（$p<0.05$）；与婚姻状况、平均月薪、锻炼次数、体检频率、备课时长、奖金与科研教学任务挂钩造成的困扰无关（$p>0.05$）。

（四）高校女教师亚健康影响因素的多因素 Logistic 回归分析

高校女教师亚健康受多种因素的影响，比如年龄、文化程度、职称等社会人口学因素；睡眠及锻炼次数等生活习惯；家庭因素及人际交往因素、教学与科研压力。本研究以SHMS V1.0划分高校女教师亚健康与否，其中1＝非亚健康，0＝亚健康，为因变量，以人口学因素、生活方式、家庭因素及人际交往因素、科研与教学压力四类具体因素为自变量（见表8），针对不同分类，通过二分类 Logistic 回归分析影响广州高校女教师亚健康状况的主要影响因素。主要研究因素及赋值方法如表8，仅剔除正在参与运算的一对变量中有缺失值的观察单位。其中无序多分类变量需定义哑变量，进入回归方程时同一变量衍生的哑变量须同时进入或剔除以保证该变量的信息完整。

表8　主要研究因素及赋值方法

因素	变量	赋值
人口学因素	年龄	0＝30岁以下；1＝30—39岁；2＝40—49岁；3＝49岁以上
	文化程度	0＝本科；1＝硕士；2＝博士
	职称	0＝初级；1＝中级；2＝副高；3＝正高
	婚姻状况	0＝已婚；1＝未婚；2＝离异、丧偶或其他
	平均月薪	0＝5 000元以下；1＝5 000—10 000元；2＝10 001—15 000元；3＝15 000元以上
生活方式	入睡时间	0＝1：00以后；1＝0：00—1：00；2＝23：00—23：59；3＝23：00以前
	睡眠时长	0＝4小时以下/日；1＝4—6小时/日；2＝6—8小时/日；3＝8小时以上/日

（续上表）

因素	变量	赋值
	锻炼次数	0 = 极少或无；1 = 1—4 次/月；2 = 5—8 次/月；3 = 9—12 次/月；4 = 12 次以上/月
	体检频率	0 = 从来不查；1 = 三年以上；2 = 两年查一次；3 = 每年都查
	每周不按时吃饭次数	0 = 6 次以上；1 = 4—6 次；2 = 2—3 次；3 = 0—1 次
家庭因素及人际交往因素	家庭或孩子困扰程度	0 = 总是；1 = 经常；2 = 偶尔；3 = 无
	人际关系困扰程度	0 = 总是；1 = 经常；2 = 偶尔；3 = 无
科研与教学压力	科研任务完成情况	0 = 特别困难；1 = 一般困难；2 = 有点困难；3 = 轻松
	备课时长	0 = 很长；1 = 一般；2 = 有点；3 = 不长
	教学时长	0 = 很长；1 = 一般；2 = 有点；3 = 不长
	学生评价	0 = 不满意；1 = 一般；2 = 满意；3 = 十分满意
	奖金是否与科研教学任务挂钩	0 = 否；1 = 是
	奖金与科研教学任务挂钩困扰情况	0 = 十分；1 = 一般；2 = 有点；3 = 无

1. 不同人口学特征与广州高校女教师亚健康的多因素 Logistic 回归分析

以是否亚健康为因变量（0 = 是，1 = 否），以年龄、学历、职称、婚姻状况、平均月薪为自变量进行 Logistic 回归分析，结果显示，不同人口学特征中年龄、学历、职称为影响广州高校女教师亚健康的危险因素（见表 9）。

表 9 不同人口学特征与广州高校女教师亚健康的多因素 Logistic 回归分析

	B	SE	Wald	自由度	显著性	Exp（*B*）	95% CI 用于 Exp（*B*）	
							下限	上限
年龄			38.710	3	0.000			
年龄（1）	5.701	1.226	21.610	1	0.000	299.044	27.034	3 307.943
年龄（2）	5.138	0.829	38.385	1	0.000	170.359	33.533	865.486
年龄（3）	2.563	0.589	18.924	1	0.000	12.971	4.088	41.154
学历			11.067	2	0.004			
学历（1）	1.645	0.582	7.981	1	0.005	5.179	1.655	16.208
学历（2）	1.573	0.478	10.841	1	0.001	4.823	1.890	12.304
职称			23.368	3	0.000			
职称（1）	-2.816	0.872	10.427	1	0.001	0.060	0.011	0.331

（续上表）

	B	SE	Wald	自由度	显著性	Exp（*B*）	95% CI 用于 Exp（*B*）	
							下限	上限
职称（2）	-3.783	0.820	21.307	1	0.000	0.023	0.005	0.113
职称（3）	-1.456	0.391	13.831	1	0.000	0.233	0.108	0.502
婚姻状况			0.188	2	0.910			
婚姻状况（1）	-18.324	14 210.361	0.000	1	0.999	0.000	0.000	0.000
婚姻状况（2）	-0.162	0.373	0.188	1	0.664	0.851	0.410	1.766
平均月薪			3.018	3	0.389			
平均月薪（1）	-0.422	1.061	0.158	1	0.691	0.656	0.082	5.247
平均月薪（2）	0.146	0.858	0.029	1	0.865	1.157	0.215	6.214
平均月薪（3）	0.618	0.701	0.778	1	0.378	1.856	0.470	7.329
常数	-4.604	0.919	25.093	1	0.000	0.010		

2. 不同生活方式与广州高校女教师亚健康的多因素Logistic回归分析

以是否亚健康为因变量（0=是，1=否），以锻炼次数、入睡时间、睡眠时长、每周不按时吃饭次数、体检频率为自变量，进行Logistic回归分析。结果显示不同的生活方式中入睡时间、睡眠时长、每周不按时吃饭次数、体检频率为广州高校女教师出现亚健康的危险因素（见表10）。

表10　不同生活方式与广州高校女教师亚健康的多因素Logistic回归分析

	B	SE	Wald	自由度	显著性	Exp（*B*）	95% CI 用于 Exp（*B*）	
							下限	上限
锻炼次数			2.055	4	0.726			
锻炼次数（1）	0.987	0.713	1.915	1	0.166	2.683	0.663	10.856
锻炼次数（2）	-17.172	14 210.361	0.000	1	0.999	0.000	0.000	
锻炼次数（3）	0.324	0.510	0.404	1	0.525	1.383	0.509	3.757
锻炼次数（4）	0.158	0.320	0.244	1	0.622	1.171	0.625	2.194
入睡时间			12.578	3	0.006			
入睡时间（1）	1.684	0.720	5.465	1	0.019	5.385	1.313	22.092
入睡时间（2）	0.893	0.504	3.139	1	0.076	2.443	0.909	6.561
入睡时间（3）	-0.279	0.498	0.313	1	0.576	0.757	0.285	2.010
睡眠时长			21.370	3	0.000			
睡眠时长（1）	-2.863	20 096.416	0.000	1	1.000	0.057	0.000	

（续上表）

	B	SE	Wald	自由度	显著性	Exp（B）	95% CI 用于 Exp（B）	
							下限	上限
睡眠时长（2）	18.363	14 210.264	0.000	1	0.999	94 367 547.954	0.000	
睡眠时长（3）	20.297	14 210.263	0.000	1	0.999	652 912 753.225	0.000	
每周不按时吃饭次数			34.282	3	0.000			
每周不按时吃饭次数（1）	-3.588	0.676	28.131	1	0.000	0.028	0.007	0.104
每周不按时吃饭次数（2）	-1.225	0.407	9.057	1	0.003	0.294	0.132	0.652
每周不按时吃饭次数（3）	-1.757	0.478	13.537	1	0.000	0.173	0.068	0.440
体检频率			12.226	2	0.002			
体检频率（1）	-1.452	0.520	7.792	1	0.005	0.234	0.084	0.649
体检频率（2）	-0.551	0.558	0.974	1	0.324	0.576	0.193	1.722
常数	-18.247	14 210.264	0.000	1	0.999	0.000		

3. 家庭因素及人际交往因素与广州高校女教师亚健康的多因素 Logistic 回归分析

以是否亚健康为因变量（0 = 是，1 = 否），以家庭或孩子困扰和人际关系困扰为自变量，进行 Logistic 回归分析，结果表明家庭或孩子困扰及人际关系困扰为广州高校女教师出现亚健康的危险因素（见表 11）。

表 11　家庭因素及人际交往因素与广州高校女教师亚健康的多因素 Logistic 回归分析

	B	SE	Wald	自由度	显著性	Exp（B）	95% CI 用于 Exp（B）	
							下限	上限
家庭或孩子困扰			49.132	3	0.000			
家庭或孩子困扰（1）	20.405	8 204.321	0.000	1	0.998	727 281 705.423	0.000	0.000
家庭或孩子困扰（2）	17.550	8 204.321	0.000	1	0.998	41 868 662.232	0.000	0.000
家庭或孩子困扰（3）	18.526	8 204.321	0.000	1	0.998	111 102 896.406	0.000	0.000
人际关系困扰			63.423	3	0.000			
人际关系困扰（1）	-20.9 65	8 204.3 21	0.000	1	0.998	0.000	0.000	0.000
人际关系困扰（2）	-21.2 03	8 204.3 21	0.000	1	0.998	0.000	0.000	0.000

（续上表）

	B	SE	Wald	自由度	显著性	Exp（B）	95% CI 用于 Exp（B）	
							下限	上限
社会关系困扰（3）	-18.198	8 204.321	0.000	1	0.998	0.000	0.000	0.000
常数	0.000	0.707	0.000	1	1.0000	1.000		

4. 科研教学压力与广州高校女教师亚健康的多因素 Logistic 回归分析

以是否亚健康为因变量（0 = 是，1 = 否），以科研任务完成情况、备课时长、教学时长、奖金与科研挂钩情况、资金与科研教学任务挂钩困扰情况、学生评价为自变量进行 Logistic 回归分析，结果显示，科研教学压力中教学时长、奖金与科研挂钩情况、奖金与科研教学任务挂钩困扰情况和学生评价为广州高校女教师出现亚健康的危险因素（见表 12）。

表 12　科研教学压力与广州高校女教师亚健康的多因素 Logistic 回归分析

	B	SE	Wald	自由度	显著性	Exp（B）	95% CI 用于 Exp（B）	
							下限	上限
科研任务完成情况			6.234	3	0.101			
科研任务完成情况（1）	25.593	9 542.319	0.000	1	0.998	130 315 834 147.338	0.000	0.000
科研任务完成情况（2）	1.484	0.606	5.994	1	0.014	4.412	1.344	14.479
科研任务完成情况（3）	1.140	0.655	3.030	1	0.082	3.128	0.866	11.292
备课时长			4.098	3	0.251			
备课时长（1）	-0.662	1.281	0.267	1	0.605	0.516	0.042	6.348
备课时长（2）	-1.129	0.571	3.910	1	0.048	0.323	0.106	0.990
备课时长（3）	-0.728	0.522	1.943	1	0.163	0.483	0.174	1.344
教学时长			10.292	3	0.016			
教学时长（1）	1.449	1.332	1.184	1	0.277	4.258	0.313	57.904
教学时长（2）	1.896	0.742	6.529	1	0.011	6.659	1.555	28.509
教学时长（3）	0.336	0.689	0.237	1	0.626	1.399	0.362	5.403
奖金与科研挂钩情况	1.542	0.435	12.580	1	0.000	4.675	1.994	10.962
奖金与科研教学任务挂钩困扰情况			43.698	3	0.000			

（续上表）

	B	SE	Wald	自由度	显著性	Exp（B）	95% CI 用于 Exp（B）	
							下限	上限
奖金与科研教学任务挂钩困扰情况（1）	-1.983	0.764	6.735	1	0.009	0.138	0.031	0.615
奖金与科研教学任务挂钩困扰情况（2）	-0.522	0.509	1.053	1	0.305	0.593	0.219	1.609
奖金与科研教学任务挂钩困扰情况（3）	2.155	0.572	14.215	1	0.000	8.627	2.814	26.446
学生评价			26.185	3	0.000			
学生评价（1）	-23.609	7 487.068	0.000	1	0.997	0.000	0.000	0.000
学生评价（2）	-3.822	0.856	19.952	1	0.000	0.022	0.004	0.117
学生评价（3）	-2.075	0.804	6.665	1	0.010	0.126	0.026	0.607
常数	-0.800	1.280	0.390	1	0.532	0.450		

对高校女教师亚健康影响因素的多因素 Logistic 回归分析结果显示，影响高校女教师健康的危险因素有年龄、学历、职称、入睡时间、睡眠时长、每周不按时吃饭次数、体检频率、家庭或孩子困扰、人际关系困扰、教学时长、奖金与科研挂钩情况、奖金与科研教学任务挂钩困扰情况和学生评价。这和单变量分析结果大体接近。

四、讨论

随着时代的发展，女教师自我展现的机遇越来越多，但面临的挑战也不容忽视，如家庭与工作的负担、子女教育问题、岗位职称的竞争、科研教学业绩、职称的晋升等，一人需要承担较多角色，做好妈妈、好妻子、好职工、好老师等，使女教师承担来自各方面的压力。长期处于压力下，会出现咽炎、腰椎间盘突出、颈椎病等各种职业病，生理和心理状态都受到影响，女教师的身体健康状况成为我们重点关注的问题。目前普遍认为亚健康状态是指人身心处于疾病与健康之间的一种健康低质状态，主要表现在躯体、心理和社会适应三方面的改变，机体虽无明确的疾病诊断，但在以上三方面出现种种不适应的感觉和症状，从而呈现出活力、反应能力和外界适应能力降低的一种生理状态。[4] 然而，目前出现亚健康状态的原因、发生和发展机制尚不清楚。

（一）广州高校女教师亚健康现状及亚健康发生率

分析结果表明，广州高校女教师亚健康总转化分为 60.89 ± 9.43；生理亚健康子量表转化分为66.43±11.41，心理亚健康子量表转化分为57.53±10.64，社会亚健康子量表转化分为56.74±12.85。分析其原因，相对于生理亚健康，心理和社会关系的健康情况比较容易被忽视。随着科技的发展、电子产品性能提高、通信网络技术的普及，人与人之间的交往越来越少，关系越来越疏远，导致心理和社会关系呈现亚健康状态。据调查，广州高校女教师亚健康发生率为80.83%。30岁以下组亚健康发生率为94.44%，30岁至39岁组亚健康发生率为81.01%，40岁至49岁组亚健康状态发生率为71.43%，49岁以上组亚健康发生率为50.00%。结果显示，不同年龄段亚健康状态的发生率不同，亚健康状态的发生率随年龄的增长而下降。分析其原因，青年女教师处于事业的起步阶段，往往需要花大量的时间在工作上，休息、锻炼时间较少。大部分的女教师在二十几岁至三十几岁处于结婚生子的时期，需要承担教育、照顾小孩的重担，又承受经济及工作上的巨大压力，在抚养家庭和工作双重压力下，容易忽视自己的健康。随着年龄的增长，对工作内容逐步熟悉，孩子逐渐长大，自己能够支配的时间增多，很多人会重新关注自己的健康问题，因此亚健康的发生率随着年龄的增长反而下降了。

（二）影响广州高校女教师亚健康现状的主要因素

研究表明，文化程度、职称与广州高校女教师亚健康状况密切相关。学历为本科及本科以下的亚健康发生率占90.91%，学历为硕士研究生的高校女教师亚健康发生率为75.38%，学历为博士研究生的高校女教师亚健康发生率为84.85%。高校教师作为知识密集型群体，近些年各高校对人才引进的政策中，对学历的要求越来越高，这使得本科学位的高校教师承受较大压力，需要继续深造才能够顺应学校及社会发展要求。职称在中级及副高阶段的高校女教师的亚健康发生率较高，而职称已经到正高的女教师亚健康发生率最低。这可能与处在中级及副高阶段的女教师在评职称上科研要求比较高、压力比较大有关系。而初级评中级的要求相对低些，一般教师都能达到这一水平；到了正高阶段，手中有比较好的资源，各方面知识的储备较为丰富，在科研教学路上压力减少。

入睡时间、睡眠时长、不按时吃饭是影响广州高校女教师健康的主要因素。现代研究表明，睡眠不足或被剥夺，人体免疫力会降低，会使人出现消极情绪、反应迟钝、记忆力下降等症状，从而导致亚健康，甚至引起疾病。[15]经常不按时吃饭，会使人们的肠胃系统受到损害，出现胃肠道的一些疾病。不按时吃饭，机体处在饥饿状态，血糖降低，大脑供能不足，会出现注意力不集中及反应慢等问题。不良的饮食习惯也会对机体健康产生影响，长期食用高盐、高脂、高热量的食物，容易引发心血管或一些代谢性的慢性疾病，如高血压、肥胖、冠心病等。因此应该加强对高校女教师的膳食营养教育，提倡按时用餐并养成合理的饮食习惯。

调查结果显示，锻炼次数与高校女教师的亚健康发生率无显著性意义。针对此结果，又对部分女教师口头询问了其对有关体育锻炼的了解，发现很多女教师并不知道如何才是有效的锻炼方式，有些就是进行简单的饭后散步10分钟，并将其视为一次有效的运动锻炼。如果对运动锻炼提出要求，可能调查的结果会有差异。也可进一步具体调查高校女教师体育锻炼对亚健康的影响，可能可得出更加理想、准确的结果。

随着社会的加速发展，社会竞争日趋激烈，女性也同样面临严峻的挑战。高校女教师尤其是处于三四十岁的中青年女教师，正是科研和教学的骨干，同时也面临着结婚生子的压力，既要参加工作，也要照顾老人、抚育子女，在家庭生活中起到不可缺少的作用，身兼本职工作、社会和家庭几重重担，同时也免不了要处理各种人际关系。研究结果表明，社会关系困扰和家庭因素困扰是影响女性亚健康的危险因素。尚保春[16]的研究发现60.74%的高层次女性人才认为家庭负担大，86.43%的高层次女性人才感到工作压力大或竞争激烈。她们的家庭—工作也会时常出现冲突，降低她们对生活的满意度[17]。受女性特有的生理、心理特征和家庭、社会因素影响，女性成为心理疾病的易患群体，而这些因素严重影响女性的身心健康。

科研实力作为高校核心竞争过程中的重要指标之一，学校对教师的科研任务要求也进一步提高。高校对不同职称的教师工作量要求不同，需达到规定的教学科研量及公共社会服务才能够处于相应级别的岗位，若未达到，做降级处理。出台这样的规定初衷是促进学校的发展，但无疑给教师增加了很大的压力。刘志成、孙佳[18]对中部和东部六所高等院校教师的心理压力情况进行调查，发现高校教师科研压力排在诸多压力之首。于涛[19]的研究发现高校教师的工作压力与其健康状况呈正相关性，与生活（工作）满意度呈反比。在本次的调查中，480名女教师只有56名（11.67%）女教师认为教学时长不长，可见高校教师除了科研压力，同时也肩负着较大的教学压力。随着教育教学改革的不断深入，教师要不断学习教育教学理论，提高自身教学素养，才能在课堂上游刃有余。学校也越来越重视学生体验，现在的学生个性鲜明，也越来越注重维护自身权益，对教师的要求也越来越高，这给了教师无形的心理压力。有的女教师心理素质差，在生活中除了工作就是家庭，缺乏可以谈心的朋友，遇到一些困扰容易抑郁，影响其健康水平。

五、建议

高校女教师亚健康的发生率较高，生理、心理、社会交往三方面的健康状态都不理想，因此可从分别这三方面入手，做出相应的预防措施，从教师工作环境、生活方式进行调整，回归到健康状态，当然，躯体、心理和社会交往也是密切相关的。

调查发现，高校女教师亚健康的发生，一方面由于工作、家庭的关系，另一方面也是由于对自身健康的重视程度不够。高校女教师在学习、接受新知识方面能力较强，因此，学校工会可举办各种形式的亚健康知识讲座，普及亚健康知识，提高她们对此问题的重视，建立新的健康观，利用自由支配的有限时间进行自我保健，降低亚健康发生率。

体育锻炼作为强身健体的一种非药物手段，科学的体育运动能促进血液循环、增强人体机能，消除疲劳；适当的锻炼可以放松心情、缓解压力、促进身心健康。[20]因此，应加强高校教师锻炼意识，通过选择科学的运动提升其生活质量。现今运动项目众多，其中也有不少不受场地、器材等影响的项目，可以随时随地进行锻炼。还可根据教师工作环境组织运动，如广州中医药大学作为传统的中医药院校，可组织教师进行传统保健功法的练习，在办公室、空地上练习八段锦、太极拳等，甚至可以与同事相约开展球类运动等团队配合性高的运动项目。学校工会也可不定期地举办户外健身活动及各种体育比赛，并给以鼓励措施，让久坐、久站的女教师积极参与。户外活动及团体配合下的运动项目抑或比赛，除了可以锻炼身体，同时也可扩大女教师的交际圈，加强协作精神，使其不再过着简单的家、学校两点一线的生活，促进其社会交往能力的发展。

家庭困扰是高校女教师出现亚健康状态的原因之一，面对此种困扰，建议女教师调整心态、积极面对，解决家庭、婚姻问题，必要时可进行心理咨询，通过心态上的调整，尽量减少家庭、婚姻上的应激性事件。

最后，建议学校在校园文化建设上增加创意，营造宽松和谐的工作氛围，定期组织丰富多彩的师生活动。因为教师工作中面对的学生较多，促进师生关系的发展，一定程度上能够减少教师教学工作上的压力。在科研上，学校管理部门应深化教育改革，建立健全的考核评估体系，不能只重视教师的科研能力而忽视了教师其他方面的能力和素质；营造宽松的学术环境，特别对于青年教师来说，刚上工作岗位，没有科研基础，跟较高职称的教师相比不具备竞争力，因此学校可设立青年教师科研专项，作为以后申请厅局级、省部级课题的研究基础。

参考文献

[1] 吴思英. 中学教师亚健康状态与职业紧张的关系及其对工作能力的影响研究. 成都：四川大学，2006.

[2] 赵瑞芹，冯敬. 国内外亚健康问题的研究进展及对比分析. 国外医学情报学，2002（23）：14－17.

[3] 朱文冬，徐莎莎，张银玲，等. 亚健康现状及对策的研究进展. 护理实践与研究，2013，10（13）：114－115.

[4] 中华中医药学会. 亚健康中医临床指南. 北京：中国中医药出版社，2006.

[5] 王育学. 亚健康：21 世纪健康新概念. 南昌：江西科学技术出版社，2002：3－19.

[6] HO L. Educational psychology in the classroom. New York：John and Wiley Sons，1971.

[7] 熊玮. 长沙市高校教师亚健康调查与分析. 商，2016（30）：34.

[8] 冷传奇，孙永武. 高校教师健康状况和生活方式现状的调查研究——以南京市高校为例. 山东农业工程学院学报，2014，31（6）：182－184.

[9] 刘亚. 宁夏大学专职教师亚健康状况研究. 运动，2017（21）：63－64.

[10] 吴琦，杨远飞. 锡山区女教师健康管理调查分析及对策研究. 运动，2015（20）：66－68.

[11] 张宇. 太原市普通高校教师亚健康状态现状及分析. 北京：北京体育大学，2005.

[12] 邵红梅. 中学教师亚健康状况及其影响因素研究. 天津：天津医科大学，2014.

[13] 许军，冯丽仪，罗仁，等. 亚健康评定量表的信度效度研究. 南方医科大学学报，2011，31（1）：33－38.

[14] 许军，陆艳，冯丽仪，等. 中国公务员亚健康评定量表的常模研究. 南方医科大学学报，2011，31（10）：1654－1662.

[15] 曹田梅，张庭基，张李兴，等. 非体力劳动者睡眠时间与亚健康调查分析. 西部中医药，2012，25（3）：52－54.

[16] 尚保春. 影响高层次女性人才亚健康的因子分析. 中国卫生事业管理，2014，31（4）：301－304.

[17] 林丹瑚，王芳，郑日晶，等. 高校教师工作家庭关系、工作特征与生活满意度的研究. 心理学探新，2008，28（1）：92－96.

[18] 刘志成，孙佳. 高校教师的科研压力及其缓解措施. 湖南农业大学学报（社会科学版），2009，10（4）：67－70.

[19] 于涛. 天津市部分高校教师身心健康状况与工作压力的相关研究. 体育文化导刊，2016（6）：167－170.

[20] 刘君雯. 高校教师亚健康现状分析与运动处方对策. 教育探索，2004（7）：119－120.

高校女教师幸福感研究

——以广东省8所高校为例

武晓伟　史乐然　高艳*

一、引言

自20世纪90年代末我国高等学校大幅度扩招以来，中国高校进行着跨越式发展，无论高校数量、系科专业数量，还是在校大学生人数都急剧增加，相应地，教师队伍也大幅扩充。根据教育部2016年教育事业统计数据显示，2016年，全国普通高等学校2 596所，教职工人数2 404 784人，其中女教工1 162 408人，占全体教职工总数的48.34%。① 高校中女教师数量不断增长，她们在师资队伍中的作用也日趋显现。一方面，高校女教师以教书育人为职责，向社会各个领域输送人才，同时，也肩负着科学研究的重任，为科研推陈出新贡献力量；另一方面，作为女性，她们又面临着传统社会性别观念、家庭角色的冲突，教师评价价值取向的压力，职业生涯发展的瓶颈等。高校女教师群体压力越来越大，她们的身心健康以及“幸福感”的问题日益成为社会关注焦点。

在国外，有关“幸福感”的研究已涉及方方面面，由各类人群的主观幸福感描述性研究至理论建构；而在国内，关于“幸福感”的研究起步不久。在积极心理学研究领域对高校女教师幸福感的实证研究则是一个盲点，因此，本研究将聚焦于“高校女性教师幸福感”这一核心问题，以广东省8所高校作为调查对象，分析这些高校女教师的生存现状、幸福感来源和主要影响因素。

二、文献回顾

国外对于高校教师幸福感的研究工作开展较早，始于20世纪50年代，最早来自美国。战后美国的经济蓬勃发展，人们的物质文化水平日益提高，但幸福感并没有提升，反而降低了。幸福感和经济没有成正比关系引起了众多学者的研究兴趣，推动了关于物质水平和人们幸福感的关系的研究。美国经济学家Galbrith首次提出“生活质量”的概念，并分化出也被称为主观生活质量研究的“主观幸福感”研究。在此基础之上，英国教育家Elizabeth Holmes对教师的职业幸福感进行了深入的研究，出版了一系列的优秀文献，如《教师的幸福感》，从关注教师的身心健康及职业发展的角度谈如何关心教师的成长，如何提升教师的幸福感。20世纪以来，主观幸福感在西方心理学和经济学中开始引起广泛的

* 作者单位：武晓伟、史乐然，北京师范大学珠海分校；高艳，北京师范大学。

① 该数据来自中华人民共和国教育部门户网站，http：//www. moe. gov. cn/s78/A03/moe_ 560/jytjsj_ 2016/2016_qg/201708/t20170822_311611. html.

关注，越来越多的西方学者加入研究主观幸福感的行列，涌现出一些高质量的测量工具和高水平的研究方法，并出现了一些严格设计的追踪研究和大规模的跨文化调查。[1]

我国对于高校女教师幸福感的研究依然存在不少盲点，高等教育蓬勃发展的今天，高校师资队伍中专任女教师的人数和比例不断攀升，但对她们的关注却远远不够，结论也较为泛化。比如周嘉晔在《高校女教师幸福感探讨》一文中认为：女教师的幸福感高于男教师，男教师所承受的社会压力、经济压力比女教师更大；年长女教师的幸福感高于年轻者；已婚女教师的幸福感略高于未婚女教师；职称高的女教师幸福感高于职称低的女教师；有住房的女教师幸福感显著高于无住房的女教师。[2] 姜淑梅等在《高校女教师主观幸福感的调查及提升策略研究——以吉林省高校为例》中，从人口学相关的各因素出发，分析了经济、工作、学术三方面对高校女教师幸福感的影响。[3]

三、研究方法

本研究采用了量化与质性研究相结合的方法，对广东省 8 所高校女性教师的主观幸福感进行问卷调查与访谈。问卷共计发放 461 份，回收 443 份，有效问卷 412 份。问卷分为两个部分。第一部分为基本信息调查，涉及所在高校层次等 11 个方面（见表 1）。第二部分为幸福感自评量表。该量表分五个维度，共 46 题，采用 Likert 5 点计分。问卷数据分析与处理采用 SPSS 20.0 软件，进行多因素方差分析，当某个类别的被试数量小于 2 个时，剔除该组数据后再做分析。

表 1 “高校女教师幸福感”课题组回收调查问卷被试基本构成

指标体系	各类具体指标	个数	指标体系	各类具体指标	个数
高校层次	211	32	年龄	30 岁以下	86
	985	9		30—40 岁	180
	普通高校	238		41—50 岁	96
	专科学校	133		51—60 岁	45
专业	文经管	158		60 岁以上	5
	哲社史	18	婚姻状况	未婚	75
	法学	14		已婚	318
	外语	43		离异	12
	理学	31		丧偶	4
	工学	64		再婚	3
	农学	2	生育状况	未生育	116
	医学	5		1 孩	235
	教育学	60		2 孩	61
	艺术学	17		3 孩	0

（续上表）

指标体系	各类具体指标	个数	指标体系	各类具体指标	个数
学历水平	大专	15	税后月收入水平	3 000 元以下	45
	本科	137		3 001—6 000 元	105
	硕士	188		6 001—9 000 元	126
	博士	72		9 001—12 000 元	92
职称	无	93		12 001—15 000 元	15
	初级	52		15 001—18 000 元	14
	中级	168		18 001—21 000 元	5
	副高级	79		21 001—24 000 元	5
	正高级	20		24 001—27 000 元	2
担任职务数量	1	324		27 001—30 000 元	2
	2	77		30 000 元以上	1
	3	10	工作年限	0—10 年	206
	4	1		11—20 年	146
工作地点	广州	171		21—30 年	34
	珠海	138		31—40 年	25
	其他地区	103		40 年以上	1

研究共计访谈高校女教师20位，均采用“一对一”式访谈，以结构性访谈为主，个别教师采用了非结构式访谈。资料整理时，对逐字稿进行三级编码，在此基础之上形成了一个编码系统。原则如下：访谈的时间（精确到月）；访谈对象信息，即被访者姓名的首字母（大写）缩写；被访者数段访谈的排序号。

四、研究结果

（一）广东省高校女教师幸福感总体状况

本研究考查了问卷的总体与各维度的均值、标准差、标准误和中值，并分析了数据分布的偏度和峰度（见表2）。

表2　广东省高校女教师幸福感总体状况

	均值		标准差	中值	偏度	峰度
	统计量	标准误	统计量	统计量	统计量	统计量
主观幸福感	3. 390 8	0. 032 65	0. 662 67	3. 454 5	–0. 322	0. 150
工作幸福感	3. 208 6	0. 028 03	0. 568 94	3. 235 3	–0. 188	0. 381
身体幸福感	3. 399 3	0. 034 70	0. 704 43	3. 375 0	–0. 122	0. 275

（续上表）

	均值		标准差	中值	偏度	峰度
	统计量	标准误	统计量	统计量	统计量	统计量
家庭幸福感	3.346 7	0.035 43	0.719 07	3.333 3	-0.113	0.177
人际交往幸福感	3.925 4	0.031 99	0.649 29	4.000 0	-0.244	-0.060
总分	3.365 7	0.026 01	0.528 04	3.380 4	-0.156	0.470

总体来看，幸福感总分和各维度均值和中值都高于理论中值，且偏度均为负，说明高校女教师的幸福感大多处于中等以上水平。女教师幸福感的5个维度由高到低依次为：人际交往幸福感、身体幸福感、主观幸福感、家庭幸福感和工作幸福感。

（二）不同人口统计学变量的幸福感差异性比较

1. 不同年龄的高校女教师幸福感差异性分析及各维度比较

我们将被试划分为5个年龄段。不同年龄的被试在主观幸福感、工作幸福感、身体幸福感和家庭幸福感具有统计学意义上的显著性差异（见表3）。

表3　高校女教师幸福感的年龄差异比较

	30岁以下 M ± SD	30—40岁 M ± SD	41—50岁 M ± SD	51—60岁 M ± SD	60岁以上 M ± SD	f	p
主观幸福感	3.32 ±0.67	3.26 ±0.63	3.48 ±0.58	3.79 ±0.69	3.75 ±1.29	7.107	0.000
工作幸福感	3.21 ±0.59	3.13 ±0.54	3.25 ±0.55	3.39 ±0.57	3.68 ±1.00	2.913	0.021
身体幸福感	3.51 ±0.75	3.25 ±0.68	3.45 ±0.68	3.63 ±0.60	3.90 ±0.70	4.795	0.001
家庭幸福感	3.23 ±0.78	3.19 ±0.69	3.56 ±0.63	3.67 ±0.63	3.83 ±1.18	8.017	0.000
人际交往幸福感	4.08 ±0.65	3.84 ±0.61	3.92 ±0.64	3.99 ±0.65	3.75 ±1.48	2.188	0.070

在主观幸福感维度，51—60岁的被试显著比30岁以下、30—40岁，41—50岁的被试得分更高。在工作幸福感维度，60岁以上和51—60岁的被试显著比30—40岁的被试得分更高。在身体幸福感维度，30岁以下、41—50岁、51—60岁和60岁以上的被试显著比30—40岁得分更高。在家庭幸福感维度，41—50岁、51—60岁和60岁以上的被试显著比30岁以下、30—40岁的被试得分更高。

从数据上看，年轻女教师身体幸福感是最高的，因为她们年轻，生命力活跃和旺盛。而对于30岁以上的中年女教师而言，身体情况就不容乐观，尤其是30—40岁这个年龄段，疾病、焦虑等不健康状态的人数最多，情况也最严重。例如：

我今年40（岁），感觉自己的身体状况不是特别好。工作压力大，事情又多，而且孩子也长大了，各种各样的事每天都忙不完。我原来做过一段时间的行政领导（副院长），很多事要处理，几乎天天加班，到了评估、检查的时候那更忙，所以身体上真的是吃不消，这几年一直在吃药。（2018 - 06 - NZ - 02）

我快到40岁了，这个年纪是事业和人生爬坡的阶段，对自己有点要求就得拼命往前。大学教师表面上看起来好像挺轻松，其实工作一点都不轻松，备课、批作业，还要应付科研、考核等。我这几年写论文写得掉头发，肩颈、腰都不大好，几乎是每个月都要做至少两次按摩。我还有慢性咽炎，这都是职业病，虽然课堂有话筒，但是上大课，一百多个学生，不喊根本不行，喊着喊着嗓子就受不了了。本科生论文一带就是十几二十个，还有研究生，花在学生们身上的功夫真是不少，这些都是看不见的"劳动"，占用了你非常多的时间，也很消耗。去年答辩，二十几个学生，从早上8点答辩到晚上7点，中午饭都是买的盒饭在教室里将就着吃的，这身体能吃得消吗？（2018 - 05 - WXW - 01）

另一位来自广东省"985"高校四十多岁的女教师也有同感：

我感觉这几年都快要透支了。学校评职称太难，我当副教授已经快十年了，老是上不去，每次评职称就像打仗一样，女老师更是不占优势。人家男老师可以全身心地投入，女老师行吗？你身为老师，还是孩子的妈，丈夫的妻子，父母的女儿，方方面面都要照顾，我自己也不是"三头六臂"，这几年感觉身体真是不行了，体力明显不足。白头发长得快，还脱发，而且去年体检的时候发现乳腺这里也长了个东西，又去复查，幸好不是肿瘤，但医生一直叮嘱女人到了35岁以后要注意保护自己的身体，我当然明白，但怎么能做到呢，这乳腺问题跟压力大、情绪、疲劳有很大的关系。（2018 - 07 - ZH - 01）

2. 不同生育状况的高校女教师幸福感差异性分析及各维度比较

我们将被试的生育状况分为未生育、1孩、2孩和3孩以上。在可分析的3种情况（未生育、1孩、2孩）中，各类别的高校女教师在各维度均不存在显著性差异。但是在访谈中，"生育"对于女教师来说是一件非常重要的事情，尤其是"二胎"政策之后，不少女教师有生二胎的意愿或者已经生了二胎。一位S大学的年轻女教师刚生育不久，她深感生产影响工作。

我刚工作两年就有小孩了，这学期休完产假，但感觉还是不能集中精力地去做研究。上课没问题，但是搞科研就感觉好难。以前你可以在办公室坐上几个小时，什么都不用想，把这个问题解决。但现在你不可能什么都不管，小孩的吃喝拉撒怎么办？我现在特别特别怕小孩生病。他生病我就非常紧张，因为必须得照顾他。所以说高校女教师生孩子这一块，如果家人比较"给力"的话，那还会好一点，否则会特别难。（2018 - 07 - WYY - 01）

研究者还访谈了两位二胎妈妈，她们对于生育和工作间的关系表达更多。

我夫家是典型的潮汕家庭，家里有一些“重男轻女”，“二胎”政策出来之后，因为头胎是个女孩儿，婆婆就跟我老公说再生一个。我今年36岁，老大（女孩）8岁，老二（男孩）11个月。我当时并不想生，因为那段时间我还想把职称提升一下，要是生孩子这中间肯定是至少耽误一年，但老公后来就“求我”，我也没拗过他，幸好二胎是个男孩，不然公婆不知道还要不要我生第三个！有了二胎后，我们家简直乱了。现在家里我妈、婆婆、我和我老公还有两个孩子，6个人生活在一起，天天都乱七八糟的。我也算是“高龄”妈妈了，身体大不如以前，有一段时间因为家里的一些摩擦，一有问题，我就夹在中间，向着妈也不是向着婆婆也不是，那段时间经常失眠，而且后来产假休完开始上班了，简直是要命了，孩子要吃奶，我不能时刻都在他身边，只能边喝我的奶边喝奶粉，我也觉得挺对不起儿子，但真是没办法，还有一段时间我上班的时候把婆婆和儿子带在身边，等下课了再来喂奶。我原来想着这职称问题估计因为生产得耽搁一年半载，现在看起来至少得两三年。(2018－07－WQY－01)

“二胎”政策出来后我原来没想生的，但觉得一个孩子比较孤单，所以就生了。我身边有婆婆和老公帮忙，他们都挺“给力”的。我们家住在广州，我在珠海上班，上班后我都让教务老师把我的课集中安排在一两天，而且减少了量，我宁可被扣钱，没办法，孩子不能不管。每次开车两个小时从广州过来，婆婆带着儿子，上完课就得回去赶紧喂奶，因为我们家住得远，当天不能返回，我们还在学校租了个房子，每周都这样奔波。生二胎后我就开始大把大把地掉头发，体力也跟不上，但工作量却不能减，课虽然少上一点，但做项目、做科研、写文章、带论文、带实习、指导研究生，哪样都不能少！(2018－09－SLJ－01)

3. 不同学历的高校女教师幸福感差异性分析及各维度比较

被试的学历有大专、本科、硕士和博士。不同学历的被试在工作幸福感和身体幸福感维度具有统计学意义上的显著性差异（见表4）。

表4　高校女教师幸福感的学历差异比较

	大专 M±SD	本科 M±SD	硕士 M±SD	博士 M±SD	*f*	*p*
主观幸福感	3.53±0.74	3.42±0.68	3.36±0.66	3.41±0.63	0.470	0.703
工作幸福感	3.66±0.62	3.28±0.56	3.14±0.56	3.15±0.53	5.052	0.002
身体幸福感	3.56±0.65	3.52±0.68	3.35±0.70	3.26±0.75	2.973	0.032
家庭幸福感	3.48±0.72	3.29±0.72	3.34±0.72	3.44±0.72	0.827	0.480
人际交往幸福感	3.82±0.86	3.94±0.72	3.94±0.60	3.89±0.58	0.259	0.855

在工作幸福感维度，学历为大专的被试显著比学历为本科、硕士和博士的被试得分更高，学历为本科的被试显著比学历为硕士的被试得分更高。在身体幸福感维度，学历为本科的被试显著比学历为硕士和博士的被试得分更高。

高校是一个知识分子“扎堆”的场域，在访谈中发现有些高校仍有硕士学历的教师职教，这些教师的压力大，幸福感指数偏低。

这些年学校越来越强调科研，但像我这样一个硕士学位的人，有点感觉力不从心，也写了不少东西，发表的确很难，现在学术杂志首先看你的职称、职位、学历等，看完之后再看你的文章质量，所以，我这种情况发表学术论文挺困难的。(2018 – 06 – YLZ – 01)

我是感觉现在工作压力非常的大。每一次（学院）开大会的时候都说做科研、做项目、读博士。但是学校给老师提供的平台还是非常不足的，我们学校是一所民办高校，跟公办院校根本没法比，资源分配就不足。我其实也很想去读博士，但博士都要求脱产，我要去读（博士）的话，很有可能就丢了这份工作。可是现在这个年龄，上有老，下有小，房贷车贷的，要是没了工作，生活怎么解决。我小孩今年四岁，正处于关键期，时刻不能离开母亲，而我也希望能陪伴他成长的每一步，不想让他的童年有缺失。这些说是给自己“找借口”，但这些“借口”哪个不又是事实！(2018 – 05 – SY – 01)

4. 不同高校层次的高校女教师幸福感差异性分析及各维度比较

为方便研究，我们将学校层次划分为“211”、“985”、普通高校和专科学校。不同高校层次的被试在家庭幸福感维度具有统计学意义上的显著性差异（见表5）。

表5　高校女教师幸福感的高校层次差异比较

	211 M ± SD	985 M ± SD	普通高校 M ± SD	专科学校 M ± SD	*f*	*p*
主观幸福感	3.37 ± 0.76	3.49 ± 0.44	3.42 ± 0.65	3.33 ± 0.67	0.644	0.587
工作幸福感	3.24 ± 0.59	3.39 ± 0.57	3.24 ± 0.56	3.14 ± 0.58	1.226	0.300
身体幸福感	3.27 ± 0.67	3.42 ± 1.08	3.41 ± 0.68	3.41 ± 0.73	0.393	0.758
家庭幸福感	3.31 ± 0.74	3.72 ± 0.69	3.43 ± 0.70	3.18 ± 0.72	4.269	0.006
人际交往幸福感	3.82 ± 0.67	3.83 ± 0.60	3.92 ± 0.65	3.97 ± 0.65	0.557	0.644

在家庭幸福感维度，在“985”和在普通高校的被试显著比在专科学校的被试得分更高。

在访谈中，研究者发现相比较层级高的学校，专科学校的女教师幸福感程度比较低。

像我们这种学校跟人家没法比，说是高等学校，但其实我们学校跟高中也差不多，来的学生学习也比较差，所以你事事都得管，什么都得从头教起，真是无奈！学校现在也“跟风”讲科研，本来一所操作技能型的学校，还非得让我们搞研究，我们不会搞，也没有时间和平台，但要评职称就得按照这个规定来，唉！(2018－08－ZX－01)

5. 不同职称的高校女教师幸福感差异性分析及各维度比较

我们将教师职称分为无职称、初级、中级、副高级、正高级。获得不同职称的被试在主观幸福感、家庭幸福感和人际交往幸福感维度具有统计学意义上的显著性差异（见表6）。

表6　高校女教师幸福感的职称差异比较

	无 M ± SD	初级 M ± SD	中级 M ± SD	副高级 M ± SD	正高级 M ± SD	*f*	*p*
主观 幸福感	3. 41 ±0. 64	3. 27 ±0. 68	3. 31 ±0. 66	3. 55 ±0. 62	3. 69 ±0. 71	3. 244	0. 012
工作 幸福感	3. 27 ±0. 58	3. 14 ±0. 60	3. 14 ±0. 55	3. 30 ±0. 55	3. 33 ±0. 58	1. 889	0. 112
身体 幸福感	3. 53 ±0. 65	3. 44 ±0. 77	3. 29 ±0. 71	3. 41 ±0. 71	3. 57 ±0. 66	2. 286	0. 059
家庭 幸福感	3. 33 ±0. 74	3. 07 ±0. 69	3. 28 ±0. 68	3. 61 ±0. 69	3. 68 ±0. 73	6. 388	0. 000
人际交往 幸福感	4. 12 ±0. 68	3. 88 ±0. 66	3. 87 ±0. 62	3. 84 ±0. 60	3. 95 ±0. 78	2. 900	0. 022

在主观幸福感维度，获得正高级和副高级职称的被试显著比获得初级和中级的被试得分更高。在家庭幸福感维度，获得正高级和副高级职称的被试显著比无职称，或获得初级职称和中级职称的被试得分更高。在人际交往幸福感维度，无职称的被试显著比获得初级、中级和副高级职称的被试得分更高。

在访谈中，研究者发现具有高级职称的女教师幸福感普遍偏高，但相比中级职称，无职称的女教师幸福感更高一些，也就是说，在高校中，中级职称者——讲师的幸福感是最低的。

在高校工作感觉人都是分等级的，自己还是个“小讲师”，干什么都觉得抬不起头，人家一说就是教授、副教授的，评什么（奖）都先尽着这些高级职称的人，讲师就连申请个项目也都很困难，还得需要高级职称的人来推荐！(2018－05－SY－02)

可能我们身处的这个环境，对职称、学历看得特别重，因为我成果少，一直也没评上职称，虽然讲师跟副教授就差一等，但真的不同，副教授就已经算是高级职称了，讲师完全不一样，干什么都不如别人。现在的学生也都明白这些“游戏规则”，看老师也先看你的“头衔”。(2018 - 06 - YLZ - 02)

6. 不同工作年限的高校女教师幸福感差异性分析及各维度比较

根据工作年限，我们将被试分为5组。因仅有1人工作年限超过40年，故剔除此组数据。在高校工作不同年限的被试在主观幸福感和家庭幸福感维度具有统计学意义上的显著性差异（见表7）。

表7　高校女教师幸福感的工作年限差异比较

	0—10年 M ± SD	10—20年 M ± SD	20—30年 M ± SD	30—40年 M ± SD	*f*	*p*
主观幸福感	3.32 ±0.62	3.38 ±0.71	3.62 ±0.46	3.74 ±0.82	4.619	0.003
工作幸福感	3.19 ±0.55	3.20 ±0.56	3.25 ±0.58	3.37 ±0.71	0.832	0.477
身体幸福感	3.37 ±0.72	3.36 ±0.67	3.60 ±0.72	3.60 ±0.74	1.818	0.143
家庭幸福感	3.23 ±0.70	3.39 ±0.72	3.65 ±0.63	3.63 ±0.78	5.416	0.001
人际交往幸福感	3.97 ±0.62	3.86 ±0.65	3.96 ±0.63	3.90 ±0.87	0.776	0.508

在主观幸福感维度，在高校工作了20—30年和30—40年的被试显著比工作0—10年的被试得分更高，工作了30—40年的被试显著比工作10—20年的被试得分更高。在家庭幸福感维度，在高校工作了10—20年、20—30年、30—40年的被试显著比工作0—10年的被试得分更高。

7. 不同收入水平的高校女教师幸福感差异性分析及各维度比较

将被试按税后月收入分为11个组。因仅有1人的收入水平超过3万元，故剔除此组数据。对于税后收入不同的被试，其在主观幸福感和家庭幸福感维度具有统计学意义上的显著性差异（见表8）。

表8　高校女教师幸福感的收入水平差异比较

	3000元以下 M±SD	3 001—6 000元 M±SD	6 001—9 000元 M±SD	9 001—12 000元 M±SD	12 001—15 000元 M±SD	15 001—18 000元 M±SD
主观幸福感	3.35±0.62	3.27±0.72	3.38±0.67	3.42±0.60	3.36±0.61	4.03±0.41
工作幸福感	3.18±0.63	3.11±0.58	3.17±0.58	3.29±0.50	3.33±0.56	3.45±0.46
身体幸福感	3.58±0.72	3.31±0.71	3.34±0.69	3.42±0.74	3.49±0.54	3.88±0.53
家庭幸福感	3.24±0.63	3.10±0.77	3.35±0.70	3.44±0.67	3.74±0.66	3.99±0.34
人际交往幸福感	4.14±0.70	3.87±0.66	3.90±0.65	3.87±0.64	4.03±0.56	4.04±0.47

	18 001—21 000元 M±SD	21 001—24 000元 M±SD	24 001—27 000元 M±SD	27 001—30 000元 M±SD	*f*	*p*
主观幸福感	3.55±0.72	3.62±0.43	3.91±0.39	4.19±0.64	2.518	0.008
工作幸福感	3.42±0.70	3.32±0.43	3.29±0.50	4.03±0.54	1.616	0.109
身体幸福感	3.55±0.35	3.25±0.85	3.13±0.88	3.13±0.00	1.517	0.139
家庭幸福感	3.53±0.70	3.97±0.71	3.92±0.12	4.17±0.24	4.648	0.000
人际交往幸福感	3.70±0.45	4.10±0.55	3.38±0.88	4.38±0.53	1.184	0.303

在主观幸福感维度，税后月收入在15 001—18 000元的被试显著比其他被试得分更高。在家庭幸福感维度，税后月收入在12 001—15 000元、15 001—18 000元、21 001—24 000元的被试显著比税后月收入在3 000元以下的被试得分更高。

此外，有无额外收入对高校女教师的幸福感也有影响，其主观幸福感和家庭幸福感维度在统计学意义上有显著性差异（见表9）。

表 9　高校女教师幸福感的有无额外收入差异比较

	有 M ± SD	无 M ± SD	f	p
主观幸福感	3.60 ± 0.61	3.34 ± 0.67	10.097	0.002
工作幸福感	3.31 ± 0.54	3.18 ± 0.57	3.226	0.073
身体幸福感	3.54 ± 0.72	3.37 ± 0.70	3.796	0.052
家庭幸福感	3.58 ± 0.72	3.29 ± 0.71	11.291	0.001
人际交往幸福感	3.94 ± 0.66	3.92 ± 0.65	0.040	0.842

在访谈中，不少女教师都表示了收入对于幸福感的影响是比较大的。

大家都以为高校老师收入好，说实在的，我们挣得真不多。比如说在企业，你工作十年或者更长一点的时间，只要本身不太差，总能在这个行业内有一点影响，收入也会跟着提高。但当老师不一样，这是个“养小不养老”的活儿，十年对于高校教师来说不算长，除非你是特别出色，否则的话十年能在你这个领域做出来已经不错了。收入基本都是拿着死工资，我去年评上的副教授，（年收入）大概也就十万多点，还是比较低的。（2018 - 05 - WXW - 02）

我们学校在深圳算是待遇好的，虽然收入比较高，但工作压力也大，我去年毕业来到 S 大，一来学校就跟你签订任务书，教学的、科研的，完成不了不行。可能大家进来的任务书会不太一样。但我确实知道有的同事的任务书不太合理，比如说要求三年三篇英文论文，这个难度太大了。再说深圳生活成本也很高，吃穿用度都贵，更别说房价了，高高在上，我们都不知道什么时候才能买上房子！（2018 - 07 - ZY - 01）

五、分析与讨论

根据本次调查结果来看，广东省 8 所高校女教师的幸福感总分、各维度均值和中值都高于理论中值，这说明广东省高校女教师的幸福感大多处于中等以上水平，影响高校女教师幸福感的因素可以概括为以下几个方面：

（一）制度、政策是影响女教师幸福感的决定性因素

一所高校能否实现它自身教师队伍的建设和优化，制度和政策建设是先决条件和决定性因素。科学、合理、公正的引进人才、管理人才、评价人才的制度与政策才能给教师带来真正的归属感和幸福感。

在本次调查中发现高校女教师的“工作幸福感”指数普遍偏低，造成这种现象有诸多原因，但女教师们认为不合理、欠公平和欠人性化的各项制度与政策是最大的“拦路虎”。比如“招聘政策”。目前，有不少高校存在着招聘环节的“隐性性别歧视”现象，调查中的 S 高校甚至明确规定不招收应届女博士。由于两性生理差异，女性必然会在某个阶段花费大量时间和精力完成生育，而一般来说博士毕业的女性年龄在三十岁上下，所以用人单

位出于人力资本的“投资与回报”考虑，应届毕业的女博士并不能在招聘环节受到与男博士的同等对待。又如“职称政策”。表面上在评聘过程中男女教师并不存在差异，但高校女教师科研能力不足也是事实。这并非女教师欠勤奋和努力，而是当前科研领域的“男性优势”非常明显，不止学科委员会、学术委员会中男领导、男教师人数远多于女教师，而且男性作为行政管理者在高校中数量也多于女性。正是这种整体的“男性优势”造成高校女教师科研较弱。女教师家庭、事业“双肩挑”，业余时间被大量的家务琐事所占据，可以用来安心做科研的时间不够，也是其表现不佳的一个重要原因。又比如退休政策，目前国内大多数高校都没有实现男女教师的“同龄退休”，即各个职称层次的女性教师均比男性教师提早五年退休。

（二）学术地位、学历、职称是影响女教师幸福感的关键

目前，我国大多数高校重科研轻教学，导致女教师工作的相对贬值。从总的学术文化角度看，“经世致用”是大多数人的最高追求，学术研究往往不过是一些人谋求官职、换取高薪的手段。从评价看，这一方面体现在国家、社会对大学进行排名时，科学研究的各项内容总是被列入最重要的指标，与教学相关的指标主要是教师的数量以及教授、博士的比例等；另一方面体现在对大学对教师的考评中。一般情况下，教师的各种评聘与晋升，科研成果都是重点考察项目，尤其是在竞争的关键时候，教学工作则被置于了次要地位。因此，无论是对大学还是对大学教师而言，科学研究都成了一种权力、能力和地位的象征。从本次调查中发现，女教师一直徘徊在科研的边缘。具体表现为以下三个方面：第一，女性教师不成比例地聚集在教学部门，成为教学的主力军，尤其承担着更多的公共基础课和专业基础课的教学任务，因而较少参与科学研究；第二，进入科研领域的少数女教师，不光在科研项目立项、论文发表和著书立说上远落后于男教师，而且常常是以参与者、辅助人员的身份存在；第三，女教师参加各种学术交流和学术会议的机会总体来说少于男教师，这也使女教师的学术资源、社会资源远远少于男教师，而且意味着相当一部分女教师没有真正进入学科或专业领域。

另外，学历、职称也是衡量高校教师教学、科研能力和综合水平的一个重要指标。从2007—2017年《中国教育统计年鉴》的数据中可以看出，虽然目前高校女教师人数所占比例越来越高，但女教师中有高学历、高级职称者所占比例却变化不大，即高校女教师中有高级职称者并未随着高校女教师在高校教师中所占比例的增加而增加。从中间年份2013年的数据来看，我国普通高校女教师占同级别职称教师比例情况依次是初级（54.13%）、讲师（52.52%）、副教授（44.12%），具高级职称的女教师所占比重明显较低，其中最低的是正高级职称者（29.03%）。这说明，高校女教师在职称的竞争方面明显处于弱势地位。

（三）收入和其他福利是影响女教师幸福感的重要动力

在本次调查中研究者发现高校女教师幸福感的高低受实际收入影响。调查中发现女性教师与男性教师的实际收入还是有所差异的。主要原因之一是高校工薪制度和人事制度的改革，高校教师的收入一般由国家发放的基本工资和学校发放的岗位津贴组成。后者是根据教师个人所在的岗位和所取得的教学、科研业绩决定的，而获得课题和发表高水平的科

研论文，是高校发放岗位津贴和各项奖金的基础。诸多研究都已表明：在科研绩效上看，女教师常常处于劣势，因此，也就决定了女教师较低的岗位津贴和各种奖金、福利。

女性教师实际收入低于男性教师的主要原因之二是近年来高校将教师的科研工作业绩提高到了前所未有的高度。拥有科研论文、课题、专著与项目的教师不仅能得到可观的奖励与资助，而且能提高年薪的档次。男教师常常处于科学研究的中心位置，而女性教师大量被排斥在科学研究之外，或是处在研究的边缘地带。这就拉开了教师间的实际收入差距。

女性教师实际收入低于男性教师的主要原因之三可能是教学业绩没有在评价体系中得到应有的体现，在调查中很多公立院校教学工作量并未算入教师绩效考核中。

（四）婚姻家庭，尤其是生育状况是影响女教师幸福感的深层次原因

在本次调查中，婚恋、家庭对高校女教师的幸福感影响也是比较大的。虽然高校女教师拥有较高的知识水平，但由于传统的性别文化对女性的影响，使得很多女教师在家庭与事业间徘徊不定，既想能够履行好家庭的责任，即做一个好妻子、好母亲，又有着较强的成功和事业动机，希望能在学术和工作上有所表现，这便加重了女教师的心理负担和压力。尤其是我国“二胎”政策的颁布，加之广东独特的生育文化，比如客家、潮汕等地向来是“多子多福”的生育态度，不少女教师选择再生育，特别是头胎是女孩的家庭。调查发现在这几所高校中，有相当多年过35岁的女教师在开放“二胎”后，仍旧选择继续生育，即便他们需要面临“高龄产妇”要面临的各种风险。

（五）其他因素对女教师幸福感的影响

在本次调查中，研究团队还发现影响女教师幸福感还有其他一些因素，比如学生因素、岗位因素，以及观念因素。

首先，学生因素。在访谈中相当多的女教师都反映教师与学生间的年龄“代差”越来越明显，以及中小学教育忽视培养学生独立的学习习惯和生活习惯，导致很多学生到大学后学习动机不足，独立学习能力不强，这些都给教学带来了极大的困扰。另外，家长对学生的宠溺和对学校教育的过分干涉，也对不少女教师造成困扰。在访谈中一位女教师就讲述了她与学生及家长的一次冲突。

这件事是在我指导大四学生毕业论文的时候发生的。这个孩子要出国，家长也投入了很多精力和金钱，但她不好好写论文，快到答辩时才给我发过来一稿，我觉得数据算得不太对，就让她提供原始数据，后来她承认自己的数据是假的、编的。按照规定我不同意她参加答辩。她父亲知道后打电话很不友好地对我说：“你一个指导老师，凭什么不让我女儿答辩！你知道我是干什么的吗？我就这一个女儿，谁不让她好过，我就不会让这个人好过！”我觉得她父亲对我已经构成了威胁，最后还是学院出面解决了事情。这件事对我来说是一件“创伤性事件”了，让我内心不平了很长一段时间。（2018－05－GY－01）

其次，岗位的差异。调查发现高校行政岗的女教师普遍比教学岗女教师具有较高的幸福感。从事行政岗位的女教师虽然需要“坐班”，但工作与生活截然分开，即下班后便可

以进入休闲和娱乐时间；而任课教师时间划分不明显，访谈中不少教师岗教师都提到，即使是下班了，还需要批改作业、备课、做科研等。甚至一位教师为了将“工作”与“生活”进行划分，举家从学校家属楼搬到了校外。搬家后该教师表明“心理上轻松了不少”。研究者还发现，在各高校工会所举行的多种女教师关爱活动中，如各类体育比赛、文艺活动，行政岗的教师明显参与度与热情都高于教学岗的教师，工会领导和相关负责老师总是不断动员，但事实是这些女教师的确工作强度高、压力大，没有时间休闲。

最后，性别观念的固化现象。比如对“贤妻良母”价值固化。虽然目前主流社会对现代大学女教师的发展理想模型是“事业成功 + 贤妻良母”，但隐含的假设是事业的成功必须建立在贤妻良母的基础上。研究者发现，大多数的男性教师认为女性应该先做好母亲、妻子，然后再谋求其他的可能发展，而部分女教师也是认同这种观点的。显然，在女教师的职业角色与家庭角色中，主流社会自觉不自觉地突出其妻子与母亲的家庭角色。正如波伏娃此前所揭露的“神圣化母亲”的实质中说：“母职如今成了母性奴隶……对所有那些希望自由和独立的妇女，对那些想要自己谋生的妇女，对那些希望为自己而思考和想要拥有自己生活的妇女来说，母职是最危险的陷阱。”[4]在波伏娃看来，“贤妻良母”角色恰恰是妨碍女性实现自我的重负。当今社会为广大职业女性设计的“贤妻良母 + 事业强者”的模式看似理想，但在现实社会中却难以调和，要想做到两全其美，女性不得不超负荷地付出。

参考文献

[1] 邢占军. 生活质量研究的重要领域：主观幸福感研究. 北京：社会科学出版社，2005：242.

[2] 周嘉晔，黄敏. 高校女教师幸福感探讨. 现代管理，2013 (7).

[3] 姜淑梅. 高校女教师主观幸福感的调查及提升策略研究——以吉林省高校为例. 吉林师范大学学报（人文社会科学版），2016 (3).

[4] 罗斯玛丽·帕特南·童. 女性主义思潮导轮. 艾晓明，等译. 武汉：华中师范大学出版社，2002：281.

广州市重点医科大学教学医院女性医师群体亚健康状况调研及对策

李晓丹　何栩　林春燕　庄旭东　杨力　张秀丽　金少琴*

一、研究背景及意义

1947 年世界卫生组织（WHO）对健康的定义为“健康不仅是没有疾病和虚弱，而是身体、心理、社会功能三方面的完满状态”。20 世纪 80 年代，苏联学者 Berkman 提出了“诱病状态”的概念：人体的健康状态存在着三种，一是健康状态，二是病理状态，三是诱病状态。而在我国学者们则把这一灰色状态称为亚健康。在《亚健康中医临床指南》(ZYYXH/T2 -2006)[1]中，我国学者对亚健康的定义为“如果存在目前医学上不能解释的症状表现，且持续三个月或以上者，可依情分别被判断为处于躯体亚健康、心理亚健康、社会交往亚健康状态”。亚健康引起的症状不仅引起身体上的虚弱，而且难以确切诊断，它并不能作为确诊某种疾病的绝对依据，但可以预示各种严重病变的潜在危险。因此，亚健康概念的提出和相关研究的广泛深入，正是人们对健康的需求和注重生存质量的体现，具有十分重要的现实意义。

亚健康状态在经济发达、社会竞争激烈的国家和地区普遍存在。根据 WHO 的一项全球性调查，真正健康的人仅占 5%，有疾病的人占 20%，而 75% 的人处于亚健康状态。亚健康是危害社会大众健康的重大隐患，其发生原因是复杂而多样的，相关研究表明，亚健康的发生常与环境、社会、职业、心理、遗传、生活事件与生活方式等因素密切相关。在我国，知识分子是亚健康状态的高发人群，其健康状况尤其令人担忧。目前关于人群亚健康状况的研究在国内得到广泛开展，王育学教授做过一个 5 万例的人群调查，亚健康的正态分布率达 56.18%，其中大多数为 20—40 岁的青壮年，他们中以白领、知识分子为主。马亚娜等[2]参照美国慢性疲劳综合征的诊断标准设计调查表，对苏州 3 所高等院校 306 名教师的亚健康状况进行研究，显示发生率为 52.3%。部分研究者对医务人员的亚健康状况进行了关注，钟毓瑜等[3]对 538 名医务人员进行亚健康调查，发现医务人员亚健康的患病率为 66.5%，其中女性亚健康患病率显著高于男性，工作压力大、工作时间长、工作得不到认可、缺乏体育活动等是医务人员亚健康状态的危险因素。张占杰、梁晓坤[4]在 3 家三级甲等医院 ICU 护士亚健康调查中发现 39.5% 的 ICU 护士处于亚健康状态，高于普通人群的发生率。许秀芬[5]报道女性医生躯体性、敌对性、强迫、忧郁、焦虑、偏执等各因子分均高于护士，提示女性医生承受的心理压力较大。

* 作者单位：南方医科大学珠江医院。

近年来，随着高校的不断扩招，教学医院女性医师承担着越来越重的工作和生活压力。这部分女性群体首先拥有女性生理及心理的特点，在处理学习、人际、情感等问题时，容易产生内心冲突，导致心理失衡，从而产生精神不振、烦躁、注意力不集中、反应迟钝、记忆力下降等心理亚健康表现。这个群体同时承担着医教研三重繁重工作，长期在紧张的工作环境中，在超负荷的工作压力之下，她们的健康状况令人担忧。另外，出于种种复杂的原因，当今的医疗形势较为严峻，医患矛盾较为突出，要求女性医师必须具备良好的心理素质及人际沟通能力。她们在医疗、科研、教学的协同发展、构建良好的医患关系、个人综合能力提升和职称晋升以及平衡繁重的职业和家庭生活等方面存在诸多压力和矛盾，其亚健康状态不容乐观。而女性医师群体的心理及身体健康将直接决定医疗工作质量和医学人才培养质量，进而影响其医疗服务对象——广大民众的健康。

长期以来，教育机构更多的是重视对教师认知、动机、态度、个性因素及领导、团体与组织行为的研究，医疗机构则偏重于培养和提高医师的知识水平、教学技能和科研能力，而忽视了教师和医师的健康问题，尤其心理健康问题缺乏应有的关注，忽视了健康是教师本身的需要、是培养人才的需要，没有意识到躯体和心理健康是医师素质的核心，是医师整体素质和医疗质量提高的基础和保障。因此，如何能防病于未然，在亚健康阶段就将疾病扼杀在摇篮里，如何能做到广泛、有效地干预，使广大的亚健康群体逐渐回归真正的健康，无疑是亟待解决的问题。

二、研究目标

本课题以广州市内重点医科大学教学医院女性医师群体为研究对象，探索该群体总体的亚健康状况，分析其生理亚健康、心理亚健康、社会亚健康特征及其发展趋势，探索影响该群体的亚健康影响因素，探讨导致不同亚健康状况的内在原因，建立标准化、规范化的健康风险评估系统，并拟订针对性强、可操作性强及特色鲜明、全方位的健康管理方案，以期有效改善健康状况。

三、研究内容与方法

（一）研究对象

于 2018 年 1 月至 2018 年 12 月随机抽取广州市内重点医科大学教学医院女性医师共 138 名作为研究对象。

纳入标准：参加临床一线工作且承担医科大学教学任务 6 个月以上人员。排除标准：参加临床一线工作且承担医科大学教学任务不满 6 个月人员，诊断急性或慢性疾病者。

（二）调查工具

本研究采用许军等人研制的符合我国文化背景及价值观念的《亚健康评定量表》（Sub-health Measurement Scale Version，简称 SHMS V1.0），结合教学医院女性医师群体的一般情况、生活方式、社会支持与工作情况等设计了教学医院女性医师群体亚健康调查问卷。

1. 一般情况

包括所在医院、科室、工作性质、性别、年龄、工作年限、婚姻、学历、职称、个人月收入等情况。

2. 亚健康状况评价量表

本课题采用由许军等编制的亚健康量化测量量表，通过法专家咨询、条目分析和条目筛选等方法进行严格论证，形成了由39个条目组成的第一版《亚健康评定量表》（SHMS V1.0）[6]。SHMS V1.0由9个维度、39个条目组成，涉及生理亚健康、心理亚健康和社会亚健康三方面，其中1—15条目构成生理亚健康评定子量表，16—28条目构成心理亚健康评定子量表，29—39条目构成社会亚健康评定子量表。

3. 亚健康诊断标准

SHMS V1.0的评分采用国际通用的五级评分法[7]，各维度、方面及总量表得分越高，表示健康状况越好。为方便理解与比较，可将维度、子量表及量表的原始粗分转换为百分制得分，本文结果分析均采用转化分，公式如下：

$$维度转化分=\frac{维度原始粗分-维度理论最低分}{维底理论最高分-维度理论最低分}\times 100$$

4. 亚健康影响因素调查问卷

参考国内外文献[8][9]，并综合医科大学教学医院女性医师工作的特点，设计了亚健康影响因素调查问卷，影响因素分为个人、科室、医院三个水平，共32个变量，个人水平变量包括工作情况、生活行为习惯、家庭三个方面。

（三）调查方法

1. 资料收集

于2018年1月进行了预调查，利用调查的反馈信息对调查问卷进行修改与完善。调查人员现场发放调查问卷，并做必要的填表说明，调查对象自行填写，当场收回问卷。

2. 资料的处理与分析

全部资料应用SPSS 13.0统计分析软件进行统计学处理。计量资料用均数和标准差表示，计数资料用构成比等表示。采用描述性统计分析、两独立样本t检验、秩和检验、单因素方差分析（当不满足方差齐性时，采用Brown-Forsythe或Welch近似方差分析，并采用LSD法进行后续检验）、多元逐步线性回归分析和二分类非条件Logistic回归分析等统计学方法对数据进行分析。

四、结果

（一）调查对象的人口学基本特征

本次调查的广州市内重点医科大学教学医院女性医师共138名，年龄以30岁或以下为主；文化程度以硕士为主，占58.7%（81/138）；职称状况以中级职称为主，占50%（69/138）；婚姻状况以未婚为主，占58%（80/138）；月收入以3 000元以下为主，占33.3%（46/138）。

（二）广州市内重点医科大学教学医院女性医师亚健康得分情况

1. 各维度及子量表得分情况

138 名重点医科大学教学医院女性医师生理、心理、社会和总体亚健康状况转化分的均数和标准差分别为 57.79 ± 13.940、57.08 ± 14.750、57.51 ± 14.051、57.19 ± 13.169。将各维度得分的转化分加以排序，结果“精力”得分最高为 62.14 ± 16.481，“身体症状”得分最低为 52.66 ± 18.822。

2. 亚健康检出情况

对 138 名重点医科大学教学医院女性医师进行调查，共有 105 人处于亚健康状态，亚健康检出率为 76.1%，其中 24.6%（34 人）为重度亚健康，36.2%（50 人）为中度亚健康，15.2%（21 人）为轻度亚健康。此外，共有 7 名女性医师处于健康状态，健康检出率为 5.1%，26 人处于疾病状态，疾病检出率为 18.8%，详见表 1。

表 1　教学医院女性医师亚健康总体检出情况（$n = 138$）

项目分级	人数	检出率（%）
健康	7	5.1
亚健康	105	76.1
轻度亚健康	21	15.2
中度亚健康	50	36.2
重度亚健康	34	24.6
疾病	26	18.8

3. 亚健康人群分布状况

将不同医院级别、年龄、学历的教学医院女性医师亚健康发生率进行秩和检验比较，结果均无统计学意义。

“未婚”“已婚未育”“已婚已育”教学医院女性医师亚健康的检出率分别为 79.2%、88.9%、81.8%。对各种婚姻状况的女性医师亚健康检出率进行秩和检验，结果表明不同婚姻状况亚健康检出率的差异有统计学意义（$p < 0.05$），其中已婚未育的亚健康检出率较高，为 88.9%，详见表 2。

表 2　不同婚姻状况教学医院女性医师亚健康发生率（$X^2 = 10.393$，$p = 0.016$）

组别	健康	亚健康				疾病
		轻度	中度	重度	合计	
未婚	3（3.9%）	16（20.8%）	27（35.1%）	18（23.4%）	61（79.2%）	16（20.8%）
已婚未育	1（11.1%）	1（11.1%）	3（33.3%）	4（44.4%）	8（88.9%）	1（11.1%）
已婚已育	3（6.8%）	4（9.1%）	20（45.5%）	12（27.3%）	36（81.8%）	8（18.2%）
离婚	0	0	0	0	0	1（100%）

（三）广州市内重点医科大学教学医院女性医师亚健康状况的单因素分析

1. 月收入与亚健康的关系

经方差分析，不同月收入的教学医院女性医师心理、社会、亚健康总分之间存在显著性差异（$p<0.05$）；进一步采用 LSD 法对显著性差异的子量表进行两两比较，结果显示月收入3 000—6 000元的女性医师心理、社会及亚健康总分得分显著高于月收入6 000—9 000元与9 000—12 000元的女性医师；月收入15 000元以上的女性医师心理、社会、亚健康总分得分显著高于月收入6 000—9 000元与12 000—15 000元的女性医师（$p<0.05$），详见表3。

表3　不同月收入的教学医院女性医师亚健康状况比较（$n=138$，$X\pm S$）

分组	n	生理得分	心理得分	社会得分	亚健康总分
3 000元以下	46	56.60 ± 13.82	56.75 ± 12.50	58.21 ± 13.20	56.75 ± 11.95
3 000—6 000 元	22	60.47 ± 15.52	63.92 ± 16.24	64.27 ± 16.34	62.50 ± 15.12
6 000—9 000 元	23	55.82 ± 12.02	50.45 ± 15.26	49.88 ± 13.44	52.15 ± 12.34
9 000—12 000 元	23	57.96 ± 12.25	56.08 ± 14.63	55.67 ± 12.44	56.20 ± 12.34
12 000—15 000 元	12	51.19 ± 14.57	52.26 ± 14.42	53.24 ± 11.41	51.60 ± 12.50
15 000 元以上	11	68.35 ± 14.64	66.10 ± 13.50	65.66 ± 12.00	67.19 ± 12.05
f		2.198	3.196	3.761	3.376
p		0.058	0.009	0.003	0.007

2. 医疗纠纷、医患沟通障碍、与患者关系与亚健康的关系

经方差分析，医疗纠纷次数不同的女性医师人员生理、心理、社会亚健康得分及亚健康总分之间存在显著性差异（$p<0.05$）；两两比较显示完全没有医疗纠纷的女性医师生理、心理、社会亚健康得分及亚健康总分得分显著高于医疗纠纷“1—2 次/年”与“3—4 次/年”的女性医师（$p<0.05$），详见表4。

表4　医疗纠纷情况不同的教学医院女性医师亚健康状况比较（$n=138$，$X\pm S$）

分组	n	生理得分	心理得分	社会得分	亚健康总分
完全没有	44	63.02 ± 14.65	64.87 ± 14.27	63.89 ± 15.10	63.68 ± 13.71
1—2 次/年	79	56.37 ± 13.19	54.59 ± 13.48	55.56 ± 12.20	55.19 ± 11.69
3—4 次/年	12	48.66 ± 10.08	46.70 ± 14.96	48.15 ± 15.32	47.70 ± 12.62
5—6 次/年	3	54.76 ± 16.00	50.00 ± 3.61	52.78 ± 4.82	52.56 ± 7.77
f		4.376	8.085	5.968	7.182
p		0.006	0.000	0.001	0.000

经方差分析，医患沟通情况不同的女性医师人员生理、心理、社会亚健康得分及亚健康总分之间存在显著性差异（$p<0.05$）；两两比较显示与患者沟通障碍“>7次/年”的女性医师社会亚健康得分及亚健康总分得分显著低于与患者沟通障碍较少次数的女性医师（$p<0.05$），详见表5。

表5 医患沟通情况不同的教学医院女性医师亚健康状况比较（$n=138$，$X \pm S$）

分组	n	生理得分	心理得分	社会得分	亚健康总分
完全没有	45	60.43±14.26	61.16±15.62	61.36±15.71	60.88±14.10
1—2次/年	71	58.12±13.90	56.66±14.96	57.00±13.44	56.88±13.02
3—4次/年	12	52.68±6.30	52.26±5.36	54.86±7.31	52.94±4.40
5—6次/年	7	55.87±13.89	52.68±9.60	52.78±5.07	53.48±9.59
>7次/年	3	35.12±16.59	35.42±9.08	33.33±12.73	34.62±6.18
f		2.978	3.130	3.627	3.814
p		0.022	0.017	0.008	0.006

经方差分析，与患者关系情况不同的女性医师人员生理、心理、社会亚健康得分及亚健康总分之间存在显著性差异（$p<0.05$）；两两比较显示与患者关系“很好”的女性医师生理、心理、社会亚健康得分及亚健康总分得分显著高于与患者关系“较差”“一般”“较好”的女性医师（$p<0.05$），详见表6。

表6 与患者关系情况不同的教学医院女性医师亚健康状况比较（$n=138$，$X \pm S$）

分组	n	生理得分	心理得分	社会得分	亚健康总分
较差	2	36.61±11.36	32.30±22.10	36.11±15.71	33.98±16.31
一般	52	53.09±12.71	51.12±11.01	50.91±10.33	51.41±9.91
较好	75	60.17±13.15	60.25±14.63	61.15±13.55	60.22±12.59
很好	9	69.84±15.35	70.60±15.98	70.06±17.22	70.44±15.13
f		7.322	9.961	11.537	12.608
p		0.000	0.000	0.000	0.000

3. 职业认可与亚健康的关系

经方差分析，家人及自己对职业认同不同的女性医师人员生理、心理、社会亚健康得分及亚健康总分之间存在显著性差异（$p<0.05$）；两两比较显示对自己职业认可程度为“非常多”和“较多”的女性医师生理、心理、社会亚健康得分及亚健康总分显著高于对自己职业认可程度为“无”“较少”“一般”的女性医师（$p<0.05$），详见表7。

表7 家人及自身职业认可不同的教学医院女性医师亚健康状况比较（$n=138$，$X \pm S$）

分组	n	生理得分	心理得分	社会得分	亚健康总分
无	1	55.36	56.25	50.00	55.13
较少	9	44.44 ± 11.45	46.30 ± 10.61	44.75 ± 10.34	44.52 ± 9.56
一般	26	54.67 ± 15.32	52.96 ± 11.44	52.67 ± 11.93	53.28 ± 12.28
较多	66	58.33 ± 12.85	56.53 ± 15.33	57.62 ± 13.93	57.09 ± 12.70
非常多	36	62.45 ± 13.64	63.77 ± 14.60	64.20 ± 13.60	63.41 ± 12.76
f		3.666	3.856	5.291	5.207
p		0.007	0.005	0.001	0.001
无	4	46.88 ± 9.38	39.59 ± 18.08	35.42 ± 14.23	41.67 ± 13.15
较少	11	55.03 ± 12.47	50.95 ± 11.31	50.51 ± 8.41	52.04 ± 10.60
一般	52	52.47 ± 13.38	50.16 ± 12.82	52.46 ± 12.56	51.22 ± 11.47
较多	51	61.03 ± 12.25	60.99 ± 11.93	60.51 ± 11.52	60.66 ± 10.99
非常多	20	67.05 ± 14.66	71.98 ± 12.38	71.25 ± 12.94	69.78 ± 11.82
f		6.317	15.032	13.956	13.444
p		0.000	0.000	0.000	0.000

4. 家庭外出活动与亚健康的关系

经方差分析，家庭外出活动情况不同的女性医师人员生理、心理、社会亚健康得分及亚健康总分之间存在显著性差异（$p<0.05$）；两两比较显示从未与家人外出活动的女性医师生理、心理、社会亚健康得分及亚健康总分显著低于与家人外出活动的女性医师（$p<0.05$），详见表8。

表8 家庭外出活动情况不同的教学医院女性医师亚健康状况比较（$n=138$，$X \pm S$）

分组	n	生理得分	心理得分	社会得分	亚健康总分
无	16	45.65 ± 12.08	44.01 ± 9.89	42.88 ± 9.46	43.83 ± 8.81
1—2次/半年	60	57.35 ± 12.85	56.04 ± 13.22	55.69 ± 13.43	56.08 ± 11.99
1—2次/月	43	62.13 ± 14.54	60.42 ± 14.51	62.60 ± 12.46	61.63 ± 12.99
1—2次/周	11	59.42 ± 11.95	62.88 ± 18.84	63.64 ± 13.11	61.71 ± 13.23
>2次/周	8	59.82 ± 13.83	65.11 ± 15.50	64.58 ± 14.53	62.10 ± 13.39
f		4.571	5.351	8.502	7.067
p		0.002	0.001	0.000	0.000

5. 上司关系与亚健康的关系

经方差分析，与上司关系情况不同的女性医师人员生理、心理、社会亚健康得分及亚健康总分之间存在显著性差异（$p<0.05$）；两两比较显示与上司关系为“很好”“较好”

女性医师人员生理、心理、社会亚健康得分及亚健康总分显著高于与上司关系为“一般”“很差”“较差”的女性医师（$p<0.05$），详见表9。

表9　与上司关系情况不同的教学医院女性医师亚健康状况比较（$n=138$，$X \pm S$）

分组	n	生理得分	心理得分	社会得分	亚健康总分
很差	2	45.54. ±6.31	39.59 ±2.95	45.83 ±1.97	43.27 ±2.26
较差	7	53.82 ±19.44	44.05 ±17.49	49.60 ±17.49	49.17 ±19.12
一般	63	53.29 ±13.21	52.08 ±13.16	50.79 ±11.35	51.85 ±17.76
较好	54	61.11 ±12.36	62.58 ±13.09	63.79 ±11.00	62.07 ±10.89
很好	12	70.83 ±10.75	69.10 ±12.11	71.07 ±14.67	70.19 ±10.96
f		6.440	9.570	13.493	10.972
p		0.000	0.000	0.000	0.000

6. 工作压力与亚健康的关系

经方差分析，职称晋升压力不同的女性医师人员生理、心理、社会亚健康得分及亚健康总分之间存在显著性差异（$p<0.05$）；两两比较显示职称晋升压力为“总是会”的女性医师人员生理、心理、社会亚健康得分显著低于职称晋升压力为“很少会”“有时会”的女性医师，职称晋升压力为“总是会”的女性医师人员生理亚健康得分显著低于其他晋升压力的女性医师（$p<0.05$），详见表10。

表10　职称晋升压力不同的教学医院女性医师亚健康状况比较（$n=138$，$X \pm S$）

分组	n	生理得分	心理得分	社会得分	亚健康总分
根本不会	7	59.18 ±14.27	60.42 ±16.09	61.90 ±15.27	60.35 ±13.83
很少会	8	64.06 ±16.49	62.24 ±16.79	67.36 ±16.98	64.02 ±16.42
有时会	49	61.19 ±11.65	61.22 ±12.99	60.26 ±12.15	60.81 ±10.96
经常会	47	56.88 ±13.45	57.18 ±13.44	58.10 ±11.71	57.00 ±11.91
总是会	27	50.99 ±16.03	46.99 ±15.45	47.43 ±15.67	48.10 ±14.26
f		2.944	4.936	5.795	5.349
p		0.023	0.001	0.000	0.001

经方差分析，科研压力不同的女性医师人员心理、社会亚健康得分及亚健康总分之间存在显著性差异（$p<0.05$）；两两比较显示“总是会”有科研压力的女性医师人员生理、心理、社会亚健康得分及亚健康总分显著低于“有时会”“经常会”有科研压力的女性医师（$p<0.05$），详见表11。

表 11 科研压力不同的教学医院女性医师亚健康状况比较（$n=138$，$X\pm S$）

分组	n	生理得分	心理得分	社会得分	亚健康总分
根本不会	2	61.61±3.79	67.71±7.37	62.50±9.81	62.82±6.35
很少会	3	64.88±16.00	47.92±22.92	49.08±11.23	54.70±17.20
有时会	30	62.44±9.95	62.57±11.39	61.58±12.76	62.22±10.19
经常会	56	58.42±13.87	59.82±12.97	60.62±11.95	59.21±11.84
总是会	47	53.46±15.54	50.44±16.17	51.54±15.70	51.47±14.71
f		2.298	4.924	4.078	4.066
p		0.062	0.001	0.004	0.004

经方差分析，教学压力不同的女性医师人员生理、心理、社会亚健康得分及亚健康总分之间存在显著性差异（$p<0.05$）；两两比较显示“总是会”“经常会”有教学压力的女性医师生理、心理、社会亚健康得分及亚健康总分显著低于“根本不会”“有时会”“很少会”有教学压力的女性医师（$p<0.05$），详见表 12。

表 12 教学压力不同的教学医院女性医师亚健康状况比较（$n=138$，$X\pm S$）

分组	n	生理得分	心理得分	社会得分	亚健康总分
根本不会	17	61.35±12.78	62.38±14.54	65.36±13.54	62.37±12.58
很少会	26	62.43±13.06	60.34±16.84	60.79±14.02	61.22±13.39
有时会	57	58.87±10.76	58.04±11.57	58.43±12.00	58.13±10.31
经常会	21	51.19±15.75	51.09±15.39	50.53±11.27	50.73±13.81
总是会	17	51.68±19.54	50.98±17.91	50.16±18.49	50.64±16.99
f		3.253	2.617	4.609	3.937
p		0.014	0.038	0.002	0.005

7. 职业伤害事件与亚健康的关系

经方差分析，接触放射线或化学物质情况不同的女性医师人员生理、心理、社会亚健康得分及亚健康总分之间存在显著性差异（$p<0.05$）；两两比较显示“根本不会”接触放射线或化学物质的女性医师生理、心理、社会亚健康得分及亚健康总分显著高于“很少会”“有时会”“经常会”“总是会”接触放射线或化学物质的女性医师（$p<0.05$），详见表 13。

表 13 接触放射线或化学物质情况不同的教学医院女性医师亚健康状况比较（$n=138$，$X \pm S$）

分组	n	生理得分	心理得分	社会得分	亚健康总分
根本不会	14	70.41 ±10.12	68.30 ±9.95	66.47 ±13.32	68.64 ±9.53
很少会	30	59.11 ±12.98	58.61 ±14.92	56.76 ±14.45	57.95 ±12.50
有时会	52	55.98 ±12.60	55.01 ±13.14	56.09 ±11.99	55.20 ±11.54
经常会	29	58.56 ±14.14	58.41 ±16.56	60.15 ±15.27	59.02 ±14.16
总是会	13	46.70 ±15.38	46.80 ±13.87	49.36 ±15.00	46.94 ±13.83
f		5.945	4.364	3.083	5.732
p		0.000	0.002	0.018	0.000

经方差分析，接触患者体液血液情况不同的女性医师人员生理、心理、社会亚健康得分及亚健康总分之间存在显著性差异（$p<0.05$）；两两比较显示“根本不会”接触患者体液血液的女性医师生理、心理、社会亚健康得分及亚健康总分显著高于“很少会”“有时会”“经常会”“总是会”接触患者体液血液的女性医师（$p<0.05$），详见表 14。

表 14 接触患者体液血液情况不同的教学医院女性医师亚健康状况比较（$n=138$，$X \pm S$）

分组	n	生理得分	心理得分	社会得分	亚健康总分
根本不会	4	78.13 ±4.92	76.56 ±9.68	72.22 ±6.00	75.96 ±6.12
很少会	23	62.50 ±11.24	58.42 ±14.59	56.52 ±14.62	59.17 ±11.81
有时会	46	59.36 ±12.09	58.60 ±12.01	57.37 ±12.30	58.32 ±10.84
经常会	44	54.99 ±13.31	55.40 ±16.48	58.52 ±14.72	55.81 ±14.18
总是会	21	51.19 ±17.65	52.08 ±15.11	53.97 ±16.00	51.83 ±15.11
f		5.050	2.779	1.529	3.442
p		0.001	0.029	0.197	0.010

8. 科室因素与亚健康的关系

经方差分析，科室娱乐活动情况不同的女性医师人员生理、心理、社会亚健康得分及亚健康总分之间存在显著性差异（$p<0.05$）；两两比较显示没有科室娱乐活动的女性医师人员生理、心理、社会亚健康得分及亚健康总分显著低于有科室娱乐活动的女性医师（$p<0.05$），详见表 15。

表 15 科室娱乐活动情况不同的教学医院女性医师亚健康状况比较（$n=138$，$X \pm S$）

分组	n	生理得分	心理得分	社会得分	亚健康总分
没有	32	52.34 ±14.44	51.37 ±13.45	50.96 ±12.44	51.32 ±12.81
1—3 次/年	67	58.74 ±17.18	59.33 ±15.07	59.16 ±14.00	58.73 ±12.88

（续上表）

分组	n	生理得分	心理得分	社会得分	亚健康总分
1—3 次/季度	25	60.07 ± 13.81	56.42 ± 15.01	57.44 ± 15.25	57.87 ± 13.28
1—3 次/月	12	64.88 ± 10.59	61.81 ± 13.66	66.44 ± 10.49	64.05 ± 10.53
1—3 次/周	2	42.97 ± 29.04	53.13 ± 16.20	54.17 ± 13.75	49.68 ± 22.21
f		3.036	1.987	3.413	2.948
p		0.020	0.100	0.011	0.023

经两独立样本 t 检验，科室有重症病床的女性医师生理、心理、社会亚健康得分及亚健康总分显著低于科室没有重症病床的女性医师（$p < 0.05$），详见表 16。

表 16　科室重症病床情况不同的教学医院女性医师亚健康状况比较（$n = 138$，$X \pm S$）

分组	n	生理得分	心理得分	社会得分	亚健康总分
否	59	60.84 ± 16.00	60.66 ± 14.89	60.69 ± 14.26	60.48 ± 14.35
是	79	55.52 ± 11.89	54.40 ± 14.25	55.13 ± 13.59	54.72 ± 11.80
t		2.150	2.504	2.326	2.586
p		0.034	0.013	0.022	0.011

9. 医院层面的影响与亚健康的关系

经方差分析，医院人文活动情况不同的女性医师人员社会亚健康得分之间存在显著性差异（$p < 0.05$）；两两比较显示有“1—3 次/月”医院人文活动的女性医师人员社会亚健康得分显著高于“没有”“1—3 次/季度”“不了解”医院人文活动的女性医师（$p < 0.05$），详见表 17。

表 17　医院人文活动情况不同的教学医院女性医师亚健康状况比较（$n = 138$，$X \pm S$）

分组	n	生理得分	心理得分	社会得分	亚健康总分
没有	10	50.72 ± 17.98	50.63 ± 18.87	47.22 ± 14.35	49.23 ± 17.25
1—3 次/季度	51	58.23 ± 14.24	56.86 ± 15.38	56.43 ± 14.33	57.03 ± 13.12
1—3 次/月	35	60.87 ± 13.37	61.25 ± 13.24	64.44 ± 12.40	61.78 ± 12.29
1—3 次/周	8	57.59 ± 12.36	57.55 ± 16.96	56.96 ± 9.85	56.73 ± 12.06
不了解	34	56.09 ± 13.12	54.90 ± 13.28	55.15 ± 13.73	55.15 ± 12.28
f		1.208	1.373	4.105	2.247
p		0.310	0.247	0.004	0.067

经方差分析，医院文化建设情况不同的女性医师人员生理、心理、社会亚健康得分及亚健康总分之间存在显著性差异（$p < 0.05$）；两两比较显示认为“没有”医院文化建设

的女性医师人员生理、心理、社会亚健康得分及亚健康总分得分显著低于认为有医院文化建设的女性医师，认为医院文化建设“较高”“很高”的女性医师人员生理、心理、社会亚健康得分及亚健康总分得分显著高于认为医院文化建设“没有”“较低”“一般”的女性医师（$p<0.05$），详见表18。

表18　医院文化建设情况不同的教学医院女性医师亚健康状况比较（$n=138$，$X \pm S$）

分组	n	生理得分	心理得分	社会得分	亚健康总分
没有	14	46.68 ± 14.62	44.20 ± 12.85	44.05 ± 8.71	44.69 ± 11.53
较低	21	54.00 ± 10.61	52.38 ± 15.04	54.63 ± 12.98	53.11 ± 11.93
一般	73	57.02 ± 13.16	55.82 ± 12.83	56.74 ± 12.88	56.23 ± 11.34
较高	26	66.35 ± 12.31	69.55 ± 12.53	66.99 ± 13.52	67.55 ± 11.93
很高	4	75.00 ± 11.00	68.75 ± 5.10	72.22 ± 11.79	72.43 ± 8.39
f		7.923	11.056	9.304	11.952
p		0.000	0.000	0.000	0.000

经方差分析，对医院归属感情况不同的女性医师人员生理、心理、社会亚健康得分及亚健康总分之间存在显著性差异（$p<0.05$）；两两比较显示对医院归属感“根本没有”“很少有”的女性医师人员生理、心理、社会亚健康得分及亚健康总分得分显著低于对医院归属感“有时有”“多数有”“一直有”的女性医师（$p<0.05$），详见表19。

表19　对医院归属感情况不同的教学医院女性医师亚健康状况比较（$n=138$，$X \pm S$）

分组	n	生理得分	心理得分	社会得分	亚健康总分
根本没有	25	47.64 ± 13.31	45.08 ± 12.30	46.22 ± 10.17	46.05 ± 11.31
很少有	34	51.89 ± 12.63	51.78 ± 13.51	53.27 ± 14.27	51.85 ± 11.49
有时有	47	61.02 ± 11.28	58.69 ± 11.98	58.57 ± 11.44	59.25 ± 10.45
多数有	28	66.52 ± 12.21	69.49 ± 11.65	69.05 ± 11.36	68.04 ± 10.28
一直有	4	72.32 ± 8.05	71.35 ± 9.83	70.83 ± 9.21	71.95 ± 7.84
f		12.260	16.127	14.536	18.113
p		0.000	0.000	0.000	0.000

（四）广州市内重点医科大学教学医院女性医师亚健康状况的多因素分析

1. 广州市内重点医科大学教学医院女性医师亚健康的因素状况的多元逐步线性回归

以生理、心理、社会亚健康得分及亚健康总分为因变量，以单因素分析后有统计学意义的因素如月收入、医疗纠纷频率、职业认可等为自变量，各自变量进行赋值，进行多元逐步线性回归分析（逐步回归法），选入变量的显著性水准为 $\alpha=0.05$，剔除变量的显著性水准为 $\alpha=0.10$。

分析结果显示，影响教学医院女性医师生理亚健康的因素共有 5 个，分别是“医院归属感”“与患者关系和谐”“接触患者血液及体液”“医患纠纷”“科室重症病床”因素，这 5 个因素可以有效解释生理亚健康 42.1% 的变异量（$R^2=0.421$，$f=20.896$，$p=0.000$）。

影响教学医院女性医师心理亚健康的因素分别是“医院归属感”“自己对自身职业认可”“医患纠纷”“与上司关系”“科室重症病床”“接触放射线或化学物质”“与患者关系和谐”，这 7 个因素可以有效解释生理亚健康 58% 的变异量（$R^2=0.580$，$f=28.061$，$p=0.000$）。

影响教学医院女性医师心理亚健康的因素分别是“医院归属感”“自身职业认可”“与上司关系”“职称晋升压力”“与患者关系和谐”“科室重症病床”“医院文化建设”“医患沟通”“家庭外出活动”，这 9 个因素可以有效解释社会亚健康 60.5% 的变异量（$R^2=0.605$，$f=24.305$，$p=0.000$）。

影响教学医院女性医师亚健康的因素分别是“医院归属感”“与患者关系和谐”“自身职业认可”“与上司关系”“科室重症病床”“接触射线或化学物质”“医患沟通”“职称晋升压力”“医院文化建设”，这 9 个因素可以有效解释亚健康 60.5% 的变异量（$R^2=0.647$，$f=28.908$，$p=0.000$）。

2. 广州市内重点医科大学教学医院女性医师亚健康状况影响因素的多因素 logistic 回归分析

以是否亚健康为因变量，以单因素分析后有统计学意义的因素如月收入、医疗纠纷频率、职业认可等为自变量，各自变量进行赋值，进行多因素 logistic 回归分析，选入变量的显著性水准为 $\alpha=0.05$，剔除变量的显著性水准为 $\alpha=0.10$。

经 logistic 回归分析结果显示，影响广州市内重点医科大学教学医院女性医师亚健康的主要因素有：“与患者关系”（OR 为 8.339）、“科室是否有重症病床”（OR 为 10.832）及“医院文化建设”（OR 为 3.448）。这三项是教学医院女性医师亚健康的危险因素，见表 20。

表 20　教学医院女性医师亚健康影响因素的多因素 logistic 回归分析（$X^2=33.574$，$p=0.000$）

变量	B	SE	Wald	p 值	OR 值	95% CI
与患者关系	2.121	0.733	8.370	0.004	8.339	1.982 – 35.083
科室重症病床	2.382	0.833	8.180	0.004	10.832	2.116 – 55.436
医院文化建设	1.238	0.465	7.084	0.008	3.448	1.386 – 8.581
常量	−15.978	3.785	17.819	0.000	0.000	

五、讨论与结论

（一）广州市内重点医科大学教学医院女性医师亚健康状况总体检出情况分析

在本次调查中，广州市内重点医科大学教学医院女性医师亚健康总体检出率为76.1%，其中半数以上为中度亚健康。运用《亚健康评定量表》对广州市内重点医科大学教学医院女性医师状况进行调查，其中“生理亚健康”“心理亚健康”“社会亚健康”和“亚健康总分”各子量表以均分分别为57.79、57.08、57.51、57.19。各子量表以生理亚健康得分最高，这可能是因为教学医院女性医师群体的自我保健、自我康复的意识较强，能及早地发现自身身体状况的不适。各子量表以心理亚健康得分最低，该群体在工作过程中既要面临医疗纠纷，处理紧张的医患关系，还需保持精神高度集中以完成各类医疗工作，同时面临教学压力、职业晋升压力等，长期在这种高应激状态下，给教学医院女性医师群体的心理健康造成极大的影响。

《亚健康评定量表》九个维度中“精力”维度得分最高为62.14，这与此次参与调查的女性医师多为青年未婚有关，个人在家庭方面所需投入的精力大大减少。而“身体症状”得分最低为52.66，这可能与女性医师群体在高度集中的工作压力下，容易产生身体不适的表现，且高强度的工作值夜班等工作性质，导致睡眠质量较差有关。

在本次调查中广州市内重点医科大学教学医院女性医师亚健康总体检出率较高，一方面可能与女性医师的本身职业特殊性有关，长期处于高负荷的工作状态下使得她们筋疲力尽，加之轮值晚夜班、生活不规律，易出现疲劳、失眠等症状，使发生亚健康状态的概率增大；另一方面与所处的医院性质有关，教学医院不仅仅承担医疗卫生工作，更是承担着教学、科研等的多重压力，且身为女性的特殊性，使得她们需要对家庭奉献付出远远超过男性，使得教学医院女性医师成为亚健康状况的高发人群。

（二）广州市内重点医科大学教学医院女性医师亚健康危险因素分析

1. 不同人口统计学特征的教学医院女性医师亚健康状况的比较

（1）婚姻状况与教学医院女性医师亚健康的关系。

本次调查发现，已婚女性医师的生理亚健康状况较未婚女性医师更为明显。这是因为已婚者不仅要应对科室繁重的医疗工作，还要承受来自家庭的生活压力，体力负担较重，精力相对有限，因此已婚女性的亚健康问题较为突出。

（2）个人月收入与教学医院女性医师亚健康的关系。

本调查发现，月收入为3 000—6 000元以及6 000—9 000元的女性医师亚健康症状较为明显。通常认为女性医师的月收入与其工龄、工作科室及职务级别等因素有关，工龄越长、职务级别越高的人员月收入越高。月收入小于3 000元的女性医师大多刚工作不久，由于工龄较短，在工作和学习上有高年资医师的指导，面临的工作和生活上的压力较小，而工龄较长、职务级别较高的女性医师则是科室的中流砥柱，除在工作中承担着较为繁重的临床和教学任务外，还需要照顾家庭，承受着远超年轻女性的工作和生活压力，这也是造成亚健康状况的重要原因。

2. 不同医患关系的教学医院女性医师亚健康状况的比较

本研究表明医疗纠纷、医患沟通障碍、医患关系紧张是女性医师亚健康的危险因素。医疗行业是一个高技术、高风险的行业，医患关系紧张的主要原因是医患之间缺乏信任和理解：一方面，病人及其家属缺乏对所患疾病的医学知识，对医疗结果期望越来越高，对正常医疗的不良后果不了解，一旦发生不理想或不尽人意的情况，则容易引发对医务人员的不满甚至医疗纠纷；另一方面，人们的法律意识、自我保护意识不断增强，对医务人员的要求也越来越高，在医疗过程中一旦发生病人认为是损害到自身权益的情况时，则会责备甚至投诉医务人员。为避免医疗纠纷，医务人员在诊治、护理过程中对待病人甚至是周围同事均小心谨慎，使得精神处于紧张状态，长此以往，给心理带来很大压力，又因工作繁忙得不到及时的调整而易引发亚健康[10]。

3. 不同工作情况的教学医院女性医师亚健康状况的比较

（1）职业认可度与教学医院女性医师亚健康状况的关系。

本研究表明家人及自己对职业认同度越高，女性医师的健康状况越良好。每名合格的医务工作者都有极强的责任心，高强度的工作压力、紧张的工作环境等都是职业不可或缺的一部分，影响医务人员身心健康的不是繁重的工作，而是不被社会、他人及自己所认可。在自身工作被否定之时，自身价值被贬低之时，医务人员的心理负担极重，这也是造成女性医师亚健康的重要原因之一。

（2）与上司关系与教学医院女性医师亚健康状况的关系。

本研究表明面临紧张人际关系与上司关系较差的女性医师健康状况显著低于与上司关系较好的女性医师。医疗卫生工作是一个需要团队合作的事业，有些压力不是个人能力范围内所能解决的，而是与所在团队以及团队领导有着直接的关系。因此，学会在工作中加强团队建设，与同事上级共同协作，必要时科室组织团队活动，保障医务人员身心健康是不可或缺的。

（3）工作压力与教学医院女性医师亚健康状况的关系。

本研究表明经常面临职称晋升压力、科研压力、教学压力的女性医师是亚健康状况高发人群。随着医疗卫生事业的进步，医师需要承担的工作不断增加，不但要关注患者的身体健康，还要花费精力进行科普宣传、心理关怀等。为了事业发展，更是需要不断地拓展事业领域，申请各类科研课题、教学课题，完成教学任务，实施教学创新改革等措施，这些压力给教学医院女性医师的健康带来了极大的隐患。因此建议医疗管理者改善医疗人员缺编状态，按病人所需的增设医师编制，减轻工作压力，同时在职称晋升制度上听取一线医生的意见，合理而高效地建设医疗、教学晋升的道路，以减少对女性医师身心健康的影响。

（4）职业伤害事件与教学医院女性医师亚健康状况的关系。

本调查发现接触放射线或化学物质及接触患者体液血液的女性医师亚健康状况较严重。由于医院工作环境和服务对象的特殊性，女性医师在进行医疗工作时会暴露于各种职业伤害因素之中，其中包括生物性因素、物理性因素和心理社会性因素。医师在工作时被含有病原菌的血液、体液污染了破损的皮肤或黏膜，或被含有病原菌的血液、体液污染的锐器或针头刺伤而感染的情况时有发生，这对医师的健康造成了极大危害[11]。当患者及家属在对求医过程或治疗结果不满时，容易将怨气发泄到一线医师身上，甚至进行谩骂或殴打，直接影响医师身心健康。因此医院管理者应加强对医师职业防护知识及规范化操作的培训，建立健全职业伤害事件上报制度，关注医师遭遇职业伤害事件后的心理健康，发现重大的职业伤害事件后，应根据不同事件、不同对象及时采取心理干预措施，尽可能降低对医师心理健康的危害。

4. 家庭外出活动与教学医院女性医师亚健康状况的关系

本研究发现未获得家庭支持的教学医院女性医师的健康状况显著低于家庭支持度较高的女性医师。家庭外出活动可缓冲社会对人的心理刺激而对健康产生间接的保护作用，还可维持个体良好的情绪体验，从而有益身心健康。因此女性医师及家人应尽可能为其提供工作、生活上的支持，鼓励女性医师多进行家庭外出活动，放松身心、减轻压力、增加交流、增强社会支持度，特别是当遇到身体病痛、挫折事故时，来自亲人、朋友与同事的支持可以缓冲这些压力，是身心健康的保护性因素[12]。

5. 科室因素与教学医院女性医师亚健康的关系

本研究发现从科室层面的影响因素来看，适当的科室娱乐活动对教学医院女性医师的健康而言是保护因素。面对繁重的工作压力、生活压力等，女性医师难得有休闲娱乐的时间，这对长期处于高压力状态的医务人员是不利的。因此，女性医师要做到自我调节，合理安排工作、学习与自身的关系，积极参加科室文娱活动，这既有利于人际关系的和谐相处，又有利于获得广泛的社会支持，缓解身心疲劳与心理压力，从而保持良好的身心健康状态。

6. 医院层面的影响与教学医院女性医师亚健康的关系

本研究发现医院安排适度人文活动，培养医务人员人文素养，进行医院文化建设，培养医务人员主人翁意识，从而产生强烈归属感均是教学医院女性医师健康的保护因素。教学医院的女性医师虽然有较高的学历、文化素养，但面对繁重的任务、每天重复机械且有挑战性的工作，个人利益需求无法得到有效满足，难免会对集体、医院、学校产生厌倦情绪，为了促进工作的积极性，调节工作人员的身心健康，医院、学校等管理部门应开展必要的人文活动，培养女性医师的人文素养，从而使其产生发自内心的归属荣誉感，强有力地保护女性医师的健康状况。

（三）广州市内重点医科大学教学医院女性医师亚健康状况影响因素的分析

本研究的亚健康状况影响因素多元逐步线性回归分析结果提示：女性医师亚健康状况的产生与“医院归属感”“与患者关系和谐”“自身职业认可”“与上司关系”“科室重症病床”“接触放射线或化学物质”“医患沟通”“职称晋升压力”“医院文化建设”等因素有密切联系。多因素 logistic 回归分析结果显示：与患者关系紧张、科室重症病床不足及医院文化建设不足是教学医院女性医师亚健康的危险因素。可通过改善女性医师的工作条件，在有重症病床的科室改善轮班制度，以减轻医务人员的工作压力，保持身心健康；同时医院及学校管理者应加强对女性医师身心健康的关注，在其遇到工作挫折或重大生活事件时，可联合女性医师的家属为其提供必需的社会支持，并积极开展各种有益的集体活动，在放松身心的同时还可增进同事间的情感交流。还可开展医院文化讲座、定时举行医院文化团建活动等加强医院文化建设，增加女性医师的集体荣誉感及归属感。针对调查中发现的亚健康影响因素进行相应的干预措施，促进女性医师由亚健康状态转入健康状态，有效地防止亚健康状况的产生。

六、反思与主要问题

根据教学医院女性医师的亚健康状况、医患关系、社会支持、生活事件、职业伤害事件及其影响因素的研究结果，针对如何改善教学医院女性医师亚健康状况，促进其身心健康，现提出以下几点建议以供参考：

（一）加强医院管理，改善女性医师的亚健康状况

管理者应重视女性医师的亚健康状况及危险因素对医疗工作的影响，可采取以下措施：加强职业防护的教育、改善工作环境、提高工资与福利待遇，完善相关法规制度以保障医务人员的权益等。加强人性化管理意识，以满足患者需要为原则，安全合理地配制人力资源，有重症病床的科室要合理安排排班。对女性医师进行健康档案管理，对亚健康程度较重的人员可用给予生活、精神上的安慰、暂转科室或休假等方式以缓解其压力，有效降低临床女性医师亚健康的发生率。针对教学医院女性医师需承担工作、家庭的双重压力，心理负担较重，管理者可采取三级压力管理模式帮助女性医师应对压力，维持心理健康。一级（预防）：如有些压力源无法消除，应给予女性医师更多支持。二级（应对）：教会女性医师用积极有效的方法应对压力事件，如良好的饮食、锻炼以及放松疗法都有助于应对压力。三级（促进恢复）：对身处压力性情境受到伤害的女性医师，管理者可提供必要的咨询帮助，积极开展业余文化生活，促进同事间交流，形成良好的工作氛围；同时做好女性医师的家庭沟通管理，获得家人对自身工作的理解与支持，强有力的社会支持有助于女性医师健康状况的维护。

（二）加强自我调节，促进个人身心健康

教学医院女性医师应树立正确的人生观、职业观，学会宣泄不良情绪，不断提高心理素质，正确应对各种压力进行心理调整和放松，必要时可接受心理知识的咨询和培训，以平和、积极向上的心态不断充实自己。学习必要的职业应对技巧，掌握和病人有效沟通的方法，培养应对突发事件的能力，要有防范职业伤害事件的意识，加强自我保护。同时提高自己的专业素质，提升工作效率，善于制订工作计划，减少不必要的体力消耗，减少疲劳感。在繁忙的工作之余，女性医师还应学会自我调节，合理安排工作、学习与家庭的关系，积极参加家庭、科室的集体活动，以获得广泛的社会支持，缓解身心疲劳与心理压力，从而保持良好的身心健康状态。

七、本研究的局限与今后的研究方向

本研究通过对重点医科大学教学医院女性医师群体社会人口学特征、生活方式、工作情况、社会支持与其亚健康状况进行调查研究，寻找影响重点医科大学教学医院女性医师亚健康状况的相关因素，基本达到预期研究要求。但由于调查过程中经费与时间有限，研

究存在一些局限与不足，本研究属于横断面研究，得出的结论有限，有些发现还需进一步调查验证。研究样本数量较少，且仅限于广州市内重点医科大学教学医院女性医师，研究结论不能直接推及其他地区的教学医院女性医师，因此，今后的研究还需对其他地区的教学医院女性医师亚健康状况进行系统性调查和研究。本研究仅调查了教学医院女性医师亚健康现状及影响因素，如在以后的研究中针对亚健康状况进行干预性研究，会使研究结论更有说服力，更加具有现实意义。

参考文献

［1］中华中医药学会．亚健康中医临床指南．北京：中国中医药出版社，2006.

［2］马亚娜，丁素琴，戴晶晶．苏州市高校教师亚健康状况调查．苏州大学学报（医学版），2007，27（1）：91－94.

［3］钟毓瑜，潘妹霞，余新立．医务人员亚健康状况及影响因素分析．国际医药卫生导报，2006，12（17）：182－184.

［4］张占杰，梁晓坤．三家三级甲等医院 ICU 护士亚健康状态的调查．中华现代护理杂志，2004，10（5）：406－407.

［5］许秀芬．女性医务人员心理健康分析．中国健康心理学杂志，1999（1）：78－79.

［6］冯丽仪，许军，罗仁，等．亚健康评价指标体系的研究与建立．中国全科医学，2011，14（1）：37－40.

［7］许军，陆艳，冯丽仪，等．中国公务员亚健康评定量表的常模研究．南方医科大学学报，2011，31（10）：1654－1662.

［8］贵州省医务人员亚健康影响因素通径分析．现代预防医学，2016，43（12）：2152－2155.

［9］林沅锜，许军，李文源，等．亚健康状态影响因素的研究进展．中国医药导报，2017，14（33）：35－39.

［10］高榕．医患关系对医生的心理健康的影响．青海师范大学学报（自然科学版），2011，27（1）：109－112.

［11］张旭，余艳琴，郝金奇．包头市三甲医院不同科室、职称等医务人员的职业伤害现况分析．世界复合医学，2017，3（1）：7－9.

［12］曲海英，沙珍萍，王丽萍．临床医生社会支持与心理健康关系．中国公共卫生，2009，25（9）：1065－1066.

民办高校女性教师幸福感研究

——以广东省P高校为例

杨敏*

2012年，习近平总书记在第十八届中共中央政治局常委同中外记者见面时的讲话中指出，人民对美好生活的向往，就是我们的奋斗目标。2015年，习近平总书记在中央全面深化改革领导小组第十次会议上强调，把改革方案的含金量充分展示出来，让人民群众有更多获得感。2017年，在党的十九大报告中，习近平总书记再次强调，要使人民获得感、幸福感、安全感更加充实、更有保障、更可持续。2018年，习近平总书记指出，要坚持人人尽责，人人享有，打造共建共治共享的社会治理格局，更加注重人民的获得感、幸福感和安全感。他在庆祝改革开放40周年大会上的讲话中再次提出：必须坚持以人民为中心，不断实现人民对美好生活的向往[1]。

从党的十八大“人民对美好生活的向往”到中央深改组会议上“获得感”的首次提出，再到十九大报告中“获得感、幸福感、安全感”的并列提出，“民生三感”是人民群众的现实需要，是新时代党执政兴国的核心要义。幸福感是当今时代的永恒主题，是人人向往和追求的目标，具有划时代的意义。2018年，最幸福职业排行榜出炉，排在第一位的是自由职业者，而排在第二位的是教师[2]。人民教师，一个社会尊重、学生爱戴、令人羡慕和敬重的职业，带给人们的应该是自豪感和幸福感。教师的幸福感，是高校持续、良性发展的原动力，也是学生心理健康、成长成才的保证。对于民办高校而言，确保教师特别是女性教师拥有值得自豪的职业、幸福的生活，克服女性教师的职业倦怠，构建平安、和谐的幸福校园，是当今学术界和教育界值得深入研究和持续关注的课题。

何谓幸福？幸福是人类所独有的精神体验与感受，当一个人某种良性的生理欲望或心理愿望获得巨大的满足，身、心产生巨大快感时，即为幸福。有句流行语说：幸福不是你的房子有多大，而是房子里的笑有多甜；幸福不是你开多豪华的车，而是你开着车平安到家。世界上没有一个公认的有关幸福的标准，有一点是各种幸福所共有的基础，那就是成功、满足、快乐。幸福感是指人类基于自身的满足感与安全感而主观产生的一系列欣喜与愉悦的情绪。

职业幸福感是职场成功的一个重要因素，对于民办高校女性教师来说也不例外。它不仅影响民办高校教师的工作成效，也影响着学生的健康成长和学校的长远发展。而在高校教师中，处于边缘地带的民办高校女性教师的幸福感更值得关注和重视。

* 作者单位：广东培正学院。

一、基本情况

本次调研方式采取问卷调查、个别访谈的形式进行。2018 年 10 月，发放问卷 400 份，回收问卷 350 份，回收率 87.5%。符合数理统计可信度的科学要求。为了使研究结果更具科学性和准确性，还采取了个别访谈的调研形式，对 20 名女性教师进行了访谈。

参与本次问卷调查的样本在年龄、婚姻状况、学历、职称、工作年限等因素方面构成状况如下：

1. 年龄

年龄在 30 岁以下：70 人，占比 20%；31—40 岁：192 人，占 54.9%；41—50 岁：65 人，占 18.6%；51 岁以上：23 人，占 6.6%。

2. 婚姻状况

未婚：44 人，占 13%；已婚：293 人，占 84%；离异和其他：13 人，占 3%。

3. 工作岗位

教师：231 人，占 66%；教辅人员：46 人，占 13.1%；行政人员：66 人，占 18.9%；其他：7 人，占 2%。

4. 学历：

博士：2 人，占 0.06%；硕士：252 人，占 72%；本科：92 人，占 26.3%；大专及以下：4 人，占 1.1%。

5. 职称：

教授：19 人，占 5.4%；副教授 23 人，占 6.6%；讲师 232 人，占 66.3%；助教 76 人，占 21.7%。

6. 工作年限：

1—3 年：55 人，占 15.7%；3—5 年：64 人，占 18.3%；5—10 年：95 人，占 27.1%；10 年以上：136 人，占 38.9%。

7. 工资收入：

3 000—5 000元：39 人，占 11.1%；5 001—7 000 元：243 人，占 69.4%；7 001—9 000元：43 人，占 12.3%；9 001元以上：25 人，占 7.1%。

二、现状分析

（一）民办高校女性教师的幸福感处于“一般”水平

民办高校大多数由社会力量举办，实行董事会领导下的校长负责制。民办高校的非国有性，在人事管理、职称评定、科研项目、社会保障、个人待遇、社会活动等事务方面无法获得与公立学校教师同等的发展机会和权利。由于民办高校没有相应的财政支持，经费来源主要是来自学费收入，在工资福利待遇、职称评定、科研项目等方面存在着歧视和不平等现象，导致大多数教职工工资增长缓慢，与公办高校教师待遇的差距逐渐拉大。工资待遇偏低，造成师资队伍不稳定，幸福感、归属感不强，从而制约了学校的进一步发展和壮大。

对广东省P高校350份教师的问卷调查显示，27%的女性教师认为自己幸福，55%认为一般，认为自己不幸福的仅占7%，11%认为说不清楚（见图1）。女性教师幸福指数的分值是：8—10分占33.3%；6—8分占48.0%；6分以下占9.9%，认为无法估算的占8.8%（见图2）。68.0%的女性教师认为物质因素和精神因素对幸福感的影响同等重要，18.8%认为精神因素大一些，10.6%认为影响小一些，2.6%认为无法估算（见图3）。调查还发现，对幸福影响最大的是稳定的工作和收入，占40.6%，健康的身心和体魄占32.6%，和谐的家庭和子女教育占19.4%，自我价值的实现占7.4%（见图4）。77.1%的女性教师认为在民办高校的幸福感会低一些，只有2.0%认为高一些，14.0%认为说不清楚，6.9%认为在民办高校工作的幸福感与公办高校是一样的（见图5）。

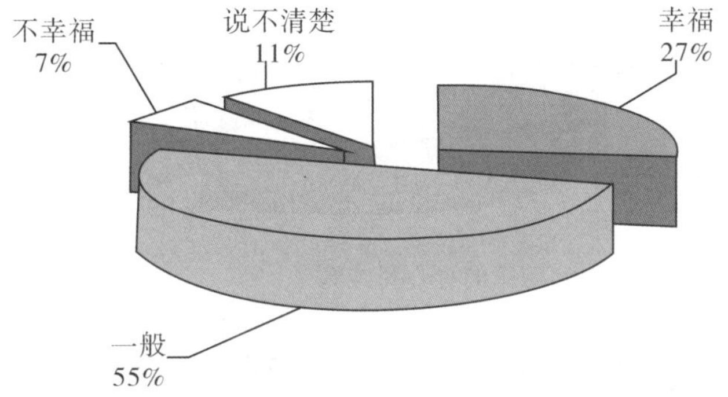

图1　您觉得自己幸福吗?

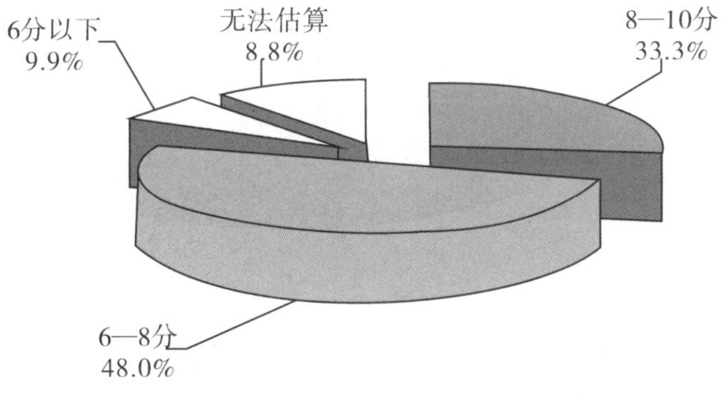

图2　如果幸福指数分值是10分，您的分值是?

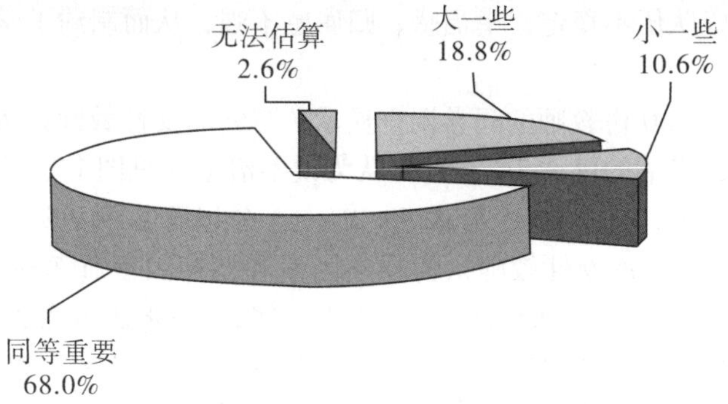

图3　相比于物质因素，精神因素对您幸福感的影响

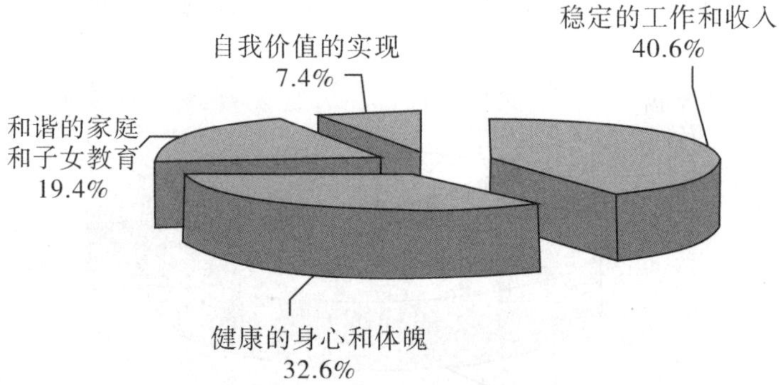

图4　下列因素中，对您幸福感影响最大的是？

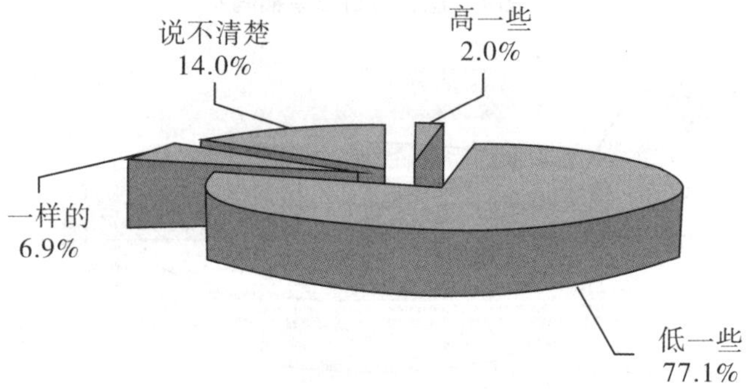

图5　您认为与公办高校相比，在民办高校工作幸福感比重

（二）民办高校女性教师有一定的危机感

58.9%的女性教师认为在民办高校工作有一定的危机感，34.5%表示有很强的危机感（见图6）。这些危机感主要来自以下几个方面：学校的发展：20.76%；职业发展：24.2%；科研方面：19.6%；退休保障：23.7%（见图7）。

40.6.%的受访者认为“稳定的工作和收入”是影响职业幸福感的最大因素。“健康的身心和体魄”位居次席，“和谐的家庭和子女教育”位列第三，“自我价值的实现”排在第四位。关于职业发展，15.4%的人选择学历提升；62.9%的人选择职称评定；7.4%

的人选择职位晋升；14.3%的人选择培训或国内外访学。由此可见，职称评定仍是大多数女性教师职业发展中最迫切的问题。

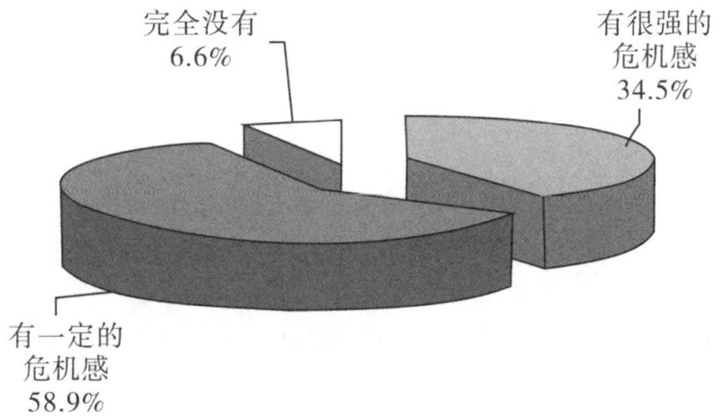

图6　您在民办高校工作有危机感吗?

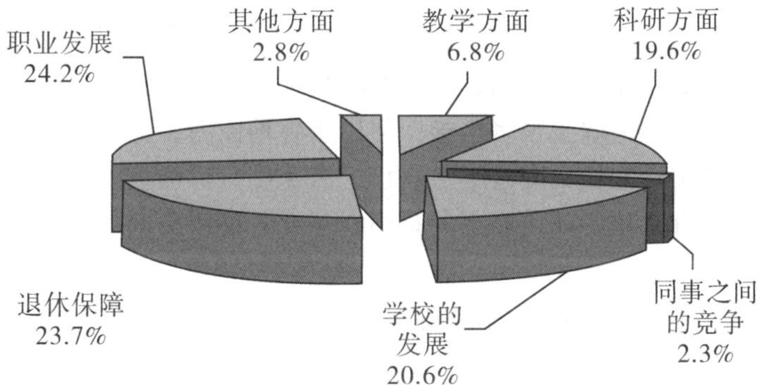

图7　如果有危机感，来自哪方面?（多选）

民办高校实行全员劳动合同聘任制度，从校长到普通教职工都是实行劳动合同制，随着《劳动合同法》的颁布实施，民办高校执行劳动合同越来越规范。如P高校教职工签订合同期限时间一般为三年，十年以上的教职工签订无固定期限劳动合同。其次，有一部分为退休返聘人员，签订的是劳动协议，签订协议的期限一般是一年。女性教师从心理上认为：签订劳动合同不如公立学校的编制教师有安全感，底气不足，归属感不强，有一种“不安稳”和“不踏实”的感觉。因此，很多女性教师在评到高级职称后，就会考虑另谋高就，人心不稳，这也是民办高校人员流动性较大的主要原因。

据调查，民办高校的住房公积金单位缴纳基数部分较低，一般都是按8%基数缴纳，2016年，P高校住房公积金单位缴纳基数调整为5%。以P高校讲师为例，每月的住房公积金为1 800元，而广州中医药大学每月3 496元，相比之下明显偏低。这不利于稳定中青年骨干教师在民办高校发展。

再者，民办高校大多数是按企业类型购买社会保险，退休后按社会统筹规划只能领到3 000—4 000元的退休养老金，退休金偏低，与公立学校和机关事业单位的退休金差距较大，这无形中加大了女性教师在民办高校工作的危机感。如教务处某中层干部今年办理退休，工龄为30年，副教授职称，退休金约为4 100元。

（三）民办高校女性教师的工资待遇较低

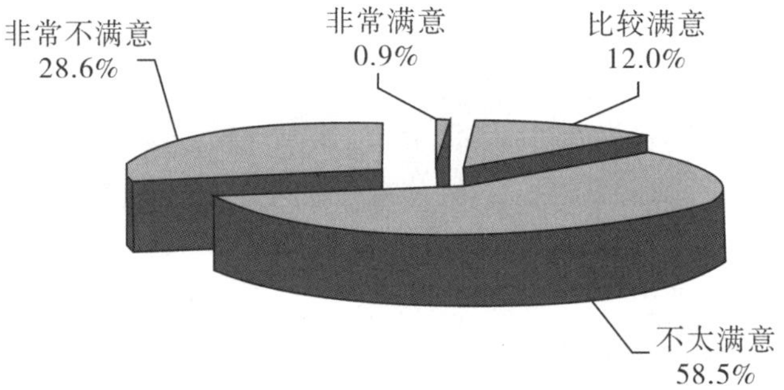

图8　您对学校提供的工资和福利待遇满意吗?

收入是女性教师获得职业幸福感的重要指标之一，也是获得幸福的生活物质保障，是关系女性教师能否安居乐业的重要问题。民办高校虽然在提高教师福利待遇方面做了大量的工作，想了很多办法，采取了很多措施，但出于各种原因，工资福利待遇还是不能使女性教师满意，主要是工资增长幅度赶不上物价上涨速度，再加上国家全面放开“二孩”政策，许多家庭选择生育二孩，随之而来的是两个子女各项费用的支出，使女性教师面临生活的压力。

通过对P高校350份教师的问卷调查显示，工资收入3 001—5 000元：39人，占11.1%；5 001—7 000元：243人，占69.5%；7 001—9 000元：43人，占12.3%；9 001元以上：25人，占7.1%。0.9%对学校提供的工资和福利待遇非常满意；12.0%比较满意，58.5%不太满意，28.6%非常不满意（见图8）。调查结果同样显示，58.5%的受访者认为收入是影响职业幸福感的最大因素。

民办高校工资增长幅度太小，导致较高的离职率。以广东省P高校为例：2016年，工资增长幅度较小，单位缴纳的住房公积金基数由8%调整为5%，当年教职工离职人数为100人。在个别访谈中了解到，大部分女性教师都处在31—40岁年龄段，她们“上有老，下有小”，面临的工作和生活压力较大，收入偏低是他们心中最不愿触及的话题，在个别访谈中我们得知，法学系的一位硕士学历、讲师职称、从教十二年的女性教师，她每月工资税后收入是6 000多元，相对于公办高校来说，明显偏低，无形中打击了女性教师的工作积极性。

民办高校大部分属于自筹资金或捐资办学，如广东省P高校是捐资办学的公益性民办高校。民办教育是教育事业的重要组成部分，对促进广东省教育改革发展发挥了重要作用，为推动广东省经济社会发展作出了重要贡献，但国家对民办教育的扶持力度不像公办高校的那么大，民办高校的经费来源单一，经济实力不如公办学校雄厚，学校要不断发展壮大，在教学、科研、实验室、基建等方面的投入不能减少，而提高教职工工资福利待遇等方面更不能忽略，这样一来，“蛋糕”要分成好几大块，方方面面都要考虑好、照顾到，学校也面临着诸多压力和困难。

党的十八大以来，国家对民办高校的扶持力度越来越大，《广东省人民政府关于鼓励社会力量兴办教育促进民办教育健康发展的实施意见》（粤府〔2018〕36 号）[3]的出台，对民办高校创新体制、加大政策支持、健全管理制度等方面提出了实施意见，对民办高校的稳定、和谐发展具有划时代的意义[4]。

（四）民办高校女性教师高级职称评定的难度较大

职称的提升，能使教师感到自我的提升，加之职称与工资待遇挂钩，职称的提升能使工资待遇也随之提高，收入增多，有利于增强幸福感。

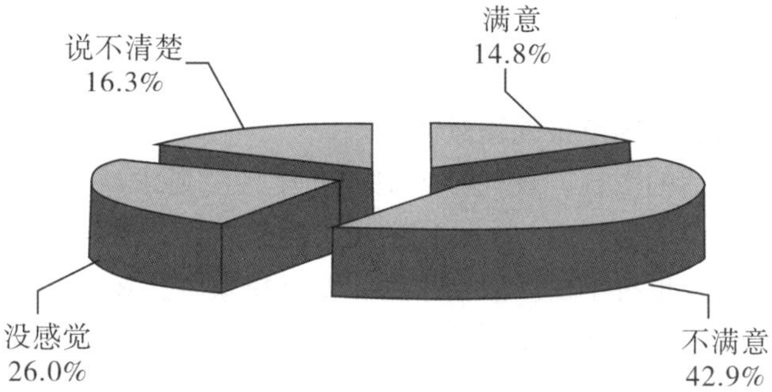

图 9　您对学校教学、科研、职称、评优等制度的公平性和合理性感到满意吗？

通过对广东省 P 高校 350 份教师的问卷调查显示，14. 8% 对学校教学、科研、职称、评优等制度的公平性和合理性感到满意；42. 9. % 感到不满意，26. 0% 认为没感觉，16. 3% 认为说不清楚（见图 9）。经问卷调查发现，广东省 P 高校 2018 年女性教师的职称结构中正高级职称的人数为 19 人，占总数的 5. 4%；副高级的人数为 23 人，占总数的 6. 6%；中级职称的人数为 232 人，占总数的 66. 3%；初级职称的人数为 76 人，占总数的 21. 7%。

2017 年 12 月，国家教育部、人力资源和社会保障部制定了《高校教师职称评审监管暂行办法》，将高校教师职称评审权直接下放至高校，这无疑给民办高校的教师带来了好处。在此之前，民办高校评上高级职称的教师数量相对较少，每年不超过 2 名。P 高校 2018 年评审通过高级职称者为 16 名，中级职称 20 名。2018 年 9 月，P 高校出台了《广东省 P 高校职称评审办法》和《广东省 P 高校职称评审条件》（暂行），其中专职教师副教授职称评审条件如下：承担讲师职务工作 6 年及以上、完成省（部）级及以上科研项目（课题）2 项及以上、在国内外公开发行的学术刊物上发表高水平的学术论文（著作），在此基础上，理工类增加 2 篇（部）、文科类增加 4 篇（部）、艺术类增加高水平的艺术作品 2 件（独立完成或第一作者）。女性教师反映，P 高校专职教师副教授职称评审条件比较严苛，要具备以上条件，就必须有较强的教学水平和科研能力，而这些能力的提升不是短时间可以获得的，因此，尽管高校教师职称评审权直接下放至高校，但中青年女性教师的副高级职称评定仍有一段漫长的路要走。

（五）民办高校女性教师申报科研项目较少和经费有限

据广东省P高校科研处统计，2018年，女性教师承担的校级项目为24个，经费为22.5万元，校外项目14个，经费33.3万元，“没有对比，就没有伤害”，相比公立高校，这个数量是较少的。如：2017—2018学年，P高校立项校级重点科研项目4项，一般科研项目17项，青年基金项目7项。科研项目的经费额度为一般项目2 000元，重点项目5 000元，青年项目3 000元，特批项目15 000元，有些女性教师由于忙于教学工作，没有申报项目的积极性，因此，科研项目的总量较少，原因有以下几点：

一是科研意识淡薄，科研能力有限。有的女性教师认为平时教学任务繁重，无更多的时间和精力从事科研工作，有的因为参加过一次评定未获通过而信心受挫，因此不愿意花更多的时间去关注此事。

二是科研经费不足。较之公办高校，民办高校的科研经费明显不足。如P高校2017年的科研经费预算为187万元，2018年的科研经费预算为215万元。科研项目的申报难度较大，无形中挫伤了女性教师申报的积极性。

三是来自工作和生活的困扰。现代社会对职业女性的要求越来越高，既要出得厅堂，又要入得厨房，还要上得职场，因此，她们的压力越来越大。女性教师除了完成日常教学任务之外，其他行政工作也有不少。回到家中，要操持家务，还要备课、查资料。女性教师面临的生活压力更多来自物价上涨导致生活开支过高，住房还贷经济负担重、周期长，“二孩”政策造成家庭负担重等方面。在工作和生活双重压力下，女性教师没有更多的时间和精力从事科研工作，导致科研意愿和科研能力不足。

三、提升民办高校女性教师幸福感的建议

（一）源头维护，提升幸福感

《中华人民共和国劳动法》《中华人民共和国劳动合同法》《广东省实施〈女职工劳动保护特别规定〉办法》《中国妇女发展纲要（2011—2020年）》等法律法规明确规定了女职工在“四期”的特殊保护和平等参与经济社会发展，平等享有改革发展成果的权益。2018年4月，《广东省人民政府关于鼓励社会力量兴办教育促进民办教育健康发展的实施意见》中第六章第十六点明确指出保障教职工权益。依法保障和落实民办高校教师职称评定、科研立项等方面享有与公办高校教师同等权利。建立健全政府、学校、个人合理分担的民办学校教职工社会保障机制，保障教职工的社会保险待遇。支持有条件的地区发放民办高校教师从教津贴。鼓励民办高校为教职工建立年金等补充养老保险，提高教师退休待遇。

女教职工有着特殊的生理。一方面，妇女在生理机能等方面有别于男性，女性特殊的生理结构需要劳动保护，否则会损害其自身乃至下一代的健康。另一方面，随着“二孩”政策的全面放开，生育二孩的女教职工，大部分属于年龄35岁以上的高龄产妇，这无疑增加了女教职工生育的风险。因此，应加强女教职工劳动保护，采取措施改善女教职工劳动安全卫生条件，结合女教职工生理特点进行劳动安全卫生适应培训。

（二）人文关怀，赢得归属感

苏霍姆林斯基说，教育是人和人心灵上最微妙的接触。教师劳动的特点，决定了教师工作的复杂性和创造性。高校工会要发挥桥梁和纽带作用，迎难而上，为女教职工解决后顾之忧。因此，理解教师、关心教师、尊重教师，营造良好的人文环境，以缓解教师面临的压力，促进教师更好发展。中青年女教职工面临着生活、工作和社会的重重压力。生活成本过高、住房还贷负担重、工作地点距离远、往返时间久、职称晋升艰难、科研任务重等方面带来的压力尤为明显。

民办高校工会作为女教职工的“娘家人”，要主动有所作为，以宣传教育和文体活动为载体，打造幸福之家，一要注重关心女教职工的生活和健康，为女教职工创造良好的工作环境和生活氛围，切实为女教职工办实事，解难题，发挥桥梁和纽带作用。二要从细处着手，想其所想，急其所急，时刻把她们的冷暖放在心上，了解女教职工的需求，让她们舒心工作。三要开展丰富多彩、形式多样的文体活动，通过各类健康有益的文体活动，激发她们的工作热情和积极性，营造团结向上的氛围。如广东省教科文卫工会举办的“‘二孩’政策”讲座、“共创幸福”青年教师联谊活动、“爱心妈妈小屋”建设给予资金支持等举措，是外树形象、内促发展的“双赢”之举。

另外，女性教师要学会自我调节，释放压力。职场压力，被形容为“21 世纪的黑死病”，大量研究证实，工作压力和疾病与死亡风险之间成正比关系，不同职业，压力和风险也有所不同。但无论身处何种职业，都应该通过自身努力，将压力可能带来的健康风险降到最低。压力是影响心理健康的主要因素[4]。过度的工作和生活压力，会使人产生生理、心理以及行为失调反应。从心理学的角度来看，人的心理压力要定期或不定期地释放，来求得心理平衡。

女性教师肩负着多重身份，为人师，为人母，为人妻，长期奋斗在教育教学一线，繁重的教学工作使之“压力山大”，需要寻找释放的途径。学校可以安排定期的心理咨询和辅导工作来减轻教职工的精神压力，同时给予更多女性教师人文关怀以提高他们在工作中的归属感和安全感，从而提高他们的生活满意度和幸福感。

我国著名教育家叶圣陶曾说：“教育工作的全部工作就是为人师表。”一名合格的教师在学校教育中、在学生面前绝对应该做到为人师表，用自己的言行去影响学生，去塑造学生的灵魂。有这样一句话：“因为教育是一个使教育者和受教育者都变得更完善的职业，而且，只有当教育者自觉地完善自己时，才能更有利于学生的完善和发展，换而言之，没有教师的幸福感觉，就很难有学生的幸福感受。”

（三）提高待遇，增强获得感

百年大计，教育为本。教育之计，教师为本。学校教育的发展，教职工队伍的稳定，关系到千家万户的切身利益，关系到民办高校的稳定发展，关系到为社会培养合格人才。要花大力气激发教师的工作热情和创新活力，这是办好教育的第一步。

大部分教职工认为，教育事业的重视与发展，必须在提高教职工待遇方面有所体现，待遇低则削弱了教职工的地位。民办高校要积极创造条件，努力提高教职工的福利待遇。待遇问题，可以说是当前民办高校教职工队伍中的热点、难点问题。学校人事部门要做好人事制度、分配制度改革，要解决好用人机制、分配机制，应当形成按劳分配、多劳多得、优绩优酬的薪酬体制。随着“二孩”政策的实施，抚养成本、教育成本不断增加，为减轻女教职工的压力，让她们安心教学工作，提高工资待遇成为大家的共同期盼。在个别访谈中，一名在P高校工作16年的法学女教师透露，她是一位41岁的二孩妈妈，她的工资收入（税后）是每月5 000多元，她的儿子读小学，月支出1 000元，女儿一岁多，请保姆照看工资每月4 000多元，房贷6 000多元。她坦言：如果不是她爱人收入较高的话，她是无法应对这笔庞大的家庭日常开支的。有时想辞职回家照看孩子，但又不愿意做两耳不闻窗外事的“中年油腻”妇女，不愿意成为“房奴”和“月光族”，而是想通过自己的努力获得幸福生活，房贷、“二孩”政策带来的心理困扰和经济困境在很大程度上制约和影响了女性教师的幸福感。

民办高校的教师福利待遇问题一直是关注的焦点，广东省P高校在提高教职工工资待遇方面做了大量的工作。2018年9月份，学校调整了岗位工资和教龄津贴，结构调整与套改增资总量约1 900万元。此次工资调整后教职工普遍表示满意，但普遍认为工资调整的力度可以更大一些，步子迈得更快一些。可以通过以下途径更好地解决待遇问题：

1. 建立工资集体协商机制

《劳动法》《工会法》《劳动合同法》明确要求建立工资集体协商机制，民办高校可通过教职工代表大会，完善工资集体协商制度，一方面既能够维护一线职工的权益，使工资增长与学校效益提高相适应，确保每个教职工分享学校发展的成果。另一方面，又有利于建立和谐稳定的劳资关系，增强民办高校凝聚力，调动所有教职工的积极性。除此之外，民办高校应建立一项持续的薪酬增长机制，工资增长应与通货膨胀、房价上涨及学费联动挂钩，给教职工一个薪酬增长预期，例如每年增长基本工资的7%—10%。

2. 健全和完善教代会制度

学校教代会作为教职工参与学校民主管理的基本形式和制度，也应当是学校工会履行自身职能的有效形式。以P高校2016年召开的教代会为例，关于工资增长的提案是最多的，会议共征集到提案33件，关于教职工工资福利待遇的提案18件，占提案总数的54.5%。

教代会为教职工搭建了参政议政、发表不同意见的平台，通过教职工代表撰写提案，实现了利益诉求的表达，学校领导能尊重和采纳教职工的建议和意见，让他们有主人翁的感觉，这种主人翁感觉，内化为教职工对学校的强烈的责任感，从而迸发出一股强大的力量，促进了学校的和谐发展。

3. 完善“软环境”建设

民办高校还可以在完善教育教学设施，改善住宿环境、办公环境等方面提高教职工福利待遇。为女性教师提供良好的外部环境，免除她们的后顾之忧。

4. 拓宽收入渠道

民办高校要改变收入单一的瓶颈，要想办法、下大力气改变不利的制约因素，拓宽收入渠道，加大继续教育力度达到创收。如北京师范大学珠海学院的继续教育学院就是一个很好的典范，创收带来了经济效益，教职工从中受益。

（四）助力发展，增加职称晋升机会

着力推进学校人事管理制度、分配制度、绩效考核制度和后勤管理制度改革，提升规章制度的透明度和公平性，努力为女性教师搭建成长平台，帮助她们融入团队，提升专业发展能力。增加有利于女性教师职称晋升机会，助力女性教师个人职业生涯的发展。增加电子图书资料的购进与储备，提供更加丰富、及时的图书资料资源和互联网电子数据库资源，为女性教师教学科研提供更大的支持。

（五）加大投入，提高科研水平

科研的目的是更好地指导教育教学工作，高质量地解决教育教学中的问题，完成从实践到理论、从理论指导实践的辩证循环。科研是女性教师职业成长和自我发展的支撑，采取多种措施努力营造有利于研究的宽松环境，引导女性教师走上科研兴教之路是当务之急。民办高校要重视对科研经费的投入，提高科研的积极性，让更多的女性教师参与到科研项目中来，从而有更多的科研成果。

民办高校囿于资金、人才、政府和社会资源等的限制，科研工作开展确实困难重重。但民办高校也有自己的优势，比如机制灵活、自主性强，民办高校只要能通过制度创新，利用好现有资源，充分调动个人和团体积极性，就一定能实现一个个质的飞跃。具体有如下措施：

1. 专家引领，科研先行

可以邀请学者或专家来校作科研讲座和报告，使女性教师了解科研的意义、步骤和方法，从而提高对科研的兴趣。

2. 全力支持，政策激励

科研工作要做大做强，自然就要不断提高科研经费的投入。特别是随着科研成本的逐年增加，为激发教师的科研积极性，满足科研工作的经费需要，提高科研经费是当务之急。学校在科研经费上可以加大投放力度，如提供丰富的图书资料、科研设备，采集最新科研信息，拓宽研究的视野，提高研究水平。

3. 加强学习，提升自我

学校可以定期或不定期组织女性教师认真学习现代教育理论，为教育科研发展与推广创设条件，充分促进学术观点的碰撞、科研灵感的激发，在教学—思考—研究中不断丰富自己，提升自己。

“幸福都是奋斗出来的！”“伟大梦想不是等得来、喊得来的，而是拼出来、干出来的。”民办高校要顺势而为，积极应对，主动作为，为女教职工办实事，办好事，解难事，以解决她们的后顾之忧。要在构建民主、发展、和谐、幸福之家的工作中有所作为，构建起与教职工共同发展的“命运共同体”，把学校的发展转化为实现人生价值的追求，共同营造健康、和谐、幸福的教职工之家。广大教职工只有团结一致，同舟共济，迎难而上，才能共克时艰，书写民办高校教育事业的奋进之笔。

参考文献

[1] 总书记说的幸福感，是沿这条路走来.（2018－08－20）. http：//news. cctv. com/2018/08/20/ARTI44eJgujXsTuoKzNmmZpQ180820. shtml.

[2] http：//theory. people. com. cn/n1/2017/1215/c40531－29709072. html/民生三感.

[3]《广东省人民政府关于鼓励社会力量兴办教育促进民办教育健康发展的实施意见》(粤府〔2018〕36号)，2018年4月。

[4] 钮文异，丁筱，黎力. 身体的声音：女性健康知识手册. 北京：中国工人出版社，2016.

某高校附属医院女性职工亚健康及其健康教育研究

黄平　孙毅明　苏颖　钟嘉伟　肖莉华　卢味*

亚健康状态是指人体处于健康和疾病之间的一种状态。亚健康状态不能达到健康的标准，表现为一定时间内的活力、功能和适应性下降，但尚未达到现代医学相关疾病的临床或亚临床诊断标准[1]。为了解高校附属医院女性职工亚健康及其健康教育研究，本课题组于2018年1—12月，对某高校附属医院2018年女性职工体检结果进行分析，并发放电子问卷调查200份，这对于摸清当前高校附属医院女性职工亚健康现状，并借鉴国内亚健康的健康教育经验，分析导致高校附属医院女性职工亚健康的原因及干预对策具有重要意义。

一、资料与方法

（一）调查对象

调查对象为2018年1—12月某高校附属医院女性职工参加体检的2 077人。某高校附属医院属于华南地区排名前列的三甲医院，每天从全国各地来院就诊的病人络绎不绝，工作的高强度、三餐不规律、二胎家庭压力等诸多因素，导致目前某高校附属医院的女性职工健康状况存在一定的问题。

（二）调查方法

1. 体检内容研究

研究某高校附属医院女性职工2018年的体检内容，体检内容严格按照常规统一体检表格和操作规程进行收集整理，项目包括：身高、体重、血压、五官、内科、外科、乳腺B超、血常规、宫颈涂片等。

2. 亚健康问卷调查

问卷内容包括一般信息、身体状况、情绪状况、生活状况、工作环境状况、精神状况及总体评价共7个部分20个问题。发放电子问卷200份。

（三）诊断标准

按照医院保健体检科结果，判读疾病、亚健康状态、健康状态。疾病的确诊依据世界

* 作者单位：中山大学附属第一医院。

卫生组织（WHO）的标准[2]；亚健康状态的判断依据WHO关于亚健康的定义，并参考世界中医药学会联合亚健康专业委员会制定的《亚健康的中医临床研究指导原则（试行）》中亚健康的判断标准：持续3个月以上反复出现的不适状态或适应能力显著减退，但能维持正常工作；无重大器官器质性疾病及精神心理疾病；尽管具有明确的非重大器官器质性疾病或精神心理疾病诊断，但无须用药维持，且与目前不适状态或适应能力的减退无因果关系。

（四）统计方法

体检结果数据采用SPSS 19.0软件包进行统计分析。调查问卷中所有项目涉及因素分别为5个等级，按0—4分计分，项目中完全没有计0分，很少有（或好）计1分，有（或不好也不坏）计2分，多数有（或很差）计3分，几乎总是计4分。综合项目总数，总分值75分以下（含75分）为健康，75分以上为亚健康。

二、结果

（一）体检对象基本情况

本次体检结果调查对象中，年龄在21—30岁有408人，占19.6%；年龄在31—40岁有872人，占42%；年龄41岁以上有797人，占38.4%。

1. 受检人员异常情况的构成比

根据体检项目和正常值标准分为血脂异常、体重异常、心电图异常、妇科异常、乳腺异常、高血压、高血糖等。在2 077人次中，异常项目比例最高的前五位是妇科异常、眼部异常、乳腺异常、体重异常、肝脏异常。

2. 患病率趋势

研究结果显示，某高校附属医院女性职工各科疾病患病率由高到低的顺序为：妇科、五官科、内科、外科。妇科疾病患病率由高到低的顺序为：乳腺增生、子宫肌瘤、宫颈鳞状上皮内病变、卵巢囊肿、子宫内膜息肉等；五官科疾病患病率由高到低的顺序为：视力低、双眼屈光不正、鼻炎等；内科疾病患病率由高到低的顺序为：血脂异常、腹型肥胖、尿酸偏高、高血压；外科疾病患病率由高到低的顺序为：胆结石、胃肠息肉等。

（二）调查问卷结果

1. 一般情况

发出200份问卷，回收200份，数据显示，处于亚健康状态者145名，亚健康发生率72.5%，年龄在20—55岁。

2. 年龄分布

女性职工亚健康人群中，年龄在30岁以下的发病率为28%，年龄在30—45岁的发病率为42%，年龄在45—55岁的发病率为25%，年龄在45岁以下人群发病率最高，年龄在55岁以上人群发病率最低。

三、影响某高校附属医院女性职工亚健康的主要原因

（一）医院女性职工自身原因

在传统观念中，医生拥有防病治病的知识和技能，应该是最远离疾病的人群，然而在中国，医生是普遍认为压力最大的职业之一，特别是高校附属医院，作为一个“三高”特殊群体：高学历、高水平、高负荷，肩负着医疗、科研、教学等任务[3]。某高校附属医院属于华南地区的三甲龙头医院，职工们既要面对不断学习先进医疗技术的压力，还要面对复杂多变的医患关系。尤其是医院女性职工一方面要承受职业压力，另一方面要承担家庭事务，往往使她们的身心处于紧张状态，忽略自身的健康状况，使得医院很多女职工出现头痛、焦虑、腰酸背痛、精力不集中等亚健康状态。

某高校附属医院女性职工体检结果显示，随着女性职工年龄的不断增加，高血压、高血脂的女职工比例在不断增加。生活水平的提高使人们形成了以荤多素少为主的饮食习惯，脂肪摄入超过代谢，营养摄入过多，造成体内大量脂肪囤积[4]。又由于医院工作时间为24小时轮值，生活作息缺少规律，女医务工作者一般脑力劳动较多，熬夜、饮用咖啡、高热量饮食等因素均使脂肪过度堆积，长此以往造成代谢紊乱，引起各种慢性疾病的发生。另外患乳腺、妇科疾病的女性职工也在不断增加，这类疾病也与女性的亚健康因素有关。

（二）心理因素

女性医务工作者在救死扶伤的特殊职业中，面临着新时代的新问题、新挑战，既有来自专业发展、知识更新迅速的压力，又有来自职业发展、升职空间的竞争压力。精神和心理的负担加重，女性大多不愿意向心理医生、亲人倾诉，压力造成的心理紧张与心理障碍，自我调整缺失，又没有时间去进行心理咨询，久而久之就会诱发种种亚健康症状[5]。某高校附属医院女性职工更是亚健康防治的重点人群。

（三）家庭原因

本研究中发现女性职工患乳腺增生、宫颈炎等疾病较多。这可能与女性特殊的生理及心理因素有关。随着国家“二孩”政策的实施，女性职工面临的生育压力与日俱增，而女性职工在职称评聘、科研成果等方面想获得成绩，则需要付出比男性更多的努力；女性培育儿女、照顾家庭，是家庭事务的主要承担者，贤妻良母的角色赋予其更多的心理压力。

四、措施与建议

（一）定期开展女性健康体检

高校附属医院应加强对职工的健康体检工作，尤其是在关爱女性职工方面，要针对40岁以上的女性职工开设特殊体检方案，同时建立女性职工健康体检电子档案，加强资料的分析、处理、管理，并定期发送温馨提醒，让职工主动关心自己的健康变化。这不仅有利

于方便女性职工健康体检结果查询，更有利于女性职工主动参与健康管理，还有利于动员女性职工共同探索健康问题。

（二）工会应重视对女性职工的亚健康教育管理

高校附属医院工会承担着对职工健康教育的责任，尤其是应重视对女性职工的亚健康教育管理。应充分发挥高校附属医院工会组织工作覆盖面广、活动内容丰富和凝聚力强的优势，对女性职工进行科学有效的健康教育，积极采取多种预防和干预措施，努力提高女性职工健康状况，减少亚健康状况的发生，这应该成为高校附属医院工会的重点工作之一。应按照女性职工不同年龄段，有针对性地进行人文关怀和心理疏导。如邀请专业心理学家开展心理健康教育宣传，运用“互联网+”新形式，线上线下开展宣传，帮助女性职工缓解心理压力。

1. 开展医院EAP关怀服务

医疗改革从多方面影响着医护人员的职业压力水平，强调压力管理的意识，积极创造人性化的工作环境，从员工关怀计划（EAP）着手建立健康型组织，是减轻医护人员的心理压力，确保医护人员身心愉悦，促进医院快速、稳步、健康发展的有效途径。如主动关心大龄女职工的婚恋问题，组织专场联谊活动，搭建个人幸福的桥梁，让单身的医务人员走出院外与外单位青年沟通交流；“二孩”政策实施后，考虑到职工实际需求，利用工会资源，举办寒暑假托管班，关爱“医二代”；举办午间瑜伽培训班，为女性职工舒缓压力提供锻炼场所；举办与健康、礼仪、心理等相关的知识讲座，倡导科学健康的生活方式。

2. 为女性职工开辟减压渠道

创造有利于女性职工心理健康成长的有利环境，加强女性职工的心理健康教育，增强其心理承受能力。如以趣味运动会、主题摄影活动、心理礼仪讲座、旗袍展示等多种形式，搭建起医院文化建设的立体舞台，让女性职工的才能得到充分展示，使她们的精神情感得到充分释放。例如某三甲综合医院举办两年一届的趣味运动会吸引女性职工参与；举办“最炫天使风”旗袍秀等服饰展示活动，展示新时期女性医务工作者别样的魅力与风采，营造出缤纷多彩的医院文化氛围；开展“最美瞬间”随手拍主题摄影活动，展示女性医务人员良好形象，传递医院正能量；举办妇女节徒步活动，呼吁她们走近户外，拥抱阳光，加强体育锻炼。诸如此类的活动，使女性职工能主动参与进来，营造健康教育环境。

3. 提供营养健康午餐

本次女性体检结果显示，血脂异常为高发病率。高血脂是血管疾病的诱因，不加以重视，会导致严重的健康疾病。某高校附属医院的女性职工由于离家较远、加班看诊等因素，大部分在职工餐厅用早餐、午餐，因此职工餐厅在职工保健方面的作用不容忽视。某高校附属医院食堂提供的饮食偏油、多盐，荤多素少，容易引起高血脂，建议食堂餐厅联合营养科，制定科学健康的营养午餐菜单，为职工的健康保驾护航。

（三）亚健康状态与中医药防治

本次对高校附属医院女性职工亚健康状况的研究结果表明，女性职工亚健康人群更容易出现中医偏颇体质，气虚、阳虚的频率最高，其次是痰湿热体质。首先，由于女性医护人员的压力大，心理调节不好，容易出现疲劳、抵抗力差等气虚症状；其次，她们长期待在干燥的室内空调环境中，缺乏户外运动，易引起阳虚证型。

近年来，利用中药防治亚健康已成为一种临床研究模式，中药方剂的应用可以清晰地治疗患者，既能反映中医证候的结合，又能反映相应的方剂和证候的概念，也可以充分发挥中药方剂的优势，补充中药的不足[6]。亚健康在临床的表现较为复杂多样，包括情绪低落、过度紧张、头晕心悸、精力不济等现象。社会表现为不能及时完成工作或学习，家庭关系不和谐，甚至不能进行正常人际交往。中医主张“消患于未兆”，当疾病没有明确诊断，只是有病前的临床表现，如血气失调、阴阳不平衡等症状时，就应当尽早治疗，避免疾病的发生。例如中医传统的四七汤，具有明显理气宽中和胃降逆上的调理效果，能够清热化湿，降火解毒，调养脾胃。研究表明，中药能有效预防和治疗亚健康状态，安全性高，应用价值显著，值得在临床广泛推广使用。

高校附属医院工会应关注女性职工中的亚健康人群，多方面对其进行健康教育，培养一种健康的生活、行为和工作方式，膳食结构合理，性情开朗，起居有常，劳逸结合，从而远离亚健康，这样才能有一个高质量的健康生活。我们今后努力的方向，就是总结系统合理的养生保健措施，中西医并重发挥中医治未病特色和优势。找出切实可行的保健方法，让高校附属医院女性职工真正养成健康的生活方式，从而解决亚健康问题。

参考文献

[1] 霍云华，王学良，李俊，等．广东省某医学高校职工亚健康状态调查分析．广东医学，2007，28（2）：294－296.

[2] 肖永康，胡新来，朱良星，等．某医科大学高级教职工健康体检状况分析．中国学校卫生，2005，26（10）：872－873.

[3] 伍星，廖生武，戴萌，等．某高校附属医院教职工健康状况的调查研究．医院管理篇，2014，12（12）：146－148.

[4] 全国九五科技攻关课题协作组．我国中年人群心血管主要危险因素流行现状及80年代初至90年代末的变化趋势．中华心血管杂志，2001，29（2）：74－79.

[5] 王琦．中国体质学．北京：人民卫生出版社，2008.

[6] 陈显炜．亚健康状态的中医药防治．青春岁月，2015（22）：452.

职业研究

现状与出路：浅议高校女性副教授职业生涯发展

李舟*

一、研究背景

随着社会的快速发展与不断进步、人民整体受教育水平的提升，人们的社会观念越来越多元与开放，越来越多的女性进入职场，成为职业女性。

对于职业女性而言，职业生涯发展是一个动态过程，是指一个人在她的整个生命空间内选择工作的一个总的行为过程，包括从职业学习开始至职业劳动结束的整个职业工作历程。生涯困境是指员工在职业生涯的发展道路上，由于各种原因很难得到职务晋升或承担更多责任的状态。尽管发展通道和更高层次的职业是清晰可见的，但职业发展明显受到阻碍。

高校教师这一职业类型较受女性青睐，女教师所占比例较大。随着我国高校女性副教授人数的增长及所占比例的提高，女教师在高等教育活动中的重要性日渐突显，但高校的管理层仍以男性居多。长期以来，高等教育系统内一直存在女性高层管理者缺乏的现象。现有的研究显示，我国高等院校中，男性校长的比例占90%以上，高校女性管理者呈现比例低、职权小、职位低、年龄大的问题。随着学术阶层和管理级别的提高，女性占比相应减少。高校女性副教授普遍被排除于权力集体之外，她们在薪酬、职权、任期等方面都处于低于男性的不利地位，职业生涯发展过程充满了抗争、冲突及性别偏见。可见，研究女性副教授在高校中的职业生涯发展现状，深度研究女性副教授的职业生涯路径与未来发展方向显得很有必要。

高校教师，从普遍意义上来说，包括从事教学工作、科研工作、教辅工作及行政管理的人员。但由于从事教学科研工作和从事教辅、管理工作人员的职业要求和工作准则不同且评价标准也有很大的差别，本文所探讨的高校女性副教授特指那些在一线从事教学和科研工作且职称限定为“副教授”的专任女性教师群体，不包括专职行政管理人员。本研究着重开展对于高校女性副教授群体的职业生涯发展现状调查与实证研究，以期取得更为聚焦、更有参考价值的研究结论。

二、研究的主要框架

高校女性副教授的职业生涯发展研究已成为国内外高校管理领域的一个热点问题。高校女性副教授在教学与科研领域中拥有巨大的影响力和行动力，是教学科研的主干力量之

* 作者单位：暨南大学。

一，也是一个非常值得重点关注和研究的群体。结合教育部2015年的统计数据，全国副高职称中女教师人数为208 101人，占45.0%。

以笔者所在高校——暨南大学为例，目前学校师资力量雄厚，共有女教职工2 858人，占全校教职工总人数的一半以上。在教职工构成中，现有专任教师2 129人，其中中国科学院院士2人，中国工程院院士5人，博士生导师636人，教授615人，副教授800人，其中副教授群体中女性比例仅接近35%，与女教职工在全体教职工中的占比并不对等。

因此，本课题研究框架重点从下述三方面展开研究。

（1）对近年国内外高校女性副教授职业生涯发展的相关研究成果进行梳理，完成文献述评研究。

从理论研究层面来看，当前研究成果往往以职业发展、身体健康状况、就业教育或就业质量为切入点，从单一个体的视角进行研究，有一定的研究局限性。本课题首先整理和归纳了国内外关于高校女性副教授职业发展的理论观点，以作文献综述。

从现实观察层面来看，随着经济发展和社会进步，高校女性副教授队伍也不断壮大，然而该群体职业发展在现实中缺少强有力的政策支持，出现“玻璃天花板”、家庭工作不平衡等问题。本课题对现阶段女性副教授相关职业政策进行梳理和研究，包括国家的教育制度、就业制度、人才流动制度和社会保障制度等，都是对高校女性副教授职业生涯发展产生影响的因素。

（2）通过一手调研，分析高校女性副教授职业发展的现状、规律等。

本课题将聚焦于高校女性副教授这一特定单一职称群体，关注其职业生涯发展与变迁，研究其发展规律与特征，根据已有的自我职业生涯管理量表和组织职业生涯管理量表，对高校女性副教授职业发展进行实证调研、访谈，分析我国高校女性副教授职业发展的现状及问题。

根据所选择研究的确定问题，设定可检验和具有相对性的命题和假设，并且设计研究方式和步骤，继而展开调查和资料收集，最后进行分析和验证。根据所收集的数据资料，展开定性和定量分析，在分析过程中，对于所选择的命题和假设展开验证，提炼高校女性副教授职业生涯发展规律和主要影响因素。

（3）在实证调研结论基础上，提出有针对性的政策与管理建议。

在实证调研结论基础上，以相关理论为导向，与高校女性副教授的职业发展相吻合，发现并探讨高校女性副教授的职业发展管理的问题：包括传统思想和不平等待遇等外部问题，以及包括自我生理和心理障碍、自我认知和职业认知不足、工作生活平衡难等内部问题，提出有针对性的管理建议。

因此，无论是为了细化和完善高校女性副教授职业发展的相关理论，还是为了改善高校女性副教授职业发展的现实状况，本课题的研究都将发挥积极的推动作用。

三、调查研究设计与受访者个人信息分析

1. 研究设计

本课题调研通过对高校女性副教授职业生涯发展现状进行问卷调查和数据统计，来在广东省9所不同层次、不同类型的高等院校中展开，分别是暨南大学、中山大学、华南师

范大学、广东财经大学、深圳大学、广州大学、华南理工大学、广东外语外贸大学、深圳大学城相关高校（包括哈尔滨工业大学深圳校区、北京大学深圳校区、清华大学深圳校区）等。

问卷内容分为几大部分：一是关于受访者的个人信息，包括所在学校类型、学历、任职年龄、任教时间、任职岗位；二是关于受访者的职场现状，包括任教课程类型、教学工作量、备课时间、收入、专业培训学习情况、科研情况、职业满意度，以及对上述主要因素的幸福感体验；三是关于受访者家庭状况，包括婚姻现状、孩子现状、家务情况、抚育孩子、家庭生活满意度、婚姻满意度等；四是关于职业展望方面，包括职业选择初衷、工作压力、生活压力、身体健康状况、三年内职称晋升情况、职场发展情况满意程度等。

2. 本次调查统计的基本情况

本课题研究采用问卷调查方式展开预调研，经文字微调修订后正式发放问卷，发放对象主要为高校女性副教授，历时一个月左右，共发出问卷128份，其中有效问卷116份，有效回收率为90.63%。

（1）高校女性副教授受访者所在院校以211院校和普通本科院校为主；

（2）高校女性副教授受访者学位以硕士和博士为主；

（3）高校女性副教授受访者的年龄主要集中在31—40岁；

（4）高校女性副教授受访者任现职以来的时间较分散，长短不一；

（5）高校女性副教授受访者的现任岗位仍以专任教师为主，承担教学管理或者行政管理职务的比例较低。

高校教师是高校发展和进步的核心竞争力，是培养和塑造人才的建设者。随着高校女性副教授的数量和水量的提高，她们已经成为高校教师队伍中非常重要的一部分，承担着越来越重要的角色，为高校的建设作出了相当大的贡献，高校女性副教授在高校扮演着越来越不可或缺的重要角色。

四、高校女性副教授的职业生涯发展调查

根据中国女教师发展报告，1979年大陆地区普通高等院校的专任教师有23.7万人，其中女教师6.07万人，占25.6%；2013年的数据显示，中国普通高校专任教师规模达到149.7万，其中女教师71.4万，占47.7%。由此可见，越来越多的女性加入高校教师的队伍，数量和比例都有很明显的提升。2014—2018年，未发布权威的中国女性教师发展报告，未来仍有待更新数据来补充和论证这一上升趋势。

根据国家统计局发布的数据，1990年至2010年，妇女成人文盲率已从超过30%降至10%以内，女性研究生入学比例为49.71%。由于越来越多的女性接受高等教育，女硕士和女博士的数量和水平都在不断提高，从事科研的女性也不断增加。目前在高校中，新招聘专任教师的最低学历要求均为博士研究生，高校女性副教授队伍的水平也有了明显的提高。

据已发布的官方信息数据，课题组对所调查的9所大学所在的一级三大委员会，即学校职称评审委员会、学校学位委员会、学校教学指导委员会进行了数据统计，其成员中女性仅占12.89%；9所大学中获国家三个人才奖励计划等五个奖项，即两院院士、长江学

者奖励计划、国家杰出青年科学基金等的高级人才中，女性仅占6.55%；9所大学教授中女性占18.64%；9所大学副教授中女性占34.94%；9所大学校级领导班子中女性占12.12%；9所大学正处级干部中女性仅占12.35%；9所大学校属“学院”一级院长中女性仅占8.41%。

现将本次调查的主体内容分析如下：

1. 关于高校女性副教授受访者目前的职场现状

（1）高校女性副教授受访者近三年主要任教的课程以专业理论课为主（占86.21%），在高校日常教学工作中，高校女性副教授发挥了非常重要的主体和骨干作用。

（2）高校女性副教授受访者近三年平均每周教学工作量为9—12课时的有37.93%，平均每周5—8课时的占44.83%，合计82.76%，这个数据再次充分说明了高校女性副教授在高校教学工作中的主体作用和支撑性地位；而这一较高的教学工作量也与题项对于工作量的满意度形成印证，对工作量满意度为中等水平的受访者占据50%，满意度低和很低的受访者占据32.75%。

（3）高校女性副教授受访者近一年内平均每周用于备课的时间为3天的占41.38%，平均每周2天的占29.31%，教学占据了主要工作时间，所以不难理解这一群体所面临的工作压力和现实职场状况。

（4）高校女性副教授受访者的税前年薪集中在8—16万区间，超过20万的仅占6.9%，与当前整体收入水平还存在一定的差距，与薪酬满意度数据保持一致，满意度中等占据主体，约为51.72%；而满意度低和很低的受访者占据了46.55%。

（5）高校女性副教授受访者近三年参加专业培训和学习的情况也参差不齐，三年来平均每年不足1次机会的占46.55%，平均每年1次的约占22.41%，只有31.03%左右的受访者能够有较多的机会参与专业培训和学习，超过每年1次的平均水平；满意度情况也以中等水平为主体，占56.9%。

（6）高校女性副教授受访者近三年的科研情况较为平均，约56.9%的人员有独立主持的科研项目；约41.38%的人员以项目参与为主，但这样的科研状况也是不尽如人意的。

（7）高校女性副教授受访者近三年来所参加的最高级别科研和教改项目以省级项目为主，占受访总数的60.34%；对科研成果满意度中等的占44.83%，满意度低或很低的占全部受访者的46.55%，仍处于相当低的水平。

（8）高校女性副教授受访者对目前职业的满意度回应较为中性，认为中等满意的占主体，为53.45%；而职业满意度高的受访者占比为27.59%，这一数据仍有待进一步提高。

2. 关于高校女性副教授受访者的家庭状况

（1）高校女性副教授受访者的婚姻现状以已婚为绝对主体，婚姻状态相对稳定；

（2）高校女性副教授受访者仍以一孩家庭为主，一孩者占比81.03%；

（3）高校女性副教授受访者是家庭家务的主要承担者，主要由高校女性副教授受访者承担家务的占比41.38%，双方都承担的占比32.76%；

（4）高校女性副教授受访者家庭在抚养和教育孩子方面以夫妻双方都承担为主，占比51.72%，主要由受访者承担的占比48.28%；

（5）高校女性副教授受访者对目前家庭生活满意度明显高于工作方面，在受访者中表示满意度高或者很高的共计占比55.17%，满意度中等的占比37.93%；

（6）高校女性副教授受访者对孩子的满意度也较高，展现了高知女性在教育方面的优势，对孩子满意度高或很高的共计占比75.86%，是此次调研所有事项中满意度最高的；

（7）高校女性副教授受访者对婚姻满意度高或很高的受访者占比为53.45%，但也有相当一部分表示满意度中等或不高。

整体来看，由于受传统观念的影响和社会条件的制约，女性的社会地位虽然有所提高，但仍普遍低于男性，女性在家庭事务中仍然发挥着主体作用。不过，相较于工作事务而言，高校女性副教授对家庭生活的满意度整体较高。

3. 关于高校女性副教授受访者的职业展望

（1）高校女性副教授受访者的职业选择初衷为多选题，限选2项，依次占比最高的选择初衷依次为高校教师收入与工作稳定（58.62%）、热爱教育事业（48.28%）、方便照顾家庭（41.38%）、高校教师社会地位较高（25.86%）等；

（2）高校女性副教授受访者工作上最大的两大压力为科研能力压力（82.76%）和职称职务晋升压力（53.45%），在所有选项中展现了压倒性的绝对比例，说明这两大压力对于高校女性副教授而言的确是重中之重；

（3）高校女性副教授受访者生活上最大压力依次为经济压力、养育孩子压力、赡养父母压力、家庭关系压力等，也有18.97%的人表示生活上无压力，与职场压力数据形成了鲜明的对比；

（4）高校女性副教授受访者与同龄人相比，身体健康状况相对正常，表示健康状况一般的占据主体，比例约为51.72%，比较差和比较好的两端受访者占比相对持平；

（5）高校女性副教授受访者对于是否可以在近三年内晋升教授职称表达了相对悲观的态度，仅有占比12.07%的受访者表示可以，而有46.55%的受访者表示不可以，41.38%的受访者表示不确定，汇总后两者的数据，显然这一数据还是非常高的；

（6）高校女性副教授受访者对个人职业发展情况的满意度整体上觉得一般，占比高达60.34%，满意的受访者仅占比17.24%，没有受访者对职场发展情况表示很满意，这一数据值得我们深思和研究。

显然，此次调查收集的整体数据分析表明，作为有知识、有文化的当代女性，高校女性副教授拥有独特而鲜明的思维方式和价值观，在思想方面紧跟时代潮流，对从事教师这一职业有自己清晰的想法和愿景。高校女性副教授虽然已成为高校教学工作的主体和核心群体之一，承担了大量教学科研工作，但在个人职业发展与晋升中仍普遍属于边缘群体，在高校取得的职业成就远远不及男性。即使一些女教师依靠自身努力获得了高成就，也难免要做出巨大的牺牲，遇到的困难与阻碍明显多于男性。

但是，在高校女性副教授受访者群体中竟无一人对自身职场发展情况表示很满意，这一现象是值得引起我们的高度重视和深入研究的。

五、高校女性副教授职业生涯发展受多种因素限制

通过文献检索、调查与个别访谈等方式收集信息并分析，课题组将高校女性副教授在职业生涯发展中遇到的各种障碍进行了汇总、提炼和梳理，总体上看，高校女性副教授职

业生涯发展中遇到的四大障碍主要是：

（1）职业生涯中的生育障碍；

（2）晋升中的评价体系障碍；

（3）职场中的男性主导观念障碍；

（4）发展中的职业能力障碍。

根据前人研究成果，女性职业发展模式主要有以下五种：一是“倒 L 型模式”，即持续就业到退休，生育后承担家庭及工作的双重角色；二是“U 型模式”，即婚前就业，婚后退出职场；三是“M 型模式”，由于生育而中断但子女成长后继续就业；四是“波浪型模式”，多次根据自身的具体情况出入劳动市场；五是“隐性就业模式”，从事不计入经济范畴的家务操持活动。

职业生涯发展理论和模式未必适用于中国女性。高校女性副教授职业生涯发展有其特殊性，发展路径所受到的阻碍和约束多于男性。外部环境因素和女性自身内在因素等都会影响其职业生涯发展，如政治经济的发展、新旧社会观念的冲突、社会政策、组织文化、女性受教育程度、兴趣爱好、价值观念、生理心理素质、自身意识、生育等。与西方人力资源管理理论对照来看，高校女性副教授的职业生涯发展主要属于第一种模式，即承担着双重角色，受到多种因素的阻碍与制约。

目前，国内针对个人职业生涯辅导的研究仍是空白。影响高校女性副教授职业生涯发展的结构性因素通常是刚性的，而非结构性因素，尤其是个人心理方面的因素是弹性的，针对个人的职业生涯发展提供辅导与咨询的机构和针对雇员的“员工援助计划”（employee aassistant program，EAP），可以较好地体现“以人为本”的职业促进精神。工作压力、职业倦怠、工作家庭冲突等日益制约着高校女性副教授的生涯发展，但是，高校女性副教授属于学习能力强的高知人才群体，因此相对缺乏能够针对高校女性副教授职业发展的咨询与辅导机构和相应的服务人才，高校组织也缺乏支持女性员工（特别是高校女性副教授）职业生涯发展的具体措施和专业人员。

高校女性副教授职业阶段属于职业高原期，职业发展常常处于停滞状态，如何突破、如何发展，需要认真研究、论证并进行实践探索。

六、高校女性副教授职业生涯发展的相关政策与建议

高校女性副教授职业生涯发展的问题并不是短期的、个别的现象，减少高校女性副教授职业生涯发展的阻碍也不是一蹴而就的，需要多方面长期的共同努力。基于高校女性副教授职业生涯发展面临的现实问题，本课题经过认真讨论与研究，认为可以从社会与行业、高校组织、个人与家庭几个方面进行探索和寻求突破。

1. 社会与行业

社会主流价值观和文化理念在很大程度上影响着女性的职业生涯发展，新型的、追求性别平等的社会文化可以更好地解放女性身上的束缚，为职场中的女性提供平等的机会，鼓励女性不拘泥于家庭、走向社会、多元化发展，打破传统思想的约束和对女性双重成功标准的判定。

在这一方面，即便是受过并参与高等教育的高校女性副教授们也无法例外，不能独善

其身。所以，推进社会性别公平仍然任重道远。

在高校职业发展环境中，可以考虑从下述方面着手：

（1）让男性和女性共同参与到管理和决策中来，让他们享有平等的决策权；

（2）对社会上关于性别公平的意见及时吸纳；

（3）给予女性平等的发言权，了解她们的实际需要；

（4）打破男主外女主内的传统观念，提倡男女平等；

（5）杜绝就业歧视和性别歧视，切实做到性别平等；

（6）高等教育行业更应充分发挥女性特别的性别优势，以教学为本，培养和鼓励女性发展，为女性提供成长的土壤和环境。

此外，还应完善相关的法律法规体系，从法律角度保障女性的权益，对不公平的现象进行抵制，解决女性就业难、晋升难、发展进步难等问题。

2. 高校组织

对于高校女性副教授普遍面临的角色冲突、工作—家庭平衡、“玻璃天花板”现象等问题，高校应及时了解相关情况，采取针对性的措施。

具体可考虑下述方面：

（1）保证性别平等的工作环境和晋升机制；

（2）采取弹性工作管理制度，让管理更加人性化；

（3）结合女教师职业生涯周期、家庭状况和个人特殊情况进行管理，对孕期或是家庭压力较大的女教师予以照顾，合理分配工作任务和工作时间，帮助制订工作—家庭平衡计划，减少女教师面临的冲突压力；

（4）在培训和晋升方面，高校应给予不同性别教师平等的机会，通过完善考核和晋升机制，提供更多培训和学习机会，打破“玻璃天花板”；

（5）高校可考虑为女教师引进、建设和提供专门的援助计划（如 EAP），帮助女教师进行职业生涯规划和管理，引导其树立职业信心，增强职业成就感和工作满意度，减轻她们在面临多重角色冲突时的焦虑与不安，帮助进行心理疏导等。

3. 个人与家庭

除了上述外部的各方面大力支持外，高校女性副教授自身的建设是更为关键和不可缺少的。

（1）高校女性副教授首先要树立自信，调整自我认知，改变不恰当的工作态度；

（2）正视自身所面临的职业生涯的发展困境和周期特征，积极接纳和调整；

（3）加强自我学习，提高综合素质和专业化水平，提高自身的科研教学能力，增强可持续发展的能力基础和平台；

（4）树立信心，建立女性的性别优势；

（5）明确个人目标，做好职业生涯规划及管理，为促进职业生涯发展而努力，并注重职业生涯三维管理；

（6）平衡社会角色及工作、家庭之间的关系，与家庭成员形成良好的平衡并同步发展。

通过研究我们可以了解，高校女性副教授群体在职业生涯发展过程中的阻碍是确实存在的，但并非牢不可破，高校女性副教授只有从自身出发，才能切实且主动地突破职业生涯发展过程中的阻碍，实现更高层次的突破和发展。

七、未来研究展望

1. 在此课题研究基础上，组建跨学科的研究团队

无论是宏观层面还是微观层面的对策，均需要人类学、管理学、经济学、心理学、法学、社会学、传播学等理论与实践的支持，单独开展某一学科的单一研究过于片面，不够客观完整，亟待整合不同学科高校女性副教授职业生涯发展的研究成果。

2. 加强本土化的高校女性副教授职业生涯理论研究

对中国女性的价值观（工作价值观、家庭价值观、婚恋观）、职业抱负、自我评价等方面进行系统的横向和纵向研究，探索适合本土高校女性副教授职业发展实际的理论模型，是打破中国高校女性副教授职业生涯发展困境的当务之急。

3. 构建多层级立体化的高校女性副教授职业发展支持系统

国家层面加强制度建设，让女性拥有与男性平等的职业发展权利、机会和保障。社会文化层面的建设，一方面要宣传性别平等的主流文化，另一方面要监管社会性别不平等的行为，为高校女性副教授职业发展营造积极的支持氛围并消除高校女性副教授职业发展的观念障碍。

高校组织层面贯彻“以人为本”的管理理念，优化流程设计，为高校女性副教授职业生涯发展提供机会、平台服务和重要保障，消除女性副教授的后顾之忧，让她们发挥更大的潜能和优势。

从国家、社会、高校、民间组织、社区到家庭，就业、职业发展和家庭等相关政策、规章制度、理念以及相应的支持措施应该保证持续性、包容性和开放性。

4. 提升高校女性副教授职业生涯规划与职业适应能力

EAP 是一项可以有效帮助处于困境中的高校女性副教授群体的职业援助计划。对女性副教授群体而言，如何进行正确的自我认知，如何形成清晰的职业定位，有哪些职业生涯发展策略可以借助和使用？未来，课题组将重点关注如何通过教育培训提升核心竞争力，通过实践提升实际工作能力和技巧，通过人际交往提升社会资本，通过平衡工作家庭关系实现自身价值等，以及如何借助专业机构或专业人员的支持与帮助提升职业女性生涯发展和职业适应能力等具体问题。

参考文献

[1] 佟新．职业生涯研究．社会学研究，2001（1）．

[2] 廖泉文．人力资源管理．北京：高等教育出版社，2003．

[3] 胡仙芝．基于性别公平基础上的就业政策及其改革——以高校女性副教授职业生涯发展为视角．新视野，2006（6）．

[4] 王小波．试析中国女性群体的分化与分层．妇女研究论丛，2005（5）．

[5] 奥西普，菲茨杰拉德．生涯发展理论：第四版．顾雪英，姜飞月，等译．上海：

上海教育出版社，2010.

［6］宁本荣．新时期高校女性副教授职业发展的困境及原因分析．西北人口，2005（4）.

［7］蒋美华．当代中国社会转型过程中高校女性副教授职业变动的现状审视．郑州大学学报（哲学社会科学版），2009（1）.

［8］何建华．国外高校女性副教授职业生涯开发研究现状综述．外国经济与管理，2006（1）.

［9］刘薇．女性就业性别歧视与政府治理分析．南京：南京农业大学，2007.

［10］龙立荣，方俐珞，凌文辁．组织职业生涯管理与员工心理与行为的关系．心理学报，2002（1）.

［11］刘兴民，汪宜丹，张庆彩．高校知识女性职业能力问题研究．合肥工业大学学报（社会科学版），2004（4）.

［12］谢员，龙立荣．组织员工职业发展阶段的实证研究．中国地质大学学报（社会科学版），2008（3）.

［13］石彤．性别排挤研究的理论意义．妇女研究论丛，2002（4）.

［14］赵慧军．阻碍高校女性副教授职业发展的因素分析．经济与管理研究，2006（2）.

［15］佟新，濮亚新．研究城市妇女职业发展的理论框架．妇女研究论丛，2001（3）.

［16］颜士梅．企业人力资源开发中的性别歧视问题研究．北京：科学出版社，2009.

［17］祝平燕，周天枢，宋岩．女性学导论．武汉：武汉大学出版社，2007.

［18］吴愈晓，吴晓刚．城镇的职业性别隔离与收入分层．社会学研究，2009（4）.

［19］潘锦棠．性别人力资本理论．中国人民大学学报，2003（3）.

［20］张抗私．就业性别歧视与人力资本投资倾向的交互作用分析．浙江大学学报（人文社会科学版），2009b（5）.

［21］王剑敏．知识女性参与高校管理的现状、影响及对策．苏州大学学报（哲学社会科学版），2008（3）.

［22］李晓园．人力资本和社会资本视野中的高校女性副教授职业问题．上海经济研究，2005（9）.

［23］张喆，徐红．参政女性的职业生涯分析．上海管理科学，2010（2）.

［24］李全喜．女性科技工作者职业发展影响因素的三维解析．科学学与科学技术管理，2009（12）.

［25］杨丽．中国女性科学家群体状况研究．合肥：中国科学技术大学，2010.

［26］冯惠敏，蔡安烈．中国女性发展的教育文化的环境建设刍议．武汉大学学报（哲学社会科学版），2011（6）.

［27］陈亚楠．在职高校女性副教授职业生涯发展障碍维度及相关研究．广州：暨南大学，2008.

［28］田力．基于领导—成员交换的女性管理者职业生涯阻隔研究．武汉：华中科技大学，2010.

［29］郑向敏，刘丹．高校知识高校女性副教授职业发展困境与出路．中华女子学院学报，2010（2）.

[30] 傅跃琴. 我国高校女性副教授职业生涯发展研究. 重庆：重庆大学，2008.

[31] 杜艺婷. 高学历高校女性副教授职业生涯阻隔因素及对策研究. 厦门：厦门大学，2008.

[32] 国云丹. 高知女性、生育与职业发展——以上海市21位女性为例. 妇女研究论丛，2009（2）.

[33] 陈聪. 职业女性生涯转换的叙事研究. 上海：华东师范大学，2011.

[34] 黄静晗，郑逸芳，郭涵. 女性管理者职业发展障碍问题探讨——对福建省的调查与思考. 福建农林大学学报（哲学社会科学版），2006（6）.

[35] 徐改. 成功职业女性的生涯发展与性别建构——基于生活历史法的研究. 上海：华东师范大学，2007.

[36] 黄丽. 高校女性副教授职业发展自我阻隔因素量表的编制. 武汉：华中科技大学，2010.

[37] 龚蕾. 女性的职业发展与工作家庭平衡策略. 人力资源管理，2011（8）.

[38] 宋媛. 高校女性高层次人才的职业发展——以北京市为例. 沈阳师范大学学报（社会科学版），2011（4）.

[39] 李艳玲. 浅谈科研事业单位员工职业生涯的规划与管理. 襄樊学院学报，2011（7）.

[40] 刘薇. 组织中高校女性副教授职业生涯规划研究. 成都：西南财经大学，2008.

[41] 贾云竹. 直面性别隔离：中国高校女教师发展报告. 中国妇女报，2015－09－08.

[42] 刘德中，牛变秀. 中国的职业性别隔离与女性就业. 妇女研究论丛，2000（4）.

[43] 李春凤. 不同组织高学历高校女性副教授职业生涯阻隔差异比较研究. 青岛：中国海洋大学，2008.

[44] 邹珏. 知识女性在知识经济时代如何抓住机遇应对挑战. 华夏星火，2005（10）.

[45] 吴贵明. 高校女性副教授职业发展中的特有障碍与对策. 中共宁波市委党校学报，2010（4）.

[46] 刘玉清. 山西省高校女性副教授职业生涯发展研究. 太原：山西财经大学，2010.

[47] 王宇. 从高校知识女性发展的困惑看社会性别教育策略. 黑龙江高教研究，2006（8）.

[48] 石彤，李洁. 高等教育过程中性别差异的国际研究——兼论对中国女性高层后备人才培养的启示. 妇女研究论丛，2012（1）.

[49] 崔岩. 性别职业隔离视野中的现代都市女性白领研究. 南宁：广西民族大学，2008.

[50] 杨晓. 职业高原期知识女性生涯发展的策略探究. 继续教育研究，2009（9）.

[51] 王朝霞. 女性管理者的职业发展与工作家庭平衡策略. 中华女子学院学报，2010（2）.

[52] 聂志毅. 女性的职业优势与领导力. 学术界，2010（3）.

高校女教师的职业获得感及提升策略研究

杜青平　李晖　陈晓茹　关俐娟*

一、前言

2015 年 2 月，习近平总书记在全面深化改革领导小组第十次会议中提到“让人民群众有更多获得感”，使“获得感”成为社会生活中流行的一个热词。而体现在职业上的获得感，即为职业的满足感和幸福感。随着改革开放的不断深入，教育战线也不例外地汇入了改革的洪流中，因为有寒暑假、教师的社会地位提高、薪酬收入稳定，所以教师曾是女性最热衷的职业之一。但有数据显示，高校教师的压力近十年逐渐增加，一方面，高校扩招之后，教师的授课工作量普遍增加了许多；另一方面，高校教师的资格认定、职称评定及科研考核越来越严格，高校教师必须努力将自己的学术水平提高到一个更高的层次，才能适应不断增长的业务要求。为此高校教师在完成本职教学工作之时，还要投入大量的时间与精力从事科研工作，每年要拿出一定数量的有一定学术水平且公开发表、出版的学术成果。教学、科研成为高校教师当前的主要任务。对于高校教师来说，从事工科专业教育的女性教师面临着更多的压力，既要面临男性教师同样的压力，又要面临很强的工程实践能力对体能的要求；还面临生育、抚养子女，赡养老人以及身体特殊生理期等影响。因此高校女教师职业获得感发生了很大变化。

本项目拟以 8—10 所高校女性教师为研究对象，从职业压力、职业规划等方面分析其职业获得感影响因素；研究提升高校女教师职业获得感的策略，对于高校女教师工作效率与生活水平的提高有着十分重要的意义。

二、教师职业相对获得感的理论基础和依据

高校教师的职业相对获得感是指教师个体或群体通过与参照群体比较而感知到自身处于有利地位，进而体验到愉快、舒适和满足等正性情绪的一种主观认知和情绪体验。

美国心理学家马斯洛提出人的需要层次论，并指出人类的生理需要和生存需要是最基本也最重要的需要。张勋祥（2015）认为文明视阈下，获得感的内涵就其层次而言可分为物质文明、精神文明、政治文明和生态文明四个层次。陈昂、张斌（2016）认为法治获得感是构建和谐社会的基石。教师的职业获得感就是教师依据《中华人民共和国教师法》、各级教学教育法规等而获得物质获得感和精神获得感。王斯敏、张进中（2015）认为职业获得感有别于幸福感，它强调一种实实在在的得到，更贴近民生，体贴民意。齐卫平

* 作者单位：广东工业大学。

(2016）认为，获得感有四个特征，即获得的普遍性、提升性、明显性和多维性。

高校教师的获得感既有物质的，也有精神的。只有重视教师精神层面的隐性获得感，其工作效能、职业幸福、生命价值才有依归，专业发展才有动力。因此，必须抓住高校教师感受获得感的必要性这个问题的核心，才能有效强化教师职业认同的意识。从高校教师的工作性质来看，工作时间和生活时间没有明确的界限。他们的劳动是属于培养人才的复杂劳动，创造性很强，造成高强度的脑力消费，而教书育人的成果难以量化。杨景(2016）认为“目前高校女性教职工的工作难以满足不同阶段女性教职工的内隐需求，片面截取其显性需求，造成女性教职工获得感的实际悬空”。生活节奏日益加快，对脑力与体力的要求越来越高，高校女教师从职业中感受到强烈的急迫感、危机感。所以性别和岗位不同，教师的职业获得感也不同。这些研究分别从获得感的概念内涵和外延、不同社会群体等方面展开了理论研究，为本项目的进一步开展奠定了基础。

三、提升高校教师职业获得感的必要性

首先，教师职业获得感是提升课堂教育效果的必要条件。教师在遵守教育法规、教育规律和各种规章制度的前提下提升教育方法、改变课堂组织方式等，是在行使自主权的教学过程中感受精神上的能动性，不仅可以提高教师的工作效率和业绩水平，而且可以增强其职业忠诚度和组织承诺度，促进其创新行为，从而实现教师和高校的共同发展与进步。

其次，教师职业获得感是提升教师工作能动性的必要条件。大学教师的学历普遍较高，个性和特长都很明显。或许他的个性及特长从表面上看与教学关系不大，但其隐性作用是巨大的。大学教师的言行举止和工作表现会对学生的世界观、人生观和价值观产生深远影响，是决定专业教育发展的关键要素。如果教师缺乏职业获得感，表现出照本宣科、按部就班、教研不主动，势必影响自身的工作状态和教学质量，并容易将思维惯性和敷衍情绪传递给大学生，对大学生的职业观、价值观造成负面影响。

再次，教师职业获得感是创建一流大学的关键因素。一所高校让教师的生活丰富而充实，鼓励教师培养自己的兴趣爱好，其教育教学才不会在机械化的流程中走向刻板，才具有教育创新性。高校应在让教师在精神上提升获得感的同时，充分激发教师工作积极性、主动性和创造性，从而帮助教师实现教学、科研和管理工作质量的全面提升。只有如此，一所高校才能建设成真正的一流大学。

四、项目研究方法

项目主要采用文献研究法、问卷调查法和数据统计法。对项目研究方法涉及的内容以及达到的目标进行梳理，具体方法见图 1 和附件的问卷调查。

（一）问卷调查法

根据对高校女教师（以从事工科教育女教师为例）职业相对获得感的内涵及其外延的初步研究，项目组编制了主要针对高校女教师职业相对获得感的调查问卷，并发放到多所高校进行问卷调查。问卷内容包含年龄、学历、高校工作的岗位、职称、对职业获得感的自我评价等，以期可以揭示教师职业相对获得感的表现、来源、水平及相对获得感缺失的表现和原因。

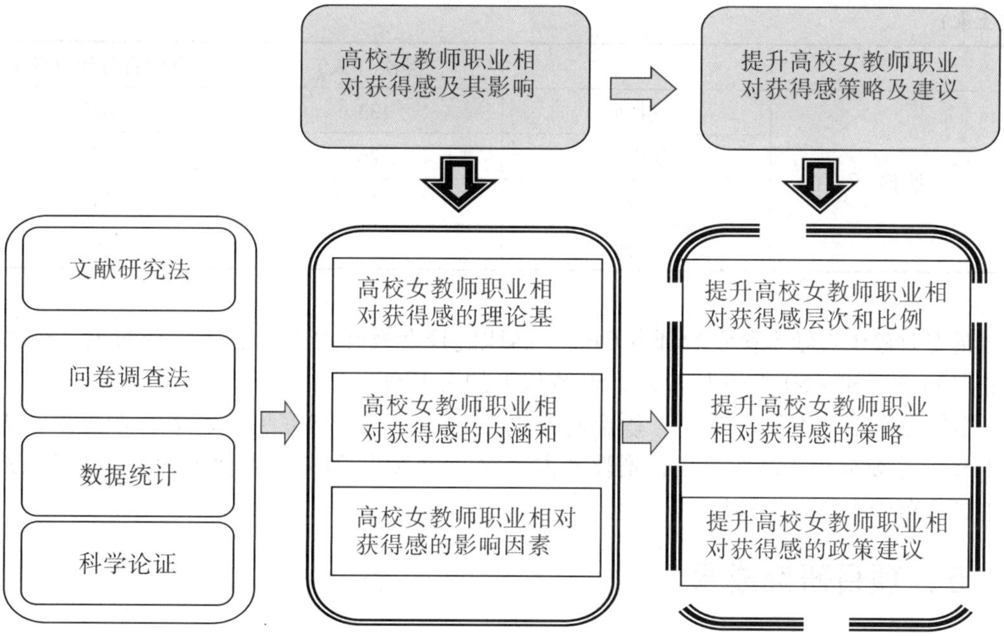

图 1　项目研究方法及目标获得

（二）数据统计和实证研究分析

项目组通过网络问卷的方式对 80 名高校女教师的职业获得感做了调查和实证调研，对大学女教师职业相对获得感的来源、表现异同点及影响因素进行统计和实证分析。

（三）调查数据基本情况

总共收到 80 份有效受访问卷，受访对象的基本情况如表 1 所示。接受当面访谈的教师有 10 人，具体数据没有在表格中列出。

表 1　受访对象基本情况

		频次（人）	有效百分比（%）
调查对象	大学本科	51	64
	高职院校	29	36
年龄	30 岁以下	9	11
	30—50 岁	58	72
	50 岁以上	13	17
学历	本科	10	13
	硕士研究生	29	36
	博士研究生	41	51

（续上表）

		频次（人）	有效百分比（%）
职称	讲师	33	41
	副教授	26	32
	教授	17	21
	其他	5	6

调查对象中大学本科女教师占64%，高职院校女教师占36%；年龄分布上，30岁以下的占11%，30—50岁的占72%，50岁以上的占17%。

学历分布上，本科占13%，硕士研究生占36%，博士研究生占51%；职称上，讲师占41%，主要分布于高职院校，副教授占32%，教授占21%，其他占6%；高级职称女性主要分布于本科以上院校。

五、项目研究成果

（一）高校女教师职业获得感影响因素和形成机理

1. 工作负荷过重，压力过大

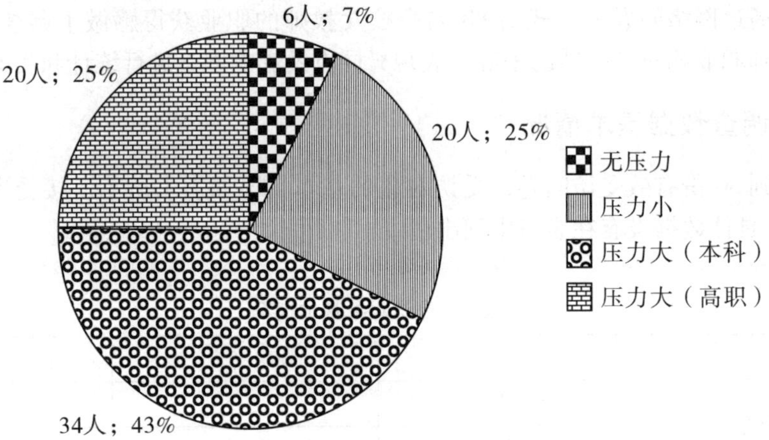

图2　高校教师的职业压力程度

在受访的高校女教师中，54人认为自己压力大，占比68%，认为压力一般或者压力小的占比32%。这客观表明高校女教师在工作和生活中承担的责任较多，各方面的压力较大，这54人中，有34人来自于大学本科副教授或教授，20人来自于高职院校讲师。

2. 工作压力形成的相关因素

高校女教师虽然有着光鲜亮丽的学历，但教学任务繁重、科研压力沉重，不仅要承担课堂教学、担任班主任、指导竞赛等本科和研究生教学方面的任务，而且还有项目研究、撰写论文、指导研究生等各项工作。高校女教师压力形成因素分析见图3。

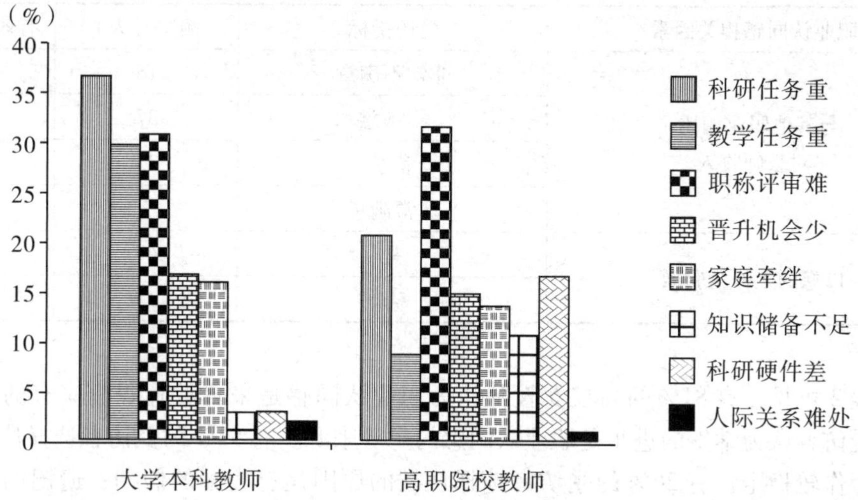

图 3　高校女教师职业压力来源

从图 3 可见，现阶段广东高校女教师认为家庭牵绊、教学工作、科研竞争、职称晋升、访学进修以及人际关系对其形成工作压力。所有影响因素中，职称评审难和科研任务重居前两位。科研任务、教学任务和职称评审是形成本科高校女教师职业压力的三大因素，大部分高校女教师为达到职称晋升所规定的科研、工作要求而放弃了休闲娱乐。与本科女教师相比，高职女教师认为自身知识储备不足、学历提升、岗位竞争、科研硬件差等与职业压力有很大的关联。

3. 高校女教师的职业认同感不足

教师的职业认同感是指教师认为所从事的职业有价值、有意义，并能够从中找到乐趣。教师职业认同感的高低直接影响职业获得感和成就感。从教师职业获得感来源和从教因素等几个方面进行分析，结果见表 2。

表 2　高校女教师职业认同感和使命感相关因素

职业认同感相关因素	受访指标	频次（人）	有效比（%）
职业认同感的来源（可多选）	学生的进步	61	76
	自我价值的实现	29	36
	领导对工作的认可	25	31
	得到应有的报酬	65	81
从教的主要原因	自己的理想	15	19
	工作较稳定	41	51
	受其他人的影响	3	4
	有较多的假期	21	26

（续上表）

职业认同感相关因素	受访指标	频次（人）	有效比（%）
与其他职业相比，对教师收入	非常不满意	16	20
	不满意	37	46
	满意	25	31
	非常满意	2	3
以您的工作为骄傲	是	69	86
	否	11	14

从表2可见，有81%的高校女教师认为职业认同感是来自教师职业应有的报酬；有76%的受访者认为学生的进步是职业认同感的主要来源。有51%的受访者选择从教的主要原因是工作较稳定；有26%的受访者选择从教的原因是有较多的假期；遗憾的是，仅有19%的受访者选择从教的原因是自己的理想。

高校近几年引进人才力度大，薪酬是女性青睐教师职业的主要原因。数据显示有86%的受访者愿意在别人面前提及自己的工作，这说明教师职业有很广泛的社会认同感，但意外的是，有46%的高校女教师对自己的工作收入感到不满意，甚至有20%的受访者选择非常不满意。

4. 工作情感投入不够

从调查数据可见，高校女教师队伍中相当一部分人不是出于热爱教育事业，而是从功利性角度出发选择教师这一职业，把教师职业当作谋生的手段或者科研、职位提升的平台，甚至有人认为是照顾家庭以外的“副业”。这一部分女教师缺少对教师职业最基本的崇敬与热爱，奉献精神不够，认为大学生都是成人，学习是他们自我管理的过程。且据调查，由于职称晋升主要由科研成果决定，很多女教师最愿意完成工作的顺序是科研—教学—社会服务。除了在高校有硬性的教学工作量指标外，高校女教师的日常工作时间分配主要是用来科研，教师科研收入和获得的利益更多，很少投入时间到教学研究、社会服务或者与学生交流中，与学生讨论或者情感交流很少或者没有，难以理解教育工作的深层意义和价值，更体会不到教学的乐趣与幸福。另外，高校女教师除了科研以外在单位工作的时间极少，与同事的人际关系不够密切，势必造成组织归属感缺乏，主人翁意识薄弱，最终影响到工作激情和归属感。

5. 学校人文关怀缺乏，产生职业倦怠感

人文关怀是指对教师主体性及其存在方式的关怀，主要包括保护教师的权益、肯定教师的个性发展和价值及其特殊需要等。目前，我国高校对于教师的管理制度化色彩较浓，在绩效工资发放和教学成果评价时人性化不足，主要表现为教师的聘任、培训、考核、晋升都以量化形式实施规范化的管理，过分地重视教师论文数量与科研成果等对学校和社会需求的满足，过于重视制度建设及其对教师的约束，看似公平合理，却少了些许温情，忽略了高校教学与科研工作的复杂性、创造性与教学效果滞后性的特点，也在无形中强化了竞争意识和功利意识，忽视了高校女教师性别在工作中的特殊需求，并没有对女教师因为精力、体力的付出而制定出特殊的制度，在专业知识学习实践、专业技能进修上并没有提供足够的空间和制度进行关怀。部分高校女教师对职业力不从心、筋疲力尽，具有消极的自我评价和工作态度，很难获得作为一名教师的荣誉感和使命感，更无法体会到桃李满天下的职业获得感。

6. 课堂获得感不高，师生难以相互成就

课堂是高校教师教学的主阵地，学生获取的专业知识绝大多数来源于课堂。所以课堂是师生在传道授业解惑领域感受到获得感的主要场所。新知识的接收与消化是决定学生获得感的第一因素。而学生对授课效果的反映、课堂氛围和教学效果等是教师课堂获得感主要来源。大学课堂自由气息弥漫，课堂管制相对较松散，很多学生在课堂中丢失了自我，不愿自我发现、主动探索，很多课堂变成“低头一族”的“行为艺术”，这样的课堂，教师和学生彼此能感受到获得感吗？

尽管为了满足学生课堂获得感，不少教师摈弃了以往的填鸭式教学模式，向互动式教学等先进的教学模式转变，但是师生相互成就的高质量课堂在我们的大学课堂中所占比例还不是很高。尤其对于科班出身的拥有高学历高质量论文的博士类工科院校的女教师，因缺少实践的历练，没有足够的野外和工程实践经验传授给学生，只能照本宣科，以理论推导理论，很难形成良性的师生互动，不能促进学生的发散思维，课堂质量欠佳。久之，教师更感到力不从心，课堂获得感严重失衡。

（二）高校女教师职业获得感的提升策略

职业获得感是教师做好教育工作的坚实基础，是教师专业发展不可或缺的内在动力。教师只有在工作过程中有所获得，才会有成就感、幸福感和越来越强的工作动力。教师获得感的提升离不开外在的社会和学校的作用，更离不开教师自身个人层面的积极响应。

1. 个人层面

首先，高校女教师应形成积极的心理品质，增强职业发展乐趣。作为高校教师，积极的心理品质主要包括积极健康的思维模式、积极乐观的工作心态、较强的自信心、较强的情绪调控能力、坚韧不拔的毅力、勇于进取的精神、广泛的兴趣爱好、宽容豁达的心胸等。作为女教师，既要保持积极的心理品质，提高自我调适能力，以积极的心态迎接挑战、应对压力，又能在现代社会的高速发展中与男教师共同进步，从职业发展的角度寻找工作中的乐趣，从而提升职业获得感。

其次，高校女教师自身提高职业认同感和组织归属感。职业认同感高的教师更容易克服职业倦怠，也就是说教师一旦形成职业认同感，将更容易激发自身的积极性和主动性，进而转化为工作动力。调查表明，具有较强职业认同感的教师更容易产生内在的发展动力，并调动其全方位的力量投入工作中去教书育人，从而在工作中感受明显的获得感。女教师既然选择了从事高等教育事业，就应正确看待收入与付出的关系，不应把教师职业当作单纯的谋生手段，争取在家庭和工作之间做好协调工作，多参与专业建设、实验室管理、党支部、学术会议组织、工会等方面的工作，一方面锻炼组织协调能力和责任感，另一方面与同事和学生建立良好的人际关系，不断培育职业忠诚度，营造自己作为校园家庭的归属感，在实现自己的理想追求中找到工作的意义和价值，产生工作自豪感和满足感。

最重要的是，高校女教师要不断地自我完善和发展，提高专业能力。专业能力是干好工作的基本要素。教师要从“外控发展”迈向“内在自觉”，扛责负重，苦练教学内功，掌握必要的教学和科研工作方法，熟练运用现代化教学理念与教学手段确保授课质量，从学校和自身发展的内在需求出发制订好个人的职业发展规划。研究发现，在同一所学校的同样职位的女教师感受到的压力程度并不相同，这与教师的专业素养、应对能力有关。虽然受某些条件和时间投入的限制，但若是女教师能够在工作中保持个人研究兴趣和稳定的学术方向，持续积累教学和科研成果，更加高效地开展教育教学和科研服务工作，树立工匠精神和终身学习的理念，不断提高工作岗位胜任力，真正体验“传道授业解惑”，相信其最终通过努力奋斗取得的成果在有些领域并不逊色，并能够获取领导和同事的认可与尊重，进而切实感受到工作的成就感与自豪感。

2. 高校层面

首先，建立健全社会保障体系，完善学校对女教师的特色管理。高校应切实关心女教师成长与发展，真正做到把“以师为本”的理念落实并细化，充分发挥各级党群组织的积极作用，结合学校工作的特点，在保障和提高教师福利待遇的同时，加强对女教师精神与情感层面的关爱，及时将学校的愿景传递给女教师，表达组织的重视与关怀。另外，高校要努力创建自由开放、奋发向上的学术氛围与环境，根据女教师不同时期的发展要求，合理分配教学和科研任务，帮助女教师协调工作岗位、家庭生活和教学团队之间的关系；真正落实好女教师带薪休产假制度，营造团队学习氛围，促进教师间的知识共享，增强女教师的归属感，在妇女节和劳动节等节日，为女教师提供各种福利，实现共同成长与发展。高校女教师的发展需要引领，需要校内政策的支持。

其次，加强对高校女教师，尤其是工科女教师的教学技能和工程实践培训。学校针对女教师的弱项，通过教学技能、工程实践、特色工程培训等，引导和帮助女教师找到和加入与自身专业相关的教学科研团队。研究表明，实践培训、技能培训，提升教师合作氛围都会显著提升女教师，尤其是工科女教师的职业幸福感和获得感。增强高校女教师，尤其是工科女教师的工程实践能力，能使他们在完成的任务的同时，融入学习共同体的协作氛围。当女教师提出专业进修、企业实践等方面的需求时，高校应为女教师的再成长和再教育投入更多的资源，为女教师的自主学习提供更多的学习机会，如参加学术会议、继续深造学习、到国外访学进修、定期的技能培训等。

再次，不断完善课堂和教学评价体系，凸显女教师在课堂中的职业获得感。经调研发现，对大部分的高校女教师职业获得感影响最大的两个因素，一是学生成长，二是假期制度。所以学生的进步和成就，是高校女教师获得感的主要来源，是其作为女性展现母爱的一个方面。高校女教师将学生的发展当作自身工作价值的实现和职业幸福的重要来源，以此来逐渐替代远离子女带来的落寞和多出来的闲暇时间。因此，加强学生的培养，不断完善课堂和教学评价体系，及时地给予高校女教师好的教学反馈和学生成果反馈，对工科女教师与男教师一样在工程实践课程中获得成果进行表彰、肯定和鼓励，是对女教师工作的肯定，能很好地提升教师的职业获得感。提高教学质量，展现和男教师一样的工程实践能力，是女教师职业获得感和对工作不断创新的最终表现。

最后，高校应根据不同岗位类型和级别合理设置考核指标和评价体系，为高校女教师架设方便发展的支撑平台。在教育和科研中，慎重施行一刀切政策。高校应搭建符合教师成长规律的促进女教师职业发展的支撑平台，在教育进修公平的切入点上释放高校女教师的职业获得感；通过为哺乳期、生产期、甚至家庭有困难的女教师设定合理的工作量和工作岗位，激励女教师更好地适应过渡阶段而努力工作；设立科研项目，为从家庭、生育等回归的女教师提供部分科研经费和启动条件，协助女教师进行职业发展规划，按照不同岗位类型设置职称评聘条件，稳步推进教师薪酬制度改革，真正实现构建“实绩为重”的公平评价机制，形成“高校优质”的女教师发展和评价机制；立足于女教师的发展，营造有利于女教师发展的平等氛围，让“专业引领，同伴互助、实践反思”等成为女教师专业发展的有力保障，使女教师、学生和高校实现多赢局面。

3. 社会层面

首先，媒体应加强对高校女教师典型优秀事迹的宣传。近年来个别高校教师存在学术不端、学历造假、通过不正当手段套取科研经费等不良行为，部分教师全身心投入家庭和子女教育，导致针对高校教师有一些不太正当的言论。而这些行为和言论通过高速发展的网络发酵，使原本神圣的高校教师职业遭到玷污和质疑，给广大高校教师的声誉造成严重伤害，甚至有人以偏概全，否认教师的师德，无形中给高校女教师增添了精神负担。新闻媒体对真实存在的、具有教育意义的负面消息进行报道无可厚非，但绝不能为了获得点击量吸引眼球而片面夸大宣传，毕竟不良行为只存在于个别教师身上。因此，广大媒体和社会各界应增强社会责任感，要对优秀的高校女教师典型事迹进行全面、公正、客观报道，从多层次多领域对高校女教师的各种成就进行表彰和宣传；为社会提供正能量，逐步改善社会对高校女教师工作和形象的认知，让广大女教师以职业为骄傲，从社会对女教师的尊敬中感受到职业获得感。

其次，教育主管部门需做好顶层制度改革设计，优化教师队伍的男女比例。研究发现，高校部分工科专业中女教师的比例远高于男教师，相当一部分地质、工程等专业教师男女比例失调，导致一些需要体力和野外实践的工程实践课程师资紧缺，使高校女教师对所授课程产生抵触和消极应对的态度。高校教育主管部门和高校管理者要切实通过制度优化男女教师的比例。各级教育主管部门应继续推进高校教育去行政化改革和去条条框框限制改革，不能仅仅依据论文成果数量、海外经历等招聘教师，而是充分发挥能动性，创新管理模式，指导和规范高校专业教师队伍中男女教师的比例。

再次，从教育体制、教育管理部门各个环节完善职称评审制度。职称评聘和聘期考核工作是评价教师职业技能的一个相对比较公正的手段。但是部分女教师在授课能力方面占有优势，而在工程实践中占有劣势。各高校和行政主管部门应根据高校工作的特殊性，提倡多种形式的职称评审制度，如推行授课型教授和科研型教授双轨制的评定模式。教师的一个最基本的职责就是传道、授业、解惑，教学、科研双轨制的职称晋升办法，能够缓解科研成果并不丰厚的女教师的压力，鼓励教师以最优秀的姿态完成授课和教育任务，提升高校女教师的职业获得感。据调研，根据《广东工业大学专业技术职务评审办法》的规定，广东工业大学2018 年有 131 人通过评审获得专业技术职务的晋升。在 30 位获得正高级教授职称的教师中，有 2 位教师被评为教学型教授。在 66 位获得副高级教授职称的教师中，有 1 位被评为教学型副教授。这是广东工业大学推行双轨制职称评审制度后，第一次有教师被评为教学型教授。

最后，全社会应携手重塑尊师重教的良好风气。一方面，随着经济社会变革与转型，教育产业化迅猛发展，各类社会培训机构异军突起，不少高校教师，尤其是部分女教师主动或被动地参与其中，甚至部分女教师在工作岗位上应付教学工作，却全身心投入有利可获的培训机构，使社会对教师职业的认知正逐渐发生变化。另一方面，当下物质主义泛滥，人们忙于追逐利益，教师这一职业的传道授业功能的重要性和社会价值逐渐被人们淡忘、轻视，教师权威受到挑战，尊师重教的优良传统在人们心中的地位受到撼动，这种现象必须受到全社会高度重视。所以，社会各界应正确认识教师这一职业的崇高性和重要作用，使教师职业获得社会的理解和支持，这也更有利于高校女教师对高校职业的认知。项目组认为，社会组织的支持程度、学生的成长和自我价值的实现程度是影响高校女教师获得感的三大重要因素，应通过顶层制度设计为高校女教师感受到事业成就感和职业获得感提供良好的制度环境和完善的保障机制。

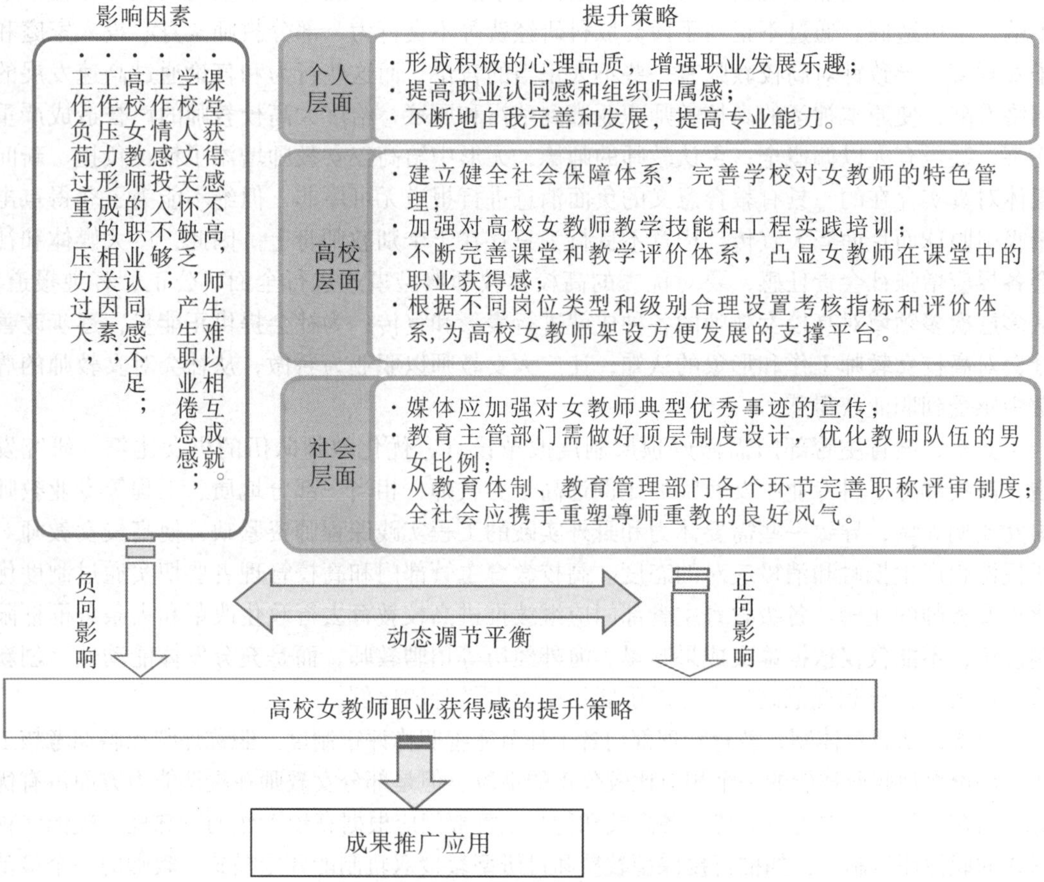

图4　高校女教师职业获得感的提升策略

六、项目应用推广情况

高校女教师是一个特殊群体，尤其是工科院校女教师，其从事的专业领域对工程思维、体能实践等都有比较高的要求，对该特定群体的职业获得感的内涵和外延及影响因素进行实证研究，对于加强高校女性发展理论，更好地探究高校女性教师的管理工作，有很重要的应用价值。从学术的角度上看，这在一定程度上拓展了女性职业研究的文化氛围，又对不同级别和专业职务的教师相对获得感的来源、表现进行了探索，丰富了学校管理部门和工会部门对教师工作的认知；基于教师相对获得感的不同影响因素而提出的提升策略，可以为学校和教育行政部门提升高校女教师相对获得感，提高其职业幸福感提供参考依据，提高管理质量。该成果若取得成效，可以由高校女教师群体的特殊性转为普遍性，研究方法可以应用于全体教师，甚至由校内扩展到校外，强化不同职业人群获得感的管理，策略建议可以共享。对研究广东工业大学、广东省高校女性，乃至全国所有高校教师的职业获得感都有极大的帮助和借鉴作用。成果值得进一步推广，为其他特定群体的相对获得感研究提供思路和方法。其受益面包括所有高校女教师，甚至可延伸到不同职业人群。

七、附件

高校教师职业获得感问卷调查（高校工作人员）

Q1. 您的性别

□男　□女

Q2. 您的职称

□初级　□中级　□副高　□正高

Q3. 您担任的职务

□一般专任教师　□辅导员　□行政领导　□教辅机构一般职工

Q4. 您的年龄

□ 25 岁以下　□ 25—35 岁　□ 36—45 岁　□ 46—55 岁　□ 55 岁以上

Q5. 您的教龄

□ 1—10 年　□ 11—20 年　□ 20—30 年　□ 30 年以上

Q6. 您追求专业发展的主要动机是

□职称评定　□行政命令　□自我发展　□岗位竞争

Q7. 您从教的原因

□自己的理想　□工作较稳定　□受其他人的影响　□有较多假期　□其他

Q8. 您认为获得感是什么

□实现自我价值　□有足够的金钱　□有充实的精神生活　□自我得到满足

Q9. 在工作中，您能体验到获得感（收获感/成就感）的频率是

□总是能体验到　□经常能体验到　□偶尔能体验到　□没有体验到

Q10. 在工作中，您认为获得感（收获感/成就感）的主要因素是

□学生的进步　□自我价值的实现　□领导对工作的认可　□得到应有的报酬

Q11. 从学生的进步看到自己工作的成就，这是工作中最欣慰的事，对于学生的进步您感到

□非常不满意　□不满意　□满意　□非常满意

Q12. 对于付出得到领导的认可和肯定，您感到

□非常不满意　□不满意　□满意　□非常满意

Q13. 领导、学生、督导等能对您的工作能给予公正的评价，您感到

□非常不满意 □不满意 □满意 □非常满意

Q14. 工作收入与辛勤付出相比，您感到

□非常不满意 □不满意 □满意 □非常满意

Q15. 您除工资外的主要收入来源

□超课时教学工作量收入 □科研收入 □社会服务收入 □其他或无收入

Q16. 和其他职业相比，教师工作的收入，您感到

□非常不满意 □不满意 □满意 □非常满意

Q17. 对于学校为您提供的工作环境、图书、教学设备，您感到

□非常不满意 □不满意 □满意 □非常满意

Q18. 如果能够选择，您最愿意完成工作的顺序是

□教学—科研—社会服务 □教学—社会服务—科研

□科研—教学—社会服务 □科研—社会服务—教学

□社会服务—科研—教学 □社会服务—教学—科研

Q19. 对于工作中的压力，您感到

□非常大 □比较大 □一般 □比较小 □零压力

Q20. 您工作中的压力主要来自于（可多选）

□职称评审难 □教学任务重 □科研任务重

□晋升机会少 □课题申请难 □知识储备不足

□科研硬件差 □人际关系难处 □其他

Q21. 对于有休息时间来安排工作以外的生活，您感到

□非常不满意 □不满意 □满意 □非常满意

Q22. 您日常工作的时间分配中，大部分时间用来

□教学 □科研 □社会服务 □行政坐班 □其他

Q23. 教师工作有挑战性，令人富有激情，您认为

□是 □ 否 □无法评价

Q24. 愿意在别人面前提到您的工作，以您的工作为骄傲

□是 □ 否

敬请填写完成的老师将调查问卷发送到××@qq. com 或者通过微信发回。

高校女性副教授职业生涯发展现状及晋升影响因素分析

李晓端　陈丽*

一、研究背景和意义

随着我国高等教育的发展，女教师逐渐发展为高校教师队伍中的核心力量。截至2017年，我国普通高校女教师已经占教师总体的44.89%。[1]但数据表明女性在中国科学院、工程院院士中仅占5.1%，在长江学者中仅占3.9%。[2]与高校中的男教师队伍整体水平相比，女教师相对处于弱势，高层次学术梯队中女性的缺失现象比较严重。高校高层次女性对国家教育及科研事业的进步和发展起着重要作用，分析高校女性副教授专业发展现状和影响她们职业发展的因素对研究高校中女性教师如何突破发展瓶颈、国家如何给予高校女性副教授晋升空间和倾斜政策具有重要的意义。

近几年，有研究者将学术职业和玻璃天花板的定义相结合，认为各国高校和研究院都存在一系列的学术职业阶梯，男女两部分群体在沿着学术职业阶梯经历一个由低级到高级的升迁过程中，在到达玻璃天花板时，多数女性无法通过，而男性则顺利晋升。[3]

本研究以中山大学等广州十所高校的女性副教授为研究对象，从专业发展的角度对大学女性副教授这个特殊群体的职业发展现状和影响晋升的因素进行调研分析，以期发现阻碍这个群体晋升的因素并在可操作层面寻求促进女性副教授群体职业发展晋升通道的举措。

二、女性副教授专业发展现状和影响因素分析

（一）问卷的设计与实施

关于高校女性副教授专业发展的调查问卷分为三个部分。第一部分为五题，选项具体包括婚姻状况、年龄、所受教育程度和已经取得副教授年限四个方面。第二部分和第三部分采用李克特量表。其中第二部分是调查女性副教授的专业发展现状，主要从专业知识、专业能力和专业情意三个方面考察。这三个方面又包括是否具有丰富的学科知识等二级指标项。第三部分是调查影响女性副教授职业生涯的因素和这些因素之间的关系。影响因素主要指影响高校女性副教授专业发展的个人因素、学校因素、家庭因素和社会因素四个方面，而每个因素还包括下一级的指标项。第二和第三方面的一级和二级指标项如表1和表2所示。

* 作者单位：广东工业大学。

表1　女性副教授专业发展因素

专业知识	学科知识
	学生知识
	教学知识
	教育价值知识
专业能力	教学设计能力
	教学反思能力
	科研能力
	评价教学和学习效果能力
专业情意	发展目标
	职业归属感
	工作成就感
	学生认可度

表2　女性副教授专业发展影响因素

个人因素	专业发展满意程度
	发展动机
	发展意识
	发展经历
	职业理想
学校因素	培训机会
	性别差异
	薪资待遇
	师生关系
	规章制度
	人际关系
	工作量
家庭因素	家人态度
	家务状况
	家庭环境
	矛盾冲突

（续上表）

社会因素	社会期望
	社会舆论
	社会地位
	刻板印象
	社会制度

（二）高校女性副教授专业发展现状分析

1. 专业发展各项指标之间的相关性分析

首先，根据问卷数据对高校女性副教授专业发展的现状进行相关分析。显著性水平设为0.01。分析表明，在反映专业发展现状的各因素中，专业知识和专业能力对专业发展的影响比较密切，专业知识的储备对专业能力的提升和专业发展有着重要的影响。

2. 专业发展现状整体满意度分析

其次，对原始数据进行描述性统计分析。结果表明，高校女性副教授对自身专业知识的满意程度较高，专业情意次之，对专业能力发展状况的认可程度最低，说明女性副教授在专业发展的能力提升方面尤其是科研能力提升方面遇到的困难比较多。而专业情意极大值与极小值之间的差异最大，说明高校女性副教授的专业情意满意情况呈两极分化，这和个体专业发展有密切的关系，专业发展得好，专业情意满意度就越高。

3. 专业发展现状各二级指标项情况分析

由表1可知，高校女性副教授专业发展现状的三个因素由各二级指标组成，因此还需要对每一个二级指标的情况进行逐一分析。第一，看专业知识。四个二级指标的均值都大于中值，说明教师专业知识维度的整体情况较好。但通过比较均值大小就可以发现，研究对象“学科知识”及“教育价值知识”两个指标的数值要大于“学生知识”和“教学知识”，说明女性副教授对专业知识的把握比对学生的把握要好。第二，看专业能力。专业能力的几个二级指标的值也大于理论中值，说明研究对象对其自身的专业能力发展状况基本满意；此外四个指标项目均值比较接近，说明她们专业能力发展较为均衡。但也可以看到，四个指标项中分值最低的是科研能力，科研能力比较弱是限制女性副教授发展的瓶颈问题。第三，看专业情意。各项均值都远高于理论中值，说明高校女性教师专业发展的专业情意良好，其中得分最高的是学生认可度，表明女性副教授善于和学生积极交流；分值最低的是职业归属感，说明女性副教授热爱自己的教学对象，但由于科研的瓶颈问题、职称无法上升而感到迷茫，如何提高职业归属感是一个亟待解决的问题。

（三）高校女性副教授专业发展影响因素分析

根据表2，影响女性副教授发展的因素有个人因素、学校因素、家庭因素和社会因素和四个方面。首先研究这些因素和专业发展的相关性。

1. 影响高校女性副教授专业发展各一级指标项和专业发展的相关性

看一级指标中的四个因素和专业发展的相关性。

统计结果表明个人因素、学校因素、家庭因素和社会因素之间以及这四个因素和专业发展均显著相关。其中个人因素与专业发展关系最密切，说明内因起决定作用，而个人的发展又和学校的情况密切相关，说明学校的政策等对女性副教授的专业发展有很大的影响。

2. 四个影响因素的各个二级指标项和专业发展的相关性

在显著性水平 p 定为0.01 的情况下，对个人因素、学校因素、家庭因素和社会因素各二级指标项与专业发展的相关性进行研究。

（1）个人因素与专业发展的关系分析。

通过数据结果分析，个人因素中的专业发展满意程度、发展动机、发展意识、发展经历和职业理想五个指标项均与专业发展有不同程度的相关性。其中发展动机、发展意识与专业发展呈显著相关。而个人的发展动机和发展意识这两个内因对专业发展的影响最大，这说明女性副教授的自我发展专业需求和意识是她们专业发展的内在动力，较强烈的发展意识是专业发展的前提，其对女性副教授的成长起激励和导向作用。

（2）学校因素与专业发展的关系分析。

学校因素与专业发展有显著的相关性。在学校因素的八个方面中，高校的规章制度、培训机会、性别差异和薪资待遇与专业发展显著相关。培训是教师专业发展的重要途径，因此即使是已经获得副教授职称的教师，学校也应该提供各种培训机会，保证高校女性副教授专业发展的外在支持。此外，性别差异与专业发展呈显著相关性，说明女性副教授认为男女副教授在职务或职称晋升方面机会是不平等的，所以为了鼓励高校女性副教授提高个人素质和综合能力，要建立合理的评价制度，从而激发高校女性副教授的专业发展动机，为她们更进一步发展提供动力。在薪资待遇方面，在入职最初几年，男女教师的待遇没有什么区别，该阶段的女性副教授对专业情意的发展状况最满意，但入职10—20 年的女性副教授认为，学校对待不同性别的副教授在晋升方面有明显的差异，因此认为薪资水平一般。

（3）家庭因素与专业发展的关系分析。

通过数据分析可知，在家庭因素中家人态度、家务状况、家庭环境及矛盾冲突这四个方面中，家人态度、家务状况、矛盾冲突与女性副教授的专业发展显著相关。如果家人为她们创造一个良好的后台支撑环境，就会促进她们的专业发展。而家务状况和矛盾冲突与专业发展有着显著的相关性。女性副教授受传统社会性别分工的影响，承担了大部分家务和子女教育，因此个人发展意识逐渐降低，当专业发展和家务产生矛盾时，他们会倾向选择把工作重心放到家庭，因此影响了她们的专业发展。

（4）社会因素与专业发展的关系分析。

调查结果表明高校女性副教授专业发展与社会因素关系密切。本研究的社会因素主要包括社会期望、社会舆论、社会地位、刻板印象和社会制度五个方面。传统的性别观念是一种历史性的存在，尽管在高校工作，但作为女性，受社会文化主流意识的影响，肯定男性的社会角色和女性的家庭角色。另外，社会地位与教师专业发展显著相关。教师职业尤其是女性副教授所拥有的社会地位与声望决定了她们乐于从事本职工作并努力谋求自身能力和发展水平的提高，而这种职业认同感会对个体的工作绩效起到积极推进作用，并使之从工作中获得成就感。

（四）高校女性副教授专业发展的分类差异分析

根据问卷中的基本信息部分，高校女性副教授的婚姻状况、年龄、文化程度及得到副教授职称的年限都可能会影响到他们的专业发展，因此对这些情况用独立样本 t 检验其影响因素是否有差异。

t 检验结果表明，婚姻状况、年龄对女性副教授的专业发展没有明显的影响，而不同教龄的高校女性副教授在学校因素层面具有显著差异。教龄为 1—5 年的女性副教授各项指标均值高于另外两组教龄的教师。依据休伯曼教师职业生涯周期的划分，此阶段的教师处于入职期，尤其是近几年广州高校新入职的教师都是“青年百人”，她们的起点本身就比较高，而初入职场的她们也充满了干劲，对自身水平和能力提升的渴望比较强烈，加上学校给予的关注度也高，会对新教师采取入职培训、进修等一系列提升措施，因此她们专业发展的满意度最高。教龄为 5—9 年的教师，开始进入稳定期，她们与周围的教师、学生比较熟悉，工作环境相对融洽，有良好的工作氛围，教学工作和科研工作都进入稳步发展期，职业的自我认同比较好。教龄为 10 年以上的教师已经完全适应自己的工作情境，教学工作已经得心应手，但这个时期的女性副教授家庭负担比较重，科研能力的提升受到影响，提升为教授的机会明显少于男性副教授。教龄在 20 年以上的女性副教授职业发展进入倦怠初期，感觉自己的职业发展没有多大的上升空间，部分教师会产生职业懈怠。另外，学校对这一部分科研能力较弱的副教授关注度相对来说比较小，此时是女性副教授专业发展最迷茫甚至考虑放弃的时期。

此外，本科、硕士研究生、博士研究生和在读博士、硕士研究生在专业知识和专业能力方面存在显著差异。文化程度越高，专业知识和专业能力也会随之提高，其中，博士研究生在专业知识、专业能力指标项上得分均高于其他文化程度的女性副教授，在读博士和硕士研究生在专业情意方面得分高于其他文化程度的教师。较高学历水平的教师，在其专业领域有多年的深度研究，在专业知识整合及专业知识运用方面更得心应手，对自己的职业发展规划性也比较强。

三、促进高校女性副教授职业发展对策

从以上结论可以看出，高校女性副教授的职业发展应该从个人层面、学校层面和政府层面几个方面去提升，首先她们自身要努力，其次要为她们提供促进专业发展的学校政策支持，营造良好的家庭和社会环境。

1. 从个人层面看，要提升高校女性副教授专业发展的内生动力

高校女性副教授要实现自身良好的专业发展，首先，要提升自身的主体意识并做好职业规划，要把阶段性目标和长远规划相结合。处于不同职业时段的女性副教授，规划的侧重点要有所不同，比如处于稳定期的女性副教授，要积极优化知识结构，提升科研能力，协调家庭与工作之间的关系；处于迷茫期的教师要敢于创新和突破自我，增强自我成就动机。其次，要优化专业发展结构。专业知识是其专业发展的基础，需要持续学习，并通过教师培训、教学观摩和学术交流等不断提升自己的专业能力。再次，由于专业情意是专业知识和专业能力持续发展的动力源泉，所以在发展过程中要保持积极的心态，防止职业倦

息。最后，作为高级知识分子的女性要具有强烈的自我意识，要冲破传统性别观念束缚，处理好事业和家庭的关系。

2. 从学校层面看，要制定促进高校女性副教授专业发展的相关政策

学校是教师从事教学科研活动的主要场所，应当建立相关组织来帮助高校女性副教授的专业发展。首先要依据高校女性副教授的生理特点和家庭角色，在职位和职称晋升及教学科研上予以充分理解和信任，给予她们通畅的申诉渠道。其次要给男女教师提供差异化的平等发展空间，为高校女性教师的发展营造出适宜的微社会环境。比如要关注她们专业发展的阶段性需求，在入职期适当减少女性副教授的授课课时，促使她们的科研尽快达到一定的专业水平；对于入职 5—10 年的女性副教授，要给予更多的时间让她们处理家庭和工作的关系，提供各种发展机遇，如出国留学、参加企业实践项目，增加教师专业发展的内部动力。最后可以考虑建立人性化的激励政策。比如制定职称评定的分类评价政策，对于教龄 20 年以上的女性副教授，考虑女性自身特殊的感性趋向，加入教师专业的道德品质和教学成果评价内容，建立多元化评价指标体系，对教学和科研型的教授进行分类评价等。

3. 从政府层面看，定位好女性副教授的家庭和社会角色

受传统社会文化的影响，学校、社会和家庭对女性教师社会角色的期望值较低，间接地制约着女性的自我定位，因此约束了她们的专业发展。所以高校女性副教授要理性对待家庭角色与社会角色，做到家务男女共同承担，处理好妻子、母亲角色和研究学者的关系，争取在社会的竞争中胜出。此外，政府应该利用大众传媒的力量，宣扬女性正面形象，形成正确的社会舆论导向，为高校女性副教授的专业发展营造良好的舆论氛围，从政府层面在可操作的情况下适当增加向女性教师倾斜的优惠政策。

参考文献

[1] 罗萍，崔应令，黄锦琳．我国高校女性高层人才发展现状研究．山东女子学报，2010（6）：34－35．

[2] 罗萍，卫中玲．河南 10 所高校知识女性发展现状调查及相关对策建议．河南理工大学学报（社会科学版），2013，14（3）：37．

[3] 科特．玻璃天花板的影响．国外社会科学，2002（4）：93．

女性领导力的内容结构及影响因素研究

——以广东省高校女教师为例

许英*

一、引言

目前全球女性领导者比重逐年增加，除了曾为英国首相的撒切尔夫人、德国总理默克尔、哈佛大学校长福斯特、香港行政长官林郑月娥、格力电器董事长董明珠等大家熟悉的女性领导者之外，2015—2016年泰晤士高等教育世界大学排名的数据显示，在世界大学前200名中有17%的校长是女性。我国学者童兆颖（2004）甚至大胆预测女性化的领导模式将会成为未来的发展趋势。不过，不少研究也发现，女性在职业阶梯上仍面临看不见、突破不了、像“玻璃天花板”般的障碍——无论其资质及成就如何都很难像男性一样登上通往权力顶层的晋升阶梯（海华德，2006；张莉莉、郑新蓉，2016）。那么，女性要成为卓越的领导者需要具备哪些条件？与男性领导者相比，女性具备哪些方面的优势和劣势？

广东省一向重视女性地位和领导力的发展。例如，1990年、2000年、2010年，由省妇联、省统计局两部门共同实施了三期广东省妇女社会地位调查，调查显示广东妇女社会地位在很多方面有了明显的进步（中国青年网，2012）。2018年5月7日至18日，广东省委党校举办了广东省首期女性领导力专题研讨班，这是广东省委首次将处级女干部的培训纳入党校主体班次，填补了省委主体班处级女干部专题培训的空白（广东省妇联宣传部，2018）。

由于各行各业都有各自的特点，所需的领导力也不同。例如，政治领袖和科技达人、大学校长和幼儿园的园长所应具备的知识、技能和领导力都各不相同。大学是人才的摇篮，在一定程度上引领着科技和社会发展的方向。因此，广东省高校锐意改革，开启了新时代高等教育新征程。例如，2015年的全省高水平大学建设工作会议在深化高校人事制度改革方面明确提出“四个自主”的要求，即要引导和支持重点建设高校在国家和省有关规定范围内自主设置岗位、自主确定聘用条件、自主开展职称评审、自主调节绩效工资。

那么，这些新的举措，已经或正在对广东省高校女教师领导力的发展，带来了哪些机遇与挑战？本文致力于回应这一问题，聚焦广东省高校女教师，通过实证的方法探讨女性领导力的内容结构及影响因素，进而为新时代广东省高校女教师领导力的进一步发展提供参考意见和建议。

---

* 作者单位：深圳大学。

二、国内外研究现状述评

（一）定义

目前对领导力的定义大致可以分为两类：一类是狭义的，将领导力定义为影响力；另一类是广义定义，认为领导力是一种实践、一种人际关系（刘丛珊，2016）。例如，Bennis（1985）从广义上定义女性领导力，认为女性领导力是注重远见、创新、战略，把握方向、变化，做正确的事情的能力，包括形成组织远景，制定战略和目标，建立组织文化、制度和系统的能力等。童兆颖（2004）则指出，女性领导力的基本元素包括核心专业技术能力、敏锐性、进取心、组织力和创造环境的能力等。

本文借鉴前人的研究，将女性领导力定义为女性领导者通过核心专业技术能力及良好有效的沟通，协调和影响他人的能力。具体到高校女性领导者，其核心专业技术能力可以概括为学术能力和行政能力两个方面。

（二）理论基础

社会建构论、领导理论和女性主义经典学说从不同角度为女性领导力研究提供了一定的理论支持。概言之，社会建构论者认为，个人生而为男为女，并没有天生的性别认同，人们是在成长中获得性别认同，经过社会的建构之后才成长为男人和女人的。因而女性领导与男性领导的特点或差别都有可能是被社会建构出来的（中国社会科学院妇女研究中心，2006）。所以什么样的社会环境有助于女性领导者的成长是社会建构论者关心的议题之一。

领导理论大致有领导特质理论（Stogdill，1947）、领导行为理论（孙晓、曲敬一，2012）、领导权变理论（Fiedler，1967）和领导风格理论（勒温，2014）四种流派。这些理论为深入研究女性领导者的管理行为、领导风格和情境特点等具体问题奠定了基础。

女性主义思潮可以追溯到19世纪末，20世纪60年代以来已发展出众多的分支。例如，渐进的女性主义主张通过立法、转变社会习俗和改变社会化进程来减少不平等（Cock，1989）。激进的女性主义关注的焦点是父权制，认为女性所受的压迫是剥削形式中最深刻的，是其他各种压迫的基础，并试图找出使妇女摆脱这种压迫的方式（Dominelli，2002）。后现代的女性主义则辨析了社会关系的复杂性和混合性，并认为所谓“知识的普适性”都是以男性为标准的，完全忽视了女性的存在，因而应当对以社会合法性为由建立的所有法则和原理做重新审视（Sands & Nuccio，1992）。尽管女性主义学说内部并不统一，但丰富的女性主义研究有助于深入理解女性领导者成长的制度环境和文化因素。

（三）现有研究

女性领导力研究可以追溯到20世纪70年代，是通过对比男女管理者性格特点分析女性管理者优势的研究（邢艳，2017）。近几年关于女性领导力的研究则主要从女性领导者的特质、领导风格、优势、障碍因素及对策五大主题展开（石庆华、赵晓虹、马国华，2012；贺善侃、杨政，2013）。

随着高等教育的发展，高校女性领导不仅是建设创新型校园的重要力量，而且被社会寄予厚望，即希望其在寻求自身发展的同时，引领整个社会妇女群体的发展（戴宝硕，2014）。但我国对高校女教师领导力的研究起步较晚，截至 2019 年 1 月 5 日，在中国知网以“女性”和“领导力”为关键词共检索到 57 篇文章，其中不少是关于女企业家的研究；以“广东省”“高校”“女教师”和“领导力”为关键词进行高级检索，结果为零。去掉“广东省”，已发表的文章共有 9 篇，除刘伯红（2018）教授基于对京津沪渝四地 272 所高校的调查，讨论了大学女校长及女性领导者之发展现状以外，其他文章主要是用思辨的方法分析问题或提出建议（孙立华，2007；刘春元，2009；孙杰，2013；戴宝硕，2014）。

三、研究方法

（一）概念框架

本文在文献回顾的基础上提出一个初步的概念框架（如下图），并基于这个理论框架，提出以下具体的研究问题：首先，高校女教师领导力主要包括哪些内容？其次，高校女教师领导力主要受哪些因素影响？再次，如何进一步提升高校女教师的领导力？

如下图所示，本文作探索性研究，在系统梳理相关理论和经验研究、制度环境和文化传统等的基础上，采用质性的方法（如深度访谈、参与观察等），围绕高校女教师领导力的主要内容、影响因素及培育三个问题，收集和分析资料。

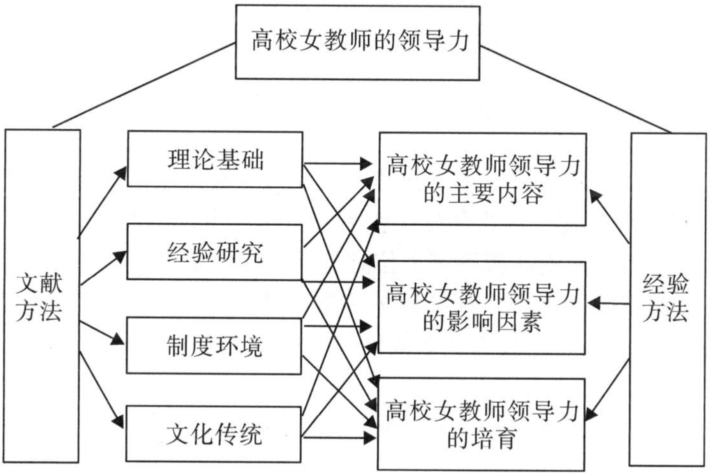

高校女教师领导力的内容和结构图

（二）样本选择、资料收集及研究伦理

本研究通过分层目的抽样和滚雪球抽样相结合的方法选择样本，以半结构式的深度访谈的方法收集数据。

首先，依据高校的行政级别、办学体制特点分别选择了校址在广东省省会广州市的三所高校和两所位于深圳的高校：暨南大学，一所广东省人民政府和教育部共建高校，一所广东省和广州市高水平大学建设高校，深圳大学，香港中文大学（深圳）。需要说明的是，出于尊重被访人公开或不公开单位信息的意愿，本文对这五高校中的两所，分别进行了匿名处理。

其次，为使访问对象有代表性，降低目的抽样可能产生的抽样偏差，本研究采用了多源头目的抽样。即先分别采用仔细阅读女领导的简介、同事推荐和学生推荐的方式，同时兼顾访问对象的年龄和专业分布，选择 5 位访问对象。然后采用滚雪球抽样，请每位访问对象再介绍 1—2 位女领导或有领导潜质的女教师作为我们的访谈对象。这样，除一位教授因工作太忙拒绝接受访问之外，在知情同意的前提下，共对 12 位女教师进行了 1—2 次、每次半小时到 1 小时的访谈。

在访问开始之前，访谈员会向每一位研究对象介绍研究目标并解释需要录音，除非被访人要求或经授权，否则绝不会透露个人资料，访问对象有拒绝回答问题、随时退出研究等权利。在此基础上，再请访问对象仔细阅读并签署《访谈同意书》。

（三）资料分析及研究的效度

为加深对资料的理解、提高研究的效果，在抽样阶段，本研究采用多源头目的抽样，以应对可能的抽样偏差。研究过程中，课题主持人加入了学校科研、工会、“长聘—预聘”等若干微信群，仔细记录群聊中女教师的发言情况和过程，并使用了质性分析软件 Nvivo 9. 0 为辅助手段分析资料。此外，为对有关的质性资料有更深入和全面的认识，亦仔细阅读了有关的报告、网站信息和有关的新闻稿。

四、研究发现

（一）高校女教师领导力的现状

目前在本文调查所及的高校中，女教师出任校领导的比例仍然偏低，中层女领导晋升高校决策层的“玻璃天花板”依然存在。如下表所示，五所高校的现任校级领导管理层，除一所大学有 2 位、另外两所高校各有 1 位副校长为女性之外，校长、书记和副书记均为男性。此外，虽然香港中文大学（深圳）的体制特殊，不设书记，但考察其理事会成员的性别，仍可发现其 16 位成员中仅有 2 名女性。

五所高校校级领导的性别情况表

序号	高校	校长及性别	副校长性别分布	书记及性别	副书记性别分布
1	暨南大学	宋献中（男）	男性 5 人；女性 2 人	林如鹏（男）	男性 2 人；女性 0 人
2	一所广东省人民政府和教育部共建高校	匿名处理（男）	男性 4 人；女性 1 人	匿名处理（男）	男性 3 人；女性 0 人

(续上表)

序号	高校	校长及性别	副校长性别分布	书记及性别	副书记性别分布
3	一所广东省和广州市高水平大学建设高校	匿名处理（男）	男性6人；女性1人	匿名处理（男）	男性2人；女性0人
4	深圳大学	李清泉（男）	男性4人；女性0人	刘洪一（男）	男性3人；女性0人
5	香港中文大学（深圳）	徐扬生（男）	男性3人；女性0人	理事会16人：男性14人；女性2人	

资料来源：各学校网页，信息截取时间为2019年1月7日。

此外，不少访谈对象也提到了学校领导班子中女性偏少且仅仅是担任副职、起点缀作用等问题。例如，深圳某高校 SZ－C 副研究员和广州某高校某系的副主任 GZ－H 副教授谈道：

SZ－C **副研究员**：你看我们的校长那个圈里边，（女性）每次就只有一个人在点缀……每个学院的行政班子里边也最多就是一个女老师在那里点缀，而且这个女老师有可能都是这些副的职位，所以我觉得其实应该改变男权的这种地位。

GZ－H **副教授/副主任**：我们一线是有挺多女老师的，男女比例大概是一半一半，但是在做决策的时候，领导层男性就是比较多，我看算一下七八十以上吧。

此外，GZ－H 副教授还以具体的事例谈到，由于决策层中女教师少，女性话语权偏弱以至女老师的合理权益得不到保障等问题：

……现在的工作环境，我觉得对女性来说并不是特别的友好。我们最近就碰到一个具体的问题，我们学院有三位女老师，因为休产假，肯定会影响到这个教学和科研的工作量，对吧？这毕竟是法定的一个休假时间，但是在实际绩效考核、制定方案的时候，我们学院的领导们没有把这三位老师的特殊情况考虑进去，结果这个绩效分配的方案第一稿出来后，老师就提意见了。我当时作为系里面的书记和工会主席，提了这个意见。但是在会上因为只有我一个女老师，基本上领导们都是男老师，对女性这种工作和家庭的双重付出好像并不是特别的理解。在会上我就听到了一些不太友好的意见……我觉得有些领导对于女性权益的这种保护意识，即使我们高校是知识分子群体，我觉得都不太友好，我当时有这种很强烈的感受。

相似的，刘伯红（2018）的调查也表明，高校女性领导人数依然偏少、比例偏低。那么，为什么会出现这种情况？为回答此问题，本文将首先探讨女教师领导力的主要内容，进而分析影响女教师领导力发展的主客观因素，并尝试在此基础上提出可能的对策或建议。

（二）高校女教师领导力的主要内容

在研究准备阶段，本研究将高校女教师的核心专业技术能力概括为学术能力和行政能力两个方面。访谈后发现，高校领导与其他行业不同，虽然沟通、执行等行政能力也很重要，但学术能力是其中最主要、最基本的内容。

1. 学术能力

在访谈中，几乎每位老师都提到，在高校要做领导，首先要有学术能力。限于篇幅，仅将几位老师的典型观点摘录如下：

SZ－C **副研究员**：这个领导力还是个学术力的问题……如果你的学术没有占优势的话，你去当那个职位就是打杂的份儿。

SZ－S **教授**：我觉得高校的这些领导的话，他至少自己业务上应该有一个很高的（成就）。首先他自己的学术也好、业务也好，他才能去领导别人……我觉得院长、系主任，一定是你的业务要最好。

GZ－H **副教授/副书记**：我觉得高校里面领导力最重要的一个门槛，其实还是你的学术能力。无论是各种行政职务或者什么也好，其实学术的这方面是最基本的一个条件。

此外，SZ－L 教授还从相反的方面，说明了领导不是学术权威所带来的弊端，以及可能出现和已经出现的问题。

SZ－L **教授**：比如说学院领导，只是行政方面的领导，学术方面未必了解……所以我们实验室现在很多弊端，没有什么规划，都是自愿组合，各个学科方向互相掺杂，如果真的出现什么事故，责任划不清。

总之，与前人的研究一致，本研究也表明，在高校中，学术能力优先于其他各种能力，高校领导首先应该在学术上胜人一筹。因此，要发展女教师的领导力，首先应该提高女教师的学术能力。

2. 行政能力

访谈资料表明，沟通、细致、公平无私等行政能力也是领导力的重要组成部分，女教师在这些方面普遍具有优势。例如，SZ－M 教授指出：

第一，就是要自己有实力，人家服你。第二，就是要有比较好的这种沟通能力……第三，我觉得就是一个公平公正，就是做事不要有私心。

SZ－T 教授则认为女性具有管理的天分，而且女性的胸怀更宽广：

女人具有管理的天分……她有一颗慈爱的心，这种慈爱可以报答母亲，可以化解一切……通常来讲，我觉得女性本身的母性就这样具有了一个比较宽广的胸怀。还有呢，可能她的心思比较细腻，很能注意到对方的感觉。

此外，市政协代表、南粤优秀教师 SZ－S 教授，也认为女领导的“胸怀要宽广”、处事公平，并且在沟通方面有优势。她说：

我觉得领导的胸怀要很宽广……有包容性，就是应该很公平地去对待事情……其实女领导挺好，可能会温柔地去对待一些事情，我觉得完全靠刚的是不行的……作为我们（女性），底下有沟通，我们坐下来聊聊天、喝喝茶，就是可以把事情就化解了。

3. 个人特质

不少访问对象指出，与其他行业的领导一样，高校女教师要具有良好的领导力，需要人品好、有魄力、体力好等一些适合做领导的个人特质。例如，SZ－S 教授和 SZ－T 教授都指出：

SZ－S 教授：我觉得领导力不是人人具备。她应该学术上有一定高度、胸怀宽广、人品好。还有，她性格上还是要有一点（魄力），才能领导别人……

SZ－T 教授：如果你是领导的岗位，不给自己一个宽松的心态，同时没有一个好的身体状况，你是压力很大的，好的身体状况有时候是上天给你的，有的是你自己给自己创造的……

如上所述，个人特质有一部分（如身体素质）是天生的，有一部分也是可以靠后天的学习、锻炼等逐步提高的。为了探索和厘清女教师领导力可以培育和改善的部分，本文将进一步分析有可能影响女教师领导力的主观和客观因素。

（三）女教师领导力的影响因素

1. 客观的生理因素

在 12 位访问对象中，除了曾任学校党委副书记的 SZ－T 教授提到自己身体较好、能胜任领导岗位之外，其他大多表示女教师的身体往往不如男教师，是影响女教师领导力提升的原因之一。例如，JD－Y 老师和 JD－K 教授分别指出：

JD－Y 老师：我当时在哺乳期的时候也遭受产后抑郁、失眠以及生理上的各种疼痛……不能够全身心地投入到工作中。另外，女性由于身体原因，特别是在进入到更年期以后，不能专心于工作，也是不利于提升领导力的。

JD－K **教授**：（女教师）精力就不那么充沛，是不是？这个精力是很重要的一点。说实话，如果女人的体力跟个男人可像驴像马一样用的话，那就解决很多问题了……

2. 主观的文化因素

与男性相比，女教师结婚、生子后，往往会在家庭照顾、家务等方面花费更多的时间，在学术或行政服务等方面可以支配的时间就相对变少，从而影响领导力的发展。例如，兼任副书记的 GZ－H 副教授指出：

（女教师）可能有孩子后精力各方面都会分散，不会像男老师那么投入，那么短的时间内就能够积累那么多成果，然后很快在职称上各方面能够上去、能够有机会承担领导职务，对吧？女老师在（养育子女）这一块，相对来说付出的代价是比较大……学院的领导也有这样的一个观念，他就觉得招新人的时候更偏向于招男性……

研究表明，对家庭付出，并非完全是女性天性使然，而是与整个社会对女性的期待等文化因素有关。比如，SZ－S 教授、HN－C 老师和 JD－K 教授分别谈道：

SZ－S **教授**：在广东有好多家庭觉得女性就该在家里。嗯，所以我在教学的时候，我都跟我教（的）很多学生，我都跟他们说女性一定要有事业……

HN－C **老师**：你会发现你小时候生病的时候，你爸和你妈如果有一个人必须要请假陪你去医院的话，你会发现是谁带你去看病，肯定是你妈，至少可以说多数的时候是你妈。为什么会这样？因为人们会觉得我（女性）的工作是可以被耽误的，但是男人的工作是不可以被耽误的……

JD－K **教授**：我的家人不了解这是咋回事。说实话……如果我能结婚生出两个孩子，我妈妈会觉得更好，而不是说想我成为一个在学术上怎么样带头的。不会当一个事儿！

GZ－W 副教授和 SZ－T 教授都谈到了社会上和高校里对女性的歧视问题，并期待社会观念和游戏规则的改变。她们指出：

GZ－W **副教授**：往往会有很多的一些性别偏见，社会的一些观念偏见，是吧？所以这些东西的话也都要看能不能过了这一关是吧？比如说有些人认为女的做得好，可能是不是因为抱了什么大腿，或者找了什么后台，也许事实上可能不是这样，但是别人就会有这样一种观念、一种性别歧视，对吧？

SZ－T **教授**：解决男女平等问题的意识是这个社会很大的问题，是男权社会遗留下来的。这个社会观念，男女平等几乎是不可能的……我做校领导的时候，跟大家说××大学班子里要有个女的，所以要选一个女性。是单独我和×××（老师）两个PK。后来我跟×××老师说，这简直就是歧视，不公平。为什么所有的男领导都是等着，为什么只有我们俩PK啊……所以要从根本改变这个社会应该是改变这个游戏规则，给女性和男性公平的基础、平等的机会。

3. 政策、制度等结构性因素

广东省一直走在改革开放前列，在高校改革方面也进行过不少有益的探索，广州市、深圳市都有很多宝贵的经验。但是改革和实验，往往不可能一步到位，需要随着时代和现实的变化不断调整和完善政策。在调研中，不少访谈对象都提到了现行的退休年龄和强制退休制度、某些人才引进和培养政策等若干可能不利于女教师领导力发展的结构性因素。

（1）退休年龄问题。

不少教师提出，目前女教师的退休年龄是55岁，男老师是60岁，即使不算女性生小孩、休产假所占用的时间，女老师可以用来做科研的时间也比男老师少了5年，这不可避免地会减少女教师晋升到领导岗位的机会。因此，几位老师不约而同地提到，这一男女有别的退休政策已不符合当今的社会发展水平，建议实行弹性退休制。

SZ－T **教授**：女性的退休年龄，副高以下的退休年龄比男性要低。这是很不合理的、很过时的（制度）……现在55岁算什么？我今年61岁了（依然很健康、有活力）……像我的博士生，30多岁才博士毕业，她工作的时间还没有她读书的时间长，她34或35岁毕业了，60退休了，她工作时间和读书的时间比，可能读书时间更长。这对国家来讲，教育投入、收益和产出是不相匹配的……我们面临的问题不是女性（自己的问题），我们面临的是一个社会体制机制（的问题）。

GZ－W **副教授/副主任**：我觉得这个退休的话……特别像我们做这个社会科学的有一个积累时间，可能经常都要到40岁左右，才会有一个比较成熟的研究领域。所以从40岁左右有一个感兴趣的领域，到最后55岁退休，实际上是一个蛮短的职业生涯……人文社会科学这些领域，它积累到一定的程度，才可能会出一些比较倍增的成果出来，是吧？如果你67岁时评估你的身体还OK，还可以继续干……你更应该去尊重她。

GD－K **教授**：退休的年龄……我相信我们这条（学术之路）走到一定程度、走到一定境界的人，都会有自己的理想和情怀……因为女生做得更不容易，对我个人来说……只要真的是公平的就行了，你忘记我是个女性。

（2）高校改革试点的制度完善问题。

2015年4月10日，广东省委、省政府印发《关于建设高水平大学的意见》（粤发〔2015〕3号），正式揭开了广东高水平大学和高水平学科“双高”建设的序幕。省人社厅进而决定，向高校下放岗位设置、公开招聘、职称评审、薪酬分配、流动调配五项管理权限。2016年暨南大学、深圳大学等高校陆续实行“预聘—长聘”制度试点。

研究表明，这些改革和试点，在激发用人单位的主体作用、引进人才、激发科研活力的同时，也有一些不够完善的地方，可能会阻碍女教师领导力的发展。

首先，新引进人才的居住条件普遍恶劣，以致无法专心科研。例如，在深圳某校附近租房的老师，2018 年普遍被房东提租 25%，远超过工资的增长水平。而广州某校的 JD - K 教授是单身女性，2016 年被作为教授引进，也负担不了广州的高房价，最初通过私人渠道租住了一个校内单间，在 7 楼，没有电梯；后来房东把房子收回自用，校内没有容身之处，为方便做科研，经常会住在办公室。GD - K 教授非常希望学校帮助解决单身女老师的住房问题，并提出了建“共有产权房”的建议，她说：

我们这种新老师比较“苦逼”，（早来的）老老师（的住房问题）都解决了。……（住的问题）影响到生活、对工作的态度，让你怀疑人生，知道吗！这个是根本的。我都跑到办公室去写这个书。……你真的是干得好不如嫁得好，甚至不如不干……

……我觉得对学校的要求就是你们满足我们生活的基本的需求……关于我们住房这种问题，我们真的是希望××大学能够解决。

……是这样的，你说我教授的工资租不起房？肯定租得起，知道吗？但是，租房的话，第一不稳定，你搬起家的时候有点落荒而逃的感觉，所以我现在大部分东西都是放在办公室，我的所谓出租房就没有东西的，甚至有时候都没回出租房睡觉，就直接睡在办公室。

现在国家也有法律规定，有产权政策了嘛！……南京的大学都是这样的，是政府给建“共有产权房”这种……其实我真的是不明白，为什么××大学不在南校区（建房）？我们如果能住在校内，学生的辅导都不成问题了，如果住在学校，我就更加会觉得我是××大学的人，而且这种工作的效率会提升，然后时间上的成本可以降低！

JD - Y 老师也提到，作为新引进女教师，房贷压力很大，只能请父母帮忙料理家务。她说：

对于我一个刚入职的青年教师来说，在一线城市贷款 30 年买了一套房子，我所有的工资交给房贷……我已经没有任何的闲钱去请保姆来处理我的琐事。我唯一能做的就是和我的父母配合好，去料理家里的一些琐碎事务。

其次，新引进人才的办公条件欠佳，单位缺乏契约意识，经常要求无偿完成合同规定的任务，影响了这些老师的积极性和归属感。例如，JD - Y 老师谈道：

学校需要提供一些基础的、一些办公的必备场所……我连打印一张纸都得跑很远的地方，我就是为了盖一个章也得大费周折跑好几趟。这种浪费时间的低效率的做法，实在是耽误女性教师的一个领导力特别是行政能力的提高。行政能力提高，一定要做好相关的配备工作，基础设施的配备。

……事实上我们进入到大学这样的一个环境，作为年轻人一定是要承担很多工作，很多的……领导会觉得你是新人需要锻炼，他们也会给我指派很多活，比如说平常，我的合同上只需要四节课，但是我们的系领导一定是给我安排八节课以及以上，那么这多出的四节课就变成了我的无偿劳动。还有科研上多出的文章也成了无偿劳动，多出的项目也成了无偿劳动，多出的一些其他的行政工作，也成了无偿劳动。这样的一个无限循环的无偿劳动，只能是通过我无私奉献的精神去克服。我觉得这样的一个工作状况并不能使我非常满意，我当然愿意去奉献一些，但是不能永久地奉献下去，毕竟每个人都需要在社会上生存下去。

再次，个别学校长聘—预聘制教师的薪资和福利水平低于有编制的教师，而且缺乏明确的晋升或转长聘的政策，影响了教师的工作积极性，也对女教师领导力的发展带来了一定的不利影响。例如，深圳某校老师在《真诚地致××校长的一封信——××大学预聘—长聘制教师的心声》联名信中提到：

自2015年个别学院试点预聘—长聘制及2016年全校第一次全面实施预聘—长聘制以来，我们从任何消息源都无法准确获知××大学对于我们个人上升渠道及路径的相关规定。这直接导致我们无法对自己的学术生涯及个人发展路径做出详细合理的规划，进一步给预聘—长聘制教师造成了焦虑。

……关于家属福利和住房福利：目前，预聘—长聘制教师不能享受事业编教师的诸多福利。例如，子女和家属不能享受统筹医疗的权利，今后还会涉及子女入学学位问题，涉及2020年××校区竣工的两千余套教师公寓分配问题等。我们的疑问是，学校有无考虑出台相关政策，提升预聘—长聘制教师家属的福利及住房条件？

……虽然这些福利有大有小，有的从金钱角度来看价值并不高，但是这涉及预聘—长聘制教师的身份认同问题（在当前深圳市社保系统中，我们的职工类别显示的是“工人”）。古人云“不患寡而患不均”，这些问题归结到底是编制内、编制外双轨制的差异。我们认为，我们对×大做出的贡献并不比事业编教师差，我们对×大的感情并不比事业编教师少。然而，目前我们得到的却是与事业编教师相差非常大的对待，这让我们觉得自己在×大的地位有些尴尬，甚至是让我们感到心寒。在未来存在“被赶走”风险的情况下，我们不敢“奢望”我们的收入比事业编教师高很多，但我们希望学校在薪金方面至少能够做到“同工同酬”。

五、对策与建议：高校女教师领导力的培育

综上所述，学术能力是高校教师领导力中最关键的内容。女教师的领导力受体力等自身因素的影响，另外文化观念、学校微观的制度环境、工作环境和生活条件都会影响女教师的科研和教学，进而影响女教师领导力的发展。因此提高女教师的领导力，至少需要从文化培育和制度完善两个方面努力。

（一）举办高水平讲座，倡导性别平等的文化

在世界各国的文化中，男性与女性气质经常被认为是两种对立的气质，如男人应该阳刚，女人应该阴柔；男人负责在外征战，女人负责在家做饭，等等。但事实上，两性气质

的刻板印象是由文化和社会建构起来的，未必符合客观的社会现实，而且作为一种社会建构，刻板印象也会随着时代和社会的变迁而改变（李银河，2007）。

文化的改变，可能是一个渐进的过程。高校不仅有引领科研创新的优势，也承担着博雅教育、倡导两性平等的使命。正如 SZ－T 教授所建议的：要在大学里对女学生和女教师进行领导力的培养，要把女性的人生观、价值观、平等意识教育和知识相联系。她谈道：

我觉得女性教育，我们可以通过一个课程的设置，对女教师、对大学生进行相关知识的教育培训……适时的女教授沙龙、女教授俱乐部这种很轻松自展的组织，让大家能在这里开阔视野……比方说，我们也可以请国外的女政要来给学生、老师作些报告；我们也可以请专门研究女性问题的领导、学者，过来开高级讲座。

（二）发挥工会、人大、政协作用，协助和推动高校完善各种政策或制度

正如 SZ－T 教授在访谈中指出的，“实际到今天为止，改革开放四十年，中国完成了计划经济、市场经济转型，中国社会已从普遍贫穷向共同富裕迈进，但是女性的真正解放，还是一个没有（完成的）变化……女性领导力的培育，在社会转型过程当中是需要逐渐完善的，它构成了智慧转型的一个很重要的内容”。那么，在当前高校决策领导层中仍然相对缺乏女教师参与的情况下，如何才能逐步完成我们社会的“智慧转型”？

基于调研结果，本文认为，应进一步发挥高校工会的桥梁和纽带作用，借助人大和政协等组织的监督和谏言职能，在集思广益的基础上，协助校领导完善各种政策或制度，推动建设性别友好的工作环境，培育女教师领导力。

1. 发挥工会的桥梁和纽带作用

在我国，“工会是中国共产党领导的职工自愿结合的工人阶级群众组织，是党联系职工群众的桥梁和纽带，是国家政权的重要社会支柱，是会员和职工利益的代表”（中华全国总工会，2018）。相应的，高校工会也应该是教职工自愿结合的群众组织，是党联系群众的桥梁和纽带，在学校教育、职工生活等各种关系中应该起着极其重要的监督与协调作用。但是目前在高校中，工会的作用似乎并没有得到充分体现。例如，曾担任校级领导并分管工会工作的 SZ－T 教授和现兼任工会主席的 JD－H 副教授都指出：

SZ－T **教授**：现在我们的工会只限于福利型的，以前我分管工会，搞搞什么娱乐，拿个吃的、喝的，都是这样的，我们工会它不是一个，从我个人来说，它不是咱们工人跟资方抗衡、争夺利益的一个组织。

JD－H **副教授**：我自己做了工会主席之后，我觉得工会在保护老师们的基本权益这方面应该做更大的努力。现在工会就是纯粹做一些福利发放、组织活动。我们上一届工会主席，他说这个会议（党政联席会议）其实工会主席是要参加的，但是学院都不让你参与，就是在领导层看来这个（工会）工作意义是不大的，你知道吗？他只是觉得你是去组织一些活动、发放一些福利，在学校、学院做各种决策的时候，并没有把工会的这个职能考虑进来。

我觉得首先学校在做一些大的政策或者说制度的时候，应该充分尊重老师们的意见，然后工会在这个中间应该要发挥一定的作用的，就在传达老师们的诉求方面（要发挥更大作用）。但是很多时候只停留在表面，因为学校在定政策的时候，其实还是行政主导，哪怕开教职工代表的会议，他也主要还是以行政人员为主，普通教师是比较少的。

JD－H 副教授还期待自上而下的改革，她进一步指出：

制度上（应该）要保证，比如说学院的一些政策、学院的一些制度，在制定的时候，你工会的工会小组或者是工会主席要参与，然后（应该）有投票权，对吧？现在什么都没有，没有发声的机会……包括学院的重大决策，这些政策是不是要在学校学院开全体的教师代表大会上投票决定，这些制度其实都没有，所以，普通老师们其实没有太多的话语权，然后也不给像工会这种代表普通老师的这种组织发声的这样的一个机会。

……应该从上至下地（推动改革）。就是因为在学校层面，在对工会的职能认识上面，可能就是这样的一个定位：认为你们就是搞搞活动，发些福利品，搞搞运动会。关系到老师的权益的时候，他不会去找你的这个意见。你就算去了，也没有决定权，没有投票权。

由上可见，学校工会的领导已经意识到高校工会职能不受重视、自身职能发挥不足等问题。为了更好地发挥高校工会的作用，一方面，教职工特别是女教师，应积极参与工会活动，协助学校工会的领导一起争取为学校的发展提供自己的意见和支持；另一方面，或许学校工会也可以发动女教师学习学校的政策文件，为学校各项政策的发展完善献计献策，必要时可以进一步寻求上级工会，比如广东省教科文卫工会、学校工会的支持和协助，以便更好地发挥联系群众的桥梁和纽带作用，切实保障女职工的权益，培育女教师的领导力。

2. 请人大代表监督，向政协委员提意见

高等学校中人才济济、精英辈出。不少高校教师也正在担任或曾经担任过人大代表或政协委员。因此，高校女教师可以充分运用高校学术网络的优势，邀请人大代表监督自己学校的工作，或向政协委员提意见。

众所周知，人大代表是中华人民共和国全国和地方各级人民代表大会的组成人员，具有提出议案、质询的权利，选举和罢免政权机关领导人的权利，有人身特别保护权，有在人大会上发言和表决不受法律追究的权利（蔡定剑，2003）。根据政协章程规定，政协委员应密切联系群众，了解和反映群众的愿望和要求，参加政协组织的会议和活动；有对国家机关工作人员的工作提出建议和批评，对违纪违法行为进行检举揭发、参与调查和检查等权利（新华网，2018）。可见，上述提及的女教师退休年龄欠合理、长聘—预聘制度不完善等问题，都可以向人大代表和政协委员反映。

事实上，在本研究中，SZ－S 教授就切实履行了自己作为政协委员的职责，通过向政协提交提案的方式，反映了学校在职称评定中对艺术类学术成果评价不合理、人才需要培养等问题。在政协的介入下，学校认真对待 SZ－S 教授的提案，对艺术类教师的职称评定条件进行了微调。SZ－S 教授谈道：

我就写这个提案。我每年都写（提案），政协它得答复，我去年写的呢就可能转到×大人事处了，我觉得××大学要建成一流的大学，它一定要不拘一格降人才，就是不要为人才设置门槛。因为××大学去年那个职称评定上面，我觉得他们有些（不合理），就是设置很多坎，你要引进人才，宋代的时候人家就说不拘一格降人才……我觉得你要提拔女干部的时候，你（学校）不能说要她全面做到，应该可以先（扶持），她有这个才能，你（学校）应该要去重点培养她。

综上所述，正如SZ－S教授在访谈中指出的，女性领导力的培育是需要逐步提升、逐渐完善的。由于当前高校决策层仍然缺乏女教师的声音，女教师可以适当通过学校工会、人大代表、政协委员等表达自己的建议、意见或诉求。

六、结语

本文在实证研究的基础上，着重探讨了高校女教师领导力的主要内容和影响因素。总体而言，研究结果显示，首先，影响高校教师领导力最重要的因素是学术能力。但是与男性相比，女教师结婚生子后，往往会在照顾家庭、打理家务等方面花费更多的时间，在学术或行政服务等方面可以支配的时间就相对变少，从而影响了学术能力的发展。此外，女教师退休年龄比男性早五年，从而在职称评定、科研课题获得、研究论文发表、评奖、参与国际合作和交流等方面，难以得到与男老师平等的机会，从而使成为学科专业带头人的可能大大少于男性，降低了成长为女领导的可能性。

其次，女领导数量偏少与整个社会对女性的期待等文化因素有关。广东省高校女教师领导力培育和发展的支持性环境仍然不足。很多高校的职称评定委员会、学术委员会、学报编辑部、获奖评审委员会等专门学术机构，均以男性专家为主，女性的诉求和贡献较少进入男性专家的视野，女教职人员学术发展的机会更少。正如SZ－T教授指出的："……女性的真正解放，就是说，什么时候，女领导干部在组织部系统不是作为名额的配备或配比到一定级别，而是女性具有文化（实力），这个社会就可以真正解放。什么时候女人在这个社会的生活和男人一样自由……所有的自由选择不再受到传统的道德的谴责的时候，这个社会的女性才真正自由。"

再次，虽然目前的高校体制改革促进了高校的发展和人才的流动，但由于制度调整期一些政策暂时不够完善，导致长聘—预聘制等新引进教师的工作压力大、办公条件差，甚至同在编老师"同岗不同酬"，教授、副教授在广州、深圳这样的一线城市居无定所的现象，不利于新引进教师特别是女教师的成长和领导力的发展。

基于以上发现，笔者建议，首先，高校可以定期举办高水平文化沙龙，倡导和培育师生的性别平等意识。其次，在高校的决策过程中，应充分发挥工会作用，尊重工会的意见。再次，高校应该从工会做起，适当增加女教师代表的数量，举办培训讲座，发动女教师学习学校的政策文件，并为学校各项政策的发展完善献计献策。最后，通过向人大代表、政协委员反映问题等正式渠道，督促各高校切实尊重女教师的权益，倡导推动改进女教师的工作和生活条件，做好女教师领导力培育最基本的工作。

参考文献

［1］蔡定剑．中国人民代表大会制度．北京：法律出版社，2003.

［2］戴宝硕．浅析高校女性管理人员女性意识的异化．文教资料，2014（16）.

［3］贺善侃，杨政．从现代领导力的柔性化趋势看女性领导力开发．中国浦东干部学院学报，2013（4）.

［4］李银河．妇女：最漫长的革命．北京：中国妇女出版社，2007.

［5］刘伯红．大学女校长及女性领导者之发展现状——基于京津沪渝四地272所高校的调查．中国妇女报，2018－09－11.

［6］刘丛珊．女性领导力及其开发文献综述．商，2016（8）.

［7］省妇联宣传部．广东举办首期女性领导力专题研讨班．［2018－12－02］．http：//www. gdwomen. org. cn/yw/201805/t20180521_ 942495. htm.

［8］石庆华，赵晓虹，马国华．女性领导力浅析．延边党校学报，2012（3）.

［9］孙杰．重构高校女性管理者话语权．科学大众：科学教育，2013（7）.

［10］孙晓，曲敬一．浅析领导行为理论与应用．人力资源管理，2012（11）.

［11］中国人民政治协商会议章程．［2019－01－08］．http：//www. cppcc. gov. cn/zxww/2018/03/27/ARTI1522131885762644. shtml.

［12］邢艳．我国女性领导力发展分析探讨．现代商贸工业，2017（14）.

［13］张莉莉，郑新蓉．西南少数民族地区学校女性领导力提升的本土化策略研究．民族教育研究，2016（3）.

［14］中华全国总工会．中国工会章程．［2019－01－04］．http：//www. acftu. org/template/10041/file. jsp？aid＝97208.

［15］广东妇女社会地位调查高学历女性比例超男性．［2018－01－07］．http：//finance. youth. cn/cjsh/201203/t20120302_ 1991181. html.

［16］BENNIS W，NANUS B. Leaders：the strategies for taking charge. New York：Harper and Row，1985.

［17］COCK J. What is progressive feminism? Questions raised by the life of WATERSTON J（1843－1932）. Agenda：empowering women for gender equity，1989（5）：1－16.

［18］DOMINELLI L. Feminist social work theory and practice. Basingstok：Palgrave Macmillan，2002.

［19］FIEDLER F E. Leader style and accomplishment of groups acting together. Zeitschrift fuer experimentalle und angewandte psychologie，1967，14（2）：200－217.

［20］MAXWELL J. Qualitative research design：an interactive approach. London：Sage Publications，1996.

［21］SANDS R G，Nuccio K. Postmodern feminist theory and social work. Social work，1992，37（6）：489－494.

［22］STOGDILL R M. Personal factors with leadership：a survey of the literature. The journal of psychology，1947，28：35－71.

新形势下高校女教师职业压力、职业成长与职业幸福感研究

齐文娥　李嘉慧　崔紫芸*

本研究基于523位广东省高校女教师的问卷调查数据，运用SPSS软件和SmartPLS软件，全面分析高校女教师不同群体的职业压力、职业成长和职业幸福感状况，并进一步探究职业压力、职业成长和职业幸福感之间的相互关系。研究结果表明：①高校女教师不同群体在职业压力感和压力源、职业成长、职业幸福感方面存在显著差异；②职业压力直接或间接显著抑制职业幸福感；③职业压力对职业成长有显著的负向影响；④职业成长对职业幸福感有显著的正向影响。因此，缓解职业压力、促进职业成长是提升女教师幸福感的有效途径。

一、研究背景与意义

教育强则国家强。2016年12月7日，习近平总书记出席全国高校思想政治工作会议并发表重要讲话，明确指出“高等教育发展水平是一个国家发展水平和发展潜力的重要标志。实现中华民族伟大复兴，教育的地位和作用不可忽视”。当前，党中央已做出加快建设世界一流大学和一流学科的战略决策，以提高我国高等教育发展水平，从而增强国家核心竞争力。

在当前新形势下，高校教师成为一个被寄予厚望、承担更多责任和压力的群体。而同时，她们也应成为一个被关注、被关怀的群体。高校女教职工作为高校教职工的重要组成部分，她们在高校中所起的作用日益显著，充分发挥着“半边天”的作用。据教育部2018年8月发布的数据，各类高校女教职工所占比例均已超过51.16%，民办高等学校中所占比例已经达到53.23%。但作为职业知识女性的高校女教职工，往往如同“两头燃烧的蜡烛”，传统角色的束缚与现代形象的要求、家庭与工作的双重期盼让其承受着更大的压力。2017年12月31日，年仅42岁的复旦大学女教授江素华不幸辞世；2016年，36岁的中科院女研究员赵永芳猝然病逝；2011年，32岁的复旦大学女教师于娟不幸病逝。这一系列的噩耗让人们开始将目光聚集到高校女性教师这一群体。在百度搜索上输入“高校女教师、因病去世”字段，竟然出现了816 000个新闻网页链接，输入“高校女教师、抑郁、自杀”字段，竟也出现了17 700个新闻网页链接，这不禁让我们唏嘘。作为女性，一方面，她们面临着传统社会性别观念、家庭角色冲突、高校教师评价价值取向等多重压力；另一方面，为了在职业发展中取得一定的成就，为了不断挑战自我以获得职业成长，

* 作者单位：华南农业大学。

她们需要为更高的职业地位和学术声望奋斗。有成功就会有付出，光环的背后有多少辛酸和艰难，有多大的职业压力，她们职业成长的路径是否会面临更多的挫折以及这份职业能给她们带来多大的幸福感等问题应成为全社会关注的课题。

二、理论基础与假设

职业幸福感是指个体对自己工作的各方面的主观评价，包含就业动机、身心健康、工作收入、工作强度等方面，以及个体在工作中成就个人事业，获得心理和物质上的满足，实现职业理想并获得身心上的持续快乐体验（姚振东等，2016）。已有大量的研究表明，工作压力会导致生理不适，进而产生倦怠等，从而影响职业幸福感。沈艺等（2016）基于对管理者的调查研究发现，职业压力会显著地降低管理者的职业幸福感；金一波等（2014）也得到了相似的结论：职业压力与幸福感呈显著负相关关系；杨玲（2014）通过对 393 名小学教师进行问卷调查，也发现工作压力直接影响小学教师的职业幸福感，且工作特征及身心特征是影响职业幸福感的主要压力源；王雅荣等（2016）的研究得到相同的结论，即职业压力越大越会降低人们的工作满意度，从而降低人们的幸福感水平；龚怡琳等（2014）通过对三级医院护士的调查，发现护士工作压力对主观幸福感有负面影响，心理资本可调节工作压力对主观幸福感的影响。同样的结论在大学生群体（郝伟、赵凤娟、施旺红，2015）、高校辅导员（张晖等，2015）、幼儿教师（王钢、苏志强、张大均，2017）、中小学教师（姚振东等，2016）、企业员工（张兴贵、郭扬，2011）、体校教练员（杨剑，2010）等群体上都得到了验证。而冯一丹等人（2017）从激活理论和基本心理需求理论出发，得出职业压力对职业幸福感的作用呈现倒 U 型曲线，即职业压力适度时个体的幸福感最高，过高或过低的职业压力都会降低职业幸福感。

职业成长包括组织内职业成长与组织间职业成长。组织内职业成长是指员工在目前所在组织内部的职业进展速度，包括员工在目前单位的职业能力发展速度、职业目标进展速度、晋升速度与报酬增长速度。而组织间职业成长则指的是员工在工作流动过程中所发生的职业成长（翁清雄、胡蓓，2009）。目前关于职业成长的研究还比较少，主要集中在对职业成长的影响因素方面（万正维、王浩，2013）。有研究表明职业压力会抑制职业成长。如季韶荣等以医生为例，发现当医生的角色压力越大时，对医生的职业成长越不利，这主要表明在职业角色冲突、角色模糊以及角色负荷三方面（季韶荣等，2016）；周玉霞等以大学生为研究对象，同样发现压力对大学生成长有显著的负面影响（周玉霞、付志高，2017）。此外，还有少数研究聚焦于职业成长与职业幸福感的关系。如冯继宗以外企知识型员工为研究对象，经实证研究，发现职业成长对员工的职业幸福感有显著的正向影响关系（冯继宗，2017）。

综上所述，既有文献基于不同的研究对象，证实了职业压力、职业成长以及职业幸福感两两之间存在着影响关系，但是，以高校女性为研究对象并且探究职业压力、职业成长以及职业幸福感三者之间的联系及作用机制却少有人研究。在为数不多的以高校女性为视角的研究当中，一部分研究单从压力方面分析了高校女教师的现状（刘伍梅，2015；宋萍，2015），或由职业压力带来的心理健康问题（严桂清，2013；李雪艳、姜淑梅，2012；胡伟娟，2014）以及亚健康问题（兰利霞，2011）；一部分研究也单从职业成长方面论证了高校女教师职业能力发展的影响因素（万玉群，2012）；还有一些研究则单从职业幸福感方面出发探讨高校女教师的现状（余雪华等，2010；周佳晔、黄敏，2013）。高校女性的职业素养决定了其高层次要求，在高科技迅猛发展、信息时代和知识经济的高标准需求下，社会给女教师多重角色带来的环境和心理变动与冲击使得高校女性面临着职业压力的同时又渴望着职业成长，而这两大因素都会影响到职业幸福感。因此，关注高校女性的职业压力、职业成长以及职业幸福感并探究三者之间的联系及路径、作用机制不仅有助于减轻高校女性的压力、提高高校女性的身心健康、促进她们的职业成长以及增进她们的幸福感，同时对教学科研质量的提高、学生的健康成长及教育事业的发展和社会的进步等都有着重大影响。

基于此，本研究提出如下概念模型及假设：

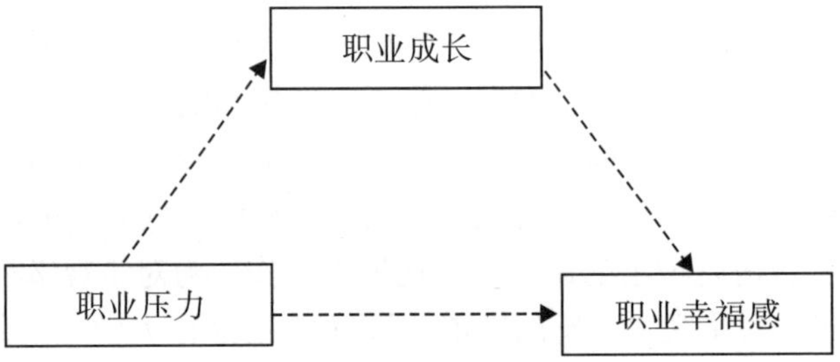

图 1　本研究的概念模型

假设 1：高校女教师的职业压力越大，越不利于其职业成长。
假设 2：高校女教师的职业压力越大，将直接抑制其职业幸福感。
假设 3：高校女教师职业成长对其职业幸福感有显著的正向影响。
假设 4：职业成长在职业压力与职业幸福感的关系之间发挥中介作用。

（一）调研方式及对象

本研究以广东省高校女教师为研究对象，采取滚雪球方式向潜在受访对象发放“问卷星”网络链接的电子版问卷。共计回收问卷 852 份，剔除无效问卷 372 份，最终共获有效问卷 523 份，有效回收率为 61.4%。其中，剔除的无效问卷包括：广东省外高校教师问卷 68 份、广东省高校男教师问卷 23 份、广东省培训机构类（非高校）人员问卷 36 份、问卷填写总耗时低于 3 分钟的 74 份以及内容出现自相矛盾的问卷 171 份。

如表 1 所示，被访问者年龄段集中在 21 岁到 40 岁，学历为硕士研究生居多，其次为博士研究生，职称/职位为教辅人员的占有 61.4%，行政教辅人员占 33.5%。教龄为 1—5 年的占 44%，6—10 年的占 22.9%，学科类型主要分布在经济学（16.4%）、管理学（14.9%）、教育学（10.3%）、文学（10.1%）。婚姻状况中已婚占 64.4%，未婚占 30.2%，离异和再婚的共占 4.9%。大多数（78.2%）被访者身体健康状况良好，身体较差的有 1%。平均年收入主要大多数为 5 万元至 15 万元，15 万元至 20 万元占 15.1%。被访问者有 67.9% 来自综合性大学，专门大学或学院以及独立学院的占 16.8%，高等职业技术学院和教育学院分别占 6.9% 和 5%。

表 1　样本特征统计（$N=523$）

基本状况		样本数	百分比（%）	基本状况		样本数	百分比（%）
年龄	21—30 岁	193	36.9	学科类型健康状况	哲学	21	4.0
	31—40 岁	195	37.3		经济学	86	16.4
	41—50 岁	109	20.8		法学	28	5.4
	50 岁以上	26	5.0		教育学	54	10.3
学历	本科	143	27.3		文学	53	10.1
	硕士研究生	204	39.0		历史学	17	3.3
	博士研究生	176	33.7		理学	44	8.4
职称/职位	教研人员	321	61.4		工学	33	6.3
	行政教辅人员	175	33.5		农学	38	7.3
	双肩挑人员	27	5.2		医学	8	1.5
教龄	1—5 年	230	44.0		管理学	78	14.9
	6—10 年	120	22.9		艺术学	16	3.1
	11—15 年	89	17.0		其他	47	9.0
	16—20 年	54	10.3	婚姻状况	未婚	158	30.2
	20 年以上	30	5.7		已婚	337	64.4
院校	综合性大学	355	67.9		离异	19	3.6
	专门大学或学院	42	8.0		再婚	7	1.3
	独立学院	46	8.8		丧偶	2	0.4
	高等职业技术学院	36	6.9	健康状况	良好	409	78.2
	普通高校成人教育学院	4	0.8		一般	109	20.8
	广播电视大学	2	0.4		较差	5	1.0
	职工大学	3	0.6	职业平均年收入状况（元）	5 万以下	52	9.9
	业余大学	1	0.2		多于等于 5 万少于 10 万	156	29.8
	职工医学院	1	0.2		多于等于 10 万少于 15 万	149	28.5
	管理干部学院	7	1.3		多于等于 15 万少于 20 万	79	15.1
	教育学院	26	5.0		多于等于 20 万少于 25 万	48	9.2
					多于等于 25 万少于 30 万	25	4.8
					多于等于 30 万	14	2.7

（二）问卷内容设计

本研究采用5级李克特量表对变量的测度项进行度量，即1—5分别代表“非常不同意”“比较不同意”“一般”“比较同意”“比较不同意”。问卷内容主要包括以下两个方面：①被访者的基本情况，如表1所示。②高校女教师职业压力、职业成长及职业幸福感测试量表。本研究模型中共有3个变量、17个维度。变量职业幸福感中包含职业本身（X_1）、薪资待遇（X_2）、工作成效（X_3）、工作情感（X_4）、人际关系（X_5）、工作环境（X_6）、身心健康（X_7），共7个维度；变量职业成长包括职业目标进展速度（C_1）、职业能力发展速度（C_2）、晋升速度（C_3）以及报酬增长速度（C_4），共4个维度；变量职业压力包括学校管理（Y_1）、学生方面（Y_2）、个人职业发展（Y_3）、工作负荷（Y_4）、家庭因素（Y_5）及社会因素（Y_6），共6个维度。

三、高校女教师总体职业压力、职业成长与职业幸福感均偏高，但不同群体存在显著差异

高校女教师职业压力总体得分均值为3.21，职业成长总体得分均值为3.46，职业幸福感总体得分均值为3.37，表明广东省高校女教师所感受到的压力水平总体偏高，对职业成长的发展较为满意，所获得的职业幸福感普遍较高。

（一）高校女教师不同群体的职业压力感及压力源存在显著差异

1. 不同年龄阶段的高校女教师的压力源以及压力感存在显著差异

学校管理及制度、个人职业发展、学生、家庭和社会等方面的问题会给不同年龄阶段的教师带来不同程度的压力。21—30岁年龄阶段的教师群体受到的压力往往大于其他年龄阶段的教师群体，尤其是在个人职业发展和家庭方面。年龄越小的教师压力感越大，年龄越大的教师压力感越小。

表2　压力影响因素在年龄段因素上的多元方差分析

	21—30岁	31—40岁	41—50岁	50岁以上	f	p
学校管理及制度	3.423	3.350	3.199	3.321	3.274	0.021
学生方面	3.618	3.583	3.428	3.462	3.351	0.019
个人职业发展	3.189	3.128	2.812	2.808	5.599	0.001
家庭方面	3.617	3.536	3.408	3.269	4.185	0.006
社会因素	3.041	2.826	2.679	2.615	3.725	0.011

2. 不同文化水平教师的压力源及压力感存在显著差异

不同文化水平的教师在工作负荷方面的压力源存在显著性差异，学历为本科和博士研究生的教师工作负荷方面的压力要大于硕士研究生的教师。

表 3 压力影响因素在学位因素上的多元方差分析

职业压力源	学历	均值	f	p
工作负荷	本科	3.054	3.479	0.032
	硕士研究生	2.821		
	博士研究生	2.908		

3. 不同教龄教师的压力源及压力感存在显著差异

教龄在 10 年及以下的教师受到来自学校管理及制度方面、个人职业发展以及社会方面的压力明显高于从教 10 年以上的教师。

表 4 压力影响因素在教龄因素上的多元方差分析

职业压力源	教龄	均值	f	p
学校管理及制度	1—5 年	3.410	3.570	0.007
	6—10 年	3.405		
	11—15 年	3.217		
	16—20 年	3.142		
	20 年以上	3.333		
个人职业发展	1—5 年	3.189	2.627	0.034
	6—10 年	3.054		
	11—15 年	2.860		
	16—20 年	2.991		
	20 年以上	2.967		
社会因素	1—5 年	3.020	2.977	0.019
	6—10 年	2.860		
	11—15 年	2.640		
	16—20 年	2.670		
	20 年以上	2.730		

4. 不同健康状况的教师压力源及压力感存在显著差异

健康状况较差的教师来自于学校管理及制度的压力最高，而健康状况良好的教师在工作负荷方面所产生的压力感反而高于健康状况一般的教师。

表5 压力影响因素在健康状况上的多元方差分析

职业压力源	健康状况	均值	*f*	*p*
学校管理及制度	良好	3.385	4.768	0.009
	一般	3.187		
	较差	3.400		
工作负荷	良好	3.584	4.234	0.015
	一般	3.461		
	较差	3.467		

5. 不同职业平均年收入的教师的压力源及压力感存在显著差异

平均年收入在5万以下的教师群体在个人职业发展和工作负荷方面压力要大于收入在5万以上的教师群体，收入较少的教师群体压力较大。

表6 压力影响因素在平均年收入上的多元方差分析

职业压力源	平均年收入（元）	均值	*f*	*p*
个人职业发展	5万以下	3.279	2.608	0.017
	多于等于5万少于10万	3.199		
	多于等于10万少于15万	3.047		
	多于等于15万少于20万	2.975		
	多于等于20万少于25万	2.729		
	多于等于25万少于30万	2.960		
	多于等于30万	2.964		
工作负荷	5万以下	3.201	2.365	0.029
	多于等于5万少于10万	2.937		
	多于等于10万少于15万	2.785		
	多于等于15万少于20万	2.970		
	多于等于20万少于25万	2.740		
	多于等于25万少于30万	3.073		
	多于等于30万	2.976		

（二）高校女教师不同群体在职业成长方面存在显著差异

1. 不同健康状况的教师在职业成长上存在显著差异

身体健康状况良好的教师在职业能力发展速度和报酬增长速度上要高于身体较差的教师。

表 7　职业成长因素在健康状况上的多元方差分析

职业成长	健康状况	均值	f	p
职业能力发展速度	良好	3.83	4.544	0.011
	一般	3.59		
	较差	3.55		
报酬增长速度	良好	3.18	3.139	0.044
	一般	2.93		
	较差	3.13		

2. 不同婚姻状况的教师在职业成长上存在显著的差异

未婚和离异的教师群体在晋升速度和报酬增长速度上要高于已婚、再婚和丧偶的教师群体。

表 8　职业成长因素在婚姻状况上的多元方差分析

职业成长	婚姻状况	均值	f	p
晋升速度	未婚	3.49	3.123	0.015
	已婚	3.28		
	离异	3.68		
	再婚	3.17		
	丧偶	2.80		
报酬增长速度	未婚	3.31	4.146	0.003
	已婚	3.03		
	离异	3.47		
	再婚	3.00		
	丧偶	2.00		

3. 不同学位的教师在职业成长上存在显著差异

博士学位的教师群体的职业目标发展速度、晋升速度、报酬增长速度要高于学士学位和硕士学位的教师，学位越低的教师职业成长的速度越慢。

表 9　职业成长因素在学位上的多元方差分析

职业成长	学位	均值	f	p
职业目标发展速度	学士	3.78	3.918	0.020
	硕士	3.71		
	博士	3.84		
晋升速度	学士	3.39	5.233	0.006
	硕士	3.22		
	博士	3.48		
报酬增长速度	学士	3.22	6.023	0.003
	硕士	2.95		
	博士	3.25		

4. 不同职称/职位的教师在职业成长上存在显著的差异

双肩挑人员在职业目标发展速度、职业能力发展速度、晋升速度和报酬增长速度上要高于教研人员和行政教辅人员，教研人员的增长速度高于行政教辅人员。

表 10　职业成长因素在职称/职位上的多元方差分析

职业成长	职称/职位	均值	f	p
职业目标发展速度	教研人员	3.83	6.330	0.002
	行政教辅人员	3.65		
	双肩挑人员	3.92		
职业能力发展速度	教研人员	3.76	3.920	0.020
	行政教辅人员	3.51		
	双肩挑人员	3.77		
晋升速度	教研人员	3.41	3.287	0.038
	行政教辅人员	3.23		
	双肩挑人员	3.50		
报酬增长速度	教研人员	3.17	2.100	0.123
	行政教辅人员	3.02		
	双肩挑人员	3.31		

5. 不同职业平均年收入的教师在职业成长上存在显著差异

年收入在 25 万元到 30 万元的教师群体的晋升速度和报酬增长速度要远高于年收入低于 25 万元的教师群体。收入越高的教师职业成长速度越快。

表 11 职业成长因素在职业年收入上的多元方差分析

职业成长	职业年收入（元）	均值	f	p
晋升速度	5 万以下	3.33	3.627	0.002
	多于等于 5 万少于 10 万	3.36		
	多于等于 10 万少于 15 万	3.21		
	多于等于 15 万少于 20 万	3.32		
	多于等于 20 万少于 25 万	3.47		
	多于等于 25 万少于 30 万	3.84		
	多于等于 30 万	3.87		
报酬增长速度	5 万以下	3.14	2.932	0.008
	多于等于 5 万少于 10 万	3.12		
	多于等于 10 万少于 15 万	2.97		
	多于等于 15 万少于 20 万	3.13		
	多于等于 20 万少于 25 万	3.17		
	多于等于 25 万少于 30 万	3.69		
	多于等于 30 万	3.55		

（三）高校女教师不同群体的职业幸福感存在显著差异

1. 不同婚姻状况的教师在职业幸福感上存在显著的差异

已婚的教师群体在工作情感上获得的幸福感要高于其他婚姻状况的教师群体。再婚或者丧偶的教师群体在工作情感上获得的幸福感小于离异的教师群体。

表 12 职业幸福感在婚姻状况上的多元方差分析

职业幸福感	婚姻状况	均值	f	p
工作情感	未婚	2.91	2.772	0.027
	已婚	3.92		
	离异	2.85		
	再婚	2.74		
	丧偶	2.70		

2. 不同职称/职位的教师在职业幸福感上存在显著的差异

教研人员在薪资待遇上获得的幸福感最高，行政教辅人员在薪资待遇上获得的幸福感最低。双肩挑人员在工作成效上获得的幸福感大于行政教辅人员和教研人员。

表 13 职业幸福感在不同职称/职位上的多元方差分析

职业幸福感	职称/职位	均值	*f*	*p*
薪资待遇	行政教辅人员	3.19	2.425	0.090
	双肩挑人员	3.45		
	教研人员	3.74		
工作成效	行政教辅人员	3.57	5.956	0.003
	双肩挑人员	3.84		
	教研人员	3.58		

3. 不同院校类别的教师在职业幸福感上有显著差异

独立学院、综合性大学、高等职业技术学院、普通高校成人教育学院和职工医学院的教师在工作情感上获得的职业幸福感要远远高于职工大学和业余大学的教师。其中，职业幸福感最高的是独立学院的教师，业余大学教师的职业幸福感最低。

表 14 职业幸福感在院校类别上的多元方差分析

职业幸福感	院校类别	均值	*f*	*p*
工作情感	综合性大学	3.05	2.052	0.027
	专门大学或学院	2.98		
	独立学院	3.20		
	高等职业技术学院	3.12		
	普通高校成人教育学院	3.08		
	广播电视大学	3.00		
	职工大学	1.44		
	业余大学	1.33		
	职工医学院	3.00		
	管理干部学院	2.52		
	教育学院	2.96		

4. 不同学位的教师群体在职业幸福感上存在显著差异

学位越高的教师在薪资待遇、工作成效上获得的职业幸福感越高，而在工作环境中，硕士比博士、学士获得的职业幸福感高。

表 15 职业幸福感在不同职业年收入上的多元方差分析

职业幸福感	学位	均值	*f*	*p*
薪资待遇	学士	3.27	6.496	0.002
	硕士	3.16		
	博士	3.44		
工作成效	学士	3.59	4.124	0.017
	硕士	3.68		
	博士	3.78		
工作环境	学士	2.97	5.733	0.003
	硕士	3.11		
	博士	3.02		

5. 不同职业平均年收入的教师在职业幸福感上存在显著差异

职业平均年收入越低的教师在薪资待遇、工作成效、人际关系上的职业幸福感越低。

表 16 职业幸福感在不同职业年收入上的多元方差分析

职业幸福感	职业平均年收入（元）	均值	*f*	*p*
薪资待遇	5 万以下	3.19	3.842	0.001
	多于等于 5 万少于 10 万	3.19		
	多于等于 10 万少于 15 万	3.21		
	多于等于 15 万少于 20 万	3.36		
	多于等于 20 万少于 25 万	3.42		
	多于等于 25 万少于 30 万	3.79		
	多于等于 30 万	3.71		
工作成效	5 万以下	3.45	3.216	0.004
	多于等于 5 万少于 10 万	3.67		
	多于等于 10 万少于 15 万	3.77		
	多于等于 15 万少于 20 万	3.61		
	多于等于 20 万少于 25 万	3.75		
	多于等于 25 万少于 30 万	3.80		
	多于等于 30 万	3.97		
人际关系	5 万以下	3.47	2.225	0.040
	多于等于 5 万少于 10 万	3.66		
	多于等于 10 万少于 15 万	3.61		
	多于等于 15 万少于 20 万	3.56		
	多于等于 20 万少于 25 万	3.50		
	多于等于 25 万少于 30 万	3.79		
	多于等于 30 万	3.82		

四、职业压力、职业成长与职业幸福感的关系研究

（一）信度效度检验

本研究用 Cronbach's α 值和复合信度（CR）来衡量量表的信度，用平均抽取方差（AVE）和标准因子负载来反映变量的收敛效度。数据分析结果发现，职业幸福感的测度项 X_3（工作成效）、X_4（工作情感）、X_5（人际关系）、X_6（工作环境）的标准因子负载分别为 0.760、0.125、0.878 和 0.879，职业幸福感的测度项 X_4（工作负荷）标准因子负载为 0.125，低于 0.650 的标准值，因此将它们剔除。剔除之后的数据分析结果见表 17，每个测度项的标准因子负载都在 0.700 以上且显著，说明指标信度较好。每个变量的 Cronbach's α 值都大于 0.700，说明量表具有较好的可靠性。各变量的 CR 值分别为 0.884、0.917 和 0.914，高于门槛值 0.700，表明量表的内部一致性较好。各变量的 AVE 值分别为 0.793、0.735 和 0.680，高于门槛值 0.500，说明量表有较好的收敛效度。

表 17　信度和收敛效度检验结果

因子	测项	标准因子负载	AVE	CR	α
职业压力（Y）	Y_1	0.911	0.793	0.884	0.740
	Y_2	0.868			
职业成长（C）	C_1	0.855	0.735	0.917	0.879
	C_2	0.833			
	C_3	0.923			
	C_4	0.814			
职业幸福感（X）	X_1	0.785	0.680	0.914	0.882
	X_2	0.814			
	X_3	0.760			
	X_5	0.878			
	X_6	0.879			

量表的区别效度检验结果见表 18，对角线上的数值为每个变量 AVE 值的平方根，对角线以外的值是变量之间的相关系数。每个变量的 AVE 值的平方根都大于该变量与其他变量之间的相关系数，因此，量表具有较好的区别效度。

表 18　区别效度检验结果

变量	Y	C	X
Y	0.891		
C	-0.610	0.857	
X	-0.733	0.752	0.825

（二）模型假设检验

本研究使用结构方程统计分析软件 SmartPLS 对研究模型进行实证检验，数据分析结果见图 2。职业压力对职业幸福感（$\beta = -0.437$，$p < 0.001$）有显著的负向影响，说明职业压力越大，幸福感越高，职业压力越小，幸福感越高；职业压力对职业成长（$\beta = -0.610$，$p < 0.001$）有显著的负向影响，说明职业压力越大，越不利于职业成长，职业压力越小，越有利于职业成长；职业成长对职业幸福感（$\beta = 0.485$，$p < 0.001$）有显著的正向影响，说明职业成长越快，职业幸福感越高，职业成长越慢，职业幸福感越低。由此假设 1、假设 2 和假设 3 都得到了支持。本文进一步检验职业压力、职业成长和职业幸福感的关系，发现职业压力对职业幸福感有显著的正向影响（$\beta = -0.764$，$p < 0.001$），加入职业成长之后，职业压力对职业幸福感的正向影响降低（$\beta = -0.437$，$p < 0.001$），所以职业成长在职业压力与职业幸福感中发挥了部分中介作用。

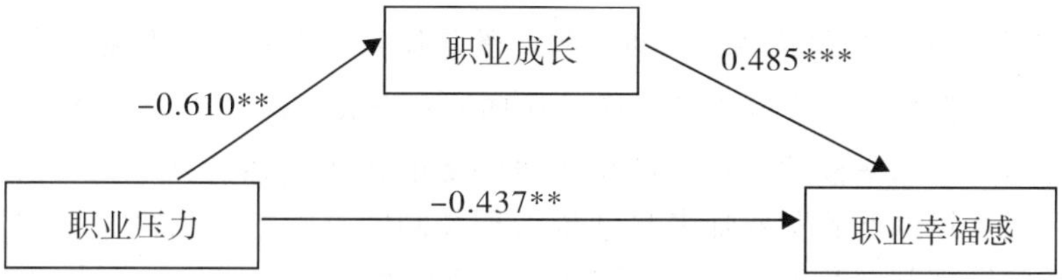

图 2　模型结果

（三）研究结论

（1）职业压力对职业幸福感存在显著的负向影响。高校女教师的职业压力越大，其职业幸福感越低。

（2）职业成长对职业幸福感存在显著的正向影响。注重高校女教师的职业成长将有助于提升其职业幸福感。

（3）职业成长在职业压力与职业幸福感之间起部分中介作用。对高校女教师来说，职业压力增加将影响其职业成长，从而降低其职业幸福感。

由此可见，职业压力与职业成长、职业幸福感之间关系密切，缓解职业压力、促进职业成长均可成为提升女教师幸福感的有效途径。

五、提升高校女教师幸福感的对策建议

高校女教师一方面需要创新科学知识，另一方面有来自家庭、社会和个人心理等多重角色的压力。因此，能否减少职业压力，促进职业成长，提升职业幸福感，并协调好三者之间的关系，会直接影响女教师的身心健康、科研教学质量，并带来工作和家庭的角色冲突等情况。基于以上结论，本研究以广东高校女教师调研数据为基础，从社会、高校、教师群体三个层面出发，提出以下对策及建议。

1. 社会层面：营造良好的社会氛围，为高校女教师提供有力的社会支撑

高校女教师相比男教师，除教师本职工作外，需更多地兼顾家庭，面临工作和家庭双

重角色压力，同时还需要关注职业发展以提高职业幸福感。

（1）提高高校女教师的地位和待遇。

社会应营造“尊师重教”的良好氛围，努力提高教师地位，针对女教师的多重角色压力，给予更多的政策倾斜与支持，创造融洽、宽容、积极进取的工作环境。分析结果表明，收入越低的女教师在个人职业发展和工作负荷方面受到的压力越大，因而提高女教师的社会地位不能仅仅停留于口头上，而要落实到实际工作或行动中，如给予男女教师平等的晋升机会，提高女教师的工资水平，给予更多的物质鼓励等，对其工作给予肯定与支持，促进其职业的成长并提升职业幸福感。

（2）对高校女教师提出合理的期望与要求。

社会要按教育教学的客观规律要求高校女教师，科学公正地对女教师提出合理的期望与要求。不合理的社会期望与要求会给高校女教师带来沉重的职业压力，这种压力会反过来影响女教师的人才培养、科学研究等的效果，特别是影响教师的教书育人效果。此外，还会减缓职业成长，降低职业幸福感，也会影响工作与家庭的和谐。

2. 高校层面：改良工作软环境，为高校女教师提供有力的职业发展支撑

通过调查研究发现：个人的幸福感受外在环境和个人经历的影响。公司职员所在的组织氛围直接左右个人的幸福感，良好的组织氛围更能让职员感受到幸福。研究结果表明，教龄在10年及10年以下的女教师来自学校管理及制度方面的压力高于教龄10年以上的女教师，高校的管理制度及工作负荷等职业压力直接影响女教师的职业幸福感，更不利于职位的晋升等。因而在高校的管理中，要多从教龄10年以下的女教师的角度出发，尊重其意愿，了解其需求，给予其关注；在高校建设中，培养平等、尊重、理解等良好校园风气；减轻其职业压力，为其职业成长营造良好的环境，提升职业幸福感。

（1）创造高校女教师参与高校管理的体制。

高校女教师的整体素质普遍较高，具备较强的自我控制能力，女教师办事细致，考虑周全，同时也有进行管理的需求。因此，高校因关注现实情况，考虑女教师的需求和想法，组织高校女教师参与到制定决策的队伍中来，让她们提出自己的意见和想法，这不仅能使她们更有归属感，也能在一定程度上鼓励女教师投身到教育事业中，激发其教学和科研的热情，促进其职业成长，从整体上提升职业幸福感。

（2）减轻高校女教师心理感知中的教学科研负担。

首先，改年度科研考核为阶段科研考核，因为一年时间太短，有的科研项目不是短期能完成的，论文发表对于一般高校的女教师来说周期也较长。一个考核阶段定为三年，相对来说合理些。其次，对“学术论文的数量和级别”适当降低要求。要求太高，许多女教师因为要兼顾工作和家庭，无法完成任务，不仅起不到激励作用，反而会使女教师感到压力过大。最后，对于科研立项，学校要多从国内外名校请一些专家来校开展此类讲座，帮助女教师选好题、做好标书，特别是对职称低的普通女教师给予更多的关照。

（3）重视不同成长阶段女教师的发展。

发展意味着进步，发展意味着未来，发展是职业人追求的共同目标。高校女教师作为高素质人才，本身有着对知识的追求与渴望，无论在科研还是教学，都有自己的理想与追求。高校女教师在兼顾好家庭的同时，追求自己的专业发展，促进其职业成长不仅是女教师成长的重要内容，也是职业幸福感获得的重要来源。因此，高校应重视不同群体的女教

师的发展，并及时给予支持和帮助。

高校要及时了解当前女教师的职业压力来源、影响其职业成长的因素和职业幸福感现状，对不同的女教师群体在薪酬和福利待遇方面进行调整，比如对女教师给予平等的社会地位。本文的研究结果表明，21—30 岁年龄段的教师群体感受到的压力往往大于其他年龄段的教师群体，尤其是在个人职业发展和家庭方面，应关注并帮助解决年轻女教师住房和子女入学问题等；在职业压力方面，具学士或博士学位的女教师工作负荷最大，所以学校应根据实际情况，适当降低她们的教学工作量。因此学校应该根据这些情况提供不同层次、形式多样、针对性的培训，提高她们的教学科研能力。

3. 个人层面：注重自我提升，为自身职业成长提供内驱动能

（1）提高抗压能力，提升科研素养。

首先，女教师要明确压力的来源及其程度，明白是什么导致自己感受到压力。只有明确了压力的来源，区分自己所面对的压力源哪些是可控的，哪些是不可控的，才能找到最有效的方法缓解职业压力。在缓解压力的同时，要积极地追求学术进步，善于将自己的研究理论成果运用到教学实践中去，在教学中改进和创新，这样不仅能够提升自身能力，更好地促进职业发展，化压力为动力，也能提升幸福感。其次，高校女教师要善于倾听家人及朋友的建议，寻求家人的帮助。如工作与家庭角色冲突时，可向家人寻求帮助、协调等。学会排解压力，提升工作效率，促进职业能力发展。女教师在面临困难、遭受挫折、产生压力的时候，应主动获取社会支持。

（2）进行有效的时间管理。

高校女教师要做好时间管理，安排好工作，协调好工作和生活，把握好节奏。教师工作是一项复杂的工作，它要求教师课内课外都要付出极多的时间和精力，因此，时间安排妥当与否会对女教师造成影响。使用一些很简单的方法进行时间管理，可以提高工作效率。如周详地规划自己的时间，罗列每日需完成的工作项目，依其重要性排出先后，减少因延误而产生的压力。针对不同工作，要合理分配、统筹安排时间，使工作活动取得整体的最佳效果和最高效率。只有合理安排时间，减少不必要的压力，才能提升工作效率，促进职业成长，提升整体幸福感。

（3）学会自我放松，保持身心健康。

自我放松是指通过自我调节使自己的精神得以松弛的方法。身心健康与否直接关系高校女教师的职业成长和幸福感。只有学会自我调节，保持身心健康，才能在教学与工作中不断进步，体验幸福感。应关注自身健康，从内在和外在两个方面来放松自己的身心。从内在来说，高校女教师要提高自我心理承受能力，少抱怨，遇到心理问题，及时主动咨询专业的心理医生。从外在来说，高校女教师可以通过参加体育锻炼，达到释放压力的目的。在工作之余，积极参与学校或教师团体组织的活动，使身心放松，更好地投入工作。

参考文献

［1］姚振东，凌辉，张建人，等．中小学教师工作压力、工作满意度与职业幸福感的关系．中国健康心理学杂志，2016（8）．

［2］沈艺，周箴．管理者的工作压力与职业幸福感：自我效能感和恢复体验的作用．南京社会科学，2016（9）．

［3］金一波，李娇，陶灵芝，等．高校女教职工压力、社会支持和主观幸福感的现状及其关系．中国健康心理学杂志，2014（2）．

［4］杨玲．小学教师工作压力对职业幸福感的影响：职业认同的中介作用．中国成人教育，2014（24）．

［5］王雅荣，安静雅．工作压力、工作价值观对主观幸福感的影响——以呼包鄂地区为例．企业经济，2016（9）．

［6］龚怡琳，刘金莲，张洪君，等．三级医院护士工作压力、心理资本和主观幸福感的关系研究．护理管理杂志，2014（14）．

［7］郝伟，赵凤娟，施旺红．大学生主观幸福感与生活满意度、压力和焦虑的关系．职业与健康，2015（20）．

［8］张晖，何凯，李鋆，等．高校辅导员心理资本与职业压力、主观幸福感的关系研究——基于职业压力的中介作用分析．科技创业月刊，2015（24）．

［9］王钢，苏志强，张大均．幼儿教师胜任力和职业压力对职业幸福感的影响：职业认同和职业倦怠的作用．心理发展与教育，2017（5）．

［10］张兴贵，郭扬．企业员工人口学变量、工作特征与主观幸福感的关系：工作压力的作用．心理科学，2011（5）．

［11］杨剑．体校教练员职业压力、应对方式、主观幸福感关系探讨．广州体育学院学报，2010（1）．

［12］冯一丹，李爱梅，颜亮，等．工作时间压力对主观幸福感的倒 U 型影响——基本心理需求满足的中介作用．中国人力资源开发，2017（8）．

［13］翁清雄，胡蓓．员工职业成长的结构及其对离职倾向的影响．工业工程与管理，2009（1）．

［14］万正维，王浩．试论高校青年教师成长的影响因素及促进策略．教育探索，2013（2）．

［15］季韶荣，韩雪梅，聂丹，等．医生角色压力与职业成长的关系研究——以兰州市三甲医院医生为例．医学与哲学（A），2016（10）．

［16］周玉霞，付志高．大学生压力、领悟社会支持与压力后成长的关系研究．凯里学院学报，2017（2）．

［17］冯继宗．知识型员工职业成长与工作幸福感的关系研究．深圳：深圳大学，2017．

［18］刘伍梅．高校女教师心理健康分析及对策研究．学理论，2015（35）．

［19］宋萍．高校女教师压力现状与对策研究．北京：中央民族大学，2015．

［20］严桂清．青年女教师心理压力及应对方式调查研究．学理论，2013（8）．

［21］李雪艳，姜淑梅．高校女教师心理健康问题、原因及干预策略．赤峰学院学报（自然科学版），2012（22）．

［22］兰利霞．山西省普通高校青年女体育教师亚健康状况及成因分析．赤峰学院学报（自然科学版），2011（12）．

［23］万玉群．江西省高校女教师职业能力发展影响因素的实证分析．南昌：江西师范大学，2012．

［24］余雪华，李悦，王燕，等．高校女教职工社会支持、应对方式和主观幸福感的关系研究．丽水学院学报，2010（3）．

［25］周佳晔，黄敏．高校女教师幸福感探讨．唯实（现代管理），2013（7）．

社会研究

高校附属医院女性医务人员医患沟通语言艺术技巧调查分析

吴婷　谢文　钟旋　曾中华　刘秋生　陈志群　刘大钺　郑勇强　苏颖*

随着“生物—心理—社会”医学模式的形成，医患关系已从单纯的“主动—被动型”转变为“共同参与型”，因此，医患之间良好的沟通也变得越来越重要。语言是人与人沟通交流过程中的主要载体，良好的语言艺术技巧能达到更好的诊疗效果，营造和谐的医患关系。沟通的语言形式分为有声语言和无声语言。有声语言主要是指口头语言，无声语言是指通过身体语言如举止、行为、表情或触摸等形式的交流。本文通过查找目前女性医务人员在医患沟通语言方面存在的问题，针对性地提出有效提高医患沟通语言艺术技巧的策略。

一、资料来源与方法

（一）研究对象

2018 年 5 月至 6 月，以广州市 5 家医院为调查对象，随机抽取女性医务人员进行问卷填写。共发放问卷1 000份，回收 889 份，回收率 88. 9% 。

（二）研究方法

自编调查问卷，问卷包括两部分，第一部分为一般情况调查表，主要有医院性质、科室、学历、职称、工作年限、自己或同事是否发生过医患沟通不畅、投诉、诉讼等情况；第二部分为医务人员和患者沟通的情况、对医患沟通的认知、对医患沟通培训的建议等。

（三）统计学方法

采用 SPSS 22. 0 进行统计分析。

二、结果

（一）基本情况

调查对象基本情况见表 1。

* 作者单位：中山大学附属第一医院。

表1　调查对象基本情况

因素	分类	人数	比例（%）
医院性质	综合性医院	647	72. 8
	中医类医院	148	16. 6
	专科医院	94	10. 6
科室	内科系统	272	30. 6
	外科系统	215	24. 2
	医技	74	8. 3
	妇产科	41	4. 6
	急诊	41	4. 6
	儿科	38	4. 3
	重症医学	25	2. 8
	药剂	19	2. 1
	门诊、管理、康复	164	18. 5
职业	护士	605	68. 1
	医生	215	24. 2
	技师	27	3
	药师	15	1. 7
	其他	27	3
学历	本科	544	61. 2
	大专及以下	168	18. 9
	硕士	125	14. 1
	博士	52	5. 8
职称	初级	355	39. 9
	中级	345	38. 8
	高级	148	16. 6
	其他	41	4. 6

（续上表）

因素	分类	人数	比例（%）
工作年限	15 年以上	326	36.7
	5—10 年	214	24.1
	5 年以下	201	22.6
	10—15 年	148	16.6
本人是否发生过医患沟通不畅、投诉、诉讼	是	409	46
	否	480	54
同事是否发生过医患沟通不畅、投诉、诉讼	是	734	82.6
	否	155	17.4

（二）医患交流语言运用情况

称呼患者方式：大部分（93%）会根据年龄、姓名、职务或职称来称呼患者，少部分（7%）直接用床号称呼患者。

是否会听完患者的说话内容，再发表自己的意见：73.7% 表示“经常可以”，14.4% 表示“患者说话没重点，会随时打断”，11.4% 表示“听主要的就可以了，没必要全部听完”，9.6% 表示“偶尔可以”。

是否使用医学专业术语与患者沟通：19.8% 表示“经常有”，大部分（80.2%）表示“偶尔有”或“没有”。

医务人员外在形象（服饰、表情、语气、手势、姿态等）对患者的影响：仅 0.2% 表示无影响。

与患者交谈时，有没有适时地说“哦”“是”“我明白了”或点头：大部分（90%）表示经常有，少部分（10%）表示偶尔有、没有或没必要。

是否运用眼神等方式与患者交流：72.7% 表示经常会，25.4% 表示偶尔会，1.9% 表示没有或没必要。

具体结果见表 2。

表 2　医患交流语言运用情况

因素	分类	人数	比例（%）
称呼患者方式	年龄、姓名、职务或职称	827	93
	床号	62	7
是否会听完患者的说话内容	经常可以	655	73.7
	患者说话没重点，会随时打断	128	14.4
	听主要的就可以，没必要全部听完	101	11.4
	偶尔可以	85	9.6

（续上表）

因素	分类	人数	比例（%）
是否使用医学专业术语与患者沟通	偶尔有	672	75.6
	经常有	176	19.8
	没有	41	4.6
医务人员外在形象对患者的影响	非常大	515	57.9
	比较大	343	38.6
	一般	29	3.3
	无影响	2	0.2
与患者交谈时，有没有适时地说“哦”“是”“我明白了”或点头	经常有	800	90
	偶尔有	81	9.1
	没有	7	0.8
	没必要	1	0.1
是否运用眼神等方式与患者交流	经常	646	72.7
	偶尔	226	25.4
	没有	16	1.8
	没必要	1	0.1

（三）医患沟通内容

调查对象认为医患沟通内容应包括病情诊断、治疗方案、治疗效果、费用、康复指导等。关于是否有必要和患者沟通社会交往、人际关系等话题，仅少部分人（6.6%）认为没有必要；关于是否会向患者了解其患病后的生活质量，选择会和不会的人员比例相当。

表3　医患沟通内容

因素	分类	人数	比例（%）
是否有必要和患者沟通社会交往、人际关系等话题	有必要	349	39.3
	一般	272	30.6
	很有必要	209	23.5
	没有必要	59	6.6
是否会向患者了解其患病后的生活质量	会	489	55.0
	不会	400	45.0

（四）知情同意执行情况

调查对象所在科室基本会对特殊检查、治疗、贵重药品情况进行告知。关于在治疗费用方面是否会征求患者意见：73.6%的人表示都会或经常征求意见，26.4%的人会偶尔征求意见或认为不需要征求意见。

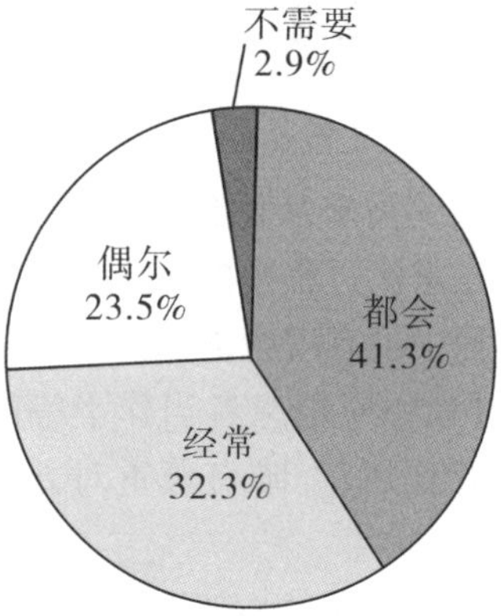

图1　治疗费用征求患者意见的情况图

（五）影响医患沟通的原因

医务人员方面的因素，排名前三位的原因为：827人（93.1%）认为工作繁忙，没有时间和精力；615人（69.2%）认为缺乏沟通技巧，不会沟通；477人（53.7%）认为是对医患沟通重要性认识不足，认为看病只是医务人员的责任。其他还包括工作满意度不高，没有热情和激情，医学知识欠缺，临床水平低，包括医务人员认为患者不懂等。患者或家属方面的原因，包括患者及家属表达能力差。

（六）医患沟通语言艺术培训

678名（76.3%）调查对象未系统接受过语言学、心理学、医学伦理学、社会学等学科的正式教育，认可应进行医患沟通语言艺术培训。形式上，可包括案例分享讨论、专题讲座、情景式教学等。频率上，认为每季度一次、每半年一次、每年一次的人数大致相当。内容上，认为应包括语言学知识、心理学知识、医学伦理学知识、社会学知识等。讲授者方面，相应可请相关专业教师，另外，807名（90.8%）调查对象认可医患沟通良好的医务人员可作为讲授者。效果上，864人（97.2%）希望创造和谐医患关系，834人（93.8%）希望减少医疗纠纷，634人（71.3%）希望达到更好的诊疗效果。

三、医患语言沟通存在的问题

通过以上分析可以看出，大部分女性医务人员医患语言沟通的情况较好，但也存在一些问题，如部分医务人员对待患者不够礼貌、尊重；会使用床号称呼患者；会随时打断患者说话；经常使用专业术语与患者沟通；较少运用眼神等无声语言方式沟通；较少征求患者关于费用方面的意见；大部分医务人员缺乏沟通语言艺术培训等。

四、建议

（一）医患沟通语言艺术技巧应用

1. 尊重患者，耐心倾听

根据马斯洛需求层次理论，人的需求从低到高分为生理需求、安全需求、社交需求、尊重需求和自我实现需求。患者在求医过程中的需求同样是多层次的，不仅仅局限于得到治疗和身体康复，还包括医疗过程中拥有安全的医疗环境，得到良好的服务，受到医护人员的尊重等。[1]医务人员在沟通过程中应把患者当作平等的个体，充分尊重他们，不应高高在上，要改变“家长制”的诊疗作风，[2]唯有尊重对方，才能获得患者的尊重，进而获得他们对治疗的理解和支持。

受社会习俗、文化传统以及女性生理、心理因素的影响，女性语言大多温柔得体、有礼貌，她们更善于倾听。[3][4]因此女性医务人员应充分利用自身优势，从而达到更好的交流效果。如根据年龄、职业、身份等具体情况，使用恰当的称呼，虽不是信息的直接传递，却取得了情感交际沟通的作用，以达到融洽关系的目的。耐心听取患者叙述病情，既是对患者的尊重，也可以从其陈述中收集到与治疗相关的信息。

2. 换位思考，语言通俗易懂

患者及家属大多从事非医疗的工作，医患之间存在信息不对称现象，他们往往很难理解专业术语的含义。如果一味使用医学专业术语进行沟通，会造成沟通效果大打折扣或根本达不到沟通目的，不仅影响患者诊疗，还很可能造成医疗纠纷。[5]

所以，在沟通过程中，医务人员应多站在患者的角度，使用能为患方所接受的、通俗易懂的语言来解释医疗问题。

3. 因人而异，针对性沟通

俗话说：有的放矢。就医患沟通而言，就要求医务人员尽可能多地掌握和治疗有关的患者信息，除了要对患者病情相关信息了如指掌，还应适当了解诸如患者文化程度、爱好、家庭背景、社会交往、人际关系等情况，从而根据不同的对象，采取不同的沟通方式，达到事半功倍的效果。当然，在此过程中，也要注意把握尺度，避免侵犯患者隐私，引起患者反感。

4. 维护患者知情权、选择权

在医患交流过程中，医务人员必须要充分维护患者的知情权和选择权，包括患者病情、医疗措施、费用等的告知，这也是医务人员的职责和义务。在医患沟通过程中，患者希望医务人员能尊重患者的知情权和自主选择权，实现医患的平等对话。[6]患者及家属对目前医患沟通现状不满集中表现在：医务人员不能耐心且详细地解释患者目前病情及下一步治疗方案，以及在使用贵重药品前没有沟通。[7]

2018 年 10 月 1 日开始施行的《医疗纠纷预防和处理条例》再次明确指出，医务人员在诊疗活动中应当向患者说明病情和医疗措施，并进一步明确了未按规定告知的法律责任。只有充分告知，使患者对病情、治疗、相关费用有充分的了解，同时尊重患者的选择，患者才会积极配合治疗。反之，如果医务人员“告知”意识淡薄，与患者沟通较少，甚至不愿意与患者沟通，患者对医生所采取的诊断与治疗也只能被动服从，一旦出现问题，就很容易导致医患纠纷的发生。[8]

5. 运用无声语言，增强沟通效果

美国心理学家艾伯特·梅拉比安经过研究认为：信息的全部表达＝7%语言＋38%语音和声调＋55%动作和表情。无声语言的交流在沟通中的重要性甚至远高于有声语言。女性在交流中更善于运用非语言符号，[3]较男性运用无声语言表达思想感情的形式和能力更强，[4]女性医务人员在交流过程中可适当运用其技巧以增强沟通效果。

无声语言的形式有体姿语言、表情语言、眼神语言、动作语言、触摸语言等。体姿语言方面，应该注重职业礼仪，树立健康的职业形象。做到着装得体，举止优雅，体现出认真负责的工作态度和爱岗敬业的精神。表情语言方面，要面带微笑，展示自己的亲和力，拉近和患者距离，让患者喜欢、信服、愿意交流。眼神语言方面，要能够巧妙地应用眼神来表达自己所要表达的信息，以此增强语言交流的感染力，获得患者信任，并且要注意患者的眼神情况，以此判断患者的心理情绪，有利于工作顺利进行。[9]动作语言方面，应注意倾听，适时点头，表示对对话的关注，这也符合女性语言交际的特点：在交流中，女性会有一些简朴的评论或点头表示她们的关注，女性常常是非常积极的听者。[10]触摸语言是通过身体某个部位相互接触来进行沟通的语言形式，在融洽医患关系方面具有很好的效果，但在使用时应特别注意患者的风俗与文化背景，减少误解。

（二）加强医患沟通语言艺术培训，提高医患沟通能力

目前大部分医务人员缺乏系统的医患沟通语言艺术培训，可见语言艺术培训的重要性和迫切性。可采用专题讲座、案例分享讨论、情景式教学等多种方式进行培训，教学内容应包括语言学知识、心理学知识、医学伦理学知识、社会学知识等。可邀请平时医患沟通能力良好的医务人员进行经验交流，他们能从实际工作的角度出发，更具实操性和针对性。同时，可开展患方对沟通满意度的调查，找出医患沟通中存在的具体问题，针对存在的问题进行解决，增强培训效果。

五、结语

沟通既是一门科学，也是一门艺术，是医疗护理工作中的重要环节。作为女性医务人员，更应充分利用自己在沟通交流中的先天优势，运用良好的语言艺术技巧，让医患双方在友好的气氛中交流，提高沟通质量和患者满意度，以取得更好的医疗效果，促进患者康复。

参考文献

［1］袁利，赵邦．论医患关系中的沟通艺术．医学与社会，2015，28（3）：66－68.

［2］陈慧玲，高文远．生物—心理—社会医学模式下医患沟通艺术之管见．中国农村卫生事业管理，2017，31（11）：1338－1339.

［3］强琦．职场女性语言的特点及成因探究．语文建设，2014（3）：71－72.

［4］王刚云．女性语言的风格特点．内蒙古电大学刊，2013（3）：40－56．

［5］王彪．某市医调委近3年调解的医疗纠纷状况分析．现代医院，2018，18（8）：1137－1144．

［6］龙杰，林生趣，刘乐，等．基于马斯洛理论视角的多元化医疗服务模式探究．现代医院，2017，17（8）：1098－1100．

［7］舒麟渊，盛露露，高婧，等．急诊医患沟通现状及满意度调查分析．中国卫生质量管理，2017，24（1）：59－61．

［8］陈军．关于患者视角下的医患沟通需求及现状调查．中国医学伦理学，2015，28（4）：566－568．

［9］黄眉玲．护士和患者之间语言沟通形式和运用技巧．世界最新医学信息文摘，2017，17（103）：275－280．

［10］崔靖靖．女性语言及言语交际．人文高地，2014（7）：277．

高校医科女性婚姻价值观调查

——以中山大学医科为例

王斌　满意　李美娴　陈素　潘爱华　臧颖　谭红梅*

一、前言

根据民政部《2017 年社会服务发展统计公报》，2017 年结婚率为 7.7‰，比上年降低 0.6 千分点；2017 年离婚率为 3.2‰，比上年增加 0.2 千分点。[1] 过去几年，中国结婚率持续降低，而离婚率不断上升，因此应当更关注中国人群的婚恋状态与婚姻价值观。根据国家统计局最新数据，2017 年卫生人员有1 174.9万人，每万人拥有 65 个卫生技术人员。“健康所系、性命所托”，由于医学与性命相关的特殊性，医学从业者肩负重大的责任，导致医学生与医学从业者的培养周期长、学业/工作任务重、工作环境压力大。医科是高校各专业中专业要求最高的学科之一，而医科女性又是医科群体中的一个特殊群体，医学行业的艰辛与女性传统的柔弱形象使得女性在医学领域可能被不公平地看待。随着医科院校的扩招，医科女性数量与日俱增，就业压力逐渐增大，很多女性本科毕业后选择继续攻读硕士、博士；在医学院校就职的女性，需承受临床、科研、教学等多方面的压力，在种种压力下，很多医科女性无暇考虑婚恋问题。同时，多年的高等教育以及对人体、生命的了解也使得医科女性形成了自己独特的婚恋价值观。本研究旨在了解高校医科女性婚恋现状、婚姻价值观念、心理情感状态，为促进高校医科女性婚姻恋爱的健康发展、提高高校医科女性主观幸福感和生活质量提供依据。

二、对象与方法

（一）对象

本研究调查对象来源于中山大学中山医学院、公共卫生学院、护理学院、药学院的女性学生与老师，采用自编问卷以整群抽样的方式进行现场匿名调查。

（二）调查问卷

本研究参照相关文献[2][3][4]，经课题组专家讨论，设计了高校医科女性婚姻价值观的调查问卷，问卷内容包括三个部分。第一部分为基本信息，学生版包括年龄、学历、专业满意度、学习所用时间；教师版包括年龄、学历、职称、收入水平、工作满意度、工作占

* 作者单位：中山大学。

用时间；第二部分为婚恋状况与婚恋观，包括婚恋状态、对婚姻的看法、对结婚对象的要求、对婚姻问题的处理方式；第三部分为幸福感与生活满意度，采用 3 个公认量表：Campbell 幸福感指数量表、情感量表、生活满意度量表。Campbell 幸福感指数量表[5]由 8 个项目得分均数所得的总体情感指数（权重 1）与 1 个项目的生活满意度指数（权重 1.1）组成，每个项目得分范围为 1—7 分，总体得分范围为 2.1—14.7 分。情感量表[6][7]由 Bradhurn 编制，包含 10 个评估研究对象在过去几周感受的是非题，用于检测研究对象的心理满意程度。情感量表的得分由正向情感（5 题）分减负向情感（5 题）分，再加系数 5，得分范围为 0—10 分。生活满意度量表[8][9]由 Diener 等人设计，包含 5 个评分项目，各项得分范围为 1—7 分，最终得分为 5 项得分总和（5—35 分）。

（三）统计方法

应用 SPSS 22.0 进行统计分析。连续型变量采用“均数 ± 标准差”描述，两样本资料比较采用 t 检验，多样本资料比较采用方差分析；分类变量以频数和频率分布表示，采用 X^2 检验进行统计推断。

三、结果

（一）一般情况

本研究发放学生版问卷 335 份，发放教师版问卷 16 份，回收学生有效问卷 328 份，教师有效问卷 15 份，回收率为 97.7%。本次调查的学生群体年龄主要集中在 20 岁及以下（59.1%），20—25 岁的占 34.5%，26—30 岁的占 5.2%，30 岁及以上的占 1.2%；大学生、研究生、博士分别占 72.9%、21.3%、5.8%；学习时间较少、一般、较多、很多的分别占 6.4%、37.5%、33.8%、22.3%；专业满意度为不满意、一般、较满意、满意的分别有 7.1%、29.4%、45.4%、18.1%。学生的基本信息详见表 1。教师的年龄主要为 31—40 岁（8 人），以硕士学历为主（7 人），初级职称约为一半（7 人），月收入多在 8 000—15 000（10 人），约一半人认为用于工作的时间很多，对自己的专业较满意及以上的有 10 人。

（二）不同特征人群的婚恋状态比较

72.6% 的学生、13.3% 的教师目前是单身状态。不同年龄组学生的婚恋状态有统计学差异（$p<0.001$），20 岁及以下学生中单身的占 81.4%，21—25 岁的学生中单身的占 61.1%，26 岁及以上的学生单身的占 52.4%。不同学历的学生婚恋状态有统计学差异（$p<0.001$），在读医学本科生、硕士研究生、博士研究生的单身比例分别为 81.2%、51.4%、42.1%。学习占用时间不同的学生的婚恋状态没有统计学差异（$p=0.64$），学习占用时间为较少、一般、较多、很多的学生的单身比例分别为 76.2%、74.8%、72.1%、68.5%。专业满意度不同的学生群体，其婚恋状态没有统计学差异（$p=0.12$），专业满意度为不满意、一般、较满意、很满意的学生的单身比例分别为 60.9%、77.1%、66.2%、84.7%，较满意的学生群体单身比例较低。详细情况见表 1。

表 1　不同特征的学生群体的婚恋状态

特征		n（%）	婚恋状态			p 值[a]
			从未恋爱	现单身	恋爱/已婚	
年龄	≤20	194（59.1）	110（33.5）	48（14.6）	36（11.0）	<0.001
	21—25	113（34.5）	31（9.5）	38（11.6）	44（13.4）	
	≥26	21（6.4）	6（1.8）	5（1.5）	10（3.0）	
学历	本科	239（72.9）	128（39.0）	66（20.1）	45（13.7）	<0.001
	硕士研究生	70（21.3）	17（5.2）	19（5.8）	34（10.4）	
	博士研究生	19（5.8）	2（0.6）	6（1.8）	11（3.4）	
学习时间	较少	21（6.4）	11（3.4）	5（1.5）	5（1.5）	0.64
	一般	123（37.5）	62（18.9）	30（9.1）	31（9.5）	
	较多	111（33.8）	44（13.4）	36（11.0）	31（9.5）	
	很多	73（22.3）	30（9.1）	20（6.1）	23（7.0）	
专业满意度[b]	不满意	23（7.1）	8（2.5）	6（1.8）	9（2.8）	0.12
	一般	96（29.4）	47（14.4）	27（8.3）	22（6.7）	
	较满意	148（45.4）	61（18.7）	37（11.3）	50（15.3）	
	很满意	59（18.1）	30（9.2）	20（6.1）	9（2.8）	

注：a 表示 X^2 检验。b 表示 2 份问卷未填写专业满意度。

（三）医科女性的婚姻价值观

在选择恋爱对象时，55.1% 的医科女性学生将双方感情放在首位，个人品质（32.8%）、个人能力（4.6%）、外貌（3.7%）也被较多人选为最看重的条件。总体来说，学生对恋爱对象的条件看重排序前五的依次是：双方感情 > 个人品质 > 个人能力 > 外貌 > 经济能力 > 学历。74.2% 的单身学生认为自己单身的原因是没遇到合适的人，7.2% 认为原因是学习忙/学习压力大。74.9% 的学生并未对自己的单身状态感到焦虑。38.1% 的学生不能接受相亲，不管是熟人介绍还是婚介所介绍，也有 30.2% 的学生可以接受熟人介绍相亲甚至婚介所介绍相亲，31.4% 的学生仅接受熟人介绍，其中本科学生更不能接受相亲。而教师中，7 人表示熟人介绍或婚介所介绍都可以接受，6 人表示可以接受熟人介绍。

学生群体在选择结婚对象时，双方感情（52.6%）、个人品质（27.8%）、经济能力（7.6%）被认为是最看重的条件。整体看来，学生对结婚对象的条件看重排序前五的依次是：双方感情 > 个人品质 > 个人能力 > 经济能力 > 家庭背景；而教师群体中，双方感情（12 人）被大多数人认为最重要。总体来说，教师对结婚对象的条件看重排序前五的依次是：双方感情 > 个人品质 > 个人能力 > 经济能力 > 家人意见。学生对结婚对象工作最大的要求是工作收入（26.6%），其次是工作稳定（20.8%）、工作性质（15.6%），25.1% 的学生对此没什么要求。教师对结婚对象工作的最大要求是工作稳定（6 人）。37.6%（123

人）的学生、一半教师认为必须有爱情才能结婚，而有34.3%（112人）的学生、半数教师认为相处得舒服就可以结婚，11.3%（37人）的学生认为达到条件就可以结婚。31.5%的学生认为结婚的目的是为了爱情，45%的学生认为结婚的目的是相互扶持，19.6%的学生认为结婚的目的是建立家庭。因为爱情结婚的学生更多不能接受相亲或别人介绍对象（45.8%）。多数学生认为维系婚姻最重要的因素是感情（46.3%）或责任（47.9%）。25.1%的学生对结婚对象的工作没什么要求。此外，对工作收入有要求的学生（26.6%）多于要求工作稳定的学生（20.8%）。75.7%的学生、60%的教师认为最理想的结婚年龄是26—30岁，也有17.2%的学生、33.3%的教师认为应该30岁以后结婚。

本研究中，女性医学生在婚姻家庭经济、责任分担方面普遍追求平等，希望拥有自己的事业。绝大部分学生（82.0%）与教师（11人）认为婚房应由双方共同负担，92.1%的学生、全部教师希望婚后夫妻能够单独居住，97.9%的学生与全部教师认为应由双方共同负担经济及家庭任务。74.9%的学生、60%的教师认为自己的事业与家庭同等重要，12.8%的学生、40%的教师认为家庭更重要，12.2%的学生认为事业更加重要。

在处理婚前性行为、婚前协议等婚姻问题时，部分女性的观念较为保守。对于婚前性行为，14.3%的学生、20%的教师认为双方都不能有，7.6%的学生认为对方可以有，而自己不可以有，59.8%的学生、53.3%的教师认为认真交往的就可以有，18.3%的学生、26.7%的教师完全可以接受婚前性行为。对于婚前协议，19.8%的学生认为一定要签署，29.6%的学生认为应该签署，但如果对方反对也可以不签，而16.5%的学生反对签署，约1/3的人抱着无所谓的态度；认为一定要签署与应该签署的教师分别为6人、5人。如果配偶出现婚外情，41.0%的学生、2/15的教师选择直接离婚，而55.7%的学生、13/15的教师比较冷静理性，选择与配偶真诚交流后再选择解决方式，很少人会选择默默忍受或者极力挽回。

（四）不同特征人群的心理情感状态比较

本研究人群幸福感指数的“均数±标准差”为10.30±2.14；情感量表得分的“均数±标准差”为5.85±1.92；生活满意度的“均数±标准差”为19.43±5.45，生活满意度分类为“有点满意”及以上（≥21分）的研究对象为133人，占39.0%，约一半人（173人）生活满意度为“有点不满意”及以下（≤19分）。教师与学生各量表得分无统计学差异（$p>0.05$）。量表得分情况见表2。

表2　研究对象的心理情感量表得分情况（均数±标准差）

量表	总体	学生	教师	p值[a]
幸福感指数	10.30±2.14	10.27±2.06	11.01±3.38	0.418
情感量表	5.85±1.92	5.81±1.91	6.73±1.87	0.069
正向情感	2.67±1.14	2.66±1.13	2.87±1.41	0.486
负向情感	1.81±1.37	1.84±1.38	1.13±1.19	0.050
生活满意度	19.43±5.45	19.40±5.38	20.07±7.15	0.642

注：a表示t检验。

根据表3，恋爱/已婚学生人群与从未恋爱或单身人群相比幸福感指数较高（$p<0.05$）。年龄在26岁及以上学生人群生活满意度较21—25岁学生群体低。不同学历学生群体的幸福感指数、情感量表得分、生活满意度之间没有统计学差异（$p>0.05$）。有趣的是，用于学习的时间较多的学生，其幸福感指数、情感量表得分、生活满意度均较所用时间较少、很少的学生高（$p<0.05$）。随着专业满意度上升，学生的幸福感指数、情感量表得分、生活满意度均显著上升（$p<0.05$）。

表3　不同特征学生人群心理情感指标的比较（均数±标准差）

特征		频数（%）	幸福感指数	情感量表得分	生活满意度
婚恋状态	从未恋爱	146（44.8）	10.04±2.01	5.71±1.93	19.09±5.54
	现单身	90（27.6）	10.03±2.22	5.76±1.99	19.20±5.34
	恋爱/已婚	90（27.6）	$10.88±1.88^{bc}$	6.03±1.80	20.09±5.12
	p^a		0.004	0.433	0.353
年龄	≤20	192（58.9）	10.19±1.99	5.74±1.93	19.90±5.30
	21—25	113（34.7）	10.34±2.18	5.86±1.95	18.96±5.34
	≥26	21（6.4）	10.57±2.13	6.19±1.57	$17.14±5.78^{b}$
	p^a		0.658	0.571	0.046
学历	本科	237（72.7）	10.14±2.09	5.78±1.95	19.71±5.35
	硕士研究生	70（21.5）	10.67±1.92	5.87±1.90	18.50±5.29
	博士研究生	19（5.8）	10.37±2.14	6.00±1.41	18.79±5.93
	p^a		0.168	0.855	0.225
学习时间	较少	20（6.1）	9.28±2.08	5.30±1.78	17.65±4.60
	一般	122（37.4）	10.00±1.88	5.47±1.75	18.78±4.73
	较多	111（34.0）	$10.53±2.06^{b}$	$6.00±2.04^{c}$	$20.23±5.32^{bc}$
	很多	73（22.4）	$10.59±2.24^{b}$	$6.25±1.92^{bc}$	19.64±6.44
	p^a		0.017	0.016	0.089
专业满意度	不满意	22（6.8）	9.16±1.71	4.73±1.98	16.50±5.22
	一般	96（29.6）	9.62±2.05	5.28±1.93	17.67±4.61
	较满意	148（45.7）	$10.47±1.83^{bc}$	$5.99±1.85^{bc}$	$19.91±5.26^{bc}$
	很满意	58（17.9）	$11.17±2.25^{bcd}$	$6.60±1.60^{bcd}$	$22.00±5.65^{bcd}$
	p^a		<0.001	<0.001	<0.001

注：a表示ANOVA检验；b表示与相应变量第1水平比较有统计学差异；c表示与相应变量第2水平比较有统计学差异；d表示与相应变量第3水平比较有统计学差异。

四、讨论

医科女性选择恋爱、结婚对象的标准较为理性。无论是教师还是学生，都将双方感情作为恋爱结婚的首要条件，其次是个人品质。这与其他专业的女性研究生[10]、女大学生[11]最注重个人品质有所不同。这表明医科女性更加向往爱情，在婚恋过程中更加注重双方的相处感受。除上述两点外，部分学生在选择恋爱对象时会比较注重对方的外貌。而在选择结婚对象时，则大都会注重对方的个人能力、经济条件。教师相对于学生在选择结婚对象时会更多地考虑家人意见。约1/3的学生拒绝通过相亲的方式择偶，希望能够自然地恋爱、结婚；而1/3的学生对熟人介绍、婚介所介绍这些择偶方式呈包容的态度。希望因为爱情而结婚的人更不能接受相亲，这可能是因为年轻人认为相亲、介绍对象更多是考察物质条件，并且目的太过明确，比较现实、俗套，不应该与爱情这样纯洁的概念联系起来。

本研究中，无论是教师还是学生，大部分人理想的结婚年龄是26—30岁，与针对所有大学生[12]的调查结果一致，表明当代年轻人普遍支持晚婚。在此年龄段的医科学生，基本完成了硕士研究生学业，开始工作。约1/3的人憧憬爱情，希望因为爱情而结婚；也有约一半人认为结婚的目的比较实际，希望通过结婚，双方能够相互扶持；大部分医科女性希望拥有自己的事业，认为自己的事业与家庭同等重要；并且希望在婚姻中经济责任、家庭责任由男女双方平等分担。配偶出现婚外情，部分人选择直接离婚，比较果决；部分人选择与配偶真诚交流后再选择处理方式，相对更加理性；很少人选择用尽方法挽回或者忍让而维持表面的平稳。理性、平等、独立、自信均是现代职业女性价值观的体现。这可能与医科女性经过医学教育、在性行为中有更强的自我保护意识与更高的保护技能有关，大部分人（78.1%）对此是开放态度，仅少部分人受中国传统文化道德观和价值观的影响持反对态度，这与普通高职院校女性（94.5%）[14]、其他专业女性研究生（42%）[10]更多地反对婚前性行为的结果不同。

本研究人群中从未恋爱的女性医学生占44.8%，高于普通高校（38.6%）[15]、大中专院校（30.27%）[16]的调查结果。但单身学生对自己的单身状态并不感到焦虑，对青年医生的调查也显示相似的结果[17]。这可能是与当前年轻人，尤其是接受过高等教育的年轻人普遍晚婚，并且不认为结婚应当受年龄限制或者是生命必需的过程有关，也可能与本研究调查对象年龄都较小有关。但恋爱/已婚状态的学生幸福感指数更高，可能与爱和归属感得到满足、得到对方的扶持与鼓励相关。

本研究中医学生的幸福感指数（10.27±2.06）与张雯等文章中一般大学生的幸福感指数（10.46±1.79）[18]相比较低。仅仅是学历的提高并不能带来幸福感、生活满意度的上升，但是，将时间更多地用于学习的学生其幸福感、生活满意度、情感量表得分均较高。其原因可能是这部分人的自律能力更强、对未来有更明确的规划、生活更加充实。专业满意度上升也与心理情感状态较好相关。学习占用时间多、对专业满意度高的学生群体单身比例较低，这可能是这部分学生更加自信，在专业上面更加擅长的缘故。

五、结论

本研究中，高校医科女性从未恋爱的比例（44.8%）高于其他研究对普通高校、大中专院校的调查结果。高校医科女性晚婚趋势明显，大都倾向于25岁以后结婚，与当前年轻人的态度一致。医科女性婚姻恋爱观比较理性、现代，体现为向往爱情，追求独立自主、男女平等，对婚前性行为更加包容，受中国传统文化与道德观影响较少。恋爱/已婚高校女学生幸福感指数较单身学生高。高校医科女性幸福感指数较其他大学生略低。社会应向高校医科女性提供更加便利的婚恋环境，以促进其生活质量的提高。

参考文献

[1] 民政部.2017年社会服务发展统计公报.2018.

[2] 唐慧琳，柳方婷．在校大学生婚姻观调查．南京晓庄学院学报，2010，26（5）：83－88.

[3] 肖武．中国青年婚姻观调查．中国青年研究，2016（6）：61－68.

[4] 冯冬燕，王敏艳，吴芳．高校知识女性主观幸福感研究．西安电子科技大学学报（社会科学版），2009，19（1）：131－134.

[5] 李靖，赵郁金.Campbell幸福感量表用于中国大学生的试测报告．中国临床心理学杂志，2000（4）：225－226.

[6] 陈文锋，张建新．积极/消极情感量表中文版的结构和效度．中国心理卫生杂志，2004（11）：763－765.

[7] BRADBURN N M. The structure of psychological well－being. Chicago：Aldine Publishing Co.，1969.

[8] 熊承清，许远理．生活满意度量表中文版在民众中使用的信度和效度．中国健康心理学杂志，2009，17（8）：948－949.

[9] DIENER E，EMMONS R A，LARSEN R J，et al. The satisfaction with life scale. Journal of personality assessment，1985，49（1）.

[10] 谭晓爽．研究生婚恋价值取向与性别角色的关系探讨——基于某高校硕士研究生的调查．黑河学刊，2018（4）：135－138.

[11] 梅思佳．女大学生婚恋观的现状分析与引导对策．科教文汇（中旬刊），2018（2）：153－154.

[12] 夏博文．当代中国女大学生的婚恋观论析．普洱学院学报，2018，34（2）：26－27.

[13] 王小婷．研究生特定群体婚恋问题研究．科技经济导刊，2018，26（21）：154－155.

[14] 杨雪，何菊英，王瑾．高职院校女大学生婚恋观的现状思考．科教文汇（下旬刊），2018（10）：161－162.

[15] 朱齐文，杨艺馨，马晓．新媒体时代大学新生婚恋观特点研究．传播力研究，2018，2（25）：181－182.

[16] 雷超，吴聪，邓利，等．广元市大中专学生性健康现状调查与策应研究．中国初级卫生保健，2018，32（11）：58－61.

[17] 洪晓畅，郑传娟，李鲁静．青年医师婚恋观及影响因素研究——基于全国60家医院的调查数据．中国青年研究，2018（10）：66－71.

[18] 张雯，郑日昌．大学生主观幸福感及其影响因素．中国心理卫生杂志，2004（1）：61－62.

生育政策对高校女性教工工作生活的影响研究

谢慧珺*

一、研究目的与背景

（一）研究目的

（1）生育政策对高校女性教工工作的影响因素；
（2）生育政策对高校女性教工家庭的影响因素；
（3）高校女性教工如何实现工作—家庭平衡及增益。

（二）研究背景

1. 工作—家庭增益的概念和影响机制

工作—家庭增益（work－family enrichment）概念的提出，最早要追溯到1974年Sieber的研究，该研究指出个体从一个领域获得的资源和经历，积极影响另一领域的生活。近年来，伴随着积极心理学和积极组织行为学的兴起和发展，工作—家庭增益相关研究呈指数级增长。有研究表明，职员的生活状态在某种程度上可以影响其职业发展，继而影响工作状态（包括工作需求和资源）及其生活的家庭环境（包括家庭需求和家庭资源）。最终，个人对工作和家庭具体的需求和资源主导了工作与家庭的冲突或增益。

解释工作—家庭增益发生机制的模型目前一共有两个，一个是Greenhaus和Powell提出的“双路径”模型（图1），一个是Ten Brummelhuis和Bakker提出的工作—家庭资源模型，简称W－HR模型（图2）。“双路径”模型明确指出了能够带来工作—家庭增益的五种资源（技能和观点、心理和身体资源、社会资本、灵活性和物质资源）、两条路径（工具性路径和情感路径）以及调节两条路径的相关变量。强调产生和积累是工作—家庭增益发生的源头和主要驱动因素，并且资源之间并不是独立的，而是互相关联的。

* 作者单位：暨南大学。

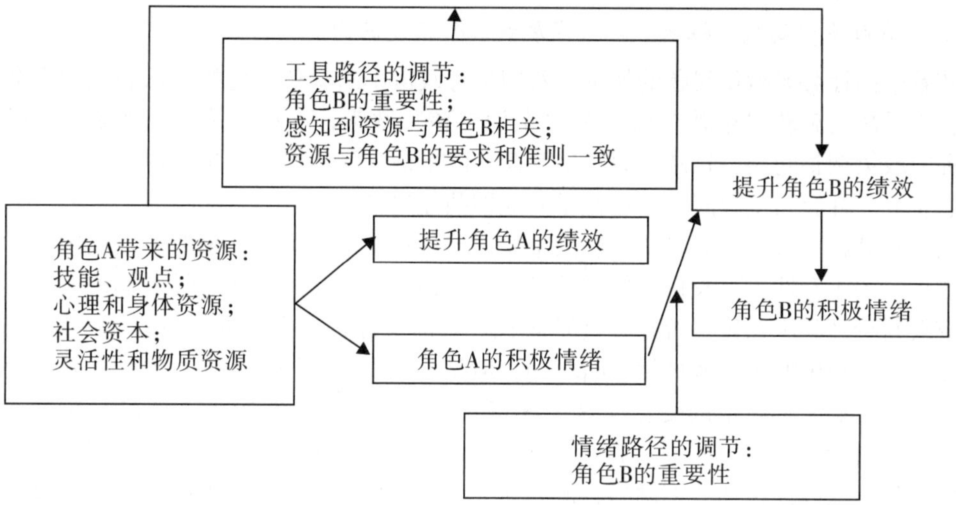

图 1 “双路径”模型示意图

W－HR 模型包括一条主路径和两条调节路径。其中，主路径就是工作—家庭增益，包括工作对家庭的增益和家庭对工作的增益两个方向。另外，两条调节路径分别为关键资源对环境资源的加强路径以及宏观资源对环境资源感知程度和可获得性的加强路径。在关键资源的调节路径中，关键资源为个体获取更多的资源提供了可能，而拥有更多的资源不仅让个体更不容易受压力的影响，而且能够帮助个体更好地解决问题，从而加强资源获得的积极作用。类似地，在宏观资源的调节路径中，个体拥有的宏观资源不仅决定了个体对资源的可获得性，也决定了个体对资源的利用效率。

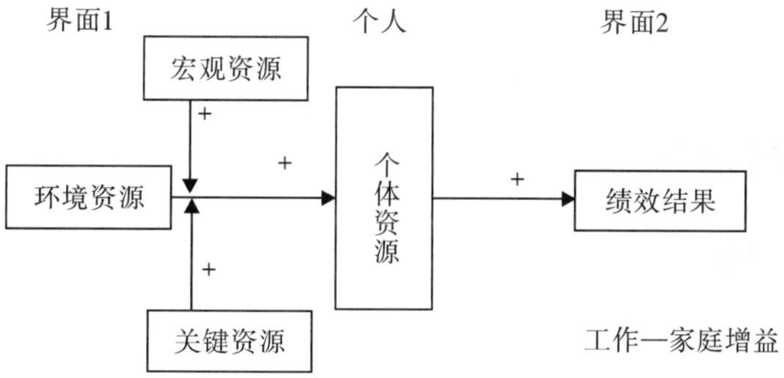

图 2 W－HR 模型示意图

党的十九大报告提出，中国共产党人的初心和使命，就是为中国人民谋幸福。在具体的工作中，一方面，高校女性教师肩负着教书育人的光荣使命，应当尽力增加学生、家人、朋友以及工作伙伴的幸福感；另一方面，也要帮助高校女性教工实现工作—家庭增益，首先实现她们的幸福感，继而持续推动她们在工作中的良好影响，实现良性循环。这是坚持以人民为中心，提高人民幸福感的重要举措之一，而这正是本课题重点关注的问题之一。

2. 生育政策对高校女性教工职业发展和工作恢复的影响

随着中国社会老龄化问题的加重，我国生育政策不断调整，党的十八届三中全会和五中全会先后决定启动“单独二孩”和“全面二孩”政策，二孩政策的突然落地，以及比较短促的政策调整间隔，打破了原有生育模式的平衡，陡然增加的生育成本，使女性及其家庭、企业、社会乃至政府间的利益矛盾立即凸显出来。

高校女性科技人才作为科研活动的重要群体，在推动我国科技事业的发展中发挥了重要的作用。关于女性在高校科研领域的发展这一话题一直受到大众和学者们的关注，大量的研究反复论证学术领域是否存在性别歧视。当前女性科技人才的地位有了一定的提高，女性在科技领域中所占比例虽然不断增加，但是高级女性科技人才仍只占少数且主要集中于少数领域，而生育政策的变化使这一困境雪上加霜。在此背景下，高校女性教工“工作—家庭”冲突主要受哪些因素影响？如何缓解这种冲突和矛盾？我国女性保护已经有了相应的工作、家庭保护和政策倾斜，但如何完善其发展方向，寻求平衡高校女性教工“工作—家庭”冲突的策略？这些问题构成了本研究的主要议题之一。因此，在全面放开二孩的政策背景下，为确保实现中国生育政策调整期望、保障高校女性教工就业的平等和稳定，本研究从高校女性教工“工作—家庭”冲突的现实问题及其影响因素出发，从“工作—家庭”的平衡机制视角寻找相关政策的完善方向，以期促进高校女性教工发展和我国生育政策调整期望双重目标的实现，这是本课题重点关注的议题之二。

综上所述，处于事业发展中期的高校女性年富力强，一方面对职业发展与生活质量都有较高的追求，二者多表现为高度的工作与家庭冲突或促进的关系；另外一方面她们正处于生育期，对于如何处理好二者之间的关系，以及如何帮助高校女性面对生育前后出现的各种问题，探讨是否通过已知的两种工作—家庭增益的影响机制进行干预，以及在新时期大环境下是否有其他影响机制参与其中，使高校女性能够快速恢复甚至超越生育前的状态，以崭新的面貌迎接新生活和工作的挑战，实现以人为本，提高幸福感，是本项研究重点要解决的问题。

二、研究方法

（一）研究对象

1. 问卷调查对象

问卷调查对象为广东省内生育二孩的高校女性教工。

2. 访谈对象

为了更全面细致地了解生育政策对教工的影响，访谈对象包括广东省内生育一孩的女性教工，生育二孩的女性教工，主管计生工作的女性教工，主管计生工作的男性教工及离退休教工共6人。

（二）调查设计

1. 问卷调查

参考工作—家庭增益量表设计调查问卷，在小范围内（5人）试用，根据反馈进行改进，再次在小范围内试用改进，定稿后利用“问卷星”制作问卷及问卷邀请函。终版问卷共包含四个部分：基本信息、工作家庭关系量表、工作情况问卷、意见和建议。通过微信、QQ 等社交媒介发放问卷，采用 SPSSAU 在线平台对问卷测量结果进行信度、效度、交叉分析、相关分析等数据处理。

2. 关键事件访谈

结合问卷相关问题及每个人的实际情况编订访谈提纲（第一份访谈提纲详见附录），采用录音（需提前与访谈对象确定，说明访谈者匿名，内容不会公布，只是用于做一手素材，后期需要总结提炼）与笔记相结合的方式记录访谈内容，访谈后赠送访谈对象小礼物作为感谢。通过与访谈对象面对面的交谈，了解掌握教师个体对教师职业发展的真实态度和看法，获取更多、更具体、更翔实的资料。

（三）技术路线图

本项目技术路线图如图 3 所示。

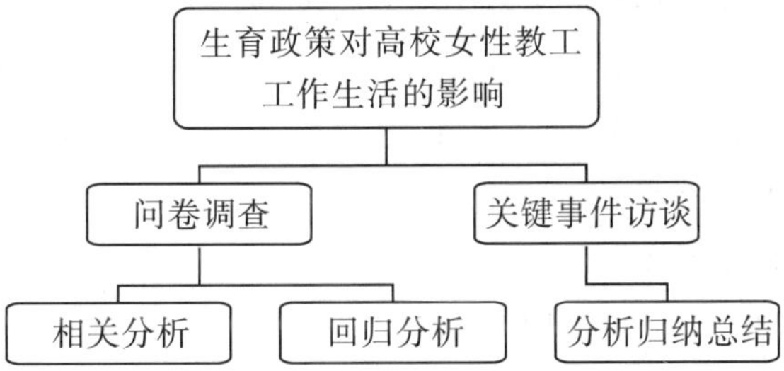

图 3　项目技术路线图示

三、研究结果

（一）回收问卷结果分析

1. 问卷发放和回收情况

本次发放问卷共计 35 份，收回 35 份，有效问卷 35 份，其中废卷 0 份。有效问卷率为 100%，问卷的回收率为 100%。

2. 问卷的信度和效度检验

本问卷信度系数值为 0.624，大于 0.6，说明研究数据信度质量可以接受（见表 1）。

内容效度：本研究的问卷项目是以深度访谈、开放式问卷调查为基础，在新闻媒体专业人士、二级心理咨询师及普通人进行多次分析、判断并修改的基础上产生的，并请一些非专业的人员进行阅读，保证了问卷的可理解性。经过初测和大样本的预测，对问卷的项目进行了多次修改。因此本问卷具有较高的内容效度。

结构效度：本问卷 KMO 值为 0.745，大于 0.7，说明问卷的结构效度良好（见表 2）。

表1　Cronbach 信度分析

项目	校正项总计相关性（CITC）	项已删除的α系数	Cronbach α系数
由于工作原因，我不得不错过一些家庭或朋友间的聚会	0.424	0.589	0.624
由于工作上必须投入大量时间和精力，我难以分担一些家庭责任，比如打扫卫生、做饭、照顾老人或孩子等	0.461	0.578	
由于工作上的种种压力，有时即使在家休息时，我也没心情做自己喜欢的事	0.205	0.615	
工作中适用的做法并不能帮我解决生活中的问题（例如平衡与孩子或伴侣的关系等）	0.282	0.603	
我的家庭生活占据了原本应该工作或从事工作相关活动的时间	0.243	0.608	
为了多些时间与家人共处，我只能放弃一些对职业发展有益的活动	0.345	0.599	
家庭生活所引起的紧张和焦虑会影响我的工作表现	0.286	0.602	
对我来说，在家中有效的做法在工作中却不奏效	0.482	0.578	
我认为在家庭生活中，配偶应承担更多的责任和义务	0.412	0.587	
总的来说，我对我的家庭生活感到满意	-0.16	0.652	
目前我认为自己已经恢复生育二孩前的工作状态	-0.054	0.649	
我相信自己能分析长远的问题，并找到解决方案	0.392	0.596	
与管理层开会时，在陈述自己工作范围之内的事情方面我很自信	0.151	0.62	
我相信自己能够与学校外部的人（比如供应商）联系，并讨论问题	0.109	0.623	
如果我发现自己在工作中陷入了困境，我能想出很多办法摆脱出来	0.381	0.597	
目前我正在实现我为自己设定的工作目标	0.306	0.602	
在我目前的工作中，我感觉自己能同时处理很多事情	0.196	0.614	
对我的工作未来会发生什么，我是乐观的	0.147	0.62	
我认为，在工作中存在对女性的性别歧视	0.298	0.601	
我认为现有的计生政策（提倡生育二孩，30天奖励产假，生育补贴等）已经能够全面保护育龄女性的合法权益	-0.337	0.673	
回归工作后，我理想的薪酬水平是：（比现有少或与现有持平/比现有增加10%—30%/比现有增加30%—50%/比现有增加50%—80%/比现有增加80%以上）	0.064	0.627	

表2 问卷KMO值

KMO值	0.745
巴特球形值	142.826
df	45
p值	0.000

3. 问卷基本情况的描述性统计分析

如表3、图4所示，本次问卷受访者大部分为36—40岁女性（A，42.86%），具有硕士及以上学历（B，85.71%），夫妻在同一城市生活工作（C，85.71%），休完产假已恢复正常工作（D，65.71%），各个岗位和专业均有涉及，医药生物专业较多（E，F），工作时间10年及以上（G，60%），二孩年龄为1—3岁（H，34.29%），受访者本人非独生子女（I，68.57%），受访者配偶非独生子女（J，88.57%），家中老人照顾二孩（K，65.71%）较多。

表3 问卷基本情况描述

项目	样本量	最小值	最大值	平均值	标准差	中位数
您的年龄	35	1	4	2.8	0.797	3
您的学历	35	3	4	3.857	0.355	4
您的生活状况	35	1	2	1.143	0.355	1
您目前处于（孕中/休产假期间/正常上班/其他休假）	35	1	3	2.457	0.817	3
您的岗位	35	1	5	2.829	1.723	2
您的专业	35	1	8	2.943	2.437	1
您至今工作时间	35	1	4	3.457	0.78	4
您最小孩子的年龄	35	1	7	4.029	1.636	4
您是否独生子女	35	1	2	1.686	0.471	2
您的配偶是否独生子女	35	1	2	1.886	0.323	2
目前照顾孩子主要是（夫妻两人照顾/家里老人帮忙照顾/夫妻两人兼请全保姆/夫妻两人兼请钟点工/其他）	35	1	4	2.086	0.781	2

以上数据说明本次问卷设计合理，可以进行后续分析，调查结果适用于广东省高校女性教工的相关情况。

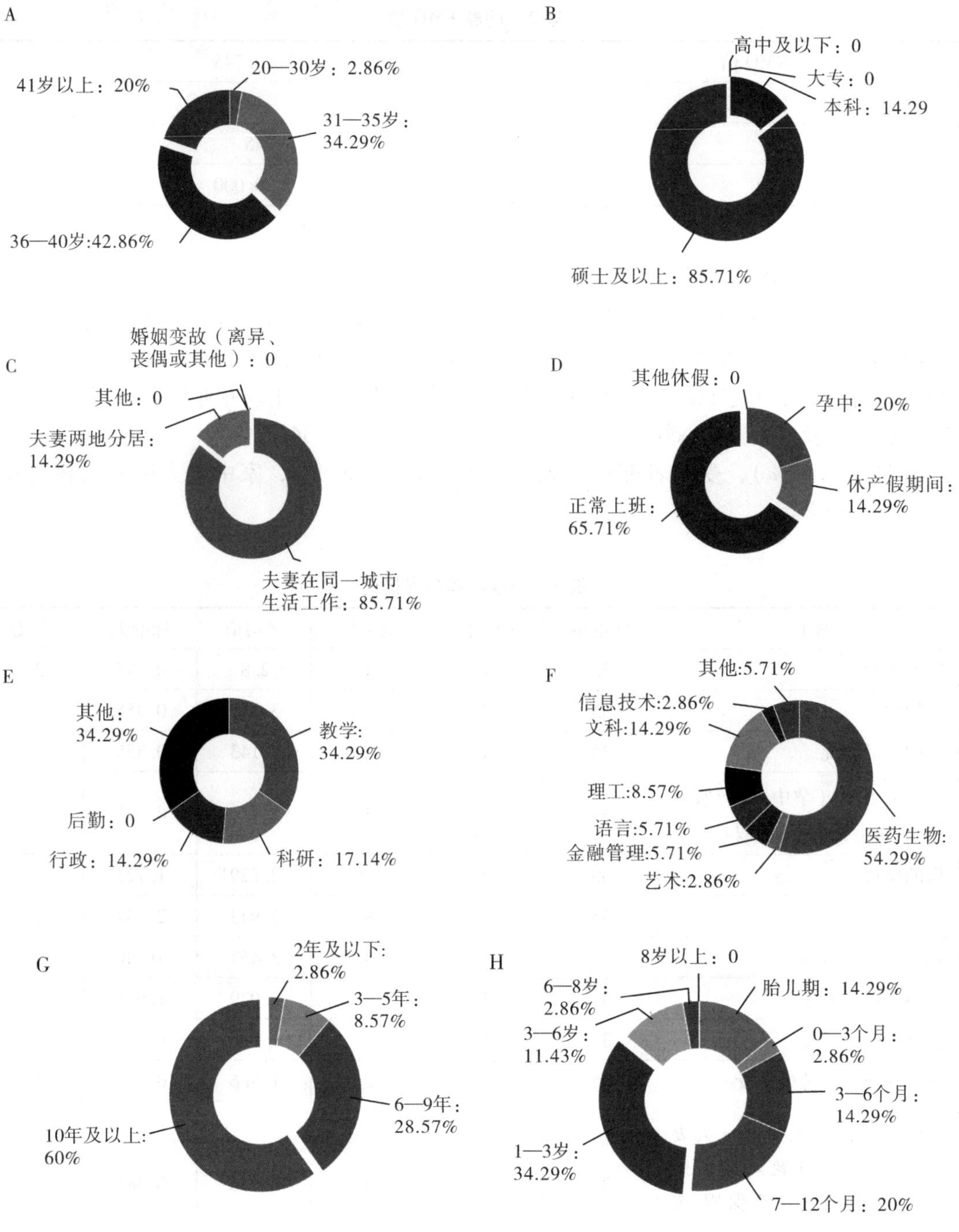
A
41岁以上：20%
20—30岁：2.86%
31—35岁：
34.29%
36—40岁:42.86%
B
高中及以下：0
大专：0
本科：14.29
硕士及以上：85.71%
C
婚姻变故（离异、
丧偶或其他）：0
其他：0
夫妻两地分居：
14.29%
夫妻在同一城市
生活工作：85.71%
D
其他休假：0
孕中：20%
休产假期间：
14.29%
正常上班：
65.71%
E
其他：
34.29%
教学:
34.29%
后勤：0
行政：14.29%
科研：17.14%
F
其他:5.71%
信息技术:2.86%
文科:14.29%
理工:8.57%
语言:5.71%
金融管理:5.71%
艺术:2.86%
医药生物:
54.29%
G
2年及以下:
2.86%
3—5年：
8.57%
6—9年：
28.57%
10年及以上:
60%
H
8岁以上：0
6—8岁：
2.86%
3—6岁：
11.43%
胎儿期：14.29%
0—3个月：
2.86%
3—6个月：
14.29%
1—3岁：
34.29%
7—12个月：20%

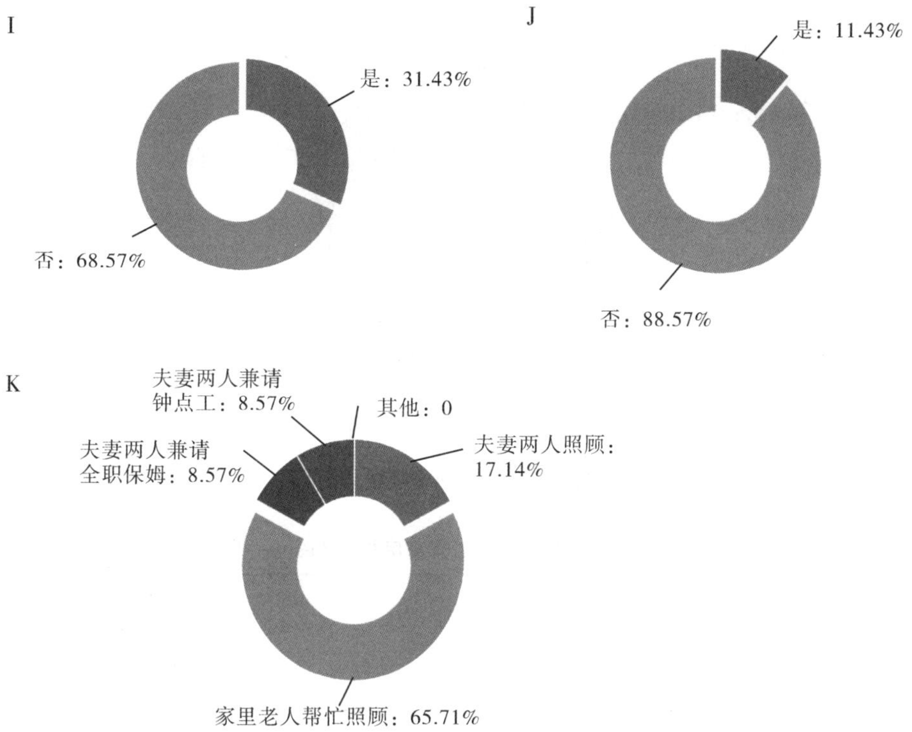

图4　基本情况分布图

4. 工作中对女性的性别歧视情况

如图5至图7和表4至表9所示，有超过51%（14.29%+37.14%）的高校女性教工认为在工作中存在对女性的性别歧视，不同专业的性别歧视情况有所不同；与年龄，影响职业发展、工作表现、工作效率，配偶应多承担家庭责任和义务成正相关关系，与恢复工作状态呈负相关关系。进一步对以上几个方面进行交叉分析，发现20—30岁与41岁以上人群，医药生物、金融管理和文科专业受到的性别歧视最为严重。50%的受访者认为由于性别歧视放弃了一些对职业发展有益的活动；55%的受访者认为性别歧视影响工作表现；60%的受访者表示性别歧视影响工作效率；60%的受访者认为性别歧视影响配偶应承担更多家庭责任和义务；50%的受访者认为性别歧视影响工作状态的恢复。

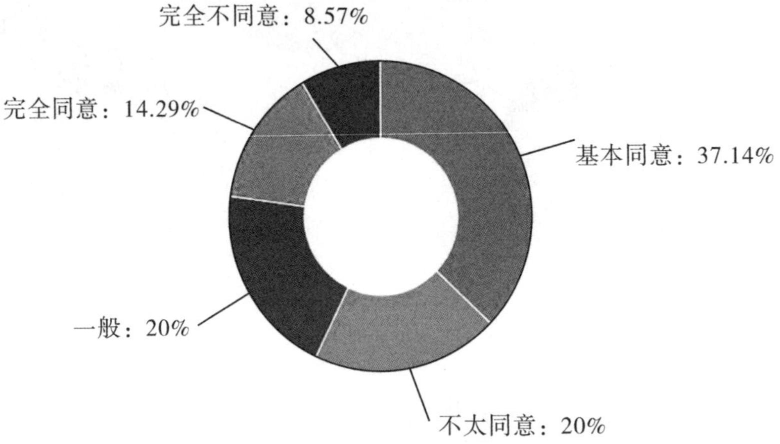

图5　女性性别歧视统计图

表4　女性性别歧视与工作家庭情况 Pearson 相关

项目	我认为，在工作中存在对女性的性别歧视
您的年龄	0.460**
您的学历	0.03
您的生活状况	0.039
您目前处于（孕中/休产假期间/正常上班/其他休假）	-0.167
您的岗位	-0.16
您的专业	-0.336**
您至今工作时间	0.108
您最小孩子的年龄	0.1
您是否独生子女	0.007
您的配偶是否独生子女	0.087
目前照顾孩子主要是（夫妻两人照顾/家里老人帮忙照顾/夫妻两人兼请全保姆/夫妻两人兼请钟点工/其他）	-0.089
由于工作原因，我不得不错过一些家庭或朋友间的聚会	0.243
由于工作上必须投入大量时间和精力，我难以分担一些家庭责任，比如打扫卫生、做饭、照顾老人或孩子等	0.269
由于工作上的种种压力，有时即使在家休息时，我也没心情做自己喜欢的事	0.293
工作中适用的做法并不能帮我解决生活中的问题（例如平衡与孩子或伴侣的关系等）	0.257
我的家庭生活占据了原本应该工作或从事工作相关活动的时间	0.198
为了多些时间与家人共处，我只能放弃一些对职业发展有益的活动	0.471**

（续上表）

项目	我认为，在工作中存在对女性的性别歧视
家庭生活所引起的紧张和焦虑会影响我的工作表现	0.422**
对我来说，在家中有效的做法在工作中却不奏效	0.592**
我认为在家庭生活中，配偶应承担更多的责任和义务	0.544**
目前我认为自己已经恢复生育二孩前的工作状态	-0.471**
我相信自己能分析长远的问题，并找到解决方案	0.081
与管理层开会时，在陈述自己工作范围之内的事情方面我很自信	0.05
我相信自己能够与学校外部的人（比如供应商）联系，并讨论问题	-0.24
如果我发现自己在工作中陷入了困境，我能想出很多办法摆脱出来	-0.064
目前我正在实现我为自己设定的工作目标	-0.161
在我目前的工作中，我感觉自己能同时处理很多事情	-0.158
对我的工作未来会发生什么，我是乐观的	-0.2
我认为现有的计生政策（提倡生育二孩，30天奖励产假，生育补贴等）已经能够全面保护育龄女性的合法权益	-0.324
总的来说，我对我的家庭生活感到满意	-0.082

注：*表示$p<0.05$，**$p<0.01$，下同。

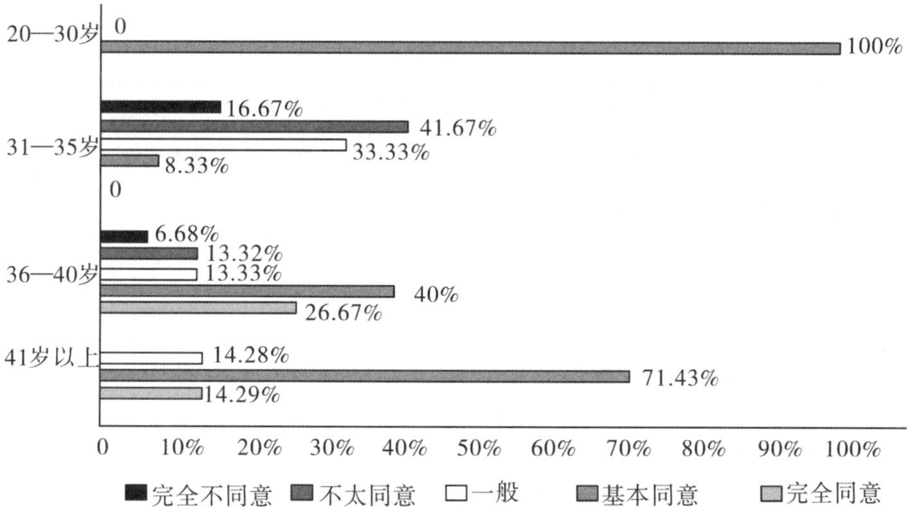

图6　年龄与性别歧视选项的交叉分析

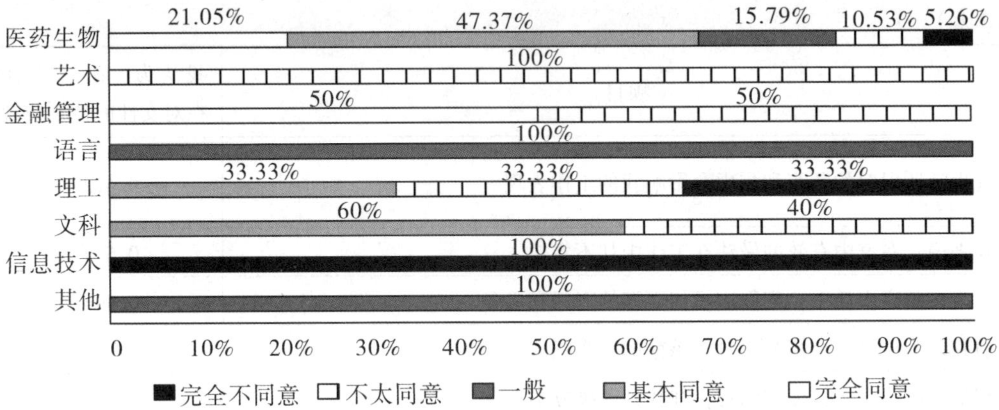

图7　专业与性别歧视选项的交叉分析

表5　交叉分析三

	为了多些时间与家人共处，我只能放弃一些对职业发展有益的活动					
我认为，在工作中存在对女性的性别歧视	X/Y	完全不同意	不太同意	一般	基本同意	完全同意
	完全不同意	0	0	0	0	0
	不太同意	0	3(100%)	0	0	0
	一般	1(33.33%)	0	0	2(66.67%)	0
	基本同意	2(13.33%)	4(26.67%)	3(20.00%)	4(26.67%)	2(13.33%)
	完全同意	0	0	4(28.57%)	7(50.00%)	3(21.43%)

表6　交叉分析四

	家庭生活所引起的紧张和焦虑会影响我的工作表现					
我认为，在工作中存在对女性的性别歧视	X/Y	完全不同意	不太同意	一般	基本同意	完全同意
	完全不同意	1(25.00%)	2(50.00%)	0	0	1(25.00%)
	不太同意	1(33.33%)	0	1(33.33%)	1(33.33%)	0
	一般	0	4(57.14%)	1(14.29%)	2(28.57%)	0
	基本同意	1(10.00%)	0	3(30.00%)	4(40.00%)	2(20.00%)
	完全同意	0	1(9.09%)	2(18.18%)	6(54.55%)	2(18.18%)

表7　交叉分析五

	对我来说，在家中有效的做法在工作中却不奏效					
我认为，在工作中存在对女性的性别歧视	X/Y	完全不同意	不太同意	一般	基本同意	完全同意
	完全不同意	0	2（100%）	0	0	0
	不太同意	2（40.00%）	1（20.00%）	2（40.00%）	0	0
	一般	0	3（27.27%）	2（18.18%）	6（54.55%）	0
	基本同意	1（8.33%）	1（8.33%）	2（16.67%）	6（50.00%）	2（16.67%）
	完全同意	0	0	1（20.00%）	1（20.00%）	3（60.00%）

表8　交叉分析六

	我认为在家庭生活中，配偶应承担更多的责任和义务					
我认为，在工作中存在对女性的性别歧视	X/Y	完全不同意	不太同意	一般	基本同意	完全同意
	完全不同意	1（100%）	0	0	0	0
	不太同意	1（33.33%）	1（33.33%）	1（33.33%）	0	0
	一般	0	3（27.27%）	3（27.27%）	4（36.36%）	1（9.09%）
	基本同意	1（10.00%）	3（30.00%）	2（20.00%）	3（30.00%）	1（10.00%）
	完全同意	0	0	1（10.00%）	6（60.00%）	3（30.00%）

表9　交叉分析七

	目前我认为自己已经恢复生育二孩前的工作状态					
我认为，在工作中存在对女性的性别歧视	X/Y	完全不同意	不太同意	一般	基本同意	完全同意
	完全不同意	0	0	0	0	1（100%）
	不太同意	0	1（7.14%）	2（14.29%）	8（57.14%）	3（21.43%）
	一般	0	3（37.50%）	3（37.50%）	2（25.00%）	0
	基本同意	2（50.00%）	0	0	2（50.00%）	0
	完全同意	1（12.50%）	3（37.50%）	2（25.00%）	1（12.50%）	1（12.50%）

（二）生育二孩后影响高校女性教工职业发展的相关因素

1. 工作与家庭生活相关性

如表10所示，“由于工作原因，我不得不错过一些家庭或朋友间的聚会”与“为了多些时间与家人共处，我只能放弃一些对职业发展有益的活动”正相关；“由于工作上必须投入大量时间和精力，我难以分担一些家庭责任，比如打扫卫生、做饭、照顾老人或孩子等”与“对我来说，在家中有效的做法在工作中却不奏效”正相关；“由于工作上的种种压力，有时即使在家休息时，我也没心情做自己喜欢的事”分别与“我的家庭生活占据了原本应该工作或从事工作相关活动的时间”“为了多些时间与家人共处，我只能放弃一些对职业发展有益的活动”“家庭生活所引起的紧张和焦虑会影响我的工作表现”及“对我来说，在家中有效的做法在工作中却不奏效”正相关；“工作中适用的做法并不能帮我解决生活中的问题（例如平衡与孩子或伴侣的关系等）”分别与“我的家庭生活占据了原本应该工作或从事工作相关活动的时间”“家庭生活所引起的紧张和焦虑会影响我的工作表现”及“对我来说，在家中有效的做法在工作中却不奏效”正相关。

以上结果说明，社会关系的维系、家庭生活幸福感及工作—家庭中的经验相互增益与高校女性教工的职业发展密切相关。同时，工作时间、工作压力、工作—家庭中的经验相互增益与家庭生活密切相关。

表 10　工作与家庭生活 Pearson 相关

家庭情况	工作情况			
	由于工作原因，我不得不错过一些家庭或朋友间的聚会	由于工作上必须投入大量时间和精力，我难以分担一些家庭责任，比如打扫卫生、做饭、照顾老人或孩子等	由于工作上的种种压力，有时即使在家休息时，我也没心情做自己喜欢的事	工作中适用的做法并不能帮我解决生活中的问题（例如平衡与孩子或伴侣的关系等）
我的家庭生活占据了原本应该工作或从事工作相关活动的时间	0.232	0.285	0.488**	0.390**
为了多些时间与家人共处，我只能放弃一些对职业发展有益的活动	0.364**	0.136	0.444**	0.307
家庭生活所引起的紧张和焦虑会影响我的工作表现	0.293	0.265	0.742**	0.762**
对我来说，在家中有效的做法在工作中却不奏效	0.304	0.448**	0.536**	0.523**

2. 工作恢复与家庭生活相关性

如表11所示，“目前我认为自己已经恢复生育二孩前的工作状态”分别与“为了多些时间与家人共处，我只能放弃一些对职业发展有益的活动”及“对我来说，在家中有效的做法在工作中却不奏效”负相关；“与管理层开会时，在陈述自己工作范围之内的事情方面我很自信”与“家庭生活所引起的紧张和焦虑会影响我的工作表现”正相关；“我相信自己能够与学校外部的人（比如供应商）联系，并讨论问题”分别与“我的家庭生活占据了原本应该工作或从事工作相关活动的时间”“为了多些时间与家人共处，我只能放弃一些对职业发展有益的活动”及“家庭生活所引起的紧张和焦虑会影响我的工作表现”负相关。

以上结果说明，减少家庭生活占据的时间以坚持参加对职业发展有益的活动，工作—家庭经验增益，以及消除家庭生活引起的工作焦虑与高校女性教工产后工作状态恢复密切相关。

表11　工作恢复与家庭生活 Pearson 相关

	目前我认为自己已经恢复生育二孩前的工作状态	我相信自己能分析长远的问题，并找到解决方案	与管理层开会时，在陈述自己工作范围之内的事情方面我很自信	我相信自己能够与学校外部的人（比如供应商）联系，并讨论问题
我的家庭生活占据了原本应该工作或从事工作相关活动的时间	-0.109	-0.151	-0.329	-0.457**
为了多些时间与家人共处，我只能放弃一些对职业发展有益的活动	-0.400**	-0.202	-0.167	-0.343**
家庭生活所引起的紧张和焦虑会影响我的工作表现	-0.236	-0.252	-0.386**	-0.460**
对我来说，在家中有效的做法在工作中却不奏效	-0.463**	0.073	-0.255	-0.209

（三）生育二孩后影响高校女性教工家庭幸福感的因素

1. 工作与家庭生活幸福感相关性

如表12所示，“我认为现有的计生政策（提倡生育二孩，30天奖励产假，生育补贴等）已经能够全面保护育龄女性的合法权益”分别与“由于工作上的种种压力，有时即使在家休息时，我也没心情做自己喜欢的事”及“工作中适用的做法并不能帮我解决生活中的问题（例如平衡与孩子或伴侣的关系等）”负相关；“总的来说，我对我的家庭生活感到满意”与“工作中适用的做法并不能帮我解决生活中的问题（例如平衡与孩子或伴侣的关系等)”负相关；“我认为在家庭生活中，配偶应承担更多的责任和义务”分别与“由于工作原因，我不得不错过一些家庭或朋友间的聚会”“由于工作上必须投入大量时间和精力，我难以分担一些家庭责任，比如打扫卫生、做饭、照顾老人或孩子等”“由于工作上的种种压力，有时即使在家休息时，我也没心情做自己喜欢的事”及“工作中适用的做法并不能帮我解决生活中的问题（例如平衡与孩子或伴侣的关系等)”正相关。

以上结果说明，配偶的家庭支持，工作—家庭中的经验相互增益及计生政策的改善与高校女性教工职业发展和提高幸福感有重要关系。

表 12　工作与家庭生活幸福感 Pearson 相关

工作情况	生活幸福感				
	我认为现有的计生政策（提倡生育二孩，30 天奖励产假，生育补贴等）已经能够全面保护育龄女性的合法权益	回归工作后，我理想的薪酬水平	总的来说，我对我的家庭生活感到满意	我认为在家庭生活中，配偶应承担更多的责任和义务	我认为，在工作中存在对女性的性别歧视
由于工作原因，我不得不错过一些家庭或朋友间的聚会	-0.224	-0.095	0.174	0.334**	0.243
由于工作上必须投入大量时间和精力，我难以分担一些家庭责任，比如打扫卫生、做饭、照顾老人或孩子等	-0.333	-0.123	0.172	0.348**	0.269
由于工作上的种种压力，有时即使在家休息时，我也没心情做自己喜欢的事	-0.462**	-0.034	-0.32	0.353**	0.293
工作中适用的做法并不能帮我解决生活中的问题（例如平衡与孩子或伴侣的关系等）	-0.336**	-0.07	-0.341**	0.349**	0.257

2. 工作恢复情况与家庭幸福感相关性

如表 13 所示，“我认为现有的计生政策（提倡生育二孩，30 天奖励产假，生育补贴等）已经能够全面保护育龄女性的合法权益”与“对我的工作未来会发生什么，我是乐观的”正相关；“回归工作后，我理想的薪酬水平”与“在我目前的工作中，我感觉自己能同时处理很多事情”正相关。

以上结果说明，计生政策的改善及合适的薪酬与高校女性教工的工作恢复情况和幸福感的提高密切相关。

表 13　工作恢复情况与家庭幸福感 Pearson 相关

	我认为现有的计生政策（提倡生育二孩，30 天奖励产假，生育补贴等）已经能够全面保护育龄女性的合法权益	回归工作后，我理想的薪酬水平	总的来说，我对我的家庭生活感到满意	我认为在家庭生活中，配偶应承担更多的责任和义务
目前我认为自己已经恢复生育二孩前的工作状态	0.154	0.011	-0.126	-0.193
我相信自己能分析长远的问题，并找到解决方案	0.024	0.101	-0.001	0.11
与管理层开会时，在陈述自己工作范围之内的事情方面我很自信	0.138	0.178	0.06	-0.291
我相信自己能够与学校外部的人（比如供应商）联系，并讨论问题	-0.018	0.207	0.183	-0.171
如果我发现自己在工作中陷入了困境，我能想出很多办法摆脱出来	0.063	0.21	0.047	0.005
目前我正在实现我为自己设定的工作目标	0.125	0.167	0.238	-0.177
在我目前的工作中，我感觉自己能同时处理很多事情	-0.181	0.353**	0.001	-0.113
对我的工作未来会发生什么，我是乐观的	0.351**	0.261	0.18	-0.213

四、讨论：促进女性教工工作—家庭平衡及增益的对策与思路

从我们的研究结果可以看出，配偶的家庭支持，工作—家庭中的经验相互增益及计生政策的改善对高校女性教工职业发展和增加幸福感有重要影响；计生政策的改善及合适的薪酬与高校女性教工的工作恢复情况和幸福感的提高密切相关。从调查结果看，高校女性教工的诉求主要集中在：增加生育补贴；适当延长产假；加强家庭和社会支持；平衡一孩与二孩的关系；减轻哺乳期工作量；进一步健全学前教育体系，如提供1—2岁孩子的小托班，解决后顾之忧；为生育后女性提供更多就业和回归职场的帮助；消除工作中针对女性的性别歧视；改善高龄产妇问题；要求男性教工确实履行家庭义务，等等。

针对这些问题，我们提出以下几点对策和思路，以期能够更好地促进高校女性教工的职业发展和提升家庭幸福感。

（一）个体层面

1. 全面提升综合素质

在知识爆炸的时代，各行各业的专业人才层出不穷，闻道先知的特权已不再仅仅属于授业者，无论哪个专业和岗位的高校女性教工都要有意识地保持适当的危机感，不断提升自我，完善知识结构和提高工作能力，综合提升各方面知识，从而更好地为教育事业服务。终身教育已经作为一项规定和任务写进《中华人民共和国教育法》和《国家中长期教育改革和发展规划纲要（2010—2020年）》，因此高校女性教工尤其是工作在教学科研岗位的女性，在树立终身学习理念的前提下，既要注重学有所长，精益求精，又要持之以恒，博学多才，不断增加自身的知识资本，以彰显自己的教学与科研的独特优势，保持与他人的差异性，以此来减轻或消除易替代性，为自我职业发展保驾护航。

2. 张扬自我主体意识

女性主体意识是指女性作为主体能自觉意识到自己在客观世界中的地位、作用和价值，并在了解自我的基础上积极参与社会活动，以满足自我需要、实现自我价值的意识。高校女性教工应勇当女性解放的先驱，自觉提高自身的主体意识，重视个人主观能动性的发挥和独立人格的形成，客观地认识自我，肯定自我的能力与价值，接纳自我。在自身职业生涯中审时度势地确定合适的成就动机，进而自觉地、积极地履行自己的历史使命、社会责任、人生义务，积极参与高校各类社会活动以及民主管理活动，努力为广大女同胞发出声音，促使相关决策者客观考虑，将性别意识纳入决策主流，为女性教工的良好发展谋出路。同时帮助社会各界女性同胞张扬自我主体意识，充分发挥个人潜能，提升女性群体的自我效能感和成就感，不仅为女性教工的成长与发展出谋划策，更要带动广大女性群体自觉树立自我主体意识，积极实现自我人生价值，为自身的可持续发展以及全面发展谋求出路、献计献策。

3. 保持身心健康状态

各种主客观因素导致高校女性教工的职业生涯遇到各式各样的困难，一个好的、健康的心态是保持生活和工作得以顺畅进行的重要精神支持。俞国良等通过研究发现教师的心理健康标准包括：对教师角色认同；勤于教育工作；热爱教育工作；有良好和谐的人际关

系；能正确地了解自我、体验自我和控制自我；具有教育独创性；在教育活动和日常生活中均能真实地感受情绪并恰如其分地控制情绪。女性教工应在认识到预见挫折的可能性的基础上正确对待生活与工作上的负面事件，树立学习心理健康知识的自主意识，提高心理健康自我维护及心理危机防范意识，努力保持心理健康。要善于正确客观地认识自我，并根据自己的人格特征进一步挖掘自身的潜在力量，客观评价自己，为建立长远自信获取坚实的立足点；同时要辩证看待职业发展过程中遇到的各种挫折和现实压力，切莫片面放大自我挫败产生不良影响，使得负能量影响工作和生活的效率与积极性，应积极转换认知和情绪，多开发压力的促进作用，运用心理学和中医情志学知识正确认识自我、悦纳自我、调适自我，化压力为动力，促进自我身心健康的发展。此外要加强体育运动和锻炼，增强机体素质，一方面有利于身体恢复，以应对繁重的家庭事务和工作，另一方面可以改善一些不良心理状态。

4. 加强多重角色协调平衡能力

各个岗位的高校女性教工作为教师、引导者、管理者、服务者、科研人员以及家庭成员等多重社会角色的承担者，不管是对教育、家庭还是社会都有着义不容辞、难以推卸的各种责任与义务。如何在纵横交错、纷繁复杂的社会角色中，合理捋清层次与主次，有针对性地在各种角色之间进行平衡与把握，是高校女性教工实现良性可持续发展时必须思考的问题。因此，女性教工首先要加强角色认知，明确自身承担的每个社会角色所涵盖的责任与义务，使得自己清楚地意识到该社会角色的相应任务，仔细考量做与不做以及多做与少做之间的关系。在增强角色认知的基础上，细化角色的具体任务，根据主客观条件，切合实际地进行相应的自我定位，规划好自我的发展目标并从中寻求人生价值所在，充分重视及肯定自身的需要与责任。同时，面对众多角色，女性教工要学会正确应对每个角色期待，根据实际情况有所侧重，必要时应进行适当取舍，合理规划时间与精力，切勿盲目夸大自身能力，包揽超负荷的社会角色及责任，使自己疲惫不堪。

（二）高校组织层面

1. 设立可持续过程性绩效评价体系，为女性教工搭建良好发展平台

建立公平公正的教师绩效评估体系，首先要建立多维度、可持续的过程性评价体系，同时注重建立信息反馈机制，不断完善评价体系。针对当前一刀切的绩效考评、职称晋升机制等实际情况，高校管理者要及时听取相关人员尤其是女性教工本人的反馈信息，从中了解并审视当前评价机制是否合理、科学、有效。鼓励和强调合作创新意识和团队精神，鼓励教师尤其是女教师与不同学科和专业的教师及科研人员进行广泛合作交流、联合攻关，这样既可以缓解女教师的巨大教学科研压力或工作压力，又可以开发其自身潜力，集众人之力共同做好工作。同时在绩效考核的内容与指标的设计方面，充分考虑女教师的特殊性，避免因考量的遗漏加大女教师晋升的困难，确保公平公正的原则贯穿整个考评过程。这样也有利于生育后女性顺利回归职场，更好地开展工作。

2. 进行人性化管理，普及弹性工作制

人性化的管理氛围是每一个组织促进各个成员高效运作、提高其工作积极性的人文沃土，同时也是培养组织成员归属感以及工作使命感的有效武器。随着市场经济深入发展，

高校组织在发展过程中也应适当借鉴市场经济领域中的合理成分及理念，弹性工作制对教师教学、科研的时间、地点和工作方式都给予了某种程度上的自由和灵活，使得女性教工在工作中享受更大的自由，在工作和家庭之间保持良性平衡，缓解角色冲突带来的矛盾，切实支持高校女性教工生育后重返工作岗位。此外，尽量不要安排孕产妇或哺乳期女性出差，工作安排上可以考虑安排一些压力较小的工作，以保护女性教工的身心健康及婴幼儿的健康成长。另外，加强团队合作精神，对有需要的女性安排力所能及的工作内容，在不影响团队效率的前提下尽量给予帮助，最大限度地完成团队工作。

3. 完善生育奖励制度，减轻高校女性教工经济压力

从备孕、怀孕、生育、看护、教育到吃穿住行玩，二孩的养育对每个家庭来说都是一笔不菲的支出。高校作为用人单位，应进一步建立完善包括生育支持、幼儿养育等全面二孩配套政策；探索对生育二孩的家庭给予更多奖励政策，减轻生养子女负担；推进生育保险的普及，确保职工生育期间的生育保险待遇不变；完善计划生育奖励假制度和配偶陪产假制度；对全面二孩政策实施前独生子女家庭和农村计划生育双女家庭，符合条件的继续实行现行各项奖励扶助政策。

4. 要求与关怀并重，建立工作发展问题干预中心

相对于女性教工自身来说，来自于组织的尊重、关怀与温暖是对其精神需求的极大满足，不仅能缓解女性教工的工作压力与困扰，更能促进其产生更多责任感，奋力工作，积极为教育事业服务。在女性教工参与各类教学、科研和管理工作并以此来实现自我价值的同时，学校应不忘对女性教工进行良好的人文关怀，高度重视女性教工在学校发展及教育发展过程中的地位和作用，落实好以人为本的服务理念。高校可以适当借鉴国外成熟的运行机制，例如可以建立工作发展问题干预中心，针对女性教工在实际工作中出现的问题及瓶颈成立专门的研讨小组，为解决女性教工工作发展问题构建一个坚实的堡垒。工作发展问题干预中心应定期召开女性教工座谈会，听取她们在实际科研及教学活动中遇到的困难，并建立长效的针对性调研机制，搜集相关数据及材料，结合女性教工、学校及相关部门实际条件，积极关注女性教工的合理诉求，努力创造条件满足女性教工的合理需求，为其排忧解难。

5. 努力消除工作中对女性的性别歧视

值得注意的是，我们的研究结果显示，超过51%的高校女性教工认为在工作中存在对女性的性别歧视，不同专业的性别歧视情况有所不同；与年龄，影响职业发展、工作表现、工作效率，配偶应多承担家庭责任和义务成正相关关系，与恢复工作状态呈负相关关系。其中，20—30岁与41岁以上人群，医药生物、金融管理和文科专业受到的性别歧视最为严重。大部分受访者由于对女性的性别歧视不得不放弃一些对职业发展有益的活动，并认为对女性的性别歧视影响其工作表现和工作效率、工作状态的恢复，以及配偶承担更多家庭责任和义务。

有受访者提出，在人口红利即将消失的今天，每一个养育二孩的父母，从根本上讲，都是在为社会做贡献，而他们自己和家人却做出无尽的牺牲，所以每一个养育二孩的家庭都是伟大的。任何歧视怀孕或哺乳期女性的观点和做法，不仅不能维持组织和谐，激发团队活力和创造力，而且会产生很多不良影响，削弱成员归属感和使命感，人人自危，一些女性不得不将关注点从工作转移到其他方面，工作得过且过，造成恶性循环，何谈为组织

的发展鞠躬尽力、做出贡献？

（三）社会层面

1. 提供良好的社会支持系统

本次调查结果显示，丈夫在家庭中的付出是受访者家庭支持的主要方面。因此，社会须倡导正确的价值观，将男女看成是家庭责任的共同分担者，鼓励男性在打拼事业的同时，承担起家庭责任，与家人共同维护并促进家庭和谐发展，有助于缓解两性角色冲突或角色压力。同时，女性教工的家属也应充分理解她们打拼事业的艰辛，在家庭生活中相互包容，相互体谅，共同营造和美的家庭环境，给予稳定的后方支持。二孩出生后，家庭关系会出现微妙变化，往往一孩与二孩之间会出现矛盾，有时会发生不良事件。有受访者称，想给予一孩更多的关照，但照顾二孩耗费大量的时间和精力，只能选择暂时冷落一孩，作为母亲，愧疚感和精力体力的透支让她们难以承受。在这种情况下，丈夫和家庭成员应当共同承担照顾婴幼儿的责任，努力营造良好的家庭氛围，耐心而有爱心地去帮助孩子形成好的思想认识和行为习惯，更好地促进孩子的健康成长，带来家庭的和睦。

此外，工会和社区可以采取多种形式关心帮助二孩家庭。有受访者提出，二孩家庭需要不同形式的家政服务，而有些离退休教工或教工家属体力和精力较好的，可以提供服务，那么工会或者社区可以集中辖区内需求，安排供需见面会，既满足双方需求，又有利于促进区域和谐。

2. 将社会性别意识纳入公共决策主流

制定政策时，对男女两性采取无差别对待，并非是男女平等的本质体现，反而是拉大男女差距的不合理表现。因为这种政策往往忽视了现实情况下女性所面临的各种实际问题，加剧了女性与社会的分离，极不利于女性的良性发展。因此要在尊重性别差异的基础上制定政策，追求男性和女性在尊重、价值、权利、责任和机会方面的平等，承认和尊重性别差异，对女性给予必要的政策倾斜与保障，使女性享有更充分的发展资源和发展机会。例如国家自然科学基金委员会出台培养和扶持女性科研人员的一揽子政策措施，其中如“在各类项目评审中，注意把握在同等条件下女性科研人员优先的资助政策”，再如“将女性申请青年基金年龄放宽的政策”，这些都极大地激发了青年女性科研人员的积极性。这便是在承认男女由于社会文化建构下所产生的差异的事实之上，注重性别意识的提升，唤醒全社会对女性的尊重和对女性价值的肯定，落实男女平等基本国策的具体体现。

3. 改善女性生存发展环境，引导两性和谐发展主流

女性地位作为衡量一个社会文明程度的标尺，已经成为世界各国普遍关注和重视的战略性研究方向，各国政府为实现男女两性平等，都实施了相关的国家行动计划或给予政策指导。我国政府结合大量对女性实际情况的调研，以及国际社会对女性的重点关注领域，制定了一系列《中国妇女发展纲要》，不断改善女性生存发展环境，推进可持续发展。国家制定相关政策优化女性生存和发展环境的同时，社会各界仍需要合力贯彻落实主流理念。同时，要加大女性相关的科学理论研究，并及时将已有的研究成果以迅速快捷的方式和渠道面向社会各界普及，改变社会中不良的、传统的、落后的性别歧视观，创造并建立全社会欣赏女性、尊重女性、关爱女性、呵护女性的良好氛围。只有全社会两性和谐发展

目标的实现，才能完全为高校女性教工职业发展和家庭幸福提供全方位的保障。

五、展望

至此，本项目的研究内容已近尾声，但生育政策对高校女性教工的长期影响远远超出上面讨论的部分，例如生育政策改变后婴幼儿人数增多，但相应的保育、教育机构还没有足够的时间适应，由此产生的入学入托问题；以本次调研对象为例，超过80%的家庭依靠祖父母辈进行学前照顾和教育，这又会引发隔代教育等问题，这些孩子将来走上社会又会产生什么样的影响？大量高龄产妇的出现，导致父母及祖辈体力和精力的过度透支，势必会造成未来的医疗和养老压力，这部分人群未来的生活状况和解决对策又会如何？此外，如果将此选题放大到全社会范围，讨论生育政策对女性的影响，则又会产生不同的结果，引发不同的思考；原先的计划生育政策实施时期，大量独生子女出现，而现在生育政策改变后，国家对二孩家庭提供了一些补贴，但相当一部分家庭失去了生育二孩的机会，那么这些独生子女家庭，尤其是失独家庭，是否也应当有所补偿，补偿力度应当多大？生育政策的改变引发的各种社会现象和社会问题，我们将进行持续的关注、报道和思考。

六、附录

（一）调查问卷

调查问卷采用问卷星制作，可参见 https：//www. wjx. cn/jq/31850170. aspx。

（二）访谈提纲

（1）您的职务或岗位是？可以描述下您平时的工作内容吗？（为了利于下一步的访谈，这里先提示工作—家庭增益的概念）

（2）基于您对上述概念的理解，您认为目前的生育政策与女性教工工作—家庭是什么关系呢？

（3）您感受到的生育政策促进工作—家庭的增益表现在哪些具体的方面？可以具体说一些例子吗？

（4）您感受到的生育政策减少工作—家庭增益又有哪些呢？具体表现在哪些方面？

（5）请您谈谈在您的工作和家庭中是如何平衡生育带来的影响的？

管理研究

工会在民办高校发展战略中的角色研究

林绵*

工会作为职工自愿结合的工人阶级的群众组织，是劳动者权益的重要保障机构，同时也是劳资关系的稳定器。如何在依法治国理念的大背景下，充分发挥工会在民办高校战略发展中的作用，是本课题开展一年以来所深入思考和研究的。

一、课题的提出及意义

工会是职工自愿结合的工人阶级的群众组织，在整个社会生产中起着至关重要的作用。一方面，工会作为劳动者一方的代表，是劳动者权益的重要保障机构；另一方面，工会作为劳资关系的稳定器，在维护和谐劳动关系，构建和谐社会方面起着不可替代的作用。随着依法治国理念的深入人心，劳动者的维权意识越来越强，如何全面落实依法治校将是摆在高校，特别是民办高校管理者面前的一个不可忽视的问题。

工会，作为劳动者利益的保护者，不仅应当承担起和谐劳动关系的稳定器的作用，更应该从战略的高度，深入地参与到企业管理中，为企业战略的制定出谋划策，构建和谐的劳动关系，为企业全面实施战略目标提供保障。然而目前国内高校的工会建设，特别是民办高校的工会机构建设情况普遍存在建制不健全、从业人员专业水平不高、机构形同虚设等情况，未能真正发挥工会在高校管理中的作用，更谈不上对高校的战略发展产生影响。民办高校工会的缺位和定位不清，使得民办高校在管理中存在许多问题，主要如下：

1. 战略目标确定存在随意性

战略规划，作为民办高校发展的蓝图，是指导高校发展建设的重要的行动纲领，一份高质量的战略规划，不仅涉及高校未来发展在人、财、物方面的各种资源的整合与调配，更涉及对未来发展内外环境的预判、对机遇的把控和对随时出现的新挑战的应对。但目前民办高校往往不重视战略的制订与实施，有部分高校并没有严格意义上的战略规划，目标的设定往往也存在随意性，没有经过科学的论证和研究，甚至出现了不少“拍脑袋”的战略，对民办高校的良性发展造成严重影响。

2. 战略制定过程缺乏民主性

科学合理地制订战略规划，不仅需要学校管理者有高瞻远瞩的视角，有敏锐的市场触觉，更需要在规划制订过程中充分发挥民主，广泛收集来自基层的意见。目前民办高校在制订战略规划的过程中，往往是闭门造车，缺乏民主，不仅不经过调查研究，不经过论

* 作者单位：广州涉外经济职业技术学院。

证，也不广泛收集基层和工会的意见和建议。这是造成民办高校战略规划制订不科学、不合理的重要原因，也是造成基层教职工对战略意图认知不够，甚至产生抵触行为的重要原因。

3. 战略制定与执行严重脱节

科学合理的战略规划，虽然能为民办高校的良性发展提供行动指南，但如何确保战略的成功落地，如期达成战略目标，是民办高校管理的重点，这不仅需要通过制度建设这一中间介质将规划转换成行动，更需要通过培训、考核等管理手段将规划进行落地，但在现实中，民办高校在管理上存在很多不规范、不科学的地方，很多民办高校在管理中存在严重的“人治”现象，管理的过程中，并未严格依据战略目标这一指挥棒来指挥制度建设和工作的开展，而是出现了很多头痛医头、脚痛医脚的情况，各部门各自为战，没有形成合力，甚至出现了有战略背道而驰的情况，严重制约了民办高校的健康发展。

4. 工会建制不健全、功能缺失

工会不仅是劳动者利益的保护者，更是和谐劳动关系的稳定器，国家也通过法律的形式，要求企事业单位建立健全工会组织，保障员工行使民主权利，如《中华人民共和国劳动法》中规定：“劳动者有权依法参加和组织工会。工会代表和维护劳动者的合法权益，依法独立自主地开展活动。”《中华人民共和国劳动法》中同时规定：“劳动者依照法律规定，通过职工大会、职工代表大会或者其他形式，参与民主管理或者就保护劳动者合法权益与用人单位进行平等协商。”《中华人民共和国工会法》中规定：“维护职工合法权益是工会的基本职责。工会在维护全国人民总体利益的同时，代表和维护职工的合法权益。”《中华人民共和国工会法》中同时规定：“企业、事业单位、机关有会员二十五人以上的，应当建立基层工会委员会；不足二十五人的，可以单独建立基层工会委员会，也可以由两个以上单位的会员联合建立基层工会委员会，也可以选举组织员一人，组织会员开展活动。女职工人数较多的，可以建立工会女职工委员会，在同级工会领导下开展工作；女职工人数较少的，可以在工会委员会中设女职工委员。”但现实中，大部分的民办高校对工会建设不够重视，认为工会就是一个养老的部门，对工会的建设投入不够，很多民办高校甚至并未按要求成立独立的工会组织，有部分已经成立了工会组织的民办高校，也存在工会建制不健全、功能缺失的情况，主要表现在大部分的民办高校工会并未设置专职的工会干部，从主席到委员，基本上都由学校行政干部兼任；工会没有独立的办公和活动场地；工会经费经常被挤占；工会组织在管理中没有发言权，不能真正发挥应有的作用。

5. 日常管理工作民主性缺失

《中华人民共和国工会法》中规定：“维护职工合法权益是工会的基本职责。工会在维护全国人民总体利益的同时，代表和维护职工的合法权益。工会通过平等协商和集体合同制度，协调劳动关系，维护企业职工劳动权益。工会依照法律规定通过职工代表大会或者其他形式，组织职工参与本单位的民主决策、民主管理和民主监督。工会必须密切联系职工，听取和反映职工的意见和要求，关心职工的生活，帮助职工解决困难，全心全意为职工服务。”但民办高校对工会建设的认识不足和投入不够，直接导致了工会定位的不清晰。部分民办高校在战略和制度的制定过程中，在日常管理的过程中，甚少听取工会的意见或建议，甚至于完全抛开了工会，并未发挥民主，导致工会形同虚设。

6. 劳资矛盾多样化、复杂化

由于民办高校在管理中没有清晰地对工会进行定位，没有很好地发挥工会的作用，加上现在劳动者的维权意识越来越强，造成劳资矛盾多样化、复杂化，劳资纠纷频发，不仅加大了民办高校的办学成本，也严重制约了民办高校的健康良性发展。

目前国内外关于工会在高校发展战略中的角色这一课题的研究比较少，研究的主要方向大部分停留在研究工会在企业和高校中的地位，如：2015 年，李志忠在《赤子》发表的《浅谈新时期高校工会服务职能的定位》；2015 年，山东省总工会李臻、王政、卢国栋、吴晓瑞、刘光庆在《山东工会论坛》发表的《关于工会改革发展的研究》；2013 年，云南艺术学院杨汝娟老师在《高校管理》中发表的《工会在高校工作中的地位作用及工作重点》；2012 年谢攀峰、吴雪华在《玉林师范学院学报》发表的《工会在发展高校和谐劳动关系中的角色认知》等，目前多位专家和学者对工会在高校中的地位和作用进行了研究，但均未涉及工会在高校，特别是民办高校发展战略中的角色的研究。希望通过本项目的研究，为高校，特别是民办高校工会如何参与到高校发展战略的制定和实施提供有借鉴意义的理论和实践经验。

二、课题研究的目标与内容

项目研究的目标：通过对项目的研究，解决民办高校存在的战略目标确定随意，战略制定过程缺乏民主性，战略制定与执行脱节和工会建制不健全、功能缺失等问题，探讨工会在民办高校发展战略中的科学定位。

1. 项目研究的主要内容

（1）民办高校发展战略概述。

①民办高校发展战略的内涵；

②民办高校发展战略与工会发展战略的关系。

（2）民办高校工会在高校中的角色定位。

①工会的性质和职能；

②高校工会与一般企业工会的角色异同；

③民办高校工会与公办学校工会的角色异同；

④民办高校工会的角色定位。

（3）工会在民办高校发展战略中的角色。

①民办高校发展战略的需求；

②工会在高校发展战略中的作用。

2. 预期价值

（1）项目创新点。

本项目摒弃了目前国内外仅局限于工会在企业和高校中的地位的研究，从战略的高度，研究工会如何在民办高校战略制定、执行、修订等方面发挥作用。将从目前高校工会，特别是民办高校工会建设的现状和民办高校工会在高校发展战略中所起的作用入手，有针对性地分析民办学校发展战略制定不规范、战略目标设定不够科学、在战略实施中工会的定位不清晰方面等问题，通过实证研究的方式，探讨工会在民办高校战略发展中应该担任的角色，论证如何通过发挥好工会的作用，为民办高校发展提供强大的动力支持。

（2）项目研究价值。

本项目预期产生两方面的成果。一方面，形成理论成果，主要以研究报告的形式呈现，计划形成研究报告一份；另一方面，将从实践中摸索出一套工会如何在民办高校发展战略中发挥作用的可行性方法，从而为民办高校工会建设提供参考依据。

（3）项目推广价值。

预期通过本项目研究成果的推广，进一步推动民办高校工会建设，使民办高校工会定位更加清晰，更好地发挥工会在民办高校发展战略中的作用，从而构建起和谐的劳动关系，促进民办高校的良性发展。

三、课题研究的对象与方法

本项目通过查阅资料、问卷调查、经验总结，对民办高校发展战略的内涵及其与工会发展战略的关系、民办高校工会的性质和职能、高校与一般企业工会的角色异同、民办高校工会与公办学校工会的角色异同、民办高校工会的角色定位、民办高校发展战略的需求等问题进行了研究。

四、课题研究的依据

（一）理论依据

（1）本研究主要以《中华人民共和国工会法》《中华人民共和国劳动法》《中华人民共和国劳动合同法》以及相关的法律法规作为政策的依据。

（2）本研究依据企业经营战略管理、人力资源战略管理的相关理论，从战略规划制定、执行等方面展开。

（二）实践依据

本研究所选取的研究对象，都是设立了工会3年以上的学校，这些学校有一定的工会实践经验，研究组的成员分别由有丰富战略规划制定和执行经验的人事处长以及有丰富工会实践经验的工会主席和副主席等相关人员组成，保障了研究的顺利开展。

五、研究方案

本项目研究分为以下几个阶段展开：

（1）2018年1月以前，项目准备阶段。本阶段的主要工作目标是完成项目的准备，包括研究团队的组建、研究方向和研究方法的确定、项目的申报准备等。

（2）2018年1—3月，项目调研阶段。本阶段的主要工作目标是通过走访，开展各项调查、查阅资料等，收集相关的数据和资料，形成分析报告。

（3）2018年3—6月，研究讨论阶段。本阶段计划开展多轮讨论，通过研讨会、交流会等多种形式进行研究，初步形成理论成果。

（4）2018年6—7月，项目中期检查。

（5）2018 年 7—12 月，实践检验并形成成果阶段，通过实践检验，形成研究报告。

（6）2018 年 12 月以后，应用推广阶段。将形成的研究报告在兄弟院校中进行推广应用，使课题研究成果得以推广，为民办高校工会建设发挥应有的作用。

六、研究过程

（一）开展宣传发动工作

本阶段主要是通过宣传，发动有研究能力和有研究兴趣的人员加入课题研究小组，同时在一定范围内形成共识，方便后期研究的开展。

（二）组建课题研究小组

本阶段主要是在前面宣传发动的前提下，招募遴选合适的人员进入研究小组。通过遴选，最终选定了林绵同志作为项目负责人，选定龚素曼、熊素珍、荀娜三位同志作为小组主要成员，并制订了人员分工计划。

（三）确定课题研究内容

课题研究小组通过多次讨论研究，最终确定本课题的研究内容和目标。

（四）制订课题研究方案

课题研究小组在多次研究讨论的基础上制订研究方案，从研究对象的选定，研究方法、研究指标确立，研究进度的安排等做了详细的计划，并经过实践和论证，确保研究方案的可行性和科学性。

（五）实施课题研究方案

课题组根据研究方案，按步骤、有计划地开展研究工作，并在执行的过程中，不断反馈实践中碰到的困难与存在的问题，并进行必要的修改和调整，确保研究工作的顺利开展。

（六）课题资料采集分析

在深入开展调查的基础上，课题组成员共走访了民办高职院校近 30 所，查阅了相关材料近 100 份，其间召开了 5 次专题研讨会，收集各种有关的资料信息，并进行必要的分析处理。

（七）形成课题研究结论

在调查的基础上，通过多次的研究讨论，以事实为依据，最终形成了课题的研究结论。

七、成果分析

（一）民办高校发展战略的概述

1. 民办高校发展战略的内涵

民办高校发展战略，是指民办高校根据环境变化，依据本身资源和实力，为了实现组织的目标，而制定一个发展蓝图。民办高校发展战略具有一般战略的全局性、系统性、长远性、风险性、抗争性的特点。

2. 民办高校发展战略与工会发展战略的关系

工会的发展战略是民办高校发展战略的子战略，是基于学校发展战略、为了确保民办高校的经营发展目标能顺利落实而制定的有关工会方面的战略。

（二）民办高校工会的角色定位

1. 工会的性质和职能

工会是职工自愿结合的工人阶级的群众组织，在整个社会生产中起着至关重要的作用。一方面，工会作为劳动者一方的代表，是劳动者权益的重要保障机构；另一方面，工会作为劳资关系的稳定器，在维护和谐劳动关系、构建和谐社会方面起着不可替代的作用。

2. 民办高校工会与一般企业及公办高校工会的异同

（1）民办高校工会在高校中的角色定位。

①工会的性质和职能。关于工会的性质和职能，在《中华人民共和国工会法》（以下简称《工会法》）中做了明确的阐述，如《工会法》第五条指出："工会组织和教育职工依照宪法和法律的规定行使民主权利，发挥国家主人翁的作用，通过各种途径和形式，参与管理国家事务、管理经济和文化事业、管理社会事务；协助人民政府开展工作，维护工人阶级领导的、以工农联盟为基础的人民民主专政的社会主义国家政权。"第六条指出："维护职工合法权益是工会的基本职责。工会在维护全国人民总体利益的同时，代表和维护职工的合法权益。"第七条指出："工会动员和组织职工积极参加经济建设，努力完成生产任务和工作任务。教育职工不断提高思想道德、技术业务和科学文化素质，建设有理想、有道德、有文化、有纪律的职工队伍。"

②高校工会与一般企业工会的角色异同。高校工会与一般企业工会在民主管理、维护劳动关系和谐等方面的作用基本相同。但由于公办高校属于事业单位，民办高校属于民办非企业单位，两者与一般企业在经营目标管理模式、经费来源、人员组成方面有着非常大的差异，这造成了对工会角色定位的不同，主要体现在：高校的发展，是在教育部和各省的教育厅统一的领导下统筹发展，有一定的规范和指引，相对于一般企业来讲，其发展更加科学，管理更加规范，工会更多的是在教育职工不断提高思想道德、技术业务和科学文化素质，建设有理想、有道德、有文化、有纪律的职工队伍等方面下功夫；而一般的企业，由于所处的环境比较复杂，也缺乏相应的指引和帮助，所以其战略的风险性更大，工

会更多的是在推动组织变革，维系劳资关系的稳定方面发挥作用。

③民办高校工会与公办高校工会的角色异同。民办高校工会与公办高校工会在监督学校落实民主管理、保障教职工合法权益、维护和谐劳动关系等方面发挥着相同的作用，但由于机制与体制的不同，两者又存在一定的不同。首先，资金来源不同，公办高校工会的经费来源于上级工会和财政的直接拨款，其组织的独立性较强，工作开展的经费保障较足，自由度比较高；而民办高校工会的经费大部分来源于学费的收入，受学校效益及学校领导的制约程度较大，难以保障充足的经费，工作开展的自由度也较小，往往受制于学校行政的压力，无法充分发挥工会应有的作用。其次，由于两者的体制不同，民办高校因战略实施而产生的人员安置及劳资纠纷问题，是工会的主要工作，而公办高校则无须考虑此问题。

④民办高校工会的角色定位。通过调研，普遍认为，民办高校的工会必须在经营战略制定、战略推行、组织变革、制度制定、和谐劳动关系的维系等各个方面发挥其重要作用。

（2）工会在民办高校发展战略中的角色。

①民办高校发展战略的需求。民办高校发展战略，作为指引民办高校发展的一张蓝图，是民办高校如何在未来激烈竞争中取胜的具有科学性、系统性的方略。没有航线的帆船是无法远行的，同样，没有战略的企业也是无法长久立于不败之地的。目前国内的民办高校，正从以前的快速扩张，进入到优胜劣汰的阶段，竞争非常激烈。这不仅要求各民办高校从硬件设备和内涵建设等各方面加大投入，同时还要求各学校从以前的粗放式管理向精细化管理努力。这就迫切需要民办高校制定科学的、可行性的经营战略和相应的落实方案及管理制度。但目前民办高校普遍存在战略制定时闭门造车、随意性强，战略制定与现实相脱节，执行与战略相背离的问题。鉴于此，制定科学合理的发展战略并保障战略的落地执行，是一项关乎民办高校稳步发展的工作。

②工会在高校发展战略中的作用。作为工人阶级的代表者，工会在高校发展战略的制定和执行过程中，承担着越来越重要的作用。

第一，工会应当在民办高校战略制定中起参谋作用。

工会，作为职工自愿结合的工人阶级的群众组织，代表着职工行使民主管理的权利，在民办高校战略的制定中，必然会有很多关系到职工切身利益的问题，如果在战略的制定过程中，没有广泛收集民意，势必造成战略缺乏科学性和合理性。工会，应当在战略的制定过程中，广泛征求职工的建议和意见，发挥参谋作用，提出可行性方案供决策层考虑。

第二，工会应当在民办高校组织变革中起引导作用。

由于组织所处的环境不断变化，当原有的组织结构不适应目前的形式时，民办高校就需要进行组织的变革，而组织的变革会涉及组织的方方面面，比如人员的变动等。作为劳资关系的稳定器，工会应当在民办高校组织变革中起引导作用，当组织的结构已无法适应形势的发展，工会应当联合人力资源管理部门及高层决策者，对机构改革做出有建设性的建议和意见，同时推动机构改革工作的开展。

第三，工会应当在民办高校战略执行中起推动作用。

战略的实现，关键在于战略的落地，在战略执行的过程中，必然会存在这样或那样的困难，比如职工的技能不适应企业新的发展要求，而工会的一项重要职能是要努力提升职工的技能水平，以适应企业发展的需要，通过不断提升员工的技能，在发展职工的同时使企业获得发展，从而实现员工与企业的双赢。另一方面，在战略的执行过程中，同样可能会出现职工的需求快于企业环境变化的情况，这时工会就必须努力敦促企业改善环境，以适应员工的需求。

第四，工会应当全面落实民主管理方面的监督作用。

随着学校管理民主化的程度的强化，无论学校的决策还是人事任免等方方面面，都要求在公平公正公开的原则下开展，而工会作为员工集体的代表，担负着对企业落实民主化管理的监督作用。《工会法》赋予了工会在落实民主管理方面的监督职能，比如第十九条明确指出："企业、事业单位违反职工代表大会制度和其他民主管理制度，工会有权要求纠正，保障职工依法行使民主管理的权利。"

第五，工会应当充分发挥高校劳资关系稳定器作用。

随着依法治国、依法治校的理念深入人心，现在的劳动者的维权意识非常强，维权的渠道也多，而民办学校由于其机制和体制的特殊性，在实施战略的过程中，必然会涉及一些人的利益，从而引起劳资的矛盾。而工会作为维系劳资关系的桥梁和纽带，必须要充分发挥稳定器的作用，既确保劳动者的合法权益，又要保障企业正常的经营效益；既要考虑物价上涨对员工带来的生活压力，同时也要考虑用工成本增加对经营者造成的压力，力求在双方中间找到一个平衡点，努力促成劳资双方的合作共赢。

八、课题研究得出的重要结论

通过研究，得出以下结论：

（1）工会应当在民办高校战略制定中起参谋作用。

（2）工会应当在民办高校组织变革中起引导作用。

（3）工会应当在民办高校战略执行中起推动作用。

（4）工会应当全面落实民主管理方面的监督作用。

（5）工会应当充分发挥高校劳资关系稳定器作用。

九、本研究引发的思考

通过调查，我们发现，很多的民办高校对工会的建设并不重视，很大部分院校并没有专职的工会工作人员，几乎都是由其他部门的工作人员兼任；大部分工会的工作人员总体素质不高，缺乏工会工作专业知识。如何提高民办高校对工会工作的重视程度，提升工会工作人员的水平，是值得我们思考和改进的。

十、本课题研究尚待解决的问题

本课题虽然从战略的制定以及员工队伍的稳定等几个方面研究了工会在民办高校战略中的角色，但由于研究时间的限制，无法更进一步深入研究在工会深入介入民办高校的战略制定、执行等环节以后，企业的实际变化，也无法研究工会深入介入战略的制定和执行环节，对于工会人员的素质要求的变化，这些将是未来需要研究和解决的问题。

十一、项目应用

通过本项目研究从实践中摸索出一套工会在民办高校发展战略中发挥作用的可行性方法，从而为民办高校工会建设提供参考依据。通过对本项目研究成果的推广，进一步推动民办高校工会建设，使民办高校工会定位更加清晰，更好地发挥工会在民办高校发展战略中的作用，从而构建起和谐的劳动关系，促进民办高校的良性发展。

广东高校女性人才成长文化环境研究

匡迎辉　李大为*

一、文化环境对人才成长的影响

（一）女性人才

何谓人才？人们对这个概念历来有着广泛的讨论。根据《中共中央、国务院关于进一步加强人才工作的决定》的阐释，“只要具有一定的知识或技能，能够进行创造性劳动，为推进社会主义物质文明、政治文明、精神文明建设，在建设中国特色社会主义伟大事业中作出积极贡献，都是党和国家需要的人才”。而从学理上，人才可以界定为“一定社会条件下，具有一定知识和技能，能以其创造性劳动，对社会或社会某方面的发展，作出某种较大贡献的人”。[②] 可见人才的本质核心拥有社会性、创造性和发展性的属性。

女性人才当然也拥有以上所定义的人才的特点和属性，同时根据专业领域的不同，可以把女性人才划分为女性高级知识分子、女性高级官员、女性高级管理人才、女性高级技术人才等类型[③]，她们分别在经济、政治、文化、科技等领域发挥无可替代的作用。本文所探讨的主体——广东地区的高校女性人才则属于女性高级知识分子这一类型，在与文化环境的相互作用下推动着文化领域的发展。

（二）文化环境

学理上社会人文环境可以分为大、小两个角度去理解，前者是指人才所处的地区所包含的经济、政治以及文化环境等，后者则偏向于人才个体的生活接触范畴。而作为社会人文环境的一个重要组成部分，文化环境也有广义与狭义之分。广义上的文化环境是指既有的一切，包括物质文明和精神文明的总和，也指生活方式[④]，狭义的文化环境是指一个社会的艺术环境[⑤]。本文所探讨的“广东文化环境”属于广东地区的大人文环境的一个部分，同时也是从广义的文化环境范畴出发的。当然，广义上的文化环境并非社会环境要素的简单相加，而是各种要素互相作用、有机结合形成的外部条件、氛围，按照一定的层次可以把它的结构划分为物质文化环境、制度文化环境以及精神文化环境三个层面，本文所

---

* 作者单位：暨南大学。

② 叶忠海．人才学基本原理研究．北京：高等教育出版社，2009：29.

③ 丁述磊．女性高层次人才成长发展规律因素分析——基于辽宁省微观调查数据．东北财经大学学报，2018（1）：90－97.

④ 李宗桂．广东文化的多维思考．广州：花城出版社，2012：350.

⑤ 叶忠海．人才学基本原理研究．北京：高等教育出版社，2009.

探究的广东高校女性人才所处的文化环境也基本遵循这三个层次，先探讨广东的地理历史条件以及由其诞生的精神文化，再从制度层面上探讨利用广东文化环境促进高校女性人才的成长。

（三）文化环境对人才的影响

文化环境对于女性人才成长的影响主要体现在自我意识、日常行为以及价值观念上，同时根据马克思主义辩证法的观点，这些影响存在双重性。

文化环境对女性人才的内在影响首先在于主体意识为核心的自我观念，女性要成才特别是成为高层次人才，最大的威胁不是竞争对手，而是自己的主体意识和观念①。一般来说自我意识包括人对自己的认识、态度与评价等。女性人才的自我意识与她们所处的社会文化环境有密切关系，因此来自不同地域的女性人才受当地的文化环境所塑造而显得不一样：来自改革开放前沿的沿海地区的女性人才一般受自由、平等、开放的文化熏陶比较明显，她们的自我意识相比之下也比较突显；而身处偏远地区或者比较保守落后地区的女性人才，受当地"重男轻女"的传统氛围影响，相对缺乏对自我的中肯评价，自我意识可能相对淡薄。

文化环境对女性人才成长的影响还体现在对其行为上的影响。正如美国人类学家露丝·本尼迪克特认为，个体生活的历史首先是适应由他的社区代代相传下来的生活模式和标准。从他出生之时起，他生于其中的风俗就在塑造着他的经验与行为，到他能说话时，他就成了自己文化的小小创造物，而他长大并能参加这种活动时，其文化的习惯就是他的习惯，其文化的信仰就是他的信仰，其文化的不可能性亦是他的不可能性②。同样地，女性人才所身处的文化环境在无形之中也会塑造着她们的行为模式，如在思想比较前沿、开放的地区的高校女性人才可能会更多地具有坚韧果敢的气质，能够对抗较大的工作压力甚至社会压力，在学术研究、教学乃至职位上会显得更加积极进取。

除此之外，文化环境对于女性人才的影响也体现在社会价值观念的内涵上，这尤其是对女性人才的人生选择和理想追求上产生明显的作用。价值观是人们用来区分好坏标准并指导行为的心理倾向系统。价值观为人类自认为正当的行为提供充分的理由，是渗透于整个个性之中支配人的行为、态度、观点、信念、理想的一种心理尺度③，对女性人才的成长具有一定的导向意义，进而影响她们日后的成长轨迹。在以传统保守文化为主流文化的地域，家庭观念往往是女性人才进行人生选择时首要考虑的要素，在家庭为上的观念驱使下，她们可能会把家庭的建立和维系放在首位而放下个人的职业追求或者学术发展；在多元文化汇集的地区通常拥有着开放包容的文化环境，男女平等的观念和追求个人幸福的观念普遍流行，相应地，当地的女性人才可能会更多地把选择跟追求放在实现个人的理想上，力求平衡家庭的维系和个人的发展，甚至在更激进的观念导向下会选择牺牲家庭的组建，把全部力量投入到追求个人价值和社会建设之中。

---

① 李霞．论湖湘文化对湖南女性人才发展的影响//《决策与信息》杂志社、北京大学经济管理学院．"决策论坛——公共政策的创新与分析学术研讨会"论文集（下）．《决策与信息》杂志社、北京大学经济管理学院《科技与企业》编辑部，2016：2.

② 露丝·本尼迪克特．文化模式．王炜，译．北京：生活·读书·新知三联书店，1988：5

③ 黄希庭．心理学导论．北京：人民教育出版社，2001.

总而言之，进步的社会文化环境对女性人才的成长起积极作用。在思想比较开放、经济比较发达、配套人才政策比较齐备、教育发展相对好的地方，往往流行“男女平等”“激励创新尊重人才”的社会文化氛围，就会比较有利于高校女性人才的成长；落后的社会文化环境会在一定程度上阻碍女性人才的成长发展。在传统文化相对固守、经济发展相对滞后、缺乏促进和保障人才发展的制度、“重男轻女”观念比较重的地方，女性人才则处于相对不利于其成长发展的境地。

二、广东文化环境对高校女性人才的影响探究

（一）广东文化环境为高校女性人才发展提供了物质基础

物质性文化环境，即人可触知的物质文化。广东的物质环境是由广东独特的地理条件和历史条件共同铸就的，它还在无形中对广东高校女性人才成长发挥基础性的作用。

广东位于我国的东南边角，以珠江三角洲为中心，自北依靠五岭，向南面朝南海，是我国对外开放的重要门户和通道，同时也是中外文化汇聚交流的前沿地带。早在秦朝，赵佗带领秦军南下驻守，大量中原人口与广东本地的百越族人共同生产、生活，他们所带来的中原文化开始融入广东；在汉代，广东地区的海上活动已经十分发达，广东成为古代中国海上丝绸之路的起点之一，大量商船从此出发将茶叶、丝绸、陶瓷运往印度、西亚和非洲；及至宋朝，广州已成为当时世界闻名的东方港口，朝廷在此设立了首个外贸管理机构——市舶使；到了明清时期，广州是全国唯一一个对外贸易港口，当时外人纷纷“走港”做生意，而“广货”也源源不绝输出海外①；进入近代，广东更是中国近代民族工业的重要发源地，如陈启沅创办的中国第一家民族工业南海继昌隆缫丝厂诞生于此；从中华人民共和国成立以后特别是改革开放以来，广东更是依靠地理优势和政策优势走在改革开放的前沿，为国家经济发展作出重大贡献。可以说，广东自古以来就有着鲜明的地理优势和经济优势，在现代，这种沟通国内同时面向国际的开放式平台以及其自身拥有的雄厚的经济资源，会使得人才的流动变得顺畅，为人才的发展提供经济基础以及交流上的便捷。

除此之外，广东地区远离中原的政治区位也使其历来较少受中原主流文化的统治，反而长期与海外文明保持着若即若离的关系，使得广东三大语言区都保留了自身的活力：珠三角地区最早地开始了西学东渐的潮流，对外贸易的开展极大地促进了本地商品经济的成长；潮汕地区偏安于广东东部尽头的一隅，东部和南部是汪洋大海，北部是峰峦重叠的凤凰山，既使其远离中原地区的战乱，又成为与北方少数民族文化交流的阻隔；客家地区的民系源自由中原南迁的汉族移民，在南迁的过程中吸纳了南方的原住居民，因此虽说带有中原主流文化的色彩，但其不足以完全支配客家民系的发展。正是由于这种“边缘”使得广东得以摆脱中原“王命”的制约，成为改革、发展的前沿阵地，这在中国近代史上展现得淋漓尽致：林则徐虎门销烟；康有为、梁启超宣扬君主立宪制，向封建主义发起挑战；孙中山等资产阶级革命派主张西方的“自由、平等、博爱”以及“主权在民”，推翻中国的封建帝制。时至现代，广东地区受内陆文化制约较少，与港澳、海外联系紧密的条件还

① 刘小敏. 古今镜像：广东人精神之经纬. 广州：广东人民出版社，2005：47.

在人才的培养与发展上发挥着优势。一方面，它能够成为许多人才政策的试行地，进一步吸引人才流入，促进本地高校与港澳、海外高校在资源、学术、人才方面的共享交流；另一方面，这种方便多元文化相对自由碰撞的地缘条件产生出的社会风气、社会观念也在更深层次上影响人才本身，特别从精神上支持着女性人才的发展。

（二）广东文化环境为高校女性人才成长提供的精神内核

精神性文化环境是整个文化环境中最抽象同时也是最稳定的部分，它作为文化环境的核心贯穿着文化环境的其他两个层面，自最深层里面影响着女性人才的价值取向、思维方式、成才道路的选择，在很大程度上决定了女性人才成长发展的方向。由广东独特地理、历史条件所产生的以包容开放、敢为人先、求是务实、追求独立平等为特征的文化环境是女性人才成长的良好精神之源。

首先，广东文化所具有的包容开放性是一个不同于其他地域文化的明显特征，它自形成之始就具有一种“杂交”的过程。在古代，广东文化在百越族创造的原生态文化基础上接受以儒家文化为主干的中原文化的决定性影响①，酝酿出“不拘一格、不定一尊、不守一隅”的文化个性；在近代史上，广东的先行者们开始打破“四方蛮夷唯我独尊”的观念，无论是康有为的改良纲领中学习西方君主立宪制的举措，还是孙中山的新三民主义中的“联俄，联共，扶助农工”，都是本土文化与西方资本主义文明交融创造的结果，无不体现着广东文化环境所孕育的开放性和兼容性；改革开放以来，广东的包容和开放更是达到了一个新高度，尽力克服文化心理障碍和局部狭隘视野，以全球眼光、战略思维去谋划发展。正是由于广东人历来在包容兼收的社会氛围中发展，能够接纳不同背景、不同阶层、不同观念的人群：无论是对外来务工的人员抑或海内外专门人才，广东人都并不拒之门外，而是让他们融入广东社会之中。这种兼容开放的文化心态和价值观，不但在广东高校女性人才成才的过程中塑造着她们的价值理念，同时还通过物质文化、制度文化促使高校在软硬件建设和制度健全上更全方位满足女性人才的成长个性需求，大大减少她们成才路上遇到的阻力，凸显出科学理性精神、男女平等的意识和社会责任意识②。

其次，广东文化所蕴含的敢闯敢干的精神，就是不墨守成规、改革求变的精神。广东省濒临南海，自秦汉以来一直到现代都是中国南部对外开放的南大门，海上活动的风险性和商业性，使得在大海孕育下的广东文化带有一种海洋文化所具有的性格——冒险与求新。早在清朝中后期，广东女性已经敢于对封建传统进行反抗，“哭嫁骂嫁”“自梳女”“不落夫家”“自由女”等民俗正是她们反抗封建压迫的产物。在近代，除了在救国强国的事业上走在前列，涌现出以“敢为人先的有为精神”所著称的康有为、梁启超等人物以外，广东在女性解放事业上也敢于走在全国领先的位置，开设女子教育的精武女子学堂、华英学校、岭南学堂纷纷建立，担当近代女子教育的先行者。到了改革开放的新时期，广东更是担当起了改革开放探索者的角色，用于突破既有政策和制度的框架，在全国率先建立起经济开发区引进外资、第一个迈进小康社会之列。在敢于突破条框的束缚、敢于走在别人前面的精神的熏陶下，广东女性觉醒出强烈的自我主体意识并承认自己独有的社会地

① 李宗桂．时代精神与文化强省：广东文化建设探讨．广州：花城出版社，2012：13.

② 李宗桂．广东文化的多维思考．广州：花城出版社，2012：208.

位，她们完全不同于传统的终生深居在家进行手工劳作的小女人形象，敢于摆脱传统上对男性的依附而强调人格独立，树立成才的信心，自食其力地追求更高的素养以及个人价值。

再次，相比于华东人的精明、华西人的浪漫还有东北人的豪爽，广东人的特色就是现实，与儒家经世致用的理念一脉相承。广东自古作为沿海重地、商业中心，如前文所述，早在汉代就已经是海上丝绸之路的一个重要始发地；而到了明清海禁时期，这里成为全国唯一进行对外贸易的基地。长期的商业贸易带来的不只是经济的繁荣，更多的是广东地区浓厚的商业精神，比如契约精神、服务意识等①。这种务实的意识就渗透在岭南社会各领域，使广东人摒弃了中国传统农耕文化“耻于言利”的观念，塑造了强烈的重实在不空谈的精神品质，而这种精神也映射在广东女性人才的身上，如在近代，民主女斗士何香凝促成中央妇女部的成立，培养一批积极参加北伐战争从事反帝反封建斗争和妇女解放运动的学员；在现代，广东碧桂园的杨惠妍、蚂蚁金服的彭蕾、玖龙纸业的张茵、深圳龙光地产的纪凯婷、瑞声科技的吴春媛等著名女企业家凭借务实的精神一步一步壮大自己的实业，成就了在《2017 胡润女企业家榜》中来自广东的女企业家们数量最多，并且在前十强女性富豪中有过半来自广东的神话。同样，求真务实的精神也同样早已渗透在高校女性人才的心底，塑造着她们的行为模式，她们重点关注的并非各种荣誉或奖励，更多的是真材实料的学习科研成果和教学成果，大到她们对自己的成才历程以及人生方向的切实规划，小到日常的工作任务，都受务实的作风深深影响。

最后，广东精神文化对女性人才影响最为深刻的其中一项特色便是追求平等独立的观念。在历史上广东形成了比较浓厚的两性平等的社会环境，女性相对有强烈的主体意识，敢于突破传统纲常。除了上文中提及的“哭嫁骂嫁”“自梳女”“不落夫家”“自由女”等来自广府文化的民俗外，客家文化区和潮汕文化区的女性同样以不同的方式争取独立自主、与男性平等的社会地位。在客家地区盛行着“离家闯荡、漂泊流移的秉性”②，广东的客家男性历来多出外经商谋生、求仕者，家庭中的生产与生活事务往往由客家妇女担当，在这种妇女主持家政生计的分工不同于传统男耕女织模式下，客家妇女得以成为广东客家地区中社会经济的主要角色，她们勤劳俭朴、生计家事一肩挑，打破了传统“男主外女主内”的固有分工，甚至有不少客家女性会走出家庭到外地从事劳动。有学者对华南地区的家庭劳动力结构作研究，发现“客家妇女外出参加劳动的比例要高于闽、粤方言群的妇女”③。客家妇女在生活、生产中担当着主体意味着她们在家庭中有着相当的地位，在客家方言群体中也有着不逊于男性的社会地位，例如，粤东梅县的女性在清初的家族共有财产产权变更中具有举足轻重的表现④，母亲、妻子不但可以在家庭财产变动的过程中充当见证人，甚至能够在产权交易的契约上签字画押，与男性一同支配着家庭经济，可见，在广东客家方言区中的女性拥有一定的自主意识和相对高的地位。而不同于广府和客家地区，潮汕语言区女性群体的人格独立性较前两地区而言相对薄弱，“贤良淑德”的传统内涵在潮汕地区的保留，包括女性应自觉担任丈夫的贤内助、延续夫家的“香火”、遵循传

① 李宗桂．时代精神与文化强省：广东文化建设探讨．广州：花城出版社，2012：15.
② 宋德剑．地域族群与客家文化研究．广州：华南理工大学出版社，2008：139.
③ 李泳集．性别与文化：客家妇女研究的新视野．广州：广东人民出版社，1996.
④ 宋德剑．地域族群与客家文化研究．广州：华南理工大学出版社，2008：78.

统节日仪式及日常礼俗等，在一定程度上制约了“潮汕姿娘”（“姿娘”是潮汕地区对女性的称呼）独立人格的培育和发展①。这种民俗本源于古时潮汕地区相对封闭的地理位置下的自给自足的生产方式，及至清末、近代时期沿海地区兴起下南洋的热潮的背景下，外出谋生的男性进一步加强了伦理纲常对“潮汕姿娘”的束缚，以达到使妻子、女儿顺从本分地看守在家中的目的。在这种社会风气下，当时潮汕地区的大部分女校主要以训练女学生成为丈夫背后的贤内助为主要办学目的，开设的课程也主要是经典、家政一类，而社会对女性的评价也是以贤良淑德的“贤妻良母”型为标准，这对培养女性人才塑造独立自主意识、实现男女平等的社会环境形成阻碍。时至今日，这种保守意识虽然在中国的社会改革转型下以及新时代平等的社会意识的宣扬下有所改变，但仍然存在这么一种现状，即一部分女性在外地接受高等教育成长成才，在回乡后却依旧成为上述对女性的保守意识的控制对象，放弃进一步的自我提升而回归成为家庭、男性主人的附属，甚至有一部分年轻女性会在这种观念的驱使下放弃机遇，把学习、发展的机会留给家族中其他男性成员（如在一个观念相对保守的家庭中，姐姐可能会放弃念大学的机会帮补家计，使弟弟有足够的经济能力去深造）。由此可见，广东精神文化环境中男女平等、女性主体的意识总体上有利于女性高校人才的发展，但同时这种独立性和平等性在省内的不同地区之间仍存在一定差异，不可否认，在她们前进的路上会因此存在一些阻力。

综上，广东精神文化的优秀内涵对高校女性人才具有良好的塑造功能和导向功能。敢为人先的精神品格鼓励高校女性人才塑造主体意识和自我价值意识，帮助她们突破传统的偏见，敢于在自己的学术科研成就、职务岗位上取得突破，扩大广东高校女性人才的社会影响力；求真务实的理念感染着高校女性人才的思路，引导她们在成长过程中尤其关注现实情况，不尚空谈，努力地提升自身的知识水平和科研能力，积极主动地适应社会发展的需要；包容开放、追求独立平等的思想融入了广东社会环境特别是高校环境之中，承认性别生理差异的同时强调高校女性人才的主体地位，营造出两性人才平等发展的良好性别文化，让高校女性人才在成才过程中获得更多的机会和资源。

（三）广东高校女性人才成长的制度保障

广东文化环境无论是在物质上还是在精神核心层面上都存在着有利于高校女性人才成长发展的因子，而制度文化拥有着独特的权威性与规范性，是上述两者的外化，体现着物质、精神层面的特点，对高校女性的成长具有鲜明的导向或制约作用。

在宏观政策层面，对广东女性人才的制度保障直接体现在包括人才培养、人才引进、人才激励、就业管理等区域性的人才政策。在人才政策的种类上，广东近10年出台的人才政策中以综合类为主，以人才引进、人才培养、人才评价和人才保障类政策为辅，政策类型体系相对完善，涵盖了人才政策7个类型，但人才流动和人才激励方面的政策相对不足②。由此可见，广东省内人才政策的涵盖面是比较广的，虽然某些原因③使得出台的人

① 蔡洁. 地域文化与历史审思视野下的潮汕女子教育. 中北大学学报（社会科学版），2018，34（2）：66-71.

② 刘佐菁，江湧，陈敏. 广东近10年人才政策研究——基于政策文本视角. 科技管理研究，2017，37（5）：38-42.

③ 刘佐菁，江湧，陈敏. 广东近10年人才政策研究——基于政策文本视角. 科技管理研究，2017，37（5）：38-42.

才激励方面政策数量较少，但广东省已经形成了有利于高校女性人才成长的较为完善的制度。例如，广东制定出台的《关于加快吸引培养高层次人才的意见》《广东省自主创新人才促进条例》等政策法规，把人力资源成本占政府资助科技经费支出比例提高到30%，明确规定高校、科研机构创新成果转化奖励比例不低于30%[①]，再如珠海市出台的《珠海经济特区人才开发促进条例》，在人才工作方面提供基本的保障。这些政策的陆续出台，在一定程度上弥补了人才激励、人才保障类政策滞后的不足，客观上也较为有力地支持高知识女性走上成才之路。除此之外，在开放的社会风气和经济发展的需求下，广东同时也紧密进行引进外地人才的工作，如在2017年“珠江人才计划”高层次人才认定项目中，对于海外来粤短期工作专家予以购房补贴等资助，并对国家“千人计划”人选、国家“万人计划”人选、全国杰出专业技术人才、“百千万人才工程”国家级人选以及国家、省（部）级有突出贡献中青年专家等人才择优入户甚至取消入户年龄限制[②]；在《关于加快新时代博士和博士后人才创新发展的若干意见》中，对引进到粤西北的博士、博士后人才提供奖励补贴、住房保障、医疗保障和子女入学同等待遇等政策支持。以上的政策无疑能更加吸引来自其他地区的女性高层次人才来粤发展[③]。但应当注意到，在本地区众多的人才政策里面，专门为高校女性人才量身定做的政策数量并不多。一方面，女性人才有不同于男性人才的生理和心理特点，她们体力上并无突出特点，可是其相对坚韧、细腻的特质非常适合精细的科研教学实践；另一方面，随着越来越多的女性人才深入高校工作中，她们可能会面临更高负荷的压力，其中最典型的压力便是选择家庭抑或选择事业的双重焦虑，过度偏向家庭可能会不利于她们在事业上的顺利发展，而一旦放弃家庭完全投入事业发展则可能会引发一系列的社会、人口问题。因此未来制定女性人才政策的重点，更多应在结合女性人才自身特点和着力帮助她们解决上述家庭事业的双焦虑的矛盾中。

高校范围内的制度设置也直接影响女性人才的发展，它是指在一定时代背景下高校所拥有的承载师生共同的价值观和行为规范的体系，既是维系高校的各种教育组织、管理单位和学术机构正常运转的保障机制，也是用以处理高校人际关系、规范师生言行的普遍性的道德规范和行为准则，映射和彰显着高校自身的文化特色与文化品牌，具有传统性与现实性、外显性与内隐性、稳定性与超越性相结合的属性[④]。受开放包容、求真务实的精神文化以及海内外先进办学理念的影响，广东高校普遍建立起男女平等同工同酬的工作制度、相对严格透明的职称制度、相对公平的考核制度等现代高校制度，也形成了相对浓厚的学术氛围、平等民主的人文风气，在很大程度上将学校的日常管理约束在理性的规范之中。

三、结合广东文化环境的实际，保障和促进高校女性人才成长

尽管广东省整体的文化大环境中有利于女性人才成长发展的积极因素非常多，但是还应该注意到女性自身生理、心理等方面的特殊性，应该注意到女性人才发展所遭遇的问题

① 广东探索建立人才制度优势．中国人才，2014（5）：11－12.

② 来源：广东省人才工作综合管理平台。

③ 来源：广东省人力资源和社会保障厅。

④ 冯永刚．高校制度文化及其道德教育蕴意．南京社会科学，2016（3）：127－133.

远远超过男性人才发展所面临的问题。因此要加快制定有利于女性人才发展的专项制度与政策，从而形成广东省促进女性人才发展的文化环境新因素，保障和促进高校女性人才成长。

比较于作为政治中心的北京和作为金融中心的上海，广东地区处于粤港澳大湾区的核心位置，毗邻港澳，与世界紧密接轨，其包容、开放程度更大，发展潜力不可估量，而在科研教育领域同样处于与国际接轨的前沿位置，吸引了诸如北京师范大学、吉林大学等众多学府到此开设分校。鉴于上文所述广东所拥有的物质资源、精神环境以及依靠粤港澳大湾区的背景优势，为推动高校女性人才的发展，需要更进一步促进海内外高校的合作交流，为高校女性人才搭建更广阔的平台；把物质资源以及广东精神的影响力通过制度的改良发挥出来，发扬广东文化中倡导男女平等的性别文化理念以及尊重女性人才的风气，为高校女性人才的发展营造良好的社会氛围，同时要充分重视广东文化环境对高校女性人才的激励和导向作用，以此引导她们进一步增强主体意识，激发她们坚定地走上成才之路，实现自我价值。

具体而言，首先，应充分发挥广东毗邻港澳、对外开放的优势，为女性人才的成长打造更广阔、更有保障的发展平台：对内推动更多高水平的高校学府来粤开设分校，对外引进国外知名高校到广东合作办学，建设国内外人才合作基地，以此推动女性人才联合培养；与港澳地区的人才政策联动，支持更多的高校女性人才参与高校间、地区间以及国际项目研究、人才派遣，并逐步完善海内外女性人才在广东高校工作、生活的便利措施，在人才流动更顺畅的情况下吸纳更多的港澳人才前来广东交流深造；推动女性人才评定与国际接轨，在部分领域探索建立符合国际惯例的人才评定制度，为在广东高校发展的女性人才提供更公平更科学的竞争机制。

其次，要改善对高校女性人才的激励机制，在省级财政中加大对高校人才的支出的比重，特别是在物质上对高校女性人才进行的教学科研项目给予更多的资助，合理地降低女性人才获得补贴、奖励的门槛，简化程序，方便她们申报奖补项目；丰富人才激励手段，适当倾向照顾女性人才的需要，对高校女性人才培养、医疗卫生服务、出入境等给予相应的政策优惠；加大对女性人才的生活保障力度，对她们生育、子女教育、特殊身体调养等支出给予更高额度的补贴，并结合实际情况加大对其家庭生活的补贴力度以缓解日常家庭生活压力；特别注重女性人才成长中家庭、事业矛盾的调和，结合女性人才自身特点，加强对女性人才就业的保障，形成男女平等的就职监督机制，建立婚后、产后、离职后的女性人才回归事业的补贴、奖励制度，减轻女性人才兼顾事业的压力，严格惩处借女性职工结婚、生育、正常休假为托词而克扣工资、剥夺职位等行为。

除此之外，作为科研和教学的基础平台，广东各大高校应在此基础上完善科学的人才管理制度，在制定地区人才政策和在修订高校制度时注重民主化和科学化，充分吸纳高校女性人才的意见和建议，形成科学合理的工作制度、公正客观的评价考核制度、公平公开的管理制度、物质奖励与精神奖励相结合的激励制度以及以人为本的生活保障制度；合理匹配男性教职工和女性教职工的比例，合理增加女性人才进入高校高层管理的机会。为女性人才提供机会平等、竞争公平、和谐健康的成长条件，以促使她们敢于在学术上和事业上争取获得成就；对那些不符合高校女性人才成长需求、违反高校制度、剥夺女性人才平等上升的行为以及对女性人才的隐性歧视及时规制和纠正，激发出高校女性人才力争上游的信心和激情，使其朝着理想境界不断奋斗。

四、结语

女性人才在高校相对集中，广东省高校的女性人才是一个非常庞大而又相对特殊的群体，据笔者调查，广东省内一些高校的女性职工占全校职工人数的比例大致如下图所示：

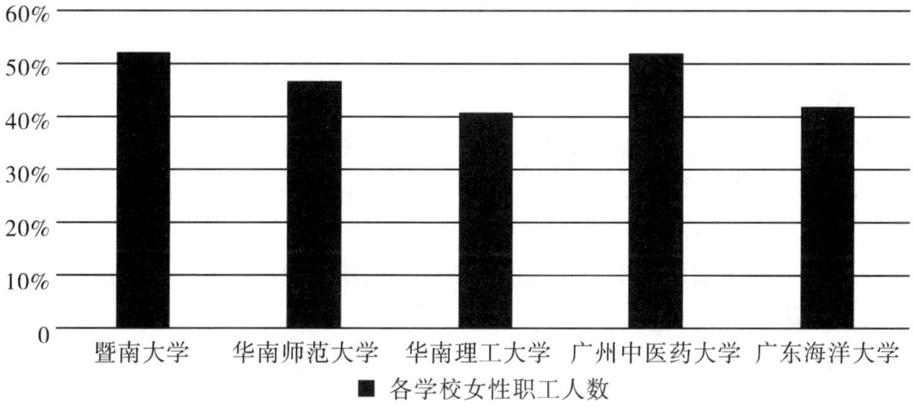

广东各高校女性职工占职工总人数比例

本文通过对文献资料的理论分析和探究初步总结了广东文化环境的特色、广东文化环境对高校女性人才的总体影响。无论在物质、精神还是制度层面，广东省整体的文化大环境中有利于女性人才成长发展的积极因素非常多。然而，在本地区（含高校）众多的人才政策里面，专门为高校女性人才量身定做的政策数量并不多。

女性有完全不同于男性的生理和心理特点，她们因其坚韧、细腻的特质非常适合精细的科研教学实践。随着越来越多的女性人才深入高校工作，她们可能会面临更高负荷的压力，这种压力是面向家庭和事业的双重焦虑，过度偏向家庭可能会不利于她们在事业上的顺利发展，而一旦放弃家庭完全投入事业发展则可能会引发一系列的社会、人口问题。因此需从政策和制度层面，着力帮助她们缓解上述家庭事业双焦虑的矛盾，以充分发挥广东省文化环境中已有积极因素的作用，进一步激发女性人才的创造力、创新力，为广东省社会经济发展作出更大的贡献。

若条件允许，本课题进一步期望采取数据统计的方式对广东高校女性人才的具体比例、发展现状进行实证分析，并与其他地区的高校女性人才情况进行对比，以获得更新的研究成果。

参考文献

1. 著作类

[1] 叶忠海．人才学基本原理研究．北京：高等教育出版社，2009.

[2] 叶忠海．女性人才学概论．北京：高等教育出版社，2009.

[3] 宋德剑．地域族群与客家文化研究．广州：华南理工大学出版社，2008.

[4] 李泳集．性别与文化：客家妇女研究的新视野．广州：广东人民出版社，1996.

［5］刘小敏．古今镜像：广东人精神之经纬．广州：广东人民出版社，2005.

［6］李宗桂．广东文化的多维思考．广州：花城出版社，2012.

［7］李宗桂．时代精神与文化强省：广东文化建设探讨．广州：花城出版社，2012.

［8］陈晖．性别平等与妇女发展理论与实证．北京：中国民主法制出版社，2018.

［9］露丝·本尼迪克特．文化模式．王炜，译．北京：生活·读书·新知三联书店，1988.

［10］黄希庭．心理学导论．北京：人民教育出版社，2001.

2. 论文类

［1］罗洪铁．再论人才定义的实质问题．中国人才，2002（3）.

［2］刘佐菁，江湧，陈敏．广东近10年人才政策研究——基于政策文本视角．科技管理研究，2017，37（5）.

［3］广东省政府发展研究中心课题组，李哲．创新驱动背景下广东高层次人才政策研究．广东经济，2017（1）.

［4］蔡洁．地域文化与历史审思视野下的潮汕女子教育．中北大学学报（社会科学版），2018，34（2）.

［5］广东探索建立人才制度优势．中国人才，2014（5）.

［6］冯永刚．高校制度文化及其道德教育蕴意．南京社会科学，2016（3）.

［7］邓莹莹．高校制度建设问题研究——以广东工业大学为例．佳木斯职业学院学报，2015（8）.

［8］田雯雯，黄俊鹏，龚瑾．合理构建校园物质性文化体系．中国校外教育，2012（3）.

［9］康学梅．省域比较视角下我国文化产业发展的人才政策研究．沈阳工业大学学报（社会科学版），2016，9（2）.

［10］吴巧瑜．广东高校校园文化现状调查报告．广州师院学报（社会科学版），1999（12）.

［11］李霞．论湖湘文化对湖南女性人才发展的影响//《决策与信息》杂志社、北京大学经济管理学院．“决策论坛——公共政策的创新与分析学术研讨会”论文集（下）．《决策与信息》杂志社、北京大学经济管理学院《科技与企业》编辑部，2016.

媒体研究

个人品牌视角下女大学生的微信自我形象呈现研究

刘静岩*

一、引言

个人品牌脱胎于企业和产品品牌理论，超脱于产品、企业等物化载体，个人也能够成为一个独立的品牌。在社交媒体时代，社交媒介呈现出个人化、平民化、普泛化和自主化的特征，自媒体的盛行进一步模糊了信息发送和接收的界限，为用户的自我表达创造了广阔空间，个人品牌得以依托社交媒介得到充分的发展，个人品牌的塑造、传播和运营发生了极大的改变。当今社会信息丰富，竞争激烈，注意力资源相对稀缺，大学生想要获得更好的资源和更佳的发展机会需要得到社会的持续关注和认可，不断提升自身的社会影响力，个人品牌对大学毕业生职业生涯规划和可持续发展都有重要意义。但是，大学生个人品牌在我国高校、社会及大学生群体中尚未得到应有的重视，亟待相应的可行性操作指导。

根据《2018 微信年度数据报告》，目前微信与 WeChat 活跃用户数达 10.82 亿；消息日发送次数为 450 亿次，较 2017 年增长 18%；音视频通话次数达 4.1 亿次，较 2017 年增长 100%。企业微信已经覆盖了超过 50 个行业，新增企业 100%，活跃用户新增 120%。微信已经成为人们生活工作的新兴媒介平台，促使人们形成人际交往的新尺度，全方位地影响人们的社交行为方式。随着微信的深入渗透，在满足熟人关系链沟通后，微信好友中的“泛好友”越来越多，45%用户的“微信联系人”超过 200 人。微信关系链由强关系链条连接的家人、好友的范围向弱关系联系的泛工作关系网络延伸，从熟人社交向职业社交转变，加微信好友、建微信群进行交流成为职业社交的主要表现形式。

再小的个体也可以有自己的品牌，微信公众号平台为每个人提供了建立自己品牌的机会，涌现出小道消息、鬼脚七、金融八卦女、孕峰、琢磨先生、性感玉米、安东尼、蔡子辉、槽边往事、读懂男人心等草根红人。“95”后、“00”后的大学生个性张扬，勇于表现自我，具有更为强烈的个人品牌意识，微信为其提供了展现自我形象的平台。有效利用微信，我们能够让其不仅仅是聊天点赞的工具，更是打造个人品牌的工具和载体。

本研究以于个人品牌为视角，以微信朋友圈为研究领域，以女大学生为研究对象，分析女大学生在微信朋友圈中的自我形象呈现特征和方式，探究如何通过微信有效构建个人品牌和进行品牌传播，提升个人品牌价值和社会影响力，为其提出可行的操作建议，提高大学生品牌建设意识，加强品牌建设实践，为女大学生的学业生活健康发展提供指导和参考。

---

* 作者单位：暨南大学。

二、国内外研究回顾

(一)大学生个人品牌

对于大学生而言,建立和维护自身的个人品牌是很有必要的,以便在激烈的竞争中展现自身优势,获得更多的机会和更好的资源。在大学生个人品牌方面,陈春兰(2017)、王操红(2003)提出应打造大学生个人品牌;常贵林(2012)、张洁(2008)对大学生个人品牌的建设进行了探索;余桂红和贾永堂(2004)认为个人品牌对大学毕业生就业和可持续发展都具有重要意义,大学生应有意识地把自己当成一个品牌去经营,以增强自身的就业优势;吕冬娜(2015)提出可在传播学视角下加强大学生个人品牌建设及培养;刘淑仪(2017)分析了高校学生干部个人品牌塑造的影响和对策。以上研究都充分表明大学生建设和运营个人品牌的重要性,并提供了若干思路和建议,但多偏重于定性的理论分析,在传统传播手段下,大学生仅以个人之力建立个人品牌存在较多困难,实现手段也较为单一,没有充分考虑社交媒体的介入,对微博、微信等社交媒体涉及较少。

(二)社交媒体下女大学生的自我形象呈现

近年来很多研究集中于社交媒体下女大学生的自我形象呈现。一个视角是从女性主义媒介角度分析女性形象,认为社交媒体给女性提供了接近媒体、表达声音的机会,但并未提高女性性别意识,大部分女大学生没有逃离陈规定型和女性刻板印象[杨雅惠(2014),董晓菲(2012),温凤鸣(2014),叶红(2009),陈玉尧(2012)]。另一个视角是从使用行为和动机中分析女大学生的自我形象呈现方式、态度动机及对人际关系的影响,多集中于传播学和社会学领域[李静(2016),王景(2017),王一鸣(2017),周爽(2017),崔家通(2016),杨慧(2016)等]。通过具体分析女大学生微信朋友圈自我呈现特点、自我呈现要素、态度趋向等,基于印象管理理论,认为微信朋友圈里适当的自我形象呈现可以带来积极影响,缓解现实压力,促进女大学生人际关系的发展,巩固和拓展人际交往。但是,频繁点赞、发广告、转发低质量内容等过度呈现会造成女大学生人际关系的疏离,人际过载容易超出女大学生处理能力,引发交往疲劳,导致自我认知的迷失。此外,虚拟社交过多易造成大学生现实人际关系淡化,甚至产生心理问题。以上研究都是从女大学生微博和微信朋友圈的使用上来进行分析,仅将其作为一种社交行为,分析其对学习生活和心理状态的影响,很少从个人品牌角度进行研究。基于微信朋友圈的社交平台和个人品牌角度,女大学生可以有目的有意识地进行微信自我呈现,通过印象管理来建立和运营自己的个人品牌,增强自身的竞争优势。

(三)社交媒体环境下的个人品牌传播

凭借用户基数大、信息传播快、互动功能强等特点,社交媒体已经成为网络内容传播的重要力量,社交媒体传播影响力显著提升。在社交媒体上建立个人品牌,通过各种社交媒介如微博、微信、直播、短视频和其他自媒体平台等发布信息,以更为丰富化、复杂化的传播内容,更为迅速的到达时间,更加快速地投射给观众,从而构建和提升个人品牌的知名度。通过识别个人品牌的独特个性,依靠自媒体渠道进行强化和包装,将线上的关注流量引入线下形成闭环，并根据反馈进行修正。王雨佳（2015）基于新媒体环境探究了个人品牌的传播模型；章颖（2016）、徐浩然（2017）分别探究了如何在社交媒体上构建个人品牌；王乐（2016）、何湘粤（2018）等以罗振宇和 papi 酱为例探究个人品牌传播链。这些研究都对社交媒体下的个人品牌进行了探索型研究和尝试，但大多以明星、企业家、“网红”为研究对象，且重点分析商业行为，具有典型性，而没有对大学生群体进行分析，缺乏普遍性。

三、社交媒体环境下的个人品牌

个人品牌是个人已拥有的、鲜明的、独特的、易被感知的外在形象和内在涵养共同传递的集合，以及对目标影响群体形成的长期性、整体性、一致性的重大影响力的集合体，能使人们形成一种印象或情感，具有整体一致和长期稳定的特性。个人品牌的概念最早来源于汤姆·彼德斯的《个人品牌 50》（*The Band You* 50）和戴维·麦克纳利的《个人品牌》（*Be Your Own Band*），阐述如何创造有力的个人品牌从而在竞争中实现自身价值的最大化。概念引入中国后也多集中于职场环境下个人品牌的形象构建和自我运营。

现今在社交媒体中活跃的个人品牌基本分为五种：明星、体育名将、企业家、专家学者、草根红人等。

社交媒体下的个人品牌现况

主体类别	例子	常用媒体	传播内容
明星	周星驰、余文乐、陈冠希	微博、头条、Facebook、Instagram	生活记录、影视作品宣传
体育名将	李宁、乔丹	微博、Facebook、Instagram	生活记录、赛事记录、产品宣传
企业家	马云、马化腾	微博、头条、QQ 空间	时事评论、企业宣传、产品宣传
专家学者	韩寒、孙皓晖、柴静	微博、头条	发表学术评论、时事评论、公益信息、生活记录
草根红人	周小熊、周扬青、王尼玛	微博、头条、微信公众号、直播平台、短视频平台	热门话题、轻松恶搞、娱乐、生活记录、自家产品宣传

各类个人品牌主体都使用多种社交媒体，而新浪微博是使用最多和最普遍的主流社交媒体，几乎每个个人品牌主体都在使用新浪微博进行传播。除此之外，草根红人在选择传播媒体方面最为广阔，在每一种社交媒体上都可以找到草根红人。在传播内容方面，个人品牌主体都会发布一些生活记录，以及与其相关的信息内容，例如周星驰在其电影《美人鱼》上映的时候会作一些关于电影的宣传，并在票房报捷时向观众致谢；阿里巴巴创始人马云经常会对未来经济走向作出评论等。可以看出，各类成功的个人品牌主体都有着清晰的定位，形成独特的个人风格。

（一）个人品牌在社交媒体中的传播特征

（1）虚构的个人品牌。

虚构的个人品牌指的是个人品牌只存在于网络当中，名字是虚构的、造型是虚构的、性格是虚构的，离开了社交媒体之后，便成为另一个身份的人，而草根红人多数为自己创造这类个人品牌。例如优酷节目“暴走大事件”中的“王尼玛”，一个戴着面具，用恶搞的方式去评论时事的主持人，在这个品牌中，名字和造型都是虚构的，扮演着这主体的人在现实生活中并不会这样，他有自己的名字和样貌，而“王尼玛”只会在社交媒体中存在。当然这类虚构的个人品牌也有其商业模式，例子中的“王尼玛”在社交媒体中推出大量关于“暴走”系列的产品，如T恤衫、拖鞋等。

（2）传播媒体多元化及不断创新。

社交媒体种类繁多，现今趋势下各类个人品牌主体都会使用多种社交媒体，选择多重媒介的组合。但是每种媒介的受众都有一定程度上的差异，使得个人品牌在选择传播媒介的时候会遇到如何取舍的问题。大部分品牌都会选择以一两种媒介为主、其他媒介为辅的传播策略。因为群体需求的细分，社交媒体的形式越来越多且创新不断，相继出现美拍、抖音等新兴的社交媒体。

（3）个人品牌主体多样化。

在社交媒体中，存在着各式各样的个人品牌，各个范畴、年龄、性别中都有其专属的个人品牌。从受众需求的角度来看，针对不同的需求，就会出现针对不同的个人品牌。即使在同一范畴中，也可以出现针对不同年龄层和性别的个人品牌，定位千变万化，从而造就出个人品牌主体的多样化。从主体需求的角度来分析，每个人都有被认同的需求，渴望自己能够通过展示所长而获得别人的认同，所以就出现越来越多的传播主体，通过找到自己的定位和长时间的坚持，最终成为优秀的个人品牌。

（4）受众角色参与度高。

个人品牌的传播受众在社交媒体中拥有主动权，可以为自己喜欢的个人品牌传播信息，成为其传播个人品牌的得力助手。最常见的就是明星的“粉丝”团体，传播主体并不是明星本人，而是其追随者，里面的帖子全部都是关于明星个人品牌的信息传播，“粉丝”以自己的方式为其追随者传播信息，在不同的社交媒体进行传播，如微信公众号、新浪微博和人人网都有“××粉丝团”等以受众传播为主的组织。

（5）传播危机杀伤力大。

在社交媒体中，个人品牌名气越大，其传播危机杀伤力就会越大。由于社交媒体的高度互动性和高速信息传播，一旦引发其个人品牌危机，其杀伤力非常大，甚至可以让一个非常优秀的个人品牌从此没落。

（二）个人品牌的商业运作

在成功建立优秀的个人品牌后，利用品牌优势进行各种商业活动和宣传，这个也是大多数主体建立个人品牌的主要原因。明星、体育名将多数利用其知名度和正面的形象去创办自家品牌提供产品和服务；知名企业家在社交媒体上的主要商业运作是提升其企业的知名度、为其新产品作宣传等；专家学者主要的商业运作多数是为其新作品进行宣传；新兴草根红人的商业运作主要是为产品做广告宣传，多数与网店合作，在其社交媒体平台中展示产品，从中抽取商品交易的佣金。

（三）社交媒体中发展个人品牌引发的问题

（1）低俗文化盛行。

在社交媒体竞争激烈的环境下想要脱颖而出，需要一定的个人魅力和才能。所以在发展其个人品牌的期间，有的人选择以正面的形象出现在大家面前，也有人选择以另一种独特的方式出现，甚至选择负面或低俗的形象。这类低俗的个人品牌往往都是因为受众的好奇心以及对特别事件的兴趣而受到关注，当其长时间传播后，人们慢慢就会厌倦。

（2）虚假无处不在。

"贾君鹏事件"是由游戏"魔兽世界"想要维持其讨论区热度而用"水军"堆砌出来的"假人"，是一个虚假的个人品牌，从这事件可以看出社交媒体很容易制造出假象。一些自名为"网络公关公司"的机构为人们提供一些特殊的服务，这些服务包括购买粉丝数量、增加点击率和增加评论等，能够令个人品牌人气迅速上升，也就是所谓的"水军"。除了可以帮自己的个人品牌迅速提升人气之外，还可以对竞争对手作出恶意攻击、诋毁等，从而对竞争对手造成一定的负面影响。

四、个人品牌视角下女大学生微信自我形象呈现现状

（一）调查设计

本调查以暨南大学女大学生（年龄为18—24岁）为研究对象，运用文献研究、深度访谈、问卷调查、内容分析等调查研究方法，了解女大学生个人品牌建设的现状，分析女大学生在微信朋友圈自我形象呈现的要素和方式等。

调查分为两个阶段，第一个阶段选定10个同学进行深度的访谈，访谈结果表明很多理工科专业的同学对于个人品牌了解甚少，品牌意识无从谈起；低年级同学参加的社会实践较少，个人品牌意识淡薄。经过分析讨论，选定其中对于个人品牌较为熟悉的商科学生进行调查。同时结合其朋友圈的内容，分析讨论问卷设计中问题和选项的设计。第二阶段采用自编的调查问卷，调查内容主要包括：被调查者的基本情况、女大学生的个人品牌意识和微信朋友圈的自我呈现情况三部分。基于问卷星平台，通过二维码和网络链接，将问卷发送给国际商学院的学生进行填写。考虑到个人品牌意识的培养，主要发送给大三学生，同时兼顾其他三个年级。本次调查采取便利抽样的方式，共获取了有效问卷268份，其中女性受访者为173名，约占总人数的65%。

（二）调查结果分析

1. 个人品牌意识

为了解性别差异，本部分使用了全部的有效问卷数据，基于性别对不同问题进行交叉分析。

（1）个人品牌的重要性。

在微信朋友圈里，每个人都有自己的品牌，只是很多人忽略了，而另外的人注意到了而已。从调查结果来看，大学生对于个人品牌的了解比较浅显，很多人都只是听说过，而没有深入认知，只有将近四成的大学生大致上知道或有清晰的了解。七成以上的大学生都认为个人品牌很重要，因所处行业的不同，能够发挥的作用大小也有所不同。但是，当前多数大学生都还没有建立自己的个人品牌。

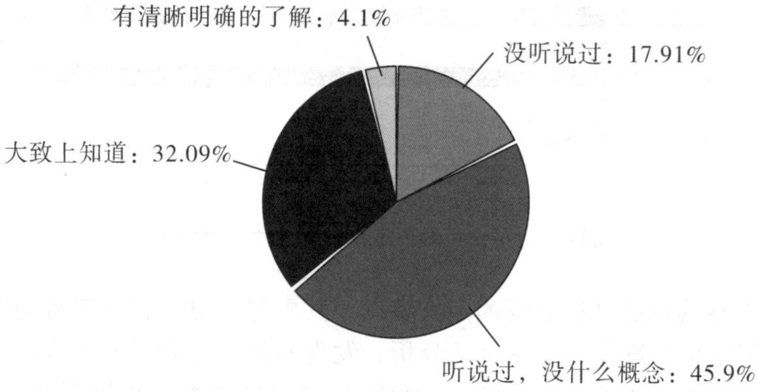

图1　对于个人品牌概念的了解程度

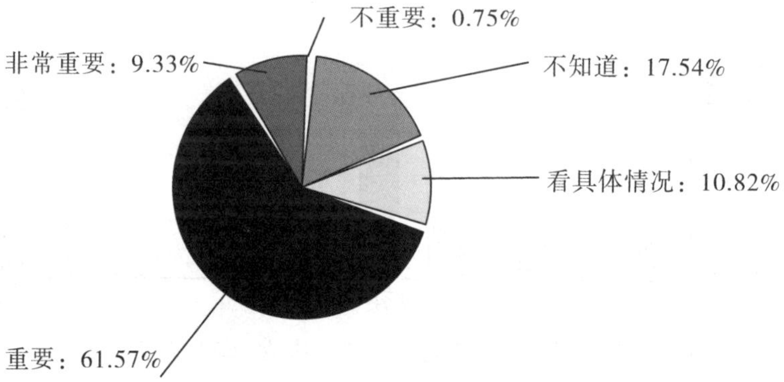

图2　对个人品牌的重要性认识

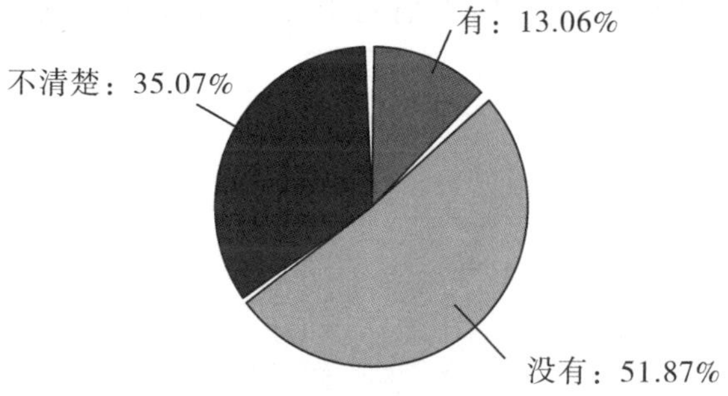

图3　是否拥有自己的个人品牌

(2) 自我形象的定位。

半数以上的大学生有自我定位，但是也有将近22%的受访者表示不清楚，需要进一步深入思考。在此背景下，只有四成多的同学采取行动来帮助自我定位，另外约四成则处于只是想想的状态。

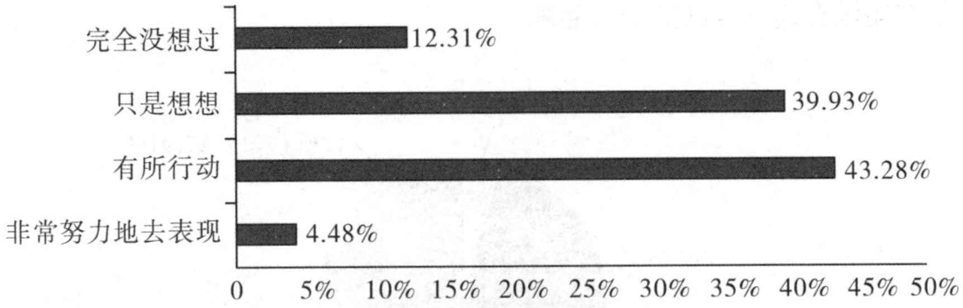

图4 为了自我形象定位采取过什么行动吗

65%的同学认为自己具有独特的个人特点，其中符合对于自身期待的只有43%，近1/3的同学不清楚是否符合。经过交叉分析，发现不清楚是否具有个人特点的同学中有75%的同学也不清楚是否符合自身期待，认为自己具有个人特点的则更多地符合对于自身的期待。说明很多同学对自身特点没有清楚的认知，对未来的期待也处于模糊状态。

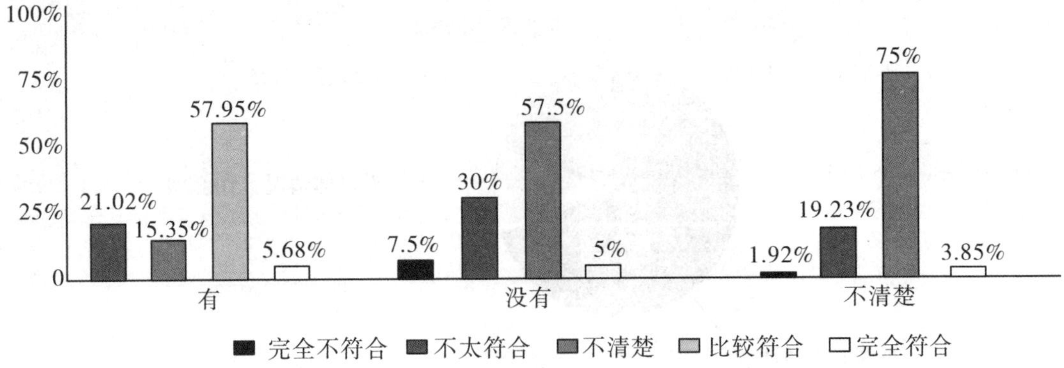

图5 个人特点和符合自身期待的交叉分析

通过交叉分析自我形象定位和自身个性特点之间的关系，发现有自我定位的同学会更多地意识到自身的个性特点，很多同学尽管对于自身定位还不清楚，却多半意识到了自己的个性特点。

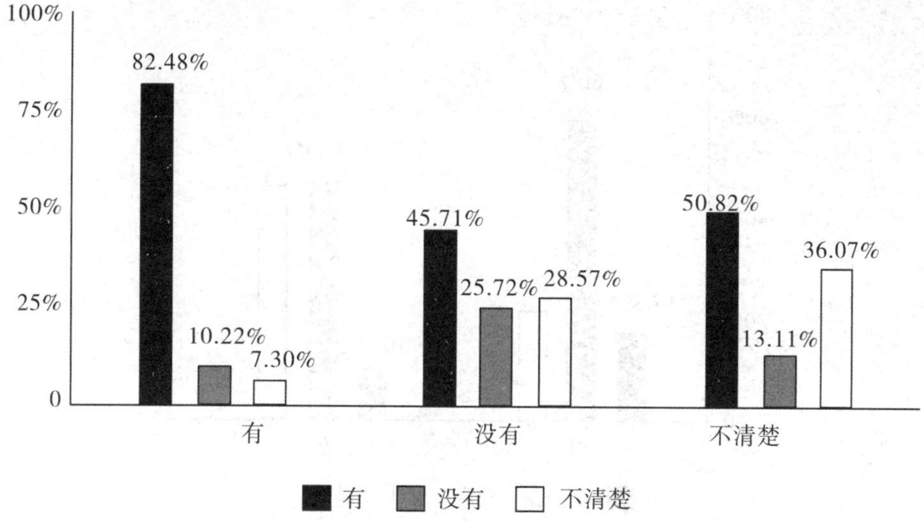

图6　自我形象定位和自身个性特点的交叉分析

（3）基于性别的交叉分析。

对于以上的调查结果，大学生群体中男性和女性对个人品牌的认识差别基本不大，更多的女大学生认识到个人品牌的重要性，但更多的男大学生拥有自己的个人品牌。

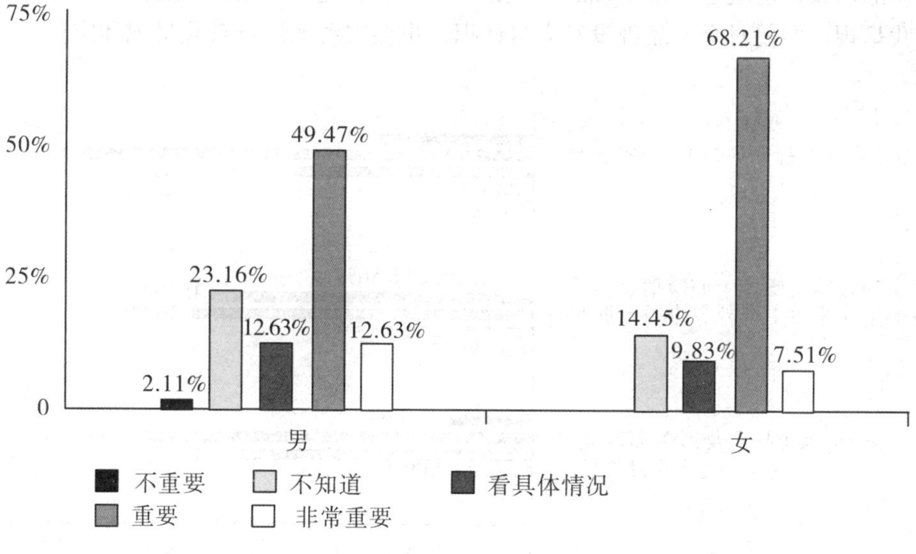

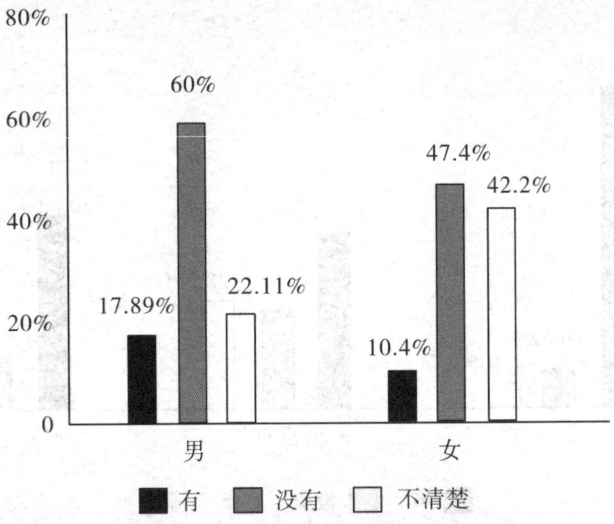

图7 性别分析——个人品牌的重要性和是否拥有个人品牌

2. 微信自我形象呈现

本部分的分析只选择173份的女生问卷数据进行。新媒体环境下的女大学生对信息社会的参与度持续增加，会主动通过社交媒体向外界进行自我呈现；很在意自己在社交媒体中所呈现的形象，也就是平常所说的“人设”（人物设定）；愿意为维护自身形象而有意改变自我呈现。即使对个人品牌没有太多认识，也会主动地进行自我呈现和定位。

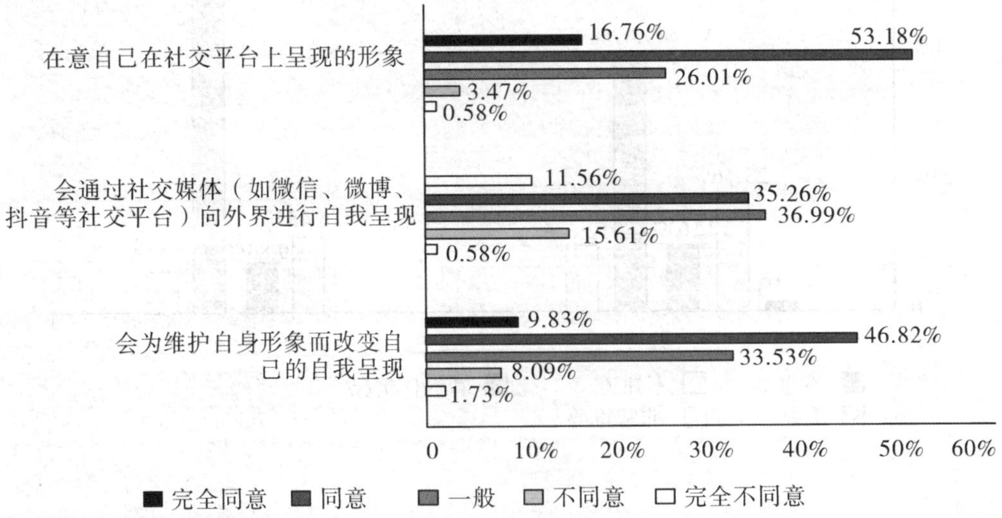

图8 形象与自我呈现

（1）微信朋友圈要素的重要性。

调查结果显示，按重要性均值从大到小排序，分别为：朋友圈动态、微信头像、朋友圈封面、微信昵称、个性签名、每天评论数、每天点赞数、地区和微信号。其中最后两项普遍认为一般，不会产生大的影响。

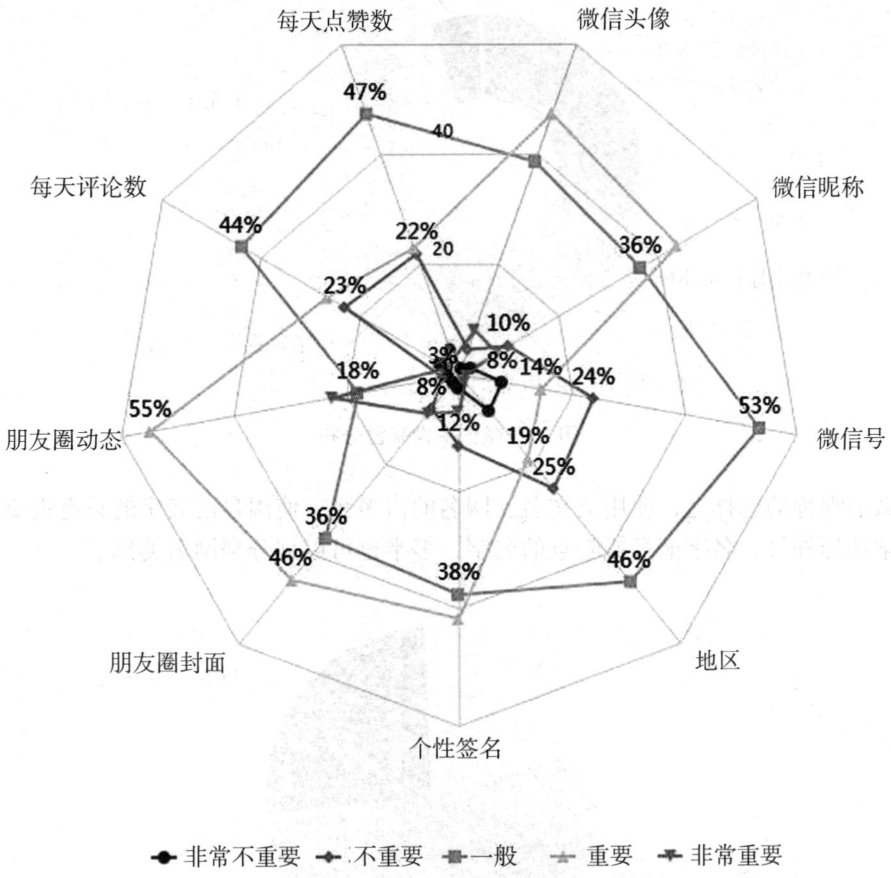

图 9　微信朋友圈要素的重要性

（2）微信朋友圈自我呈现分析。

女生比较喜欢用二次元图片、偶像照片、动植物照片、风景照和自拍照片作为微信头像。很多同学选择了表情包作为头像，从来源看，大多数可以分类到二次元或偶像类别。在调查中没有人选择证件照作为头像，深入了解之下，同学们的回答是“有点丑”“没特色”“土”等答案，但是如果照片很漂亮、时尚、看起来很专业，就会被很多同学选择作为头像。

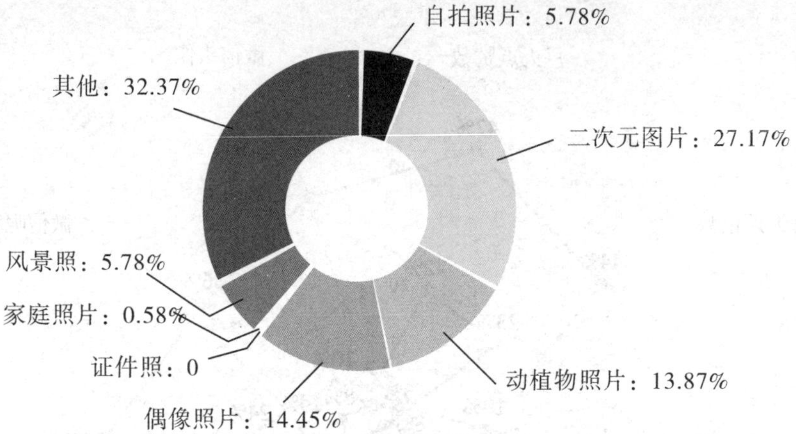

图 10　微信头像来源分布

在微信昵称的选择上，使用英文名、网名的占多数，使用自己名字的只有近20%，另外的同学选择外号、名字谐音或随意的名字，多半也可以划分到网名类别。

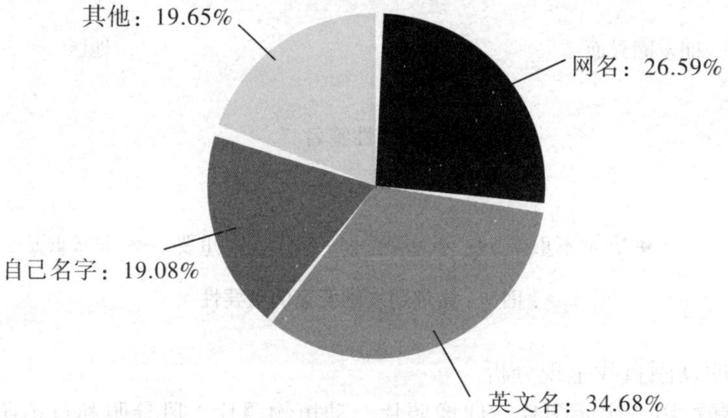

图 11　微信昵称

相比之下，微信号就比较复杂，拼音、英文名、乱序字母、单词或者拼音 + 数字的组合都有出现。大多数同学都认为这一项并不重要，没有特别考虑过微信号的设置。

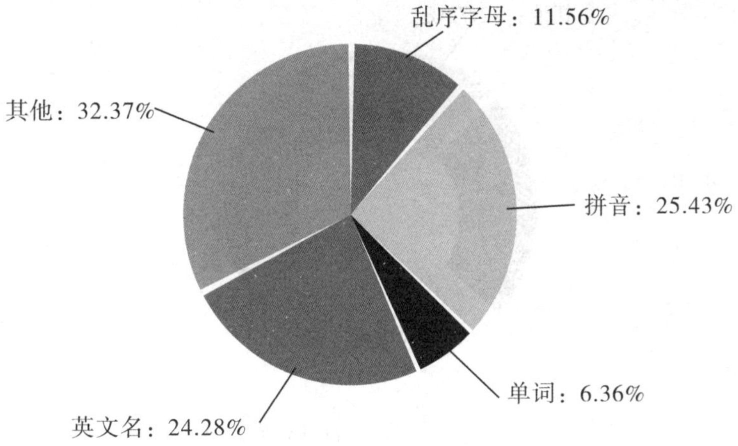

图 12　微信号

在微信地区中，以目前所在地和家乡、憧憬的梦想地占据大多数，但也有部分同学随意选择，如直接选择地区中排名最前的安道尔。

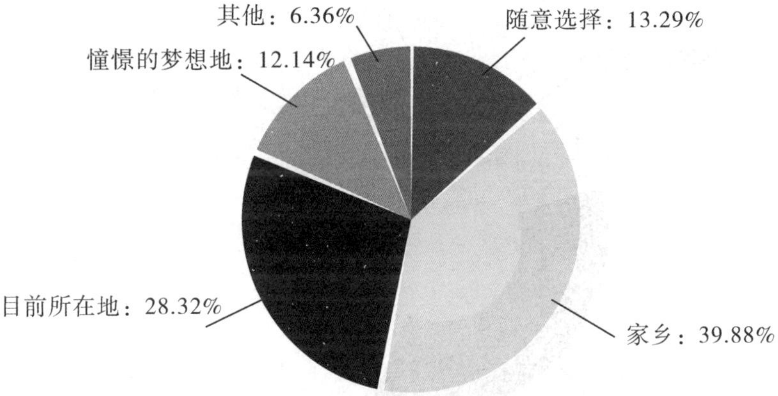

图 13　微信地区

个性签名是比较容易被忽略的微信要素，约 1/3 的同学直接选择空白，填写的签名也主要是自我标签和引用。

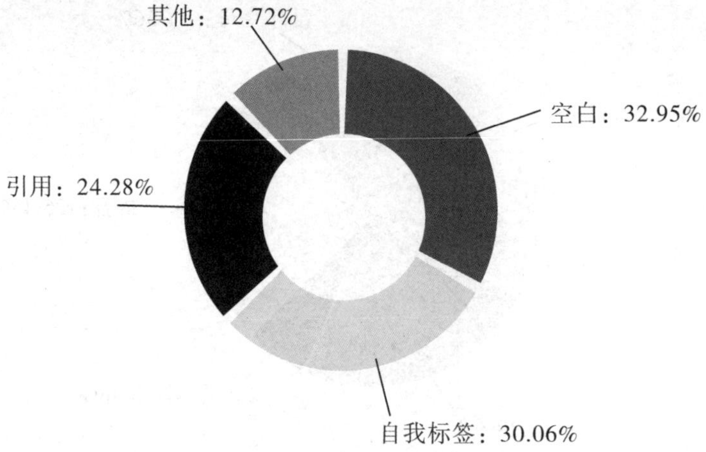

图 14　微信个性签名

朋友圈相册封面的设置中多数选择了照片、美图和动漫图，使用自拍和系统相册的较少。

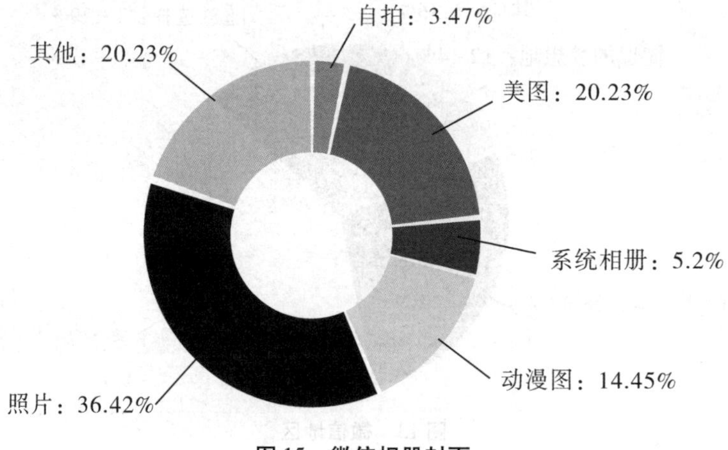

图 15　微信相册封面

发布内容主要集中在吃喝玩乐、生活感悟、广告分享和社会热点，大多数广告分享动机都是为了集赞换优惠或者换取免费福利。

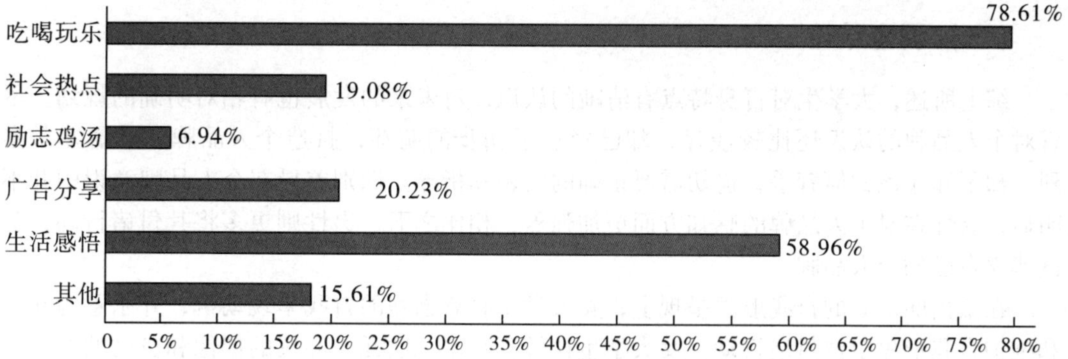

图 16　发布内容

从评论和点赞情况看，多数同学的每天评论数目都在 3 次以下，点赞数则在 6 次以下。深入了解之下，除了集赞广告之外，点赞行为更加类似于一种点头问好的社交行为，很少考虑发布的内容如何。评论则多数基于所发布的内容，尽管次数较少，但是互动质量更高。

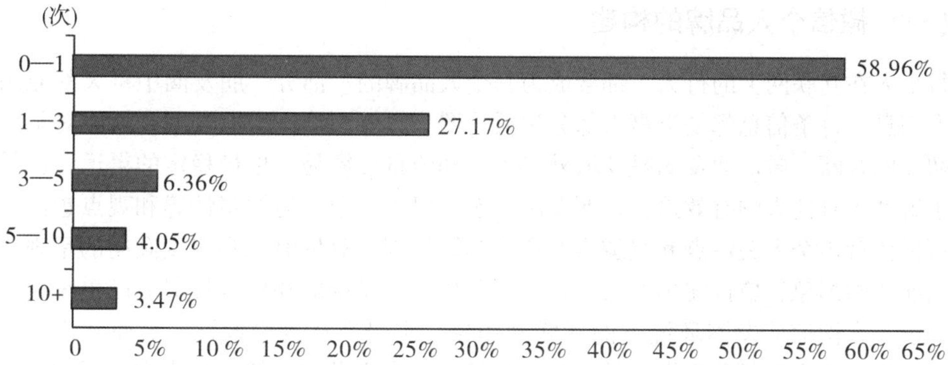

图 17　朋友圈每天评论数

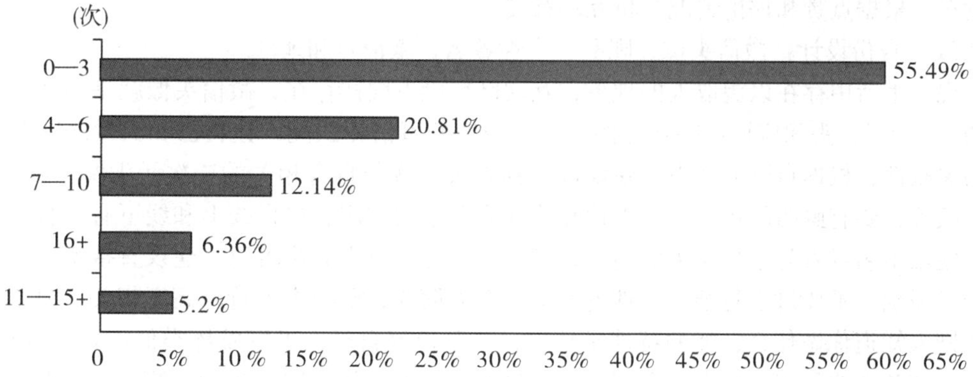

图 18　朋友圈每天点赞数

（三）调查结论

综上所述，大学生对自身特点有清晰的认识，对未来的发展也有相对明确的规划。尽管对个人品牌的认识还比较浅显，却已经有了初步的萌芽，打造个人品牌的意愿非常强烈，却不知应该如何着手，迫切需要正确的引领和指导。性别差异在个人品牌意识中并不明显，女性在对个人品牌的感知方面更加强烈，相比之下，男性则更多将其付诸行动，尝试建立自己的个人品牌。

在微信朋友圈的自我形象呈现上，女大学生具有强烈的自我呈现动机，并乐意为建立和维护自我形象定位付诸行动。女大学生比较喜欢用二次元、心仪的偶像和自己的照片来作为微信头像，会选择有特点的网名、自己的本名或与自身相关的名称来作为微信昵称，多数选择家乡或当前居住地作为微信地区，对于个性签名则有所忽略，多以引用为主。在所发布的朋友圈动态中以生活感悟和娱乐体验为主，喜欢配图，每天的互动频率会维持在一个相对稳定的范围。

五、微信个人品牌的构建与传播

（一）微信个人品牌的构建

每个人在互联网上的行为，都会成为其个人品牌的一部分。朋友圈中每天都充满大量的私人信息，每条信息都是当事人部分生活写照。只要浏览一遍朋友圈，就能对某人有大概的初步的判断。微信朋友圈是获取外界关注和流量最容易，也最稳定的渠道，也是增加自我了解和了解他人的有效途径。朋友圈动态可以表达个人的情绪情感和观点想法，转发分享可以体现出个人关注点和兴趣点，点赞和评论则是对价值观和态度倾向的呈现。成功的微信朋友圈形象，应该突出个人特性，充分体现自身价值和资源优势。简单来说，微信个人品牌是在微信朋友圈环境下的互联网印象。本研究从身份设计、页面装扮、内容发布、互动社交四个方面分析微信的自我形象呈现。身份设计包括微信头像、昵称、个性签名、微信号和地区；页面装扮主要体现在朋友圈相册封面的设置；从朋友圈动态来分析内容发布；根据点赞和评论情况分析互动社交。

（1）身份设计：微信头像、昵称、个性签名、微信号和地区。

现实生活中存在以貌取人的现象，互联网环境下同样存在，微信头像就是你在互联网上的“外貌”，头像应该反映自己的个性且与做的事情相匹配，让自己和头像之间存在较强的关联性，根据自己的特点，建议选择真人头像或与自身相关的二次元头像，如 Q 版、漫画版等，要有鲜明的辨识度。微信昵称起到名字的作用，如果线上和线下有融合，名字可以使用本名或者与本名相关的名字，别名、外号、英文名都可以，建议直接明了，简单好记易识别，不要过于复杂。个性签名就是个人简介，要与个人特点高度相关，要用一句话让别人知道你做什么，你的特性是什么，充分诠释自己，可以发挥类似广告语的作用。个人品牌和企业品牌一样需要品牌定位，最实用的方法就是用一句话介绍自己。在个人品牌中需要建立信任感，地区就不能胡乱填写如安道尔、百慕大等完全不相关的地区，建议根据自我定位，选择家乡或当前所在地，与所发布的内容相对应。微信号发挥的作用不大，可以空白，但是最好也进行设置。

（2）页面装扮：相册封面的设置。

当别人查看你的微信朋友圈时，相册封面图是最不能错过的个人品牌展示。不仅可以立体化展示自己，还能提醒自己行动。相册封面设置就是一个大的广告位，用来展示自身价值，通过图片背景来展现出你的特有属性、品味、爱好，总之，通过图像化的内容让别人加深记忆。建议选择温馨舒服或个性鲜明的图片，突出自身品味。即使是从系统相册中选择图片，也尽量选择符合自身品牌定位的图片，最好不要使用不清晰、简单混乱的或者构图糟糕的图片。

（3）内容发布：朋友圈动态。

好看的皮囊千篇一律，有趣的灵魂万里挑一。个人品牌可以来自于个性魅力或知识特长。在有效的身份识别之后，还是要依靠有价值的内容发布来建立个人品牌的核心。朋友圈动态可以充分表现内在特质。如果想要建立个人品牌，需要在微信中尽量多地进行自我呈现，最好不要设置三天可见之类的功能。常规的朋友圈，尤其是前 10 条尤为重要，其作用就是来诠释自己，能够提供原创内容最好，转发分享也可以表明自身的关注点。但是要注意内容的质量，避免发布无营养的内容重复“灌水”。在个人品牌视角下，首先要明确自己能传递的内容和别人关心的内容。在明确自身定位和交往需求后，对自身能力进行正确评估，尽量围绕一个或几个主题发布内容，让别人了解自己的特长。发布频率不宜过于频繁，刷屏容易导致负面印象，建议每天不超过 3 条，中间存在一定的时间间隔；发图片按照 1/3/9 张来发，在构图上会比较好看；短视频以每天发一条的频率为宜。

（4）互动社交：点赞和评论。

关注共同好友可以更好地建立信任。如果是针对性地想与某一个人建立社交关系，那么共同好友的作用就是信任背书，有效互动非常必要。点赞在互联网社交行为中已经逐渐失去原来的认可意义，转化为一种礼节性行为。很多人完全不理会发布的内容就直接点赞，甚至可能存在“手滑”的可能。相比之下，评论的价值更高，频率虽然比点赞低，但互动质量更高，能够充分体现价值观和态度动机。很多时候，评论还可以引发好友的共鸣，增加互动性和信任度。

（二）微信个人品牌的传播

微信朋友圈用户活跃度高，用户黏性不断增大，信息量丰富，相比其他社交媒体，注重双向互动和沟通共享，自身的社交属性使得信息传播可信度高，能够实现有效的个人品牌传播。基于信息传播模型以及个人品牌在社交媒体中的传播特征，从受众接收信息的角度整合出微信个人品牌传播的四个层次，分别为表面信息传播、内容方式传播、品牌理念传播和核心价值传播。

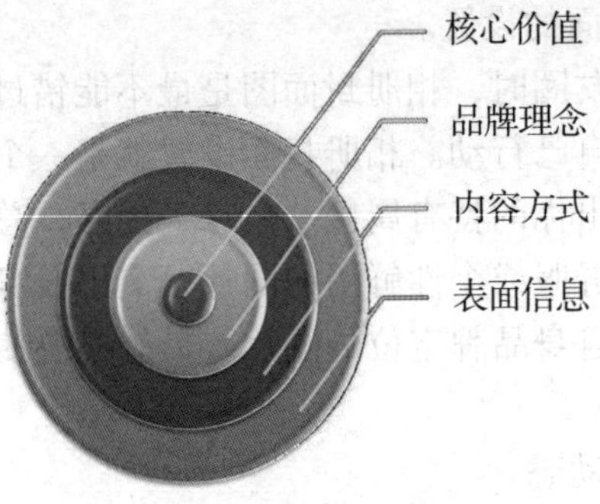

图19　个人品牌传播的四个层次

（1）表面信息传播。

表面信息传播是受众接收信息传播最初和最直观的信息，是品牌的外在表现形式，也就是品牌给人的第一印象。这个层面的传播非常重要，其作用是引起受众的注意。与现实中的个人品牌传播有所不同，在社交媒体中，最常见的表面信息为头像和昵称。头像和昵称要有鲜明的个性，容易辨认和记忆。如果要定位于精英个人品牌，多数会使用自己的照片和名字作为头像，草根个人品牌则多会使用二次元图片和网名。一旦决定，应保持一段时间，最好不要经常更换。个人签名是一个简要的自我描述，微信地区可以增加个人品牌的细分定位，提高可信度。朋友圈相册封面则是对身份设计的有效补充和完善，进一步加深印象。

（2）内容方式传播。

内容方式传播可以分成两部分：媒介选择和内容发布。社交媒体的多样化可以通过文字、相片、短视频等信息去刺激受众的视觉和听觉，如何选择社交媒体要看个人品牌的类型，如果是游戏类型的个人品牌，较多选择直播平台；摄影类个人品牌则多选择相片展示类平台，例如 Lofter 和美拍；“网红”则多在抖音、快手短视频平台，等等，受众会按照自己当时想看什么而去选择社交媒体，所以个人品牌必须要选对传播媒介来锁定自己的目标受众。本研究考虑的是大学生的微信朋友圈呈现，更加侧重于以图片、文字和短视频的方式进行个人呈现。但在现实个人品牌构建上，可以融合使用多元化的社交媒介。在表达方式中，图片更加直观，容易吸引关注。数据显示，在微信用户行为中，查看朋友圈的照片、在朋友圈分享照片都是用户比较常用的功能。

现今社会处于信息爆炸的年代，每天网络的信息量让受众仿佛处于茫茫大海之中，想要在铺天盖地的信息浪潮中脱颖而出，个人品牌必须有不同于他人的传播内容，以吸引受众和保持受众的吸引力。在社交媒体中，内容是最重要的因素，没有令人感兴趣的内容和主题的话，再高知名度的个人品牌也会逐渐被冷落，无法维持高人气，所以必须考虑以什么内容主题发布。能否为他人提供有价值的内容，能否帮助到他人，满足消费者某一方面的需求是个人品牌的关键。同时，个人品牌需要长期的建设和维护，互动的频率和质量直接影响个人品牌的影响力。

（3）品牌理念传播。

个人品牌的理念传播指发展愿景、个人所持的价值观和态度立场等，例如，对于一个社会话题表示支持、反对还是另有看法，个人品牌理念一般在短时间内不会轻易改变。这个阶段的传播主要以影响目标受众的思想，得到受众的高度认同为目的。个人品牌在传播过程中应注重个人品牌发展的目标、个人品牌发展的走向、个人品牌的个性作风等，这些将会影响个人品牌在传播中的目标受众、传播内容以及渠道等关键环节。现在不少个人品牌都将大部分时间和精力集中在塑造外部形象方面，但是如果个人品牌传播者对自身发展的目标和价值没有清晰的认知，就很难形成完整和个性鲜明的品牌形象。

(4) 核心价值传播。

品牌的核心价值是品牌给予受众最核心与最深刻的感知，每个个人品牌都有很多不同的特点，而核心价值则是最鲜明与最重要的特点集中点。当人们想起一个个人品牌的时候，印象最深刻的就是该个人品牌的核心价值，例如提到马云会让人想起电商。核心价值是立体的，有正面的也有负面的，所以在传播的时候需要多加注意。

核心价值传播处于第四层次，也是最重要和最内在的层次，是整个传播过程的中心。在个人品牌传播的过程中，进行核心价值的提炼也需要结合个人的性格特征与行事风格，一旦确立了个人品牌的核心价值，则应该坚定地以核心价值为原点，任何传播环节都应该围绕核心价值进行规划和设计。

六、打造女大学生微信个人品牌的建议

(一) 个性化的正面核心价值

个人品牌的核心价值是传播阶段最为中心的部分，所有传播环节都应该以核心价值为基本准则。个人品牌在整合传播过程中，无论是外形设计，还是内容行为风格都应该围绕着核心价值来展开和丰富。而个人品牌的核心价值应遵循两个原则：个性化和正面。

(1) 个性化个人品牌。

每个个人品牌都要有自己的独特性。如果个人品牌的核心价值和竞争品牌没有鲜明的差异，则很难引起广大受众的注意，更难以得到认同和记忆。塑造个人品牌要准确定位，建立自己的辨识度，通过自己的独有特点来打造自我定位。一旦选准定位，就可以持续在微信朋友圈上发布相关的内容，结合自己擅长的领域和发展方向对大家最感兴趣的系列问题进行回答和持续推广。

(2) 保持正面形象。

个人品牌必须保持正面积极的形象，树立起正能量的核心价值，积极帮助和影响他人，传递积极向上的心态，让社会充满温暖。女大学生涉世未深，应当引导她们建立正确的价值观，倡导健康的互联网文化。在现今社交媒体中，为引起受众的注意，往往会有人利用奇特造型和消极的形象进行传播，利用网民偷窥私欲和娱乐心理来提高其知名度，但长时间的传播后，这类个人品牌基本都如昙花一现，且网络上对其评价基本都是负面的，不值得效仿。

(二) 积极进行理念传播

相较于表面设计，个人品牌的理念传播更强调个人如何在受众心中建立长期有效的品牌形象。在传统大众传媒的传播情况下，个人品牌的传播往往令人产生距离感，人们感觉只有名人明星才有个人品牌，关注更多的是个人品牌的外在形象。而微信拉近了个人品牌

与受众之间的心理距离，使受众对个人品牌的价值观、人生观有更加全面的了解。因此对于利用微信进行品牌传播的个人品牌，必须转变在传统媒体下以“形象为主”的观念。在微信社交平台上，应回归中国女性公民的身份，坚持爱国情怀，积极关注热点时事，可以将自己独特的见解通过社交媒体进行转发和评论，表达自己的态度、看法，发出青年人的声音，推动形成网络舆论的正面力量，这也是个人品牌传播品牌价值观的大好时机。

（三）内容方式合理传播

（1）传播媒介的选择。

对大学生个人品牌而言，不能够盲目选择传播媒介，应该根据现实需求和自身实际水平，选择适合的社交媒体。在选择主要社交媒体的同时，传播者也应该开发其他多个平台，将各个媒体资源整合传播。在传播方式上则选择文字、图片、短视频等多种方式综合使用。借鉴徐戈流量系统论的观点，以具有强社交关系的微信平台为流量汇合点，内容输出通过渠道形成影响力，充分借助内容社交裂变，最大限度实现影响力的聚集，将其他社交媒介作为导流管道，实现有效融合。

（2）重视内容传播。

在现今“内容为王”的社交媒体传播时代，网络时代泛滥的信息让受众的注意力资源成了稀缺产品，虽然社交媒体平台对于个人品牌传播的内容和形式并无过多的限制，但是一个成功的个人品牌传播内容必须要能够吸引受众的高度关注。

个人品牌传播内容都应输出有价值的内容，向受众展示自己的专业性，发表的专业内容被受众所接受与信任，就会成为受众眼中的专家，内容可以影响甚至左右受众的行为。选取一个关注的方向，深耕细作，在这个特定的领域持续输出内容，贡献的有价值信息越多，就会有越多的人关注自己，进而就会吸引众多有质量的关注者。在保持更新频率的同时要保持更新内容的质量。内容是一味地迎合读者的需求，还是保持自身的价值观，或者合二为一，都与个人品牌的建设有关。当内容足够优质能吸引他人转发时，个人品牌就会被扩散，就会逐步将许多人转化为自己的粉丝。以罗振宇的微信公众号“罗辑思维”为例，曾 6 小时就吸引了5 500名收费会员，入账 160 万元。罗振宇本人曾是央视《对话》《中国房产报道》《经济与法》等节目的制片人，多年积累后的厚积薄发才能有今天的成绩。

（3）整合表面信息要素。

核心价值是个人品牌的灵魂，而表面信息要素则是灵魂的外在表现，在个人品牌传播过程中，需要保持表面信息与核心价值的统一性。每个个人品牌都具有独特的视觉特征，而品牌名字，也应该根据个人品牌的核心价值而定，简单明了，通俗易懂。比如“于正1978”是于正在微博上的 ID 名，一看就知道这个是于正的微博。通常这些简单的 ID 名都是精英个人品牌较多，因为他们本来就已经有很高的知名度，不需要依靠奇特的名字来吸引受众。而对于草根个人品牌，可以尝试取一些奇特但又要跟个人品牌的核心价值有关联的名字来吸引受众。选择合适的头像和微信昵称，保持长时间使用，及早明确自己的兴趣特长，围绕这个核心来进行内容发布，最终形成自己的专长。

好的公众号一定离不开众多粉丝的追捧以及高度的黏性，可以利用自己的经验尽力帮助别人，做好和粉丝的积极互动与分享，这样培养出的粉丝忠诚度相对更高。这些有共同兴趣、态度、价值观的粉丝，通过持续引导，会在一定时间内形成稳定的圈层。积极参与微信朋友圈，不断贡献有价值的内容，转发分享、回复、参与评论，不断提升个人品牌的影响力。

七、结论

当前，使用社交媒体已经成为个人品牌传播的一种趋势，相较于传统媒体，社交媒体呈现出传播范围广、影响力大等特征。在社交媒体进行个人品牌传播的人群并非局限于名人明星，各个社会领域、各个年龄阶层的个人品牌都有社交媒体上的追随者。从媒介使用行为来看，大多数人倾向于使用多种媒体结合的方式进行个人品牌传播，其中，微博、微信和论坛类媒体的使用率较高。在传播内容层面，个人品牌发布以社会热点类和公益类为主体的内容往往能够得到更高的关注度。

调查结果表明，大学生的个人品牌意识还需要加强，多数大学生都已经认识到拥有个人品牌的重要性，只是不知如何进行个人品牌建设，需要正确的引领和指导。微信朋友圈自我形象的呈现是大学生参与社会交往的重要途径，也是打造个人品牌的有效方式。本研究从身份设计、页面装扮、内容发布、互动社交四个方面研究微信个人品牌构建，从表面信息、内容方式、品牌理念、核心价值四个层面分析微信个人品牌的传播过程，探究如何通过微信朋友圈有效构建个人品牌，并为女大学生提出可行的对策与建议。随着社交媒体的进一步发展，个人品牌的重要性也会随之提高，对大学生的学习生活和职业发展规划产生更积极的作用。

参考文献

［1］刘广迎．个人品牌．北京：中国经济出版社，2008.

［2］于振兴．如何打造个人品牌．黑龙江科技信息，2014（25）.

［3］陈春兰．大学生个人品牌塑造的探索．课程教育研究，2017（15）.

［4］王操红，邓瑾轩．论大学生个人品牌的打造．高教论坛，2003（3）.

［5］余桂红，贾永堂．打造大学生个人品牌的若干思路．中国地质大学学报（社会科学版），2004（1）.

［6］吕冬娜．传播学视角下大学生个人品牌建设及培养．新闻战线，2015（12）.

［7］刘淑仪．高校学生干部个人品牌塑造的影响及对策研究．广西民族师范学院学报，2017，34（1）.

［8］常贵林．大学生个人品牌建设探索．出国与就业（就业版），2012（1）.

［9］张洁．大学生个人品牌建设研究．厦门：厦门大学，2008.

［10］欧文·戈夫曼．日常生活中的自我呈现．冯钢，译．北京：北京大学出版社，2008.

［11］杨雅惠．女大学生在新浪微博中的自我呈现研究．成都：电子科技大学，2014.

［12］董小菲．微博性别形象的自我呈现与女性主义的传播．东南传播，2012（4）.

［13］温凤鸣，何媛．女性在微博中的形象呈现与自我表达——以新浪微博为例．传播与版权，2014（10）.

［14］叶红．博客性别身份的自我呈现与女性刻板形象——以搜狐博客为研究对象．

现代传播：中国传媒大学学报，2009（1）.

［15］陈玉尧．网络自拍照与女性自我形象解读．商，2012（9）.

［16］李静．微信朋友圈中大学生的自我呈现．滁州学院学报，2016，18（1）.

［17］王景．大学生微信“朋友圈”中的自我呈现研究．重庆：西南大学，2017.

［18］王一鸣．大学生微信朋友圈的自我呈现研究．郑州：郑州大学，2017.

［19］周爽．大学生在微信圈的自我呈现．人力资源管理，2017（2）.

［20］崔家通．大学生微信用户的自我呈现过程研究．北京：中国青年政治学院，2016.

［21］杨慧，李立云，邝翠莲．大学生在微信朋友圈中的自我形象建构研究//全球修辞学会，全球话语学会，湖北工业大学．首届全球话语学会年会暨国际学术研讨会部分全文及摘要集．全球修辞学会，全球话语学会，湖北工业大学，2016.

［22］梁娜．青年知识女性微信中的自我形象建构研究．南京：南京大学，2015.

［23］赵丽波．印象管理视角下大学生微信朋友圈的自我呈现研究．北京：北京工业大学，2017.

［24］杨玺．大学生社交网络中印象管理及自我呈现研究．重庆：西南大学，2018.

［25］吴钰．大学生微信朋友圈自我呈现研究．广州：暨南大学，2018.

［26］孟媛．大学生群体在微信中的自我呈现研究．南充：西华师范大学，2017.

［27］白雯予．大学生社交网络的自我呈现研究．大连：东北财经大学，2016.

［28］王金金，汪晓燕，薛如．基于印象管理理论分析大学生微信朋友圈中的自我呈现．新西部，2018（21）.

［29］王怡．社交媒体中品牌传播观念的转变．人民论坛，2011（9）.

［30］张艺冰．自媒体时代的个人品牌．视听，2017（11）.

［31］梁欣萌．知识经济时代个人品牌的打造．国际公关，2017（6）.

［32］王雨佳．基于新媒体的个人品牌传播模型探究．传播与版权，2015（5）.

［33］章颖．社交网络上的自媒体如何构建个人品牌．西部广播电视，2016（18）.

［34］王乐．以罗振宇和 papi 酱为例探究个人品牌传播链．新闻研究导刊，2016，7（20）.

［35］何湘粤．从网红 papi 酱谈新媒体环境下的个人品牌传播．电视指南，2018（2）.

［36］徐浩然．个人品牌：学会自我经营的生存法则．北京：机械工业出版社，2007.

［37］徐浩然，徐玉贞．重新定义个人品牌——社交媒体时代个人品牌经营最佳解决方案．品牌研究，2017（1）.

［38］康智乐．个人品牌的营销传播研究．厦门：厦门大学，2008.

［39］陈滢．社会化媒体下的个人品牌传播研究．南昌：江西财经大学，2013.

［40］常凯硕．个人品牌构建与传播策略研究．呼和浩特：内蒙古大学，2017.

［41］万方，徐冬阳，李佳虹，等．直播平台、“网红经济”与品牌延伸．品牌研究，2017（1）.

［42］卢璐．公众人物个人品牌的整合营销传播策略．新闻研究导刊，2017，8（4）.

［43］吴凤．自媒体时代的个人品牌传播——以 papi 酱为例．西部广播电视，2016（5）.

［44］张二战．个人品牌内涵及其塑造流程研究．商场现代化，2016（2）.

[45] 周景. 如何打造个人品牌. 中国大学生就业，2018 (21).
[46] 张鹏. 基于个人品牌理论的领导干部形象塑造探究. 现代经济信息，2015 (24).
[47] 许敏，翟丽，田野. 公众人物个人品牌塑造与形象公关研究. 西安社会科学，2009，27（3）.

社交媒介使用中的高校女教师职业形象建构研究

——以G市高校女教师为例

徐来*

所谓职业形象，是指个体在其工作状态中所呈现出的由仪表、言语、状态等共同构成的社会形象，它是个人职业素养的外在体现，也是他者对个体职业素养进行判断的第一印象。而职业形象的自我呈现，顾名思义，就是在职业中尽可能通过符号的传达与表征，使自身行为接近我们想要呈现给公众的职业形象。

自古以来，教师这一职业形象被赋予了高尚、无私的光辉形象。高校女教师作为中国女性中高学历、高智商、高素质的代表人群，成为教师队伍形象建构与呈现过程中最具审美意义的一环，其知识水平、道德情操与精神风貌，既是三尺讲台上一道重要的风景线，也是高校校园中颇具内涵的审美呈现，它穿插于高校的专业教育过程中，也渗透于高校学生的审美教育环节。秉持课堂知识传播中的权威性、“一对多”传播的扩散性，以及女教师在传播过程中独有的柔性美优势，高校女教师群体已然建构出了人们心目中博学、优雅、知性的既有印象。

然而，随着互联网技术日新月异的发展，人们的社交活动逐渐由二维空间转移到以互联网为平台的三维空间，传播平台的转移、时空界限的日渐模糊、主体身份的多元化呈现等，都给高校女教师的职业形象塑造带来了新的变化与挑战。其中，随着智能手机的快速普及，微信朋友圈成为沟通与维护师生关系、同事关系的重要社交网络工具。对于每一位高校女教师而言，如何在微信朋友圈中建构及呈现自身职业形象，无论对个体形象还是校园教育，都具有重要的作用与意义。本文采用美国社会学家欧文·戈夫曼（Erving Goffman）的拟剧理论，对G市高校女教师群体进行观察研究与深度访谈，讨论当下高校女教师在微信朋友圈中的形象建构方式及策略，以期探讨如何发挥女教师的形象建构优势，以适应新媒介技术发展中机遇与挑战并存的未来教育模式。

一、拟剧理论与形象建构

美国著名社会学家、符号互动论的第三代重要代表人物——欧文·戈夫曼曾经深入分析人际互动关系中的行为模式、角色扮演及符号隐喻，由此总结出个人与他人在人际交往中的互动策略及成效，凝练为拟剧理论。

戈夫曼提出，我们所处的社会即一个巨大的舞台，舞台二十四小时不间歇地上演着形形色色的表演。我们在生活着的不同情境中，扮演着不同的社会角色，如公司的领导/员工、家庭的家长/子女、学校的教师/学生等。不同角色的表演，包括角色主次的分工、术

* 作者单位：广州大学。

语的表达、出场的先后及仪容的呈现等，都受到具体表演规则的规限，呈现出戈夫曼所谓的“拟剧理论”内容特征。譬如在学校，课堂这一特定的表演情境使得教师作为知识的讲授者、学生作为与之相对应的知识接收者，会按照彼此心照不宣的社会规则进行角色的塑造与表演：教师的表演区域主要集中在讲台及周围，包括知识话语的传授、行为举止的影响、音容笑貌的感染；学生则集中在教室的座位区域扮演着知识接收与学习一方的角色，安静、神情专注。同样，在课堂这一舞台场景中，教室讲台与座位之间的空地将表演者与观看者的区域进行自然空间上的隔离，“表演—观看”成为“传—受”双方按照日常课堂规则固守的区域，一般情况下不能逾越。教室的围墙，则成为区分舞台前后的隔离区，以防止在表演过程中，与表演（授课）毫不相干的外人（如学校领导、其他职工、学生家长等）闯入，影响授课这一表演行为的成功进行。

在日复一日的重复表演中，角色的建构通过表演者与观看者相互间的互动实践，通过对角色的推断、揣摩、尝试与商榷，从而将角色的呈现固化下来，形成社会对该角色的固有印象。例如社会整体对教师角色的期待通常是：博学、专业、知性、无私甚或清贫。这样的教师职业形象已经通过影视作品、文学作品无数次呈现在世人面前，进一步将教师这一职业形象特征一般化、规范化、系统化、稳定化。这也对教师个体的职业形象建构提出了相应的要求。戈夫曼认为：“在人际互动中，不管个人具体目标是什么，他的兴趣始终是控制他人的行为，特别是控制他人对他的反应。这种控制将主要通过影响他人而逐渐形成的限定而实现的，而且他能通过给他人某种印象的方式借以表现自己达到影响这种限定的目的，他给人的这种印象将引导他人自愿地根据他的意图而行动。”① 这就是基于形象建构下的“印象管理”。

从表演者的角度而言，印象管理可以理解为表演者成功塑造角色所做出的努力。因此，教师在教授行为中需要不断促使自己朝着这一角色的形象塑造而努力；从观众角度而言，则是观众为了促进表演者成功角色的塑造所做出的配合与贡献。在教学中，学生作为观众所呈现出的虔诚与景仰，会加深教师在这一表演过程中的自我形象塑造，使其在反复的教学中成为一名发挥稳定、角色规范、举止娴熟的表演者。女教师的一举一动、一言一行，天生被赋予了女性的特征，因此，除了以上规范化的教师形象外，干净的仪容、得体的衣着、优雅的举止、知性美的气质（何芳，2006），作为女教师在自我形象呈现中的独特优势，都会使其成为在校大学生观察与模仿的对象，对他们的行为及审美产生潜移默化的影响。因此，作为表演者的自我形象呈现与对印象管理的技术要求，高校女教师需要更加注重自身的言行，在凸显自身专业能力的同时，发挥自身的女性特质优势，来建构自己在他人心目中的职业形象。

二、媒介技术的延伸与形象建构的升级

近些年来，技术的发展推动传播形态的变化，影响着整个社会结构的深刻变革以及“我们理解与思考的习惯”。技术帮助人类不断冲破时空的束缚，在媒介营造的信息世界中得以延伸、连接与发展（Marshall McLuhan，1964：18，转引自徐来、黄煜，2017）。在移

① 欧文·戈夫曼．日常生活中的自我呈现．冯钢，译，北京：北京大学出版社，2008：94.

动互联网社会，移动社交平台成为人们社会交往与形象建构的另一个重要平台空间。[①] 随着越来越多的网民使用社交媒体，自媒体（we media）的概念应运而生。[②] 以3.0为技术主导的互动式体验变革着媒介的发展，也改变了我们的社会交往模式与形象建构途径。换言之，如果说之前学校与讲台是高校教师寻常表演舞台的话，那么微信朋友圈就拟造出了一个巨大的“虚拟剧场”，突破三尺讲台的空间局限，跨越45分钟的课堂时间，给高校教师的形象建构带来了以下新的要求与挑战：

1. 建构边界的延伸与模糊

1991年，传播学者桑德拉·佩特罗尼奥（Sandra Petronio）提出“传播边界管理理论”，认为人际关系中的各方应不停进行边界管理工作。这里的“边界”，即是指个体在思想和感情上是否愿意与交往一方分享的界线。[③] 微信朋友圈为物理空间意义上讲台的延伸，教师不仅需要管理好自身在课堂（讲台）上的自我形象，更需要管理好自己在虚拟空间的传播边界，包括在微信朋友圈中的图片、影像、文字呈现，在现实、虚拟的双重互动中反复建构与调整自身形象。

2. 建构角色的丰富与融合

微信朋友圈改变了过往物理空间舞台上角色呈现单一化的特征，受众成分的多样化、社会角色的多元化，使得教师微信在朋友圈这一虚拟舞台中的角色建构呈现出多重性的特点。在生活中，个体的社会角色是多元的：例如一位女教师，既是父母的女儿，又是孩子的母亲；既是恩师的学生，亦是学生的老师；既是美好生活的创造者，又是美好生活的享受者……不同角色在不同的现实情境下得以呈现，而微信朋友圈这一舞台，作为个体形象集中展示的窗口，将个体在社会中的不同角色加以丰富与融合，往往使得微信朋友圈这一虚拟舞台的形象呈现更为集中与多元。

3. 建构行为的延时与修饰

与物理空间身体在场式形象建构的即时性不同，微信朋友圈的形象建构往往具有延时性。通常情况下，当人们面对面进行交流时，往往会根据对方的面部表情、衣着服饰、话语行为去判断对方的内外形象；同理，人们也在交流互动的同时建构着自身的形象。互联网的出现，则打破了这种即时性的传统表演模式，使表演者在朋友圈中进行形象建构时，准备时间更为充分，可以按照自身设想的、符合人们期待的方式进行形象的修饰和理想化表演。需要指出的是，这种延时性的形象建构，对从前以三尺讲台为表演舞台的教师而言，尽管准备时间更为充分，但对他们在微信朋友圈中的形象建构提出了更高的审美、技能（文字技能及视频图片处理能力）及综合把握等技术要求。换言之，如何借助这个虚拟的网络形象建构平台，更好树立自己在传统表演舞台之外的新媒介职业形象，成为摆在高校女教师面前的一个新的课题。

---

① 2017年，中国移动社交网民超过6亿人，占总体移动网民的比例接近90%，同比增长率高于全球水平。数据引自艾瑞咨询.2017年中国社交应用需求价值白皮书. http://www.iresearch.com.cn/report/3072.html。

② 2002年，硅谷著名IT专栏作家丹·吉尔默（Dan Gillmor）提出自媒体作为一种交互性媒体报道方式的概念。他认为，1.0是指传统媒体或旧媒体（old media），2.0指代新媒体（new media），而3.0就是以博客为趋势的自媒体。引自GILLMOR D. We the media: grassroots journalism by the people, for the people. O'reilly media, 2004。

③ 该理论后来引申发展为传播学上的“传播隐私管理理论”（communication privacy management, CPM）。

基于以上移动社交平台对传统职业形象建构带来的挑战，本文试图研究高校女教师在微信朋友圈中的自我形象建构。在微信朋友圈这一连接师生互动的、虚拟而又真实的舞台上，高校女教师如何通过微信朋友圈发布文字、图片、视频等来向学生展示自己的状态、建构自己的形象？女教师的职业形象建构，是片面呈现还是全面立体？这样的形象建构，对高校女教师的原有形象是锦上添花还是有损光环？带着以上问题，本文作者采访了十五位G市高校女教师，试图通过观察法及深度访谈，就她们的微信朋友圈形象建构内容与路径进行探究，以期考察在媒介技术日新月异的发展过程中，高校女教师如何看待以及建构自己在微信朋友圈中的职业形象。

三、以G市高校女教师的微信朋友圈职业形象建构为例

本文作者于2018年3月至9月半年时间内，观察微信朋友圈内女教师发文的频次、内容及主题，由此筛选出十五位发文相对活跃（平均一天发一条以上）的G市高校女教师，对其日常微信朋友圈的内容与形象建构策略进行了探讨。① 在确定的访谈样本中，本文采用深度访谈法，与各位受访者就她们对微信朋友圈形象建构的认知、定位及建构方法与策略等进行了平均时长30分钟的访谈，获得本文研究所需的文本资料。在对这十五位来自G市不同高校、年龄为28—45岁的女教师的访谈与研究中，本文发现，各位受访者都清晰意识到发微信朋友圈对建构自身职业形象的正相关作用，在发微信朋友圈时会根据观看者的角色期待进行判断，在角色扮演、形象呈现、建构策略等方面进行不同程度、有策略、有选择的发文来建构自身形象。

1. 角色的扮演与形象的呈现

美国学者Jones（1990）曾对网络空间中个人自我呈现的五种策略作出研究性结论，包括：能力彰显、逢迎讨好、威逼强迫、榜样示范以及示弱求助。本研究访谈发现，高校女教师的微信朋友圈职业形象建构类型更多集中在以下三种类型：榜样示范、能力彰显与体验分享。

（1）榜样示范。

如前所述，教师职责是传道授业、教书育人，其形象、人格魅力必然与其职业道德、文化素质、教育水平、专业技能等联系在一起。尤其在互联网技术普及的时代，各类文本资料在网上触手可及，如何展现教师在知识学习与获取中的权力地位与榜样作用，成为教师在网络社交平台上需要呈现的角色形象。

其中，受访者3表示，“会常常在微信朋友圈里面发一些工作的状态，例如在办公室里批阅作业、与同学们会面与辅导，以及自己参加学术会议的一些照片”。她承认，这些微信朋友圈内容，部分是为了记录自己的日常生活，部分“也是为了向同事与学生们展现我的精力是充分投入到教学工作中的，是尽职尽责、不断追求自我超越的”，由此建构起来的职业形象，给人积极向上的印象。也有常常选择为弱势群体发声的微信朋友圈发文。

① 需要指出的是，由于时间与精力所限，本文未选取较少或从未发过朋友圈的高校女教师作为访谈对象，研究样本也相对有限。只能就目前在微信朋友圈中发文相对活跃的女教师的发文习惯及建构策略进行采访，获得具有一定代表性的观点并进行提炼。若继续展开此研究，可扩大样本采集量，对G市高校女教师的职业形象建构认知有更为全面客观的掌握。

“看到一些社会热点问题或与专业有关的信息，我都会转发到群里，并且一般都会用几句话来分享我对这些问题的认知和感受。因为我觉得微信朋友圈就是要分享，在分享的同时也希望加我圈的同学们能够体会到，我们的义务和责任，是要对整个社会发生的事情、社会的生态圈，保持一种清醒的认知和积极参与的态度，去尽量消除那些不公平的社会现象。”（受访者 11）“我有时候还喜欢在微信朋友圈里发一些自己的生活照甚至自拍的照片，有人说我自恋，可是自恋不好吗？在我看来，女教师因为性别的不同，她对于美的彰显、对于美好形象的建构和传播，实际上都更加具有优势。我就是想向同学们传达一种爱自己、爱生活的态度。”（受访者 14）受访中大部分女教师，都会有意识地从道德水平、文化素质、审美情操等方面营造自身作为教师的正直、无私、博学、上进的形象，以对表演观看者——学生产生一种人格魅力的号召作用。

（2）能力彰显。

在访谈中，数位受访者谈及女教师由于性别的差异，更容易被其他社会角色（如丈夫的妻子、孩子的母亲等）所牵扯，职业形象较易被其他角色形象冲淡，因此，有的受访者反而会通过微信朋友圈来凸显自身的专业能力与职业能力。在高校女教师微信朋友圈的形象建构中，能力彰显包括知识与才能两方面的能力建构。专业知识的广博深厚、教学本领的过硬，是高校女教师具备形象美感的重要因素。若一名女教师在舞台上才思敏捷、挥洒自如、循循善诱、发人深省，能够将智慧的火光传给每一位学生，其形象必然兼具威信与魅力，能够像磁石一样吸引学生的注意力。

“一般我自己获得了什么奖励，或者是我的学生获得了什么样的荣誉，我都会发个朋友圈。尤其是我教的学生，得了奖我自己比他本人还开心，哈哈。当然主要是为学生的进步感到由衷的开心，另外一方面也会感觉自己花在他们身上的心血没有白费，也算是对自己教学能力和教学成果的肯定。”（受访者 1）“上次我在一个国际学术会议上获得论文奖，第一时间发到朋友圈里，很多同事、朋友、学生在下面点赞，觉得特别开心。后来一些学生还发微信问我，怎样投稿给国际学术会议，我想这对他们应该也是一种学术上的激励。”（受访者 9）相反，为了避免朋友圈观众对自身职业能力产生怀疑，一些受访者表示会选择分组、屏蔽或不分享自己的非职业信息，包括自己的家庭生活、子女信息、业余爱好等。受访者 8 说，她基本不会在学生分组可见的朋友圈内容中分享自己孩子、家庭的信息，因为必然会担心“把这种日常生活的柴米油盐酱醋茶拿到学生面前给他们看，等于消解了教师在学生心中的距离，学生可能会想，‘老师也不过如此嘛！跟我妈一样！’——师生之间还是有一点距离感、神秘感会更好”。

（3）体验分享。

体验分享，是微信朋友圈最初创立的一个重要目的。微信朋友圈是一个较为私人的表演场所，一些受访者愿意在微信朋友圈中分享更多的生活、情感状态，以开心、调侃等形式，将生活中的趣事分享给大家，以此建构出更加丰富、可亲的朋友圈形象。

“凡是加了我朋友圈的同事与学生，都是我内心认可的，属于朋友或类似朋友的类型。所以我愿意分享我的生活体验给他们，希望也能看到他们的体验分享，拉近我们彼此间的距离。因为师生关系是暂时的，朋友关系才是更长远的。”（受访者 10）“我希望我的学生想到我时，不仅仅把我和四十五分钟讲台、和专业知识联系在一起，而是想到我是一个有趣的、活泼的、多面化的人。凡是遇到一些美的、有趣的事物，我都希望能够和我身边的

所有人分享。微信朋友圈，不就是一个分享体验的场所么?”（受访者 4）

2. 形象的建构与呈现策略

按照戈夫曼的“拟剧理论”，角色扮演分前后台之分，换言之，一名表演者在拟定的场景中，会呈现出与观众期望相符的角色内容。例如一位教师，只会在教室中讲授与课堂学习内容相关的知识文本，言行举止中传达出师者传道授业解惑的学术魅力。社交媒体的特质，则因为物理空间上表演者与观看者的同时不在场，为表演者的形象建构提供了更多优势，如前期准备素材更为充分、表演时间更为随意等。同时微信朋友圈的一些权限设置，也为高校女教师在微信朋友圈的形象建构提供了便利。

（1）微信朋友圈分组可见。

微信朋友圈的功能设置中，有分组可见、朋友圈内容三天/半年/全部可见，以及“不让他（她）看我的朋友圈”的设置功能。通过这些个人设置，可以对观看自己朋友圈的人进行观看内容及时间上的安排，限定他们可以看到自己的某些状态，而不能看到另外一些状态，从而更加“纯粹”地建构自己在某一类观看群体心目中的形象。在本文的受访者当中，所有受访者均对朋友圈好友进行了分组设置，大部分受访者对申请加为好友的部分陌生人设置了“不让他（她）看我的朋友圈”，并对自己在高校中的同事与学生独立分组，有选择地针对朋友圈不同小组进行角色呈现与形象建构。

“我在我的好友群里面可能是个开心果的模样，有时候也不会总是那么一本正经，这样的我，还是仅仅存在于我的好友心目中好了。在学生那里，还是保持一些距离比较好，这样在教学过程中会更有威信。否则加了微信，丧失威信，岂不糟糕?”（受访者 15）“我的宝宝今年三岁半，正是好玩的时候，有时候会忍不住发一些她的视频照片、说过的好玩的话，这样姥姥、姥爷也可以在朋友圈里面时常看到孩子的状态。你说这样家长里短的朋友圈，能经常给学生看么？哈哈！不过我会经常转一些关于专业的最新文章时评给学生小组的同学们，让他们在微信这个‘第二课堂’好好学习就好了。”（受访者 13）受访者 5 甚至表示，随着申请加她微信的学生日益增多，她一度还申请了两个微信号，一个供工作教学用，一个供日常生活用，教学内容决不发到生活号上，生活内容也不会发到教学号上。但是后来因为教务繁忙，两个号合二为一，依然设置分组可见。

（2）内容的选取、修饰与美化。

人人都希望在形象建构中呈现出更为完美的自我形象，特别对于高校女教师而言，她们受过良好的高等教育，长期浸润在书香中，对于美的追求和审美的意识会更为强烈。因此，在微信朋友圈的形象建构中，她们会按照目标导向型的要求，更加有选择地选取形象建构内容，并且对内容图片进行修饰与美化，以期观看者在观看其微信朋友圈时，有愉悦高雅之感，从而对该内容的建构者产生认同与欣赏。

所有受访者都表示自己每次发文都会想一想内容是否适合发在微信朋友圈里，并且会对文字进行组织与修饰；有一半以上受访者在发图时都会对图片进行美化处理。“像我们文科老师，本身就是长期跟文字打交道的，也会在文字的编辑中特别注意文字的韵律和美感。其实不只是发朋友圈，在其他地方也一样，只是朋友圈就像自己的一个小媒体、小传播平台，每次发出去也就那么几十上百字，所以会更加留心斟酌字句。”（受访者 8）“我本身就是‘外貌协会’的，无趣的东西我不发，不美的文字我不发，不美的图片我发它干嘛?”（受访者 15）“我觉得现在社会的注意力是稀缺的。既然朋友在你的朋友圈里面花了三十秒看你的朋友圈文字内容，就应该想着这三十秒不要辜负他们。不说引起同感，至少要有美感，要对他们有价值嘛。”（受访者6）由此可见，对高校女教师而言，在微信朋友圈对于文字图片的斟酌与修饰，除了建构自身良好的审美形象外，也与她们自身保有较高的职业审美习惯有关。

（3）微信朋友圈的沟通与互动。

正如戈夫曼所言，“表演者与观众构成了一个完整的表演过程”。无论是在教室讲台上，教师通过对传统教师的角色演绎来树立自己在学生心目中的形象，通过与学生的互动及课堂表现来加深对形象的建构，还是在微信朋友圈里的点赞、留言与回复，都是对表演过程的认可与完成。与传统课堂教学中的形象建构不同，微信朋友圈的形象建构能够得到观看者更为快速的反馈。在演出与观众间的“表达性礼节”的支持下，一些观看者会在微信朋友圈的表演内容下点“赞”，以示赞同和肯定。点“赞”的妙处在于观看者可以免于与表演者进行文字内容上的互动讨论，又在礼节上表达了观看者对表演者的认可，使得观看者与表演者形成一种“消极互动”，这种互动是消极的、礼节的，甚至对某些观看者而言，有可能会出自现实的、功利性的考虑，而非真正发自内心的认同，但无疑在客观上使表演者获得一种表演的成就感。

除消极互动外，一些观众还会通过留言的方式，对自己感兴趣的微信朋友圈内容进行“积极的互动”，或根据朋友圈内容进行点评，或跳出发文内容、纯粹与发文者进行人格意义上的互动，甚至有可能与朋友圈内的其他共同好友形成互动，这些都是积极的互动模式。在本文受访者中，半数以上表示会有选择性地回复学生在其朋友圈中的留言，仅一名受访者表示基本不回复学生在其文章内容下面的留言，理由是“要是讨论问题的话，仅仅靠留言的互动不够深入。学生们如果在我分享的文章下面提出专业的问题，我会开小窗单独和他们讨论，其余的点赞或示好，看了心领了就好”。（受访者3）

四、结论

综上所述，本文结合美国社会学家戈夫曼的拟剧理论，对G市高校女教师在微信朋友圈的职业形象建构进行了初步考察。在戈夫曼的理论下，微信朋友圈作为社会角色表演舞台的延伸，微信平台上的师生互动打破了传统的即时性表演模式，成为一种具备艺术加工的新的角色呈现方式。研究显示，受访高校女教师普遍具有较好的媒介素养，意识到微信朋友圈对于职业形象建构的重要性，通过微信朋友圈有选择性、目标性地发布内容，将三尺讲台上的传统女教师形象进行内容更为丰富立体、形象更为美观个性化、榜样能力更为彰显的形象建构。她们所建构的职业形象，或知性优雅，或成熟可亲，或活泼有趣。尽管这只是本研究所选取的极为有限的研究样本，但她们所呈现出的职业形象正应和了联合国教科文组织权威报告《学会生存——教育世界的今天和明天》所指出的，“应该把促进人的个性全面和谐发展作为当代教育的基本宗旨”[①]，高校女教师作为大学生的审美对象、高校校园里一道靓丽的风景线，其外在美与内在美的统一建构已经超越三尺讲台。借助现

---

① 该文是1972年以前以法国总理、教育部长埃德加·富尔为首的国际教育专家小组参照调查包括美国、苏联、新加坡、阿尔及利亚等23个国家之后做出的权威报告，对发达国家和发展中国家的教育现状及其重要性予以了充分的重视。

代媒介技术的延伸，通过选择性的策略建构，将其知识能力、道德情操与精神境界更充分立体地建构、融合在一起，去引导、影响、感染与塑造包括学生在内的“他人”的“个性全面和谐发展”。在研究中，笔者亦发现，部分受访者抱持着应与学生保持一定距离的观点，因此存在在其微信朋友圈中与学生沟通互动不足的问题。这里或应持续贯彻戈夫曼的“完整表演过程”理论，充分发挥女性沟通的柔性优势，无论在课堂还是在虚拟网络中，都做好与学生的沟通、协调与引导工作，充分利用类似微信朋友圈这样的社交媒介平台，晓以文字、动以图片，以情动人、以理服人，春风化雨，给每一位学生以切实的人文关怀与温暖，建构自身良好的职业形象，并且努力将和谐校园、博雅教学的教育理念根植进社交平台，迎接更具挑战与机遇的“教育世界的明天”。

参考文献

［1］欧文·戈夫曼．日常生活中的自我呈现．冯钢，译．北京：北京大学出版社，2008.

［2］约书亚·梅洛维茨．消失的地域：电子媒介对社会行为的影响．肖志军，译．北京：清华大学出版社，2002.

［3］徐来，黄煜．“新闻是什么？”——人工智能时代的新闻模式演变与新闻学教育之思．全球传媒学刊，2017（4）：25－39.

［4］何芳．高校女教师职场形象素养提升研究．现代经济信息，2016（2）：446－447.

［5］张建华．高校教师形象：美的意蕴、缺失与重塑．淮北师范大学学报（哲学社会科学版），2014，35（5）：166－169.

［6］王君超，郑恩．“微传播”与表达权——试论微博时代的表达自由．现代传播，2011（4）：80－85.

［7］张梅．从角色表演到角色外活动——对戈夫曼《日常生活中的自我呈现》的框架性分析．东南传播，2010（7）：113－115.

［8］徐钱立．微信朋友圈——亲密关系的表演舞台．传媒评论，2014（5）：62－64.

［9］GILLMOR D. We the media：grassroots journalism by the people，for the people. O’reilly media，2004.